죽간에 반영된
『노자』의 언어

조은정 저

pb

조은정(曺銀晶) 저

성균관대 중문과 졸업. 중국 북경대 중문과 석사와 박사. 현 중앙대 조교수. 20대에 스스로의 내적갈등에 대한 해답을 『논어』에서 얻고자 중문과에 입문하였으며 현재는 『노자』를 통해 삶의 지혜를 얻고 있다. 고대 한자 자료인 출토문헌을 활용하여 중국어의 변천을 연구한다. 논문 「문자언어학적 각도에서 살펴본 『노자』 판본의 선후 관계」 외 다수. 저서 『"也" "矣" "已"的功能及其演變』(박사논문 대만 출간).

이 저서는 2015년 정부(교육부)의 재원으로 한국연구재단의 지원을 받아 수행된 연구임
(NRF-2015S1A6A4A01010007)

This work was supported by the National Research Foundation of Korea Grant
funded by the Korean Government(NRF-2015S1A6A4A01010007)

죽간에 반영된 『노자』의 언어

곽점본의 언어문자학적 재조명과 후대의 변화 양상

조은정 저

죽간에 반영된 『노자』의 언어
곽점본의 언어문자학적 재조명과 후대의 변화 양상

인쇄 2019년 04월 29일 (초판 1쇄)
　　　2023년 02월 01일 (초판 2쇄)
발행 2023년 02월 01일

저자 조은정
발행인 신이삭
발행처 PB PRESS(피비프레스)
디자인 박성희(디자인 바오밥)

출판등록 제348-251002018000002호
주소 대구광역시 달성군 다사읍 왕선로 54, 404호
전화 053-201-8886
팩스 053-217-8886
홈페이지 http://www.pbpress.kr
전자우편 pbpress21@naver.com
정가 30,000원

ISBN 979-11-981598-0-9 (93150)

파본은 구입처에서 교환해 드립니다.

| 목차 |

머리말   11
   0.1 곽점본 『노자』에서 말하고자 하는 바는 무엇인가?   12
   0.2 곽점본 『노자』에서 '무위'는 왕을, '자연'은 백성을 가리킨다!   14
   0.3 곽점본 『노자』에는 문자적 특징이 존재한다!   16
   0.4 곽점본 『노자』는 태초의 모습인가? 선집된 것인가?   16
   0.5 곽점본 『노자』의 원문 변화는 우리에게 무엇을 말해주는가?   17
   0.6 곽점본 『노자』 원문을 새로운 시각으로 번역하면?   18

제1부   곽점본 『노자』 원문의 언어문자학적 재조명   21

제1장   『노자갑』 원문 고석 및 풀이   29
   1.1 통행본 19장   32
   1.2 통행본 66장   39
   1.3 통행본 46장   43
   1.4 통행본 30장   46
   1.5 통행본 15장   50
   1.6 통행본 64장   57
   1.7 통행본 37장   62
   1.8 통행본 63장   66
   1.9 통행본 2장   69

1.10 통행본 32장	75
1.11 통행본 25장	81
1.12 통행본 5장	86
1.13 통행본 16장	89
1.14 통행본 64장	92
1.15 통행본 56장	96
1.16 통행본 57장	100
1.17 통행본 55장	106
1.18 통행본 44장	112
1.19 통행본 40장	115
1.20 통행본 9장	117

제2장 『노자을』 원문 고석 및 풀이   120

2.1 통행본 59장	122
2.2 통행본 48장	127
2.3 통행본 20장	129
2.4 통행본 13장	132
2.5 통행본 41장	137
2.6 통행본 52장	143
2.7 통행본 45장	145
2.8 통행본 54장	148

제3장 『노자병』 원문 고석 및 풀이   152

3.1 통행본 17장	154
3.2 통행본 18장	159
3.3 통행본 35장	162
3.4 통행본 31장	165
3.5 통행본 64장	170

제4장 판본 소개와 선행 연구　174

4.1 『노자』제 판본과 그 선후 관계　174

4.2 선행 연구　178

4.3 곽점본『노자』의 문헌적 성격　183

제2부　곽점본 『노자』 원문과 후대 판본의 차이 묘사　189

제5장 제 판본의 통사적 차이　190

5.1 품사 차이　190

　5.1.1 지시사　190

　5.1.2 부사　196

　5.1.3 조동사　202

　5.1.4 개사　204

　5.1.5 접속사　204

　5.1.6 어기사　206

　5.1.7 명사표지　217

　5.1.8 기타　221

5.2 통사구조의 차이　222

　5.2.1 주제문에서 주술구조로　222

　5.2.2 是謂에서 謂之 구조로　223

제6장 제 판본의 어휘적 차이　224

6.1 체언성 어휘의 변화　224

　6.1.1 단음절의 이음절로의 변화　224

　6.1.2 하늘과 관련된 어휘　225

　6.1.3 인간과 관련된 어휘　227

　　　　6.1.4　철학 개념 관련 어휘　　　　　　　　　　　228

　　　　6.1.5　기타 어휘　　　　　　　　　　　　　　229

　　6.2　용언성 어휘의 변화　　　　　　　　　　　　　229

　　　　6.2.1　동사성 어휘　　　　　　　　　　　　　230

　　　　6.2.2　형용사성 어휘　　　　　　　　　　　　232

　　6.3　기타 변화　　　　　　　　　　　　　　　　　234

　　　　6.3.1　어휘의 추가 및 삭제　　　　　　　　　234

　　　　6.3.2　어휘순서의 교체　　　　　　　　　　　236

제7장　제 판본의 문자학적 차이　　　　　　　　　　　237

　　7.1　분화자　　　　　　　　　　　　　　　　　　237

　　　　7.1.1　心부 추가　　　　　　　　　　　　　　238

　　　　7.1.2　貝부 추가　　　　　　　　　　　　　　241

　　　　7.1.3　示부 추가　　　　　　　　　　　　　　242

　　　　7.1.4　水부 추가　　　　　　　　　　　　　　242

　　7.2　피휘자　　　　　　　　　　　　　　　　　　243

제3부　곽점본 『노자』 원문의 후대에서의 변화 양상　　　249

제8장　언어학적 변화 양상　　　　　　　　　　　　　250

　　8.1　통사적 차이에 반영된 변화　　　　　　　　　　250

　　　　8.1.1　통사구조의 변화: 병렬구조에서 수식구조로　250

　　　　　　1) 병렬접속사 而의 삭제　　　　　　　　　250

　　　　　　2) 此의 조건복문에서의 삭제　　　　　　　252

　　　　8.1.2　어법기능의 변화: 기능의 확대 및 통합　　254

　　　　　　1) 可以에서 可로의 교체: 可 기능의 확대　255

　　　　　　2) 개사 '于/於' 삭제: 于 기능의 소멸　　　257

        3) 弗에서 不로의 교체: 弗 기능의 변화   259

        4) 己에서 矣로의 교체: 矣 기능의 변화   262

    8.1.3 기타 변화   264

        1) 主之謂 구조에서 之의 삭제: 명사화표지 之의 소멸   265

        2) 문중 也의 삭제: 명사표지 也의 소멸   267

        3) 是以에서 故로의 교체: 접속사의 교체   270

  8.2 어휘적 차이에 반영된 변화   276

    8.2.1 단음절에서 다음절로의 변화   276

    8.2.2 어휘 의미의 확장: 天下의 의미 확대   278

  8.3 문자학적 차이에 반영된 변화: 의부(意符)의 삭제   281

    8.3.1 貝부의 삭제   281

    8.3.2 心부와 示부의 삭제   284

제9장 언어학 외적 변화 양상   286

  9.1 통사적 차이에 반영된 변화   286

    9.1.1 노자라는 저자의 출현: 吾의 추가와 교체   286

    9.1.2 자발성 주체에 대한 인식의 변화: '백성'에서 '성인'으로   288

  9.2 어휘적 차이에 반영된 변화   297

    9.2.1 유가 개념으로의 변화   297

    9.2.2 도 개념의 확대   301

  9.3 문자학적 차이에 반영된 변화: 피휘 현상   302

[부록1] 노자와 『노자』── 메이광(梅廣) 교수 대담록   307

[부록2] 『노자』 7종 판본 원문 비교 대조   367

참고문헌   454

후기   461

머리말

　본서에서는 최초의 『노자』가 하고자 했던 이야기, 그리고 후대 『노자』의 변화된 모습에 대한 이야기를 하고자 한다. 현존 최초의 『노자』는 1993년 중국 호북성의 곽점촌이라는 마을에서 죽간의 형태로 발견된 이후 고문자학, 철학, 사학계를 뜨겁게 달군 장본인으로 곽점본 『노자』라 불린다. 지금까지 곽점본 『노자』를 연구한 학술논문, 고석서, 번역서 등의 수량이 상당한 것만 봐도 그 열기를 가늠할 수 있다. 그러나 국내외를 막론하고 지금까지 언어학 전공자가 곽점본 『노자』를 새롭게 조명한 경우는 매우 드물다. 기존 연구는 주로 고문자학계의 문자적 고석, 사학계나 고고학계의 문헌적 고증, 철학계의 사상적 연구 등에 치중되어 왔다. 필자는 출토문헌 연구가 고문자학계나 철학의 영역에서만 집중적으로 이뤄지고 있는 점이 늘 아쉬웠다. 언어학은 고문헌의 문구들을 정확하게 분석하고 풀이하는 것을 기본으로 삼기에 철학사상 등에 기반연구가 되기 때문이다.

　이에 본서에서는 『노자』라는 텍스트를 언어문자학의 시각에서 재조명한 후 이 텍스트에 수록된 언어가 시대별로 어떤 모습으로 변하는지 살피고 이러한 변화의 모습이 어떤 의미를 지니는지 고찰하고자 한다. 본서는 다음과 같은 특징을 지니고 있다. 제1부에서는 『노자』 출토문헌 5종과 전래문헌 2종의 원문을 비교대조한 후 언어문자학의 관점에서 곽점본 『노자』 원문을 재조명하였다. 출토문헌의 경우 이체자와 통가자가 산재하고 있기에 이러한 원문 재정비 작업은 문자 고석 작업과 병행되어야 한다. 본서에서는 고문자학계의 기존 연구 성과를 반영한 후 언어학적인 관점에서 일부 문구를 새롭게 재조명하였다. 제2부에서는 『노자』 판본별 언어문자 사용 현황 차이를 통사, 어휘, 문자의 시각으로 묘사하였고 제3부에서는 이러한 차이의 원인을 탐구하였다.

아래에서는 본서에서의 고찰 결과를 곽점본 『노자』의 핵심내용, 언어적 특징, 문자적 특징, 문헌적 성격, 곽점본 『노자』 원문의 후대에서의 변화가 우리에게 말해주고 있는 점, 본서에서의 곽점본 『노자』 원문 번역상의 특징 등의 순서로 나누어 서술해 보도록 하겠다.

0.1 곽점본 『노자』에서 말하고자 하는 바는 무엇인가?[1]

곽점본에서는 도의 특성, 왕과 보좌진의 역할, 도와 왕의 관계, 왕과 백성·만물의 관계에 대해 반복적으로 논한다.

도의 특성 관련해서는 유약하고 투박하며 크고 순환하는 속성을 지닌다고 서술하는데 이러한 내용은 아래 장절에 대체로 잘 종합되어 있다.

섞여있는 어떤 형태가 있었는데 하늘과 땅보다 먼저 생겨났다. 고요하게 의존하지 않고 스스로 존재했기에 천하의 어머니가 될 수 있었다. 그 이름은 모르는데 그 자는 도라고 한다. 나는 그것을 임의대로 큼이라고 부르겠다. 큰 것은 널리 퍼지고, 널리 퍼지면 멀리 가게 되며, 멀리 가면 되돌아온다.(곽점

---

[1] 제1부 내용 참고.

갑21-22, 통행본25장)

왕의 역할에 대해서는 왕이 무위하면 결국 무소불위할 것이라는 가르침을 주고 있다.

무위하면 결국에는 하지 못하는 것이 없게 된다.(곽점을4, 통행본48장)

보좌진의 역할에 대해서는 속내를 다 드러내지 말고 근근이 일하되 성과를 얻었더라도 이를 자랑하지 말고 언행을 삼갈 것을 당부한다. 이렇게 하면 그 일은 오랫동안 유지된다고도 서술한다.

성과가 있어도 우월해 보이지 않으면 그 일은 오래 유지될 수 있다.(곽점갑 7-8, 통행본30장)

도와 왕, 그리고 만물·백성의 관계에 대해서는 왕이 도의 투박함을 견지하고 무위한다면 만물과 백성은 자연의 섭리대로 자리를 잡아갈 것이라고 언급한다.

도에는 이름이 없다. 투박함은 비록 작고 약한 것이지만 천지에 이를 신하 삼을 수 있는 것은 없다. 왕이 만일 이런 투박함을 지킬 수만 있다면 만물은 장차 스스로 질서를 잡아갈 것이다.(곽점갑18-19, 통행본32장)

성인은 다음과 같이 말했다. '나는 아무 일도 하지 않는데 백성들은 스스로 부유해진다. 나는 무위하는데 백성들은 스스로 하고자 한다. 나는 고요함을 좋아하는데 백성들이 스스로 질서를 찾아간다. 나는 하고자 하지 않는데 백

성들은 스스로 투박해진다.'(곽점갑31-32, 통행본57장)

이러한 곽점본 『노자』의 전체 주지는 아래 장절에 잘 드러나 있다.

도가 천하에 존재한다는 것은 작은 계곡물들이 강과 바다와 한데 섞여 어우러지는 것과 같은 이치이다.(곽점갑20, 통행본32장)

백성과 만물이라는 하나하나의 계곡물들이 강과 바다처럼 큰 존재인 왕과 한데 어우러지는 것, 이것이 바로 『노자』에서 논하는 이상향이다. 만물과 백성이 계곡물처럼 순리대로 흐르도록 하려면 왕은 도의 속성을 본받아 무위하고 보좌진은 드러내지 않고 근근이 할 일을 하면 된다는 것이 곽점본의 핵심 내용이다.

0.2 곽점본 『노자』에서 '무위'는 왕을, '자연'은 백성을 가리킨다! [2]

곽점본 『노자』 내에서 유의미하게 다뤄지는 주체는 도 이외에도 왕, 보좌진, 그리고 왕의 영향을 받는 만물과 백성이 있다. 본서에서는 이들이 모두 특정 술어와 함께 사용되고 이러한 현상이 상당히 규칙적으로 드러남을 발견하였다. 통상 왕은 '무위' 개념과, 보좌진은 깊이 감추고 삼가며 보좌한다는 개념과, 만물과 백성은 '자연' 개념과 공기되고 있었다. 구체적으로 살펴보면 다음과 같다.

왕이나 군주를 나타내는 어휘는 성인(聖人)과 후왕(侯王), 왕(王)이 사용

---

[2] 제3부 9.1.2 참고.

되었다. 이들은 '무위' 개념인 무위(無爲), 무사(無事), 무집(無執), 불언(不言), 불욕(不欲), 불교(不敎), 호정(好靜), 지족(知足), 보자연(輔自然) 등의 술어와 공기되었다. 즉 왕은 백성의 위나 앞에 위치하긴 하지만, 무언가 하려고 하지도, 잡으려고 하지도, 말하려고 하지도, 가르치려 하지도 말고 만물의 변화를 보좌하기만 하면 된다는 서술이 주를 이뤘다. 이러한 서술 내용은 우리에게 집정자의 '무위'가 무엇인지 구체적으로 알려준다.

보좌진이나 신하를 나타내는 개념은 주로 사(士)라는 어휘를 사용하였다. 이 어휘는 중간관리자로서의 역할을 강조하는 내용인 과이불강(果而不強), 근능행(僅能行), 불교(弗驕), 미묘현달(微妙玄達), 심부가식(深不可識) 등의 술어와 공기되었다. 즉 보좌진은 왕을 보좌하여 도를 세상에 펼치지만, 근근이 행할 뿐이며 그 과정에서 성과가 있더라도 이를 자랑하거나 드러내지 말고 삼가라는 메시지를 전달하고 있었다.

백성을 나타내는 어휘는 백성(百姓)과 민(民), 만물을 나타내는 어휘는 만물(萬物)을 사용하였다. 이들은 통상 '自+V' 구조에 사용되어 '자연'과 관련된 술어와 공기되어 자발성을 나타내고 있었던 점이 특징적이었다. 백성은 자연(自然) 외에도 자균(自均), 자부(自富), 자정(自正) 등 어휘와, 만물은 자정(自定), 자정(自貞) 등의 술어와 같이 사용되고 있었다. 즉 백성이나 만물은 왕이 제 역할을 잘하면 스스로 변화되는, 자발성을 지닌 존재로 묘사되어 있었다. 또한 백성이나 만물은 왕을 나타내는 성인(聖人)이나 후왕(侯王), 왕(王) 등의 어휘와만 주로 대비되어 사용되었다는 점이 특징적이었다.[3]

---

[3] 특정 술어와 특정 주체가 공기한다는 이러한 사실은 곽점본 『노자』에 주체가 생략된 구문이 나오더라도 그 내용을 보완해서 좀 더 정확히 이해할 수 있도록 해준다.

0.3 곽점본『노자』에는 문자적 특징이 존재한다![4]

본서의 관찰에 따르면 곽점본에 사용된 글자들은 후대 판본에 비해 유독 의부(意符) 의존도가 높았다. 가령 1) 畏자의 경우 心부가 추가된 형태와 示부가 추가된 형태로 나뉘었는데 心부가 추가된 愄자는 일반적인 두려움을 나타냈고 示부가 추가된 禔는 '공경하다, 경외하다'의 의미를 나타냈다. 2) 易자의 경우 동사로 사용될 경우 易자로 그대로 사용되었지만 심리적인 상태를 나타낼 경우 心부를 추가해 愓자로 사용되었다. 3) 亡자의 경우 부정의 의미를 지닌 동사나 부사로 사용될 경우에는 亡자 그대로 사용되었지만 '재물을 잃다'는 의미를 나타낼 경우에는 貝부를 추가하여 貟자로 사용되었다. 그렇지만 이들은 후대 판본에서는 의부가 모두 삭제되어 각각 畏자, 易자, 亡자로 통합되는 등 그 구분이 사라져 있었다. 의부 추가 현상은 곽점본『노자』의 문자적 특징이었던 것이다.

0.4 곽점본『노자』는 태초의 모습인가? 선집된 것인가?[5]

곽점본『노자』는 어떤 성격을 지닌 문헌일까? 곽점본『노자』는 후대의 81개 장절을 수록한 판본들과는 다르게 갑·을·병으로 나뉘어 있으며 전체 분량도 통행본의 1/3 정도밖에 되지 않는다. 이 때문에 곽점본『노자』가 어떤 성격을 지닌 문헌인지에 대한 논의가 끊이지 않아 왔다. 대표적인 견해로는 원형설과 선집설이 존재한다. 원형설을 주장하는 학자들은 곽점본『노자』가

---

4) 제3부 9.2.1과 8.3 참고.
5) 제1부 4.3 참고.

최초의 『노자』 원형이며, 이것이 후대에 확장되어 81개 장절의 『노자』가 된 것이라고 여긴다. 이 견해는 다시 곽점본이 '노자라는 사람의 언어모음집'이라는 관점과 노자라는 사람과 관련 없는 당시의 '초나라 격언모음집'이라고 보는 견해로 나뉜다. 선집설을 주장하는 학자들은 곽점본 당시에 이미 완정한 81개 장절의 『노자』가 존재했으며 곽점본은 이 중 일부 내용이 추출되어 재편집된 선집본이라고 여긴다.

본서에서는 '원형설' 중 '격언모음집'이라는 견해에 동의한다. 그 이유는 곽점본 『노자』에 개별구문이 중복 사용된 경우가 다수 출현하고 있었기 때문이다. 즉 통행본 64장 중 절반의 내용이 곽점본에서 갑과 병으로 나뉘어 중복 서술되어 있었으며 일부 개별 구문도 2장, 16장, 32장, 37장, 57장 등에서 중복 사용되고 있었다.[6] 이러한 사실은 곽점본 『노자』가 당시의 격언을 엮어놓은 모음집일 것이라는 주장에 유력한 증거가 될 수 있다.

0.5 곽점본 『노자』의 원문 변화는 우리에게 무엇을 말해주는가?[7]

곽점본 『노자』 원문의 일부 문자는 후대 판본에서 삭제, 교체, 추가되어 있었다. 그 중 교체와 삭제 현상이 대다수였는데 교체 현상은 실사와 허사 모두에서 발견되었지만 삭제 현상은 주로 허사에서 발견되었다.

이러한 교체와 삭제 등에는 병렬구조에서 수식구조로의 언어 유형의 변화, 일부 허사의 어법기능 변천, 명사표지의 소멸, 어휘의 교체, 의부의 삭제 등 당시의 언어문자 변천 현상이 일부 반영되어 있었다. 언어학과는 무

---

6) 제1부 4.3 [표] '곽점본 『노자』에서 중복 사용된 개념이나 구문' 참고.
7) 제2부와 제3부 내용 참고.

관한 변화도 발견되었는데 가령 노자라는 저자의 후대 판본에서의 출현, 일부 어휘의 유가 개념으로의 변화, '백성'에서 '성인'으로 자발성 주체에 대한 인식의 변화, 피휘제도 등의 현상도 발견되었다.

0.6 곽점본 『노자』 원문을 새로운 시각으로 번역하면?

언어학 지식은 의미가 불명확한 곽점본의 일부 구문들을 새로운 시각으로 바라볼 수 있게 해준다. 예를 들어 설명해보도록 하겠다.

(1) 成事遂功, 而百姓曰我自然也. (곽점병2, 통행본17장)[8]
   a. 일이 이뤄지고 그 공로가 생기면, 백성들은 성인이 스스로 그렇게 한 것이라고 말한다.
   b. 일이 이뤄지고 그 공로가 생기면, 백성들은 "내가 스스로 그렇게 한 것이다."라고 말한다.

상기 용례의 '百姓曰我自然也'의 曰은 후대 판본에서 謂로 바뀌어 적혀 있다. 이 두 술어는 각기 다른 성격을 지닌다. 曰 뒤에는 단일 목적어만 수반 가능하지만 謂는 간접목적어와 직접목적어 두 성분을 수반할 수 있다. 이 때문에 상기 구문에서의 曰을 謂의 오자로 볼 경우 我는 '성인'만을 나타내지만 曰로 볼 경우 我는 '백성'도, '성인'도 가능해진다. 곽점본의 曰은 통행본에서 謂로 적혀 있기에 곽점본이 출토되기 이전에는 我를 성인으로 보는 견해가 우세했다. 그러나 곽점본 출토 이후에 학자들의 견해는 아래 세

---

[8] 본 용례에 대한 설명은 제3부 9.1.2 참고.

가지로 나뉘게 된다. 1) 曰을 여전히 謂의 오자로 보아 我를 성인으로 보는 경우, 2) 曰을 자형 그대로 보지만 我는 여전히 성인이라고 여기는 경우, 3) 曰을 자형 그대로 보고 我를 백성으로 보는 경우가 그것이다. 대부분의 학자는 1)과 2)의 견해에 동의한다. 3)의 견해를 주장하는 학자도 있었지만 그 근거는 제시하지 못했다. 본서에서는 3)의 견해가 옳다고 본다. 본서의 고찰 결과 '自+V' 구조는 곽점본 『노자』에서는 백성과 만물만을 주어로 삼았기 때문이다. 즉 '我自然也'에서 자발적으로 그렇게 되는(自然) 주체는 성인이 아니라 백성인 것이다. 그러므로 상기 구문의 曰은 글자 그대로 봐야 하며 b의 번역이 언어사실에 더 부합한다. 본서에서는 『노자』 구문을 해석하고 이해함에 있어 이러한 언어학 지식을 활용하였다.

이상 본서의 주요 관점과 내용에 대해 간략하게 소개하는 방식으로 서두를 시작하였다. 이 저서의 의의는 곽점본 『노자』를 언어학의 관점에서 새롭게 조명하고 후대 판본이 선진 시기의 모습 그대로를 계승한 것은 아닐 수도 있다는 점을 논증한 데에 있다. 그러나 우리는 판본 간 문자 변화가 언어 변천 현상을 반영하고 있을 수도 있지만 그렇지 않을 수도 있다는 점, 문자를 원형 그대로 계승하는 경우도 적지 않다는 점 등의 사실에도 반드시 유념해야 할 것이다.

제1부

곽점본 『노자』 원문의 언어문자학적 재조명

[내용 요약]

　곽점본 『노자』는 죽간의 형태와 길이에 따라 갑·을·병 세 파트로 나뉘어져 있는데 도의 특성과 왕과 보좌진의 역할, 각 계층과 주체 간의 관계에 대해 논한다. 곽점본 『노자』에서는 도, 왕, 보좌진, 만물, 백성이라는 주어가 각기 다른 술어 내용을 수반한다. 본서에서는 논의주체가 되는 주어를 중심으로 이들이 수반하는 술어 성분을 도출하여 각 주어가 서술하는 내용이 무엇인지 파악하고, 주어들 간의 관계에 대해 고찰하였다. 이를 바탕으로 곽점본 『노자』의 핵심내용을 파악하고 주어가 드러나지 않는 구문의 은성(隱性) 주어를 보완하여 제1장부터 3장까지 매 장절의 내용을 명확히 하였다.

1. 곽점본 『노자』의 서술 특징[1]

1) 주어가 겉으로 드러나는 주요 현성(顯性) 논의주체는 도, 왕, 보좌진, 만물, 백성이었다. 그 중 '도' 개념은 도(道 23회)나 천지(天地 4회)라는 어휘로,[2] '왕'은 성인(聖人 8회)과 후왕(侯王 2회), 왕(王 1회)이라는 어휘로,[3] '보좌진'은 사(士 4회), 도로 군주를 보좌하는 자(以道佐人主者 1회)라는 어휘로, '만물'은 만물(萬物 7회) 그대로, '백성'은 백성(百姓 1회)과 민(民 15회)이라는 어휘로 사용되었다. 현성 논의주체가 속한 각 장절은 다음과 같다.

도	천지	왕	보좌진	만물	백성
1.7 (37장)	1.11(25장)	1.2 (66장)	1.4(30장)	1.6 (64장)	1.1 (19장)
1.10(32장)	1.12(5장)	1.6 (64장)	1.5(15장)	1.7 (37장)	1.2 (66장)
1.11(25장)		1.7 (37장)	2.5(41장)	1.9 (2장)	1.16(57장)
1.13(16장)		1.8 (63장)		1.10(32장)	3.1 (17장)
1.19(40장)		1.9 (2장)		1.13(16장)	
3.2 (18장)		1.10(32장)		3.5(64장)	
3.3 (35장)		1.11(25장)			
		1.16(57장)			
		3.5 (64장)			

---

1) 각 파트별 주요 내용에 대해 韓祿伯(2002:6-7)에서는 갑본에서는 나라를 다스리는 이치, 우주론, 수신, 장수, 건강 등에 대해 논하고 있으며 을본에서는 수신을, 병본에서는 나라를 다스리는 방법에 대해 논하고 있다고 언급하였다.
2) 도(道)라는 어휘는 곽점본에서는 두 가지 의미를 지니고 있는데 하나는 우주론에서 논하는 도이고 다른 하나는 자연의 이치와 관련된 도이다. 우주론에서 논하는 창조론과 관련된 도는 총 23회 사용되었고 나머지 3회는 자연의 도리, 이치라는 의미로 사용되었다.
3) 곽점본 『노자』에서 성인(聖人)과 후왕(侯王)은 모두 집정자나 왕을 의미한다. 메이꽝(梅廣)에 따르면 곽점본 『노자』에 출현하는 성인은 국가의 왕, 통치자를 나타내지 도가에서 말하는 성인을 지칭하지는 않는데 왜냐하면 그 당시에는 아직 도가에서 말하는 성인 형상이 존재하지 않았던 때이기 때문이다. 왕후를 의미하는 후왕(侯王)이라는 어휘 역시 『노자』에만 사용되는 단어이며 이 역시 통치자를 가리킨다. 본서의 [부록1] 참고.

[표] 각 현성(顯性) 논의주체가 속한 각 장절
※ 표 안의 숫자는 '본서의 장절(통행본 장절)'을 의미함.

2) 각 논의주체가 수반하는 술어 성분이나 담화 내용이 각기 달랐다. 첫째, 도는 무(無)와 순환(返), 빔(虛), 유약(弱), 투박함(樸) 등 관련 어휘를 수반하여 도의 특성을 논하고 있었다. 둘째, 왕은 무위(無爲) 계열의 어휘를, 보좌진은 심장불로(深藏不露)의 뜻을 나타내는 어휘를 수반하여 왕과 보좌진의 역할을 논하고 있었다. 셋째, 백성과 만물은 자연(自然) 계열의 어휘를 수반하여 자발성을 강조하고 있었다.

논의주체		수반된 술어 성분
도	도	무위(無爲) 무명(無名) 무미(無味) 대(大) 순환(返) 유약(弱) 투박함(樸)
	천지	빔(虛)
통치자	왕	무위(無爲) 무사(無事) 호정(好靜) 불욕(不欲) 투박함을 지킴(守樸) 만물을 보좌(輔萬物之自然)
	보좌진	성과가 있어도 과시하지 않음(果而不強) 심장불로(微妙玄達, 深不可識)
피통치자	만물	자연(自然) 자위(自爲) 자정(自定) 자정(自貞)
	백성	자연(自然) 자균(自均) 자부(自富) 자정(自正) 자박(自樸)

[표] 각 현성(顯性) 논의주체가 수반하는 술어 성분

3) 각 논의주체는 다른 논의주체와의 연관성도 지니고 있었는데 이는 도(道)와 연관된 경우와 왕과 연관된 경우로 나눌 수 있었다. 도와 연관된 경우는 도-만물, 도-왕, 도-보좌진으로 구분되어 서술되어 있었고, 왕이라는 주체는 만물 혹은 백성과의 연관성이 두드러졌다.

구분	논의주체	본서의 장절과 통행본 장절
도와 연관	도-만물	1.13(16장)

도와 연관	도-왕	1.7(37장) 1.10(32장) 1.11(25장)
	도-보좌진	1.4(30장)
왕과 연관	왕-만물	1.6(64장) 1.7(37장) 1.9(2장) 1.10(32장) 3.5(64장)
	왕-백성	1.2(66장) 1.16(57장)

[표] 각 현성(顯性) 논의주체의 상호 연관성

4) 곽점본『노자』에는 계층과 관련된 내용을 서술한 장절도 등장하는데 최상의 존재인 태상(太上) 이하 각 계층에 대한 서술(17장), 현실세계에 존재하는 가족, 고을, 나라, 천하의 구분에 대한 서술(54장) 등이 존재했다.

5) 종합하면 곽점본의 주제는 크게 '특성, 역할, 관계'로 삼분할 수 있었는데 특성에 대한 논의는 대부분 도의 특성에 관한 논의였고 역할에 대한 논의는 왕, 보좌진을 주 논의주체로 삼고 있으며 관계를 논한 장절에서는 도와 연관된 경우와 왕과 연관된 경우에 대해 논하고 있었다.

6) 선진 시기 문헌이 그러하듯이 곽점본『노자』에도 주어가 드러나지 않는 은성(隱性) 주어가 존재했다. 필자는 현성(顯性) 주어가 수반하는 술어 성분의 키워드를 도출한 후, 은성(隱性) 주어가 수반된 구문의 술어와 비교대조하여 논의주체가 표면적으로 드러나지 않는 장절의 주어를 다음과 같이 보완하였다.

구분	논의 주체	주어 분류	본서의 장절과 통행본 장절	술어 성분 키워드
도	도, 천지	현성	1.7(37) 1.10(32) 1.11(25) 1.13(16) 1.12(5) 1.19(40) 2.5(41) 3.2(18) 3.3(35)	無, 無爲, 無名, 無味, 靜, 樸, 弱, 大, 返, 虛, 復, 正反[4]
	[도]	은성	1.9(2) 1.17(55) 2.7(45)	正反, 弱柔, 清靜

---

4) 곽점본에는 前後, 上下, 動靜, 難易, 美惡, 善不善, 有無, 長短, 高下, 音聲, 先後, 親疏, 利害, 貴賤, 得亡, 唯呵, 得失, 明昧, 夷纇, 進退 등의 상대적인 정반(正反) 개념이 등장하는

왕	왕	현성	1.2(66) 1.6(64) 1.7(37) 1.8(63) 1.9(2) 1.10(32) 1.11(25) 1.16(57) 3.5(64)	無爲, 無執, 無事, 靜, 守樸, 好靜, 大, 不欲, 不敎, 不言, 不學, 愼終, 輔萬物之自然
	[왕]	은성	2.2(48) 2.3(20) 2.4(13) 1.1(19)	無爲, 絶學, 少私寡欲, 寵辱若驚
보좌진	보좌진	현성	1.4(30) 1.5(15) 2.5(41)	微妙玄達, 儇行, 果而不强, 長[5]
	[보좌진]	은성	1.14(64) 1.15(56) 1.20(9) 2.6(52)	玄同, 閉其門, 塞其兌, 治之於其未亂, 功遂身退
백성	백성	현성	1.1(19) 1.2(66) 1.16(57) 3.1(17)	自然, 自富, 自化, 自正, 自樸, 自均, 復季子
만물	만물	현성	1.6(64) 1.7(37) 1.9(2) 1.10(32) 1.13(16) 3.5(64)	自然, 自愚, 自定, 自貞, 作, 爲, 成, 復

[표] 곽점본 『노자』 갑을병의 논의주체와 키워드
※ 상기 표에서 [ ]는 은성(隱性) 주어를 나타냄

아래 제1장부터 제3장까지는 갑본, 을본, 병본의 순서대로 언어문자학적인 관점으로 원문 고석과 재해석을 진행하도록 하겠다. 제4장에서는 본서의 서술에 필요한 판본 소개와 선행연구를 소개하도록 하겠다.

2. 일러두기

1) 본서에서 사용한 『노자』 제 판본은 크게 출토문헌과 전래문헌으로 나누어 볼 수 있는데 곽점본, 백서본, 북대본, 돈황본은 출토문헌이고 하상공본과 왕필본은 전래문헌이다.

곽점본: 荊門市博物館編 『郭店楚墓竹簡』, 文物出版社, 1998.

데 이러한 상대적인 개념은 후대 판본에서는 다른 어휘로 대체되거나 추가되는 등 변화를 겪는다.
5) 곽점본에서는 好長, 長保, 長生久視 등의 어휘를 사용하여 長久 개념을 강조하고 있다.

백서본: 高明『帛书老子校注』, 中華書局, 1996.
북대본: 北京大學出土文獻硏究所編『北京大學藏西漢竹書(貳)』, 上海古籍出版社, 2012.
하상공: (漢)河上公章句『宋本老子道德經』(宋元閩刻精華), 福建人民出版社, 2008.
왕필본: (魏)王弼『老子注』,『諸子集成(三)』, 中華書局.
돈황본: 黃永武主編『敦煌寶藏』, 臺北: 新文豐出版公司, 1983-1986.

2) 출토문헌의 예문을 인용할 경우 서술의 편의를 위해 설명이 필요한 경우를 제외하고는 예정(隷定)된 글자체가 아닌 여러 학자의 의견을 종합하여 고석(考釋)된 글자를 사용하였다.

3) 손상이 심각하여 무슨 내용인지 알아볼 수 없는 경우 글자가 훼손된 경우는 '□'를 사용하여 표시하고 다른 판본으로 미루어 그 내용을 보충할 수 있는 경우는 '[ ]'를 이용하여 원문 내용을 보충하였다.

4) 곽점본『노자』원문 고석 시 수록된 선행연구는 주로 아래의 문헌을 바탕으로 정리된 후 확장되었다.[6]

廖名春(2003)『郭店楚簡老子校釋』, 淸華大學出版社.
陳偉(2003)『郭店竹書別釋』, 湖北教育出版社.
聶中慶(2004)『郭店楚簡「老子」研究』, 中華書局.
丁四新(2010)『郭店楚竹書「老子」校注』, 武漢大學出版社.

본서에서는 2003년까지의 곽점본『노자』기존연구는 廖名春(2003)의 연

---

6) 劉釗(2003)의『郭店楚簡校釋』(福建人民出版社)에서도 기존의 문자 고석 견해를 종합해 놓기는 했으나 누구의 견해인지 인용되어 있지 않아 본서에서는 사용하지 않았다.

구를 주로 참고하고[7] 2003년 이후의 연구는 위에 나열한 그 외의 연구 저작과 고문자학 홈페이지에 등재된 연구성과, 그리고 국내의 연구성과 등을 참고하였다.[8]

5) 제1부 제1장부터 제3장까지 수록된 [원문]은 학계의 고석 의견과 통가자 등이 모두 반영된, 본서의 고석 견해이다.

6) 곽점본『노자』의 죽간 순서를 통행본과 비교하면 장절의 순서가 크게 다르다. 그 중 동한 이후의 하상공본, 왕필본, 돈황본은 모두 장절이 동일하기에 '통행본' 장절로 통합해서 표 안에 처리하였다.

구분	본서의 순서	곽점본	통행본	백서갑	백서을	북대본
곽점갑	1.1	갑1-2	19	126-128	233下-234上	168-170
	1.2	갑2-5	66	61-64	203上-205上	81-84
	1.3	갑5-6	46	18-20	183上-183下	24-26
	1.4	갑6-8	30	152-154	245上-245下	201-203
	1.5	갑8-10	15	158-161	230上-231上	159-162
	1.6	갑10-13	64	55-60	200上-202上	76-78
	1.7	갑13-14	37	168-169	251下-252下	220-221
	1.8	갑14-15	63	53-55	199上-200上	71-73
	1.9	갑15-18	2	95-97	218下-220上	127-130
	1.10	갑18-20	32	158-161	247下-248下	209-211
	1.11	갑21-23	25	141-142	239下-240下	187-189
	1.12	갑23	5	101-102	221下-222上	136-137
	1.13	갑24	16	122-124	231下-232下	163-164

---

7) 본서에서는 독자의 편의를 위해 개별 연구성과의 참고문헌 정보를 건건이 명시하였다.
8) 곽점본은 1998년에 출간된 이후 2003년경까지 학계의 관심이 집중된다. 廖名春(2003)의 저서는 2003년 이전의 기존 연구 성과를 총망라한 집대성이다. 그러나 곽점본에 대한 열기는 2003년에 정점을 찍고 2004년까지 지속되다가 상해박물관 소장 초나라 죽서 등 여타 출토문헌의 발간 등으로 점점 사그라든다. 현재에 이르러서는 곽점본을 연구하는 연구자는 손에 꼽을 정도로 적다.

곽점갑	1.14	갑25-27	64	55-60	200上-202上	74-75
	1.15	갑27-29	56	38-40	191下-192下	51-53
	1.16	갑29-32	57	40-43	193上-194上	54-57
	1.17	갑33-35	55	36-38	190下-191下	48-50
	1.18	갑35-37	44	16-17	181下-182上	21-22
	1.19	갑37	40	12	179下	21-22
	1.20	갑37-39	9	106-108	224上-224下	143-144
곽점을	2.1	을1-3	59	45-46	195上-196上	60-62
	2.2	을3-4	48	21-22	184上-184下	29-30
	2.3	을4-5	20	128-132	234上-236上	171-172
	2.4	을5-8	13	113-115	227下-228下	152-154
	2.5	을9-12	41	9-12	178下-179下	12-15
	2.6	을13	52	29-31	178下-179下	40-42
	2.7	을13-15	45	17-18	182下-183上	23-24
	2.8	을15-18	54	33-35	189下-190下	45-47
곽점병	3.1	병1-2	17	124-125	232下-233上	166-167
	3.2	병2-3	18	125-126	233上-233下	167-168
	3.3	병4-5	35	164-166	250上-251上	216-217
	3.4	병6-10	31	154-158	245下-247下	205-208
	3.5	병11-14	64	55-60	200上-202上	76-78

[표] 제 판본 장절의 순서 비교대조

제1장 『노자갑』 원문 고석 및 풀이

『노자갑』에서의 전체 주지는 통행본 32장(곽점갑18-19)에 대체로 잘 드러나 있다. 이 장절은 다음과 같이 시작된다.

도에는 이름이 없다. 투박함은 비록 작고 약한 것이지만 천하에 이를 신하 삼을 수 있는 것은 없다. 왕이 만일 이런 투박함을 지킬 수만 있다면 만물은 장차 저절로 질서를 잡아갈 것이다. 천지 만물은 감로가 내릴 정도로 화합하게 되고 백성들은 시키지 않아도 저절로 균형을 이루게 된다.

상기 장절에서는 도의 특성, 왕의 역할과 백성의 자발성, 이들의 관계에 대해 논하고 있다. 『노자갑』에서는 이 외에도 보좌진의 역할에 대해서도 논한다.

도의 특성에 관해 논하는 장절에서는 도는 비어있고(虛/5,16장), 유약하며(弱/40,55장), 투박한(樸/37장) 속성을 지닌다고 논한다. 왕의 역할과 백성·만물의 관계에 대해서는 왕은 만물을 보좌하는 역할을 할 뿐임을 강조하며(聖人能輔萬物之自然/64장) 다음과 같은 내용을 반복적으로 당부하고 있다. 왕이 투박함을 지니고(視素保樸/19장) 사리사욕을 줄이고(少私寡欲/19장), 무위(無爲/2,37,57,63,64장)하는 모습을 유지한다면 만물은 자연의 섭리대로 자리를 잡아갈 것이다(萬物將自定/37장)라는 것이 그 내용이다. 보좌진에 대해서는 평소에 현동하고(玄同/56장) 속내를 다 드러내지 말 것이며(微妙玄達, 深不可識/15장) 업무에서 원하는 성과를 얻었더라도 이를 겉으로 드러내지 말 것을(果而不强/30장) 강조한다. 또한 사고가 터지기 전의 작고 연약한 초기 상태가 다스리기가 훨씬 쉬움을(爲之於其無有也/64장) 유념할 것도 당부하고 있다. 이렇게 하면 보좌진은 그 일을 오랫동안 유지할 수 있다(其事好長/30장)고도 언급한다. 또한 도와 왕의 관계에 대해서도 논하는데 하늘, 땅, 왕은 도처럼 큰 속성을 지니고 있기에 순환(返/25장)하는데 만물도 그러한 속성을 지니고 있다(各復其根/16장)고 언급한다.

아래에서는 곽점본의 죽간 순서대로 장절을 구분하여 그 내용을 구체적으로 고석하고 풀이해보도록 하겠다.

본서	곽점본	통행본	논의주체	키워드
1.1	갑1-2	19장	[왕], 백성	少私寡欲
1.2	갑2-5	66	성인(왕), 백성	以身後之
1.3	갑5-6	46	[왕 혹은 보좌진]	恒足
1.4	갑6-8	30	보좌진	果而不强, 長
1.5	갑8-10	15	보좌진	微妙玄達
1.6	갑10-13	64뒤	성인(왕), 만물	無爲, 自然
1.7	갑13-14	37	도, 왕, 만물	無爲, 靜, 樸, 自然
1.8	갑14-15	63	성인(왕)	無爲
1.9	갑15-18	2	[도], 성인(왕), 만물	[正反], 無爲
1.10	갑18-20	32	도, 왕, 만물	樸, 自然
1.11	갑21-23	25	도, 왕, 천지, 만물	大, 返, 自然
1.12	갑23	5	천지	虛
1.13	갑24	16	도, 만물	虛, 恒, 復
1.14	갑25-27	64앞	[보좌진]	治之於其未亂

1.15	갑27-29	56	[보좌진]	玄同
1.16	갑29-32	57	성인(왕), 백성	無爲, 自然
1.17	갑33-35	55	[도]	弱柔, 和
1.18	갑35-37	44	[왕 혹은 보좌진]	知足, 長久
1.19	갑37	40	도	返, 弱, 無
1.20	갑37-39	9	[보좌진]	功遂身退

[표] 곽점본 『노자』 각 장절의 주요 논의주체와 주요 내용
※ 상기 표의 논의주체 항목에서 [ ]는 은성(隱性) 주어를 나타냄

1.1 통행본 19장

[원문] 絕知棄辯, 民利百倍. 絕巧棄利, 盜賊無有. 絕僞棄慮, 民復季子. 三言以[갑1]爲文不足, 或命之或所屬. 視素保樸, 少私寡欲.[갑2]

[해석] 앎과 말재주를 버리면 백성의 이익이 백배가 된다. 술수와 이익을 버리면 도적은 사라진다. 행하려는 마음과 사사로운 걱정을 버리면 백성들은 아이처럼 순수한 상태로 돌아간다. 이 세 문구로 부족하다고 여겨지면 또 이렇게 당부할 수도 있겠다. '투박함을 지니고 사리사욕을 줄여라.'

[논의주체] 왕, 백성

[전체주지] 인위적인 것들을 버리고 인위적인 행동을 하려는 마음을 버리면 만물과 백성은 알아서 질서를 찾아가므로 왕은 투박함을 견지하고 사리사욕을 줄이도록 하라.

[쟁점] 이 장절은 곽점본『노자』출간 이후 철학사상계에 가장 큰 파장을 가져다 준 장절 중 하나이다. 그 중 도가가 유가를 배척하는 대표적인 구문으로 여겨졌던 통행본의 '절성기지(絕聖棄智)', '절인기의(絕仁棄義)', '효와 자애(孝慈)'가 곽점본『노자』에 각각 '절지기변(絕知棄辯)', '절위기려(絕僞棄慮)', '계자(季子)'로 적혀 있는 것이 큰 화제가 되었다. 廖名春(2003)은 이에 대해 "絕聖棄智는 전국 장자학파(莊子學派)가 수정한 것으로 보인다."라 하였으며 梅廣(2015)은 전국 후기의 도가집단이 이를 수정한 것이라고 판단하였다.

[구문별 고석]

絶知棄辯, 民利百倍.
앎과 말재주를 버리면 백성의 이익이 백배가 된다.

곽점본: 㡯智弃卞, 民利百伓.
백서갑: 絶聲棄知, 民利百負.
백서을: 絶耶棄知, 而民利百倍.
북대본: 絶聖棄智, 民利百倍.
하상공: 絶聖棄智, 民利百倍.
왕필본: 絶聖棄智, 民利百倍.
돈황본: 絶聖棄智, 民利百倍.
『莊子·在宥』: 絶聖棄知而天下大治.

1) 㡯: 絶의 고문. 『설문해자』 絶자의 고문은 䋃로 적혀 있는데 고문자학계에서는 대부분 㡯를 蠿자의 생략 형태로 본다. 『설문해자』 繼자의 풀이에 따르면 蠿와 䋃는 이체관계이다.

2) 智: 知와 통용. 곽점본 『노자』에는 知자 자형은 사용되지 않으며 모두 智자 형태로만 사용되는데 智는 상기 구문에서의 용법을 제외하고는 전부 타동사로 사용되어 뒤에 목적어를 수반한다. 그러므로 상기 구문에서의 智 역시 知로 풀이해야 한다.

3) 弃: 棄의 고문. 『설문해자』에 따르면 이 자형은 棄의 고문이다.

4) 卞: 鞭의 고문, 辯의 통가자. 기존에는 다음과 같은 견해가 존재한다. (1) 鞭의 고문.(裘錫圭1998, 崔仁義1998, 廖名春2003) (2) 辯의 통가자.(裘錫圭1998, 廖名春2003) (3) 便의 통가자.(劉信芳1999a) (4) 鞭의 통가자.(崔仁義1998) 이 자형은 곽점본에 卞로 적혀 있다. 본서에서는 『설문해자』에 이 자형이 '鞭의 고문'으로 수록된 점[1]을 근거로 卞을 鞭의 고문으로 본다. 또한 裘錫圭는 "『노자병』 8호간에 사용된 이 자형은 偏의 통가자이며 『成之聞之』 32호간과 『尊德義』 14호간에도 이 글자가 사용되는데 각각 辨과 辯의 통가자이다. 『五行』 34호간에는 이 자형에 言을 덧붙인 글자가 나오는데 마왕퇴백서(馬王堆帛書) 『五行』에서 이 글자에 해당하는 글자가 바로 辯이다."라 하였는데 이를 통해 우리는 당시 이 자형이 辯의 통가자로 활용되었음을 알 수 있다.

5) 伓: 倍의 통가자. 『郭店楚墓竹簡』과 廖名春(2003)은 倍의 통가자로 본다. 廖名春은 伓, 負, 倍 세 글자의 상고음이 모두 같다고 하였다.

---

1) 崔仁義(1998:44/62) 참고.

> 絕巧棄利, 盜賊無有.
> 술수와 이익을 버리면 도적은 사라진다.
>
> 곽점본: 㠬攷弃利, 覨惻亡又.
> 백서갑: 絕巧棄利, 盜賊无有.
> 백서을: 絕巧棄利, 盜賊无有.
> 북대본: 絕巧棄利, 盜賊無有.
> 하상공: 絕巧棄利, 盜賊無有.
> 왕필본: 絕巧棄利, 盜賊無有.
> 돈황본: 絕巧棄利, 盜賊无有.

1) 㠬: 絕의 고문. 해설은 상동.

2) 攷: 巧의 통가자. 『郭店楚墓竹簡』과 廖名春(2003)에서는 巧의 통가자로 본다. 廖名春은 攷와 巧가 溪紐幽部로 통가 가능하다고 보았다.

3) 弃: 棄의 고문. 해설은 상동.

4) 覨: 盜의 통가자. 廖名春(2003)은 선진 시기 전래문헌에는 盜자가 상용되지만 갑골문, 금문, 초나라 죽간 모두에서 盜자는 사용되지 않으며 수호지진간(睡虎地秦簡)이 되어서야 盜자가 사용되기 시작한다고 지적한다. 또한 그에 따르면 선진시기 전래문헌에서는 도(桃), 조(駣) 등의 글자가 盜자와 통용된다 한다. 종합하면, 兆를 소리로 삼는 이 세 글자는 모두 盜와 통용되므로 覨는 盜의 통가자로 볼 수 있다.

5) 惻: 賊의 통가자.

6) 亡: 無와 통용. 亡과 無는 시기적이고 지역적으로 교체 관계를 지닌다. 徐丹(2005)에 따르면 곽점본 『노자』에는 '無'의 의미를 나타내는 경우 거의 대부분 亡자를 사용하였다.(단 1회만 無를 사용하였다 한다.) 그녀는 亡의 이러한 '無'를 나타내는 용법은 전국 후기가 되면 간체 형태인 无자가 대체하고 그 이후 다시 번체 형태인 無가 이를 대체하게 된다 하였다. 또한 그 이후 亡은 '無'의 의미가 아니라 '상실하다'의 전용자로 사용되게 된다고 하였다.

7) 又: 有의 통가자. 곽점본에서는 又 자형이 有와 통용되는 경우가 많다.

8) '絕巧棄利, 盜賊無有' 절과 '絕愚棄慮, 民復季子' 절은 백서본 이후의 판본에서는 그 순서가 바뀌어 적혀 있다. 즉 '絕愚棄慮, 民復季子' 절이 앞에, '絕巧棄利, 盜賊無有' 절은 뒤에 놓여 있다.

> 絕愚棄慮, 民復季子.
> 행하려는 마음과 사사로운 걱정을 버리면 백성들은 아이처럼 순수한 상태로 돌

아간다.
곽점본: 㠯愚弃慮, 民复季子.
백서갑: 絕仁棄義, 民復畜茲.
백서을: 絕仁棄義, 而民復孝茲.
북대본: 絕仁棄義, 民復孝茲.
하상공: 絕仁棄義, 民復孝慈.
왕필본: 絕仁棄義, 民復孝慈.
돈황본: 絕仁棄義, 民湌孝慈.

1) 㠯: 絶의 고문. 해설은 상동.

2) 愚: 爲의 분화자. '행하려는 마음'의 뜻. 이 글자 고석 관련해서는 현재 크게 아래 네 가지 견해가 존재한다. (1) 為의 분화자.(季旭昇1998, 龐樸1998) (2) 偽의 통가.(『郭店楚墓竹簡』, 裘錫圭2000a)[2] (3) 化의 통가.(劉信芳1999a, 池田知久, 陳斯鵬2000)[3] (4) 義의 통가.(高明1998) 필자는 첫 번째 견해가 옳다고 생각한다. 季旭昇에서는 "為의 分化字로 마음의 작용(心之作為)을 나타낸다."고 하였고 龐樸에서는 "愚는 일종의 심리상태를 나타내기에 행위(行為)가 아니라 마음의 작용(心為)으로 봐야 한다."고 하였는데 모두 옳은 견해이다. 곽점본『노자』에서 爲는 心부가 추가된 愚와 그렇지 않은 爲, 그리고 虫부가 추가된 爲 등 3자형으로 나뉜다. 그 중 '爲'자가 제일 많이 사용되지만 愚 역시 3회 사용된다. 곽점본에서 爲는 '행위' 그 자체를, 愚는 '행위하고자 하는 마음'을 나타낸다. 또한 虫부가 추가된 爲는 '교화'의 의미를 나타낸다. 후대 판본에서 爲는 그대로 사용되지만 愚와 '虫부가 추가된 爲'는 모두 다른 글자로 교체되는데 愚가 명사로 사용될 경우 후대 판본에서 仁으로, 동사로 사용될 경우 化로 바뀌어 있다. 또한 '虫부가 추가된 爲'는 化로 바뀌어 있다. 즉 爲와 愚는 구분해서 보아야 한다는 것이 본서의 주장이다. 상기 구문에서 愚는 慮와 한 구문에 쓰여 모두 心부를 수반하고 있다. 이는 '행하려는 마음'으로 풀이하는 게 옳다.

3) 弃: 棄의 고문. 해설은 상동.

4) 慮: 慮의 오자. 이 자형 고석 관련 아래 네 견해가 존재한다. (1) 慮의 오자.(裘錫

---

2) 裘錫圭(2000a:28)에서는 "為로 보아도, 偽로 보아도 된다. 그러나 자연에 위배되는 인위(人為)이기 때문에 偽로 보는 것이 더 낫다."

3) 陳斯鵬(2000:83)에서는 "池田知久는 馬王堆帛書『노자』갑본을 근거로 이 자형을 化로 읽었는데 정확한 견해이다. 곽점본에도 이 글자가 化와 유사하게 읽히는 경우가 있는데 가령 갑13의 '而萬物將自愚(化). 愚(化)而欲作, 將鎮之以亡名之樸.' 구문이 그러하다. 내 생각에는 갑1의 愚자도 化로 읽어야 한다고 본다. 化는 교화(教化)를 의미한다."라 하였다.

圭1998, 池田知久1998, 崔仁義1998, 袁國華1998, 韓祿伯1999, 許抗生1999, 廖名春2003) (2) 作의 통가.(龐樸1998, 季旭昇1998) (3) 虐로 고석.(陳偉1999)[4] (4) 仁의 통가.(高明1998) 본서에서는 그 중 慮의 오자로 보는 것이 옳다고 판단한다.

5) 季子: '어린아이'의 뜻. 이 어휘는 크게 후대 판본에서 孝慈로 적혀 있는 것을 근거로 孝慈라고 주장하는 학자와 글자 그대로 季子라고 주장하는 학자로 나뉜다. 본서에서는 季子라는 고석에 동의하는데 곽점본『노자』 전체에서 말하고자 하는 의미에 상응하다고 여기기 때문이다. 곽점본『노자』 전체의 주지를 살펴보면 '아이와 같은 처음의 상태'를 가장 자연스럽고 돌아가야 하는 상태로 본다. 이와 비슷한 구문은 '含德之厚者, 比于赤子.'(곽점갑33, 통행본55장) 장절에도 드러나는데 여기서 赤子는 季子와 일맥상통한다. 崔仁義(1998)도 이에 대해 "전래문헌과 백서『노자』에서는 '인의'와 관련지어 얘기하지만 죽간『노자』에서는 '愚慮'와 연관시켜 얘기하기 때문에 季子는 어린아이의 정신 상태를 가리킨다 볼 수 있다. 이는 '比於赤子'에 상응한다."라 하였고 劉信芳(1999b), 丁四新(2000), 廖名春(2003) 역시 季子라고 고석하고 稚子(어린아이)로 풀이하였다. 裘錫圭(2000a)에서도 "'民復季子'는 그 의미가『노자』통행본 28장의 '復歸於嬰兒'에 가깝다."라고 하는 등 모두 '어린아이'의 의미인 季子로 보았다.

> 三言以爲文不足, 或命之或所屬.
> 이 세 문구로 부족하다고 여겨지면 또 이렇게 당부할 수도 있겠다.
>
> 곽점본: 三言以爲𠋑不足, 或命之或虗豆.
> 백서갑: 此三言也以為文未足, 故令之有所屬.
> 백서을: 此三言也以為文未足, 故令之有所屬.
> 북대본: 此參言以為文未足, 故令之有所屬.
> 하상공: 此三者以為文不足, 故令有所屬.
> 왕필본: 此三者以為文不足, 故令有所屬.
> 돈황본: 此三言為文未足, 故令有所屬.

1) 𠋑: 文의 통가. '문구'의 의미. 이 글자의 고석 관련 견해는 아래 두 가지가 있다. (1) 弁자로 고석.(李家浩1979, 高明1998) (2) 史자로 고석.(李零1998, 張桂光1999, 劉信芳1999a, 陳偉1999, 廖名春2003) (3) 使자로 고석.(韓祿伯2002) 이 글자의 의미 관련해서는 아래 세 의견이 있다. (1) 史 그대로 풀이.(陳偉1999) 陳偉는『論語·雍也』의 "文勝之則史"를 예로 들어 史를 文辭라고 풀이하였다. (2) 文의 통가.(高明1998)

---

4) 그는 虐로 고석하고 '거칠고 폭력적인 사기 행위'의 의미를 나타낸다고 주장하였다.

(3) 辨의 통가.(『郭店楚墓竹簡』) (4) 使의 통가.(李零1998, 張桂光1999)

2) 或: 王力의 『고한어자전(古漢語字典)』에 따르면 或은 부사로 又의 의미를 지니는데 이러한 의미는 『시경』 용례에서부터 찾아볼 수 있다. 곽점본 『노자』에서도 或이 又의 의미로 사용되기도 한다.

3) 虖: 乎로 고석. 所와 통가. 이 자형은 곽점본에서 거의 대부분 '乎'로 고석된다. 『郭店楚墓竹簡』에서 裘錫圭(1998)는 이 글자를 乎로 고석하고 呼로 읽힌다고 여겼다. 그러나 廖名春(2003)에서는 所와 통가된다고 보았는데 그 이유는 所는 斤을 의부로 戶를 성부로 삼는 글자이고 戶와 乎는 모두 魚部 匣母에 속하는 글자이기 때문에 所와 乎는 서로 통한다고 하였다.

4) 豆: 屬과 통가. 이 글자는 屬과 통가되어 '당부하다'의 의미를 지닌다고 여기는 것이 일반적인 견해이다.(『郭店楚墓竹簡』, 劉信芳1999a, 廖名春2003) 그 외에도 續의 가차자로 보는 경우도 있다.(池田知久1999)

視素保樸, 少私寡欲.
'투박함을 지니고 사리사욕을 줄여라.'

곽점본: 視索保僕, 少厶須〈寡〉欲.
백서갑: 見素抱□, □□□□.
백서을: 見素抱樸, 少私而寡欲.
북대본: 見素抱樸, 少私寡欲.
하상공: 見素抱朴, 少私寡欲.
왕필본: 見素抱樸, 少私寡欲.
돈황본: 見素抱朴, 少私寡欲.

---

1) 視: 이 글자는 視로 고석하고 示의 가차자로 보는 것이 일반적이다.(裘錫圭2000b, 池田知久1999) 池田知久는 그 의미를 '드러내다(顯示)'로 보았다.

2) 索: 素의 오자. 타 판본에서 素로 적혀 있는 것을 근거로 이 글자를 素의 통가자로 보거나(『郭店楚墓竹簡』) 素의 오자로 본다.(廖名春2003) 즉 모두 素라는 글자와 통용된다고 본다.

3) 保: 글자 그대로의 의미. 裘錫圭(2000b)에서는 "保와 抱는 소리가 비슷해서 통할 수 있다. 그렇지만 保樸이 抱樸보다 더 이해가 쉽다."라 하였다.

4) 僕: 樸의 통가자.(『郭店楚墓竹簡』, 廖名春2003) 그러나 人부의 의미를 살려 '사람의 투박함'의 뜻을 지닌다. 廖名春은 "僕와 樸는 古音이 같기에 통가 가능하다."라 하였다. 본서의 고찰에 따르면 樸이 '사람의 투박함'을 나타내는 경우는 곽점본 『노자』에 총2회 출현하는데 모두 人부를 따라 僕자로 사용된다. 곽점본 『노자』에서는 의부(意

符)가 유의미하게 작용되는 경우가 많다는 점을 감안할 때, 木부가 아닌 人부를 수반하는 僕는 '사람의 투박함'을 강조하는 것으로 판단된다.

5) 厶: 私의 옛 글자. 이 글자 관련 아래 두 견해가 존재한다. (1) 私의 옛 글자. (2) 思의 의미. 劉師培(1997)는 "'私'자는 '思'자로 쓰인 글자일 것이다. 『韓非子·解老』의 '凡德者以無爲集, 以無欲成, 以不思安, 以不用固.' 구문에는 思와 欲이 동시에 출현한다. 또한 『文選』의 謝靈運 『鄰裡相送方山』 詩에 대한 李注에서는 노자의 말을 인용하여 '少思寡欲'이라 하고 있는데 이를 통해 古本에서는 思로 적혀 있었음을 알 수 있다. 『韓非子』의 '不思'는 이 '少思'를 풀이한 것이다."라 하였다. 蔣錫昌(1980)은 "『莊子·山木』에 '其民愚而朴, 少私而寡欲.'이라는 구문이 있는데 이는 상기 구문을 근거로 한 말이다. 고로 『노자』에서는 思가 아닌 私를 사용했음을 알 수 있다."라 하였다. 廖名春(2003)에서는 『설문해자』 厶에 대해 段玉裁가 '公私의 私자는 본래 이 자형이었으나 지금은 厶는 폐기되고 私가 통용된다.'라 주하고 있음을 근거로 私자로 고석하였다. 본서에서는 곽점본 『노자』 전체의 주지로 보았을 때 개인적인 욕심을 경계하는 의미가 옳다고 판단하기에 私로 고석하는 견해에 동의한다.

6) 須: 寡의 오자. 이 자형은 ※로 적혀 있는데 寡자의 이체로 보거나, (廖名春2003) 寡자의 오자로 본다. (顔世鉉2001)

7) 欲: 慾의 통가자. 곽점갑과 곽점병에서는 동일한 의미를 나타내는 경우에도 각기 다른 자형을 사용하고 있는 경우가 종종 발견된다. 가령 곽점갑에는 谷부를 수반하는 자형이 '浴, 谷, 欲'이 출현하는데, 浴자는 후대의 谷(계곡)자와, 谷/雒자는 후대의 欲(조동사/동사)자와, 欲자는 후대의 慾(명사)자와 통용된다. 그러나 곽점병에서는 '欲' 자형이 그대로 欲을 나타낸다.

1.2 통행본 66장

[원문] 江海所以爲百谷王, 以其[갑2]能爲百谷下, 是以能爲百谷王. 聖人之在民前也, 以身後之; 其在民上也, 以[갑3]言下之. 其在民上也, 民弗厚也; 其在民前也, 民弗害也. 天下樂進而弗厭[갑4], 以其不爭也, 故天下莫能與之爭.[갑5]

[해석] 강과 바다는 여러 계곡물의 왕이 되는데 이는 여러 계곡물보다 낮은 곳에 있음으로 인해서이다. 이 때문에 여러 계곡물의 왕이 될 수 있는 것이다. 성인은 백성의 앞에 있는 존재이니 그 몸은 뒤로 하고, 백성의 위에 있는 존재이니 그 말은 낮춰야 한다. (이렇게 하면) 성인이 백성의 위에 있더라도 백성들은 그를 특별하게 여기지 않으며 성인이 백성의 앞에 있더라도 백성들은 그를 해하지 않는다. (이렇게 되면) 천하 만물은 즐겁게 앞으로 나아가면서도 그를 미워하지 않기에 그와 경쟁하지 않는다. 그러므로 천하에 그와 다툴 수 있는 것은 아무것도 없게 된다.

[논의주체] 성인(왕), 백성

[전체주지] 왕이 언행을 낮추고 조심하면 백성은 그를 미워하거나 경쟁 대상으로 삼으려 하지 않기에 각자 즐겁게 지낼 수 있다.

[구문별 고석]

> 江海所以爲百谷王, 以其能爲百谷下, 是以能爲百谷王.
> 강과 바다는 여러 계곡물의 왕이 되는데 이는 여러 계곡물보다 낮은 곳에 있음으로 인해서이다. 이 때문에 여러 계곡물의 왕이 될 수 있는 것이다.

> 곽점본: 江海所以爲百浴王, 以丌能爲百浴下, 是以能爲百浴王.
> 백서갑: □海之所以能為百浴王者, 以其善下之, 是以能為百浴王.
> 백서을: 江海所以能為百浴□□, □其□下之也, 是以能為百浴王.
> 북대본: 江海之所以能為百谷王者, 以其善下之也, 故能為百谷王.
> 하상공: 江海所以能為百谷王者, 以其善下之, 故能為百谷王.
> 왕필본: 江海之所以能為百谷王者, 以其善下之, 故能為百谷王.
> 돈황본: 江海所以能為百谷王者, 以其善下之, 故能為百谷王.

1) 海: 海의 이체자. 廖名春(2003)에 따르면 海는 每 소리를 따르고, 洢는 母 소리를 따르기에 통용된다. 또한 『六朝別字記』에 '海作洢'라 적혀 있는데다 포산초간(包山楚簡)과 마왕퇴한묘백서 『九主』에도 海가 아닌 洢자로 적혀 있는 것을 근거로 옛 글자는 洢가 옳다고도 주장했다.

2) 丌: 其의 이체자. 其는 箕(키 기)의 초기 자형이다. 箕는 원래 상형자인 ㅂ 형태로 사용되다가 후대에 성부 丌가 추가되어 其자로 변천하였다. 그러나 其자가 '그'라는 의미의 허사로 가차되어 다량 사용되면서 '키'를 나타내는 箕자가 후대에 별도로 만들어진다. 초 문자에서는 其의 성부인 丌나 이에 장식을 추가한 亓 자형으로 사용되는 경우가 많은데 이 자형들은 모두 其를 나타낸다. 본서에서는 丌와 亓 자형을 丌자로 통일해서 적겠다.

3) 浴: 골짜기를 나타내는 谷의 형성자 형태. 이 글자 관련 아래 두 견해가 존재한다. (1) 浴자로 고석하고 谷자로 읽거나(『郭店楚墓竹簡』) 浴자로 예정(隷定)하고 谷의 번체자로 보는 견해(廖名春2003)가 그것이다. 후자의 견해에서는 '두 산 사이에서의 물의 흐름'이라는 의미로 본다. (2) 渦자로 예정(隷定)하거나(崔仁義1998) 이를 『설문해자』 過자의 이체 보는 견해(劉信芳1999a)에서는 이 글자를 '하류의 통칭'으로 풀이한다. 본서의 고찰 결과, 곽점본에서는 골짜기를 나타내는 谷자는 水부가 추가되어 浴으로 적혀 있었다. 곽점본에서는 의부(意符)가 유의미하게 작용하고 있다는 특징이 있다는 점을 감안하면 浴은 水를 의부로, 谷을 성부로 삼는 형성자로 계곡물을 나타내고 있다.

4) 百: '많다'의 의미. 선진시기 고문헌에 사용된 百은 '많다'는 개념을 나타낸다.

> 聖人之在民前也, 以身後之; 其在民上也, 以言下之. 其在民上也, 民弗厚也; 其在民前也, 民弗害也.
> 성인은 백성의 앞에 있는 존재이니 그 몸은 뒤로 하고, 백성의 위에 있는 존재이니 그 말은 낮춰야 한다. (이렇게 하면) 성인이 백성의 위에 있더라도 백성들은 그를 특별하게 여기지 않으며 성인이 백성의 앞에 있더라도 백성들은 그를 해하지 않는다.

> 곽점본: 聖人之才民前也, 以身後之; 丌才民上也, 以言下之.
> 백서갑: 是以聖人之欲上民也, 必以其言下之; 其欲先□□, 必以其身後之.
> 백서을: 是以耶人之欲上民也, 必以其言下之; 其欲先民也, 必以其身後之.
> 북대본: 是[以聖]人之欲高民也, 必以其言下之; 其欲先民也, 必以其身後之.
> 하상공: 是以聖人欲上民, 必以言下之. 欲先民, 必以身後之.
> 왕필본: 是以聖人欲上民, 必以言下之. 欲先民, 必以身後之.
> 돈황본: 是以聖人欲上民, 以其言下之. 欲先民, 以其身後之.

> 곽점본: 其才民上也, 民弗厚也; 其才民前也, 民弗害也.
> 백서갑: 故居前而民弗害也, 居上而民弗重也.
> 백서을: 故居上而民弗重也, 居前而民弗害.
> 북대본: 是以居上[而]民不重, 居前而民弗害也.
> 하상공: 是以聖人處上而民不重, 處前而不害.
> 왕필본: 是以聖人處上而民不重, 處前而民不害.
> 돈황본: 是以雾上其民不重, 雾前而民不害.

1) 才: 在와 통가. 곽점본에서 在는 통상 才로 적혀 있다. 才와 在는 통가관계이다.
2) 害: '방해하다'의 뜻.『郭店楚墓竹簡』에서 裘錫圭(1998)는 𡧱로 고석하고 害로 읽었다. 馬敘論(1956)은 害를 遏의 가차자로 보았으며 丁原植(1999)은 '방해하다(妨礙)'라 풀이하였고 廖名春(2003)에서는『字彙』의 "害, 嫉也, 忌也."를 근거로 '질투하여 미워하다(嫉恨)'라 풀이하였다.
3) 丌: 其의 이체자. 해설은 상동

> 天下樂進而弗厭, 以其不爭也, 故天下莫能與之爭.
> (이렇게 되면) 천하 만물은 기쁘게 앞으로 나아가면서도 그를 미워하지 않기에 그와 경쟁하지 않는다. 그러므로 천하에 그와 다툴 수 있는 것은 아무것도 없게 된다.

> 곽점본: 天下樂進而弗詀. 以丌不靜也, 古天下莫能与之靜.
> 백서갑: 天下樂隼而弗猒也, 非以其无靜與, □□□□□靜.
> 백서을: 天下皆樂誰而弗猒也, 不以其无爭與？故□下莫能與爭.
> 북대본: 是以天下樂推而弗厭也. 不以其無爭邪？故天下莫能與之爭.
> 하상공: 是以天下樂推而不厭. 以其不爭, 故天下莫能與之爭.
> 왕필본: 是以天下樂推而不厭. 以其不爭, 故天下莫能與之爭.
> 돈황본: 是以天下樂推而不厭. 以其无爭, 故天下莫能與之爭.

1) 進: 글자 그대로. 이 글자 관련 아래 세 가지 견해가 존재한다. (1) 후대 판본을 근거하여 推로 고석.(崔仁義1998) (2) 글자 그대로 進으로 고석.(丁原植1999, 許抗

生1999) (3) 進과 推가 같은 계열이라 판단.(池田知久1999, 顔世鉉2000, 廖名春 2003) 池田知久는 進을 推의 이체자로 보았고 顔世鉉은 進과 推는 같은 의미로 천거하는 것을 의미한다고 하였으며 廖名春은 "초 죽간에서는 進과 推가 교체 가능하다"고 주장하며 '추대하다, 추진하다'는 의미로 풀이하였다. 본서에서는 글자 그대로 進으로 본다. 이 글자의 풀이에 대해 丁原植은 "進은 가까이하다(靠近)는 뜻으로 백성들의 '마음이 귀속됨(心服而歸順)'을 의미한다."라 하였고 許抗生은 "樂進은 온 세상 사람들이 스스로 앞으로 나아가는 것을 즐긴다는 의미이고 樂推는 성인을 추대하거나 그 공덕을 추대한다는 뜻으로 사용된다. 그러므로 樂進과 樂推의 의미는 다르다. ······'天下樂進而不厭'이라고 보는 것이『노자』본의에 부합한다."라 하며 進과 推를 구분해서 보아야 한다고 주장하였다.

 2) 詀: 厭의 통가자. '싫어하다, 미워하다'의 뜻. 이 글자 고석 관련 견해는 두 가지가 존재한다. (1) 詀자로 고석.(『郭店楚墓竹簡』, 丁原植1999, 袁國華1998, 劉信芳1999a, 顔世鉉2000) (2) 猒자로 고석.(馬敍論1956, 廖名春2003) 고석 견해와 무관하게 이 글자는 거의 대부분의 학자들이 厭의 통가자로 여긴다.(『郭店楚墓竹簡』, 袁國華1998, 顔世鉉2000, 廖名春2003) 厭의 뜻은 顔世鉉은 '증오하다'로, 廖名春은 '싫어하다'로 풀이하였다.

 3) 丌: 其의 이체자. 해설은 상동.

 4) 靜: 爭의 통가자.

 5) 古: 故의 옛 글자. 곽점본에서는 '그러므로'의 의미를 지닌 故가 대부분 '古' 자형으로 사용된다.

 6) 与: 與의 고문 자형과 유사. 『설문해자』에 따르면 與자의 고문은 㝊 형태이다. 与는 㝊의 생략된 형태이다. 초 죽간에서는 대부분 与자가 사용된다.

1.3 통행본 46장

[원문] 罪莫厚乎甚慾, 咎莫僉乎欲得[갑5], 禍莫大乎不知足. 知足之爲足, 此恒足矣.[갑6]

[해석] 과한 욕심보다 더한 죄는 없고, 얻고자 하는 것보다 더 위험한 우환은 없으며, 만족을 모르는 것보다 더 큰 화는 없다. 만족 자체가 만족함이 된다는 것을 안다면 항상 만족하게 된다.

[논의주체] 왕 혹은 보좌진

[전체주지] 과한 욕심을 줄이고 만족함을 알라.

[구문별 고석]

罪莫厚乎甚慾, 咎莫僉乎欲得, 禍莫大乎不知足.
과한 욕심보다 더한 죄는 없고, 얻고자 하는 것보다 더 지나친 우환은 없으며, 만족을 모르는 것보다 더 큰 화는 없다.

곽점본:	辠莫厚虗甚欲, 咎莫僉虗谷昙, 化莫大虗不智足.
백서갑:	罪莫大於可欲, 鼠莫大於不知足, 咎莫憯於欲得.
백서을:	罪莫大可欲, 禍□□□□□, □□□□□□.
북대본:	故罪莫大於可欲, 禍莫大於不智足. 咎莫灦於欲得.
하상공:	罪莫大於可欲. 禍莫大於不知足. 咎莫大於欲得.
왕필본:	禍莫大於不知足. 咎莫大於欲得.
돈황본:	罪莫大可欲. 禍莫大於不知足. 咎莫大甚於欲得.
『韓非子·解老』:	禍莫大於可欲. 禍莫大於不知足. 咎莫憯於欲利.
『韓非子·喩老』:	罪莫大於可欲. 禍莫大於不知足. 咎莫憯於欲得.

1) 辠: 罪의 옛 글자. 『설문해자』에 따르면 罪의 초기 형태는 自와 辛을 따른다.

2) 虗: 乎로 고석. 乎는 곽점본에서 虗로 적혀 있는데 이는 口라는 의부와 虎라는 성부를 따르는 글자로 후대 판본에서의 乎자이다.

3) 甚: 글자 그대로의 뜻. 池田知久(1999)는 甚을 글자 그대로의 의미로, 趙建偉(1999)는 '과분하다/과다하다'의 의미로 보았다. 곽점본에서의 '甚欲'는 타 판본에서는 '多欲', '可欲'로 적혀 있는데 顔世鉉(2000)은 이 세 의미가 서로 통한다고 보았다.

4) 欲: 慾의 통가자. 곽점갑과 곽점병에서는 동일한 한자가 각기 다른 자형을 사용하고 있는 경우가 종종 발견된다. 가령 곽점갑에서는 谷부를 수반하는 자형이 浴, 谷, 欲'가 출현하는데, 浴자는 후대의 谷(계곡)자와, 谷/雒자는 후대의 欲(조동사/동사)자와, 欲자는 후대의 慾(명사)자와 통용된다. 그러나 곽점병에서는 欲 자형이 그대로 欲을 나타낸다.

5) 僉: 글자 그대로. '지나치다'의 뜻. (1) 글자 그대로 읽는 경우.(顔世鉉2000, 廖名春2003) 顔世鉉은 僉은 過이나 甚, 多, 大의 의미를 지닌다고 주장하였고 廖名春에서는 僉이라 고석하며 '지나치다(過甚)'의 의미로 보았다. (2) 백서본에 근거해 憯자로 읽는 경우.(『郭店楚墓竹簡』)

6) 谷: 欲(동사/조동사)의 통가자. 해설은 상기 欲자 참고.

7) 㝵: 得의 고문.『설문해자』에 따르면 得은 고문에서 彳을 생략해 㝵(㝵)자로 쓰인다. 㝵은 㝵의 오자이다. 㝵은 寸과 見을 따르는 글자로 寸과 又는 둘 다 손과 관련된 부수이고 見은 貝의 오자이기 때문이다.

8) 化: 禍의 가차자로 보는 견해가 대다수다. 崔仁義(1998)는 化와 禍는 모두 상고음이 歌部에 속한다고 하였다.

9) 智: 知와 통용. 곽점본에서는 知자가 전부 智자로 적혀 있다. 곽점본『노자』에는 知자형은 출현하지 않으며 모두 智자형으로만 사용되는데 智는 1회를 제외하고는 전부 타동사로 사용되어 뒤에 목적어를 수반한다. 상기 구문에서의 智 역시 뒤에 목적어를 수반하는 타동사이므로 知로 고석해야 한다.

知足之爲足, 此恒足矣.
만족 자체가 만족함이 된다는 것을 안다면 항상 만족하게 된다.

곽점본:	智足之爲足, 此疋足矣.
백서갑:	□□□□, 恒足矣.
백서을:	□□□□, □足矣.
북대본:	故智足之足, 恒足矣.
하상공:	故知足之足, 常足.
왕필본:	故知足之足常足.
돈황본:	知足之足, 常足.
『韓非子·喻老』:	知足之爲足矣.

1) 智: 知와 통용. 해설은 상동.

2) 此: 이 글자는 '此恒足矣'라는 조건복문 주절의 주어 자리에 사용되었다. 이 구조에서의 此는 비록 주어 자리에 사용되어 앞 종속절의 '知足之爲足'를 받지만, 그 의미는 사실상 허화되어 지시사로서의 어법기능만 남아 있다고 볼 수 있다. 곽점본에는 조건복문의 주절의 주어 자리에 이러한 此가 종종 사용되는데, 이미 그 의미기능을 제대로 하지 못하는데 이 때문에 한대 이후의 판본에는 모두 삭제되어 있다.

3) 死: 恒의 고문.『설문해자』에 따르면 이 자형은 恒자의 고문이다.

4) 知足之爲足: 이 구문은 '知足+之+爲足'과 '知+足之爲足' 두 구조로 분석할 수 있다. 하지만 필자는 이 구문이 후자로 풀이되는 것이 적합하다고 판단한다. '知足之爲足'은 主之謂 구조에 속한다. 主之謂 구조는 선진 시기 고대 문헌에 상용되던 구조인데 이 구조는 그 자체로 문장에서 주어, 목적어, 부사어 등으로 사용되었다. 主之謂 구조의 주어(主) 자리에는 통상 NP 성분이, 술어(謂) 자리에는 VP 성분이 놓인다. 상기 '知足之爲足' 구조를 '知足+之+爲足'로 본다면 知足이 主之謂 구조의 주어가 된다. 그러나 知足은 VP 구조에 속한다. 主之謂의 주어(主) 자리에 VP가 놓이는 경우는 드물다. 이 때문에 이 구조는 '知+足之爲足' 구조로 보아야 한다. '知+足之爲足'은 '知+목적어' 구조에 속한다. 그리고 그 목적어 자리에 主之謂 구조가 사용된 것이다. 이 때문에 이 구문을 풀이할 때에도 '목적어인 足之爲足을 안다'로 이해해야 한다.

1.4 통행본 30장

[원문] 以道佐人主者, 不欲以兵强[갑6]於天下. 善者果而已, 毋以取强. 果而弗伐, 果而弗驕, 果而弗矜, 是謂果而不强. 其[갑7]事好長. [갑8]

[해석] 왕을 도(道)로 보좌하는 자는 천하 만물에 군사로 우월함을 드러내려 하지 않는다. 일을 잘하는 자는 성과를 중시할 뿐이지 우월함을 드러내지 않는다. 성과가 있으면서도 공로를 드러내지 않고, 성과가 있으면서도 교만하지 않으며, 성과가 있으면서도 자랑하지 않는 것, 이것을 '성과가 있지만 우월해 보이지는 않는다'라 한다. (이렇게 하면) 그 일은 오래 유지될 수 있다.

[논의주체] 보좌진

[전체주지] (보좌진은) 추진하는 일에 대해 원하는 성과를 얻었더라도 이를 겉으로 드러내지 않아야 한다. 그래야만 오랫동안 유지된다.

[쟁점] '其事好長'의 위치와 단구가 쟁점이 되고 있다.(아래 내용 참조)

[구문별 고석]

以道佐人主者, 不欲以兵强於天下.
도로 왕을 보좌하는 자는 천하 만물에 군사로 우월함을 드러내려 하지 않는다.
곽점본: 以衔差人宝者, 不谷以兵弡於天下.
백서갑: 以道佐人主, 不以兵□□天下. □□□□, □□所居, 楚杁生之.
백서을: 以道佐人主, 不以兵强於天下. 其□□□, □□□□, □棘生之.

북대본:	以道佐人主, 不以兵強於天下. 其事好畏. 師之所居, 楚棘生之.
하상공:	以道佐人主者, 不以兵強天下. 其事好還. 師之所處, 荊棘生焉.
왕필본:	以道佐人主者, 不以兵強天下. 其事好還. 師之所處, 荊棘生焉.
돈황본:	以道佐人主者, 不以兵彊天下. 其事好還. 師之所雾, 荊棘生.

1) 衍: 道의 이체자. 곽점본『노자』에는 道를 나타낼 때 道와 衍 등 두 형태가 사용된다. 衍는 '사거리에 사람이 서 있는 모습'으로 道의 회의자 형태이다.

2) 差: 佐의 통가자. (1) 佐의 통가자.(崔仁義1998, 廖名春2003, 蔣錫昌1998, 古棣·周英1991) (2) 作로 고석.(俞樾, 朱謙之1984) 俞樾와 朱謙之는 景龍碑本과 다른 판본에는 이 글자가 원래 作으로 적혀져 있다고 주장하였다. 그러나 대부분의 학자들은 이 글자가 佐와 통한다고 본다. 타 판본에서의 문자 사용과 곽점본『노자』전체의 주지를 보더라도 이 글자는 佐로 보는 것이 맞다.

3) 宔: 主와 통가. 곽점본에는 主가 宔 자형으로 적혀 있다.

4) 谷: 欲의 통가자. 곽점갑과 곽점병에서는 동일한 한자가 각기 다른 자형을 사용하고 있는 경우가 종종 발견된다. 가령 곽점갑에는 谷부를 수반하는 자형이 浴, 谷, 欲가 출현하는데, 浴자는 후대의 谷(계곡)자와, 谷/雒자는 후대의 欲(조동사/동사)자와, 欲자는 후대의 慾(명사)자와 통용된다. 그러나 곽점병에서는 欲 자형이 그대로 欲을 나타낸다.

5) 弝: 剛의 고문, 强의 통가자. '억지로 하다', '강제하다', '강함을 드러내다'의 뜻. (1) 剛의 고문.(劉信芳1999a) 劉信芳은 이 자형이『설문해자』의 剛자에 해당한다고 하였다. 하지만 필자가 보기에『설문해자』의 剛자는 阝 자 형태로 왼쪽 부수가 人자를 따르므로 信자로 예정(隸定)해야 한다. 人과 弓은 자형이 비슷해 혼용된다. (2) 强의 생략.(廖名春2003) 廖名春은 人은 弓의 오자로 볼 수도 있지만 이 두 자형은 자세히 보면 차이를 지니므로 이 글자는 强의 생략으로 봐야 한다고 하였다. 또한『설문해자』强자의 籀文은 蚰과 彊을 따르는데다 고문헌에는 强자로 彊의 의미를 대체하는 경우가 있다고도 언급하였다. 곽점본『노자』에는 총 4회의 强자가 등장하는데 대부분 '강제하다', '억지로 하다', '강함을 드러내다'는 의미를 지닌다.

善者果而已, 毋以取强.
일을 잘하는 자는 성과를 중시할 뿐이지 우월함을 드러내려 하지 않는다.

곽점본:	善者果而已, 毋以取弝.
백서갑:	善者果而已矣, 毋以取强焉.

백서을:	善者果而已矣, 毋以取强焉.
북대본:	善者果而已, 不以取强.
하상공:	大軍之後, 必有凶年. 善有果而已, 不敢以取強.
왕필본:	大軍之後, 必有凶年. 善有果而已, 不敢以取強.
돈황본:	故善者果而已, 不以取彊.

1) 善: '잘하다'는 뜻. 곽점본 『노자』에서 善은 총 6회 사용되며 대부분 '善V+者' 구문이나 不善에 대비되는 구조에 사용되어 '잘하다'라는 의미의 동사로 사용된다. 즉 이 구문에서의 善者는 '잘하는 자'로 풀이해야 한다.

2) 果: '성과'의 뜻. 王安石은 果를 '이긴다(勝)'는 의미로 풀이했고 司馬光은 成으로 풀이하였다.[5] '이긴다'라는 의미는 곽점본 『노자』에서 말하고자 하는 바에서 벗어나는 의미이다. 그러므로 본고에서는 '이룸', '성과'를 나타내는 의미로 본다.

3) 弜: 剛의 고문, 强의 통가자. 해설은 상동.

果而弗伐, 果而弗驕, 果而弗矜, 是謂果而不强. 其事好長.
성과가 있으면서도 공로를 드러내지 않고, 성과가 있으면서도 교만하지 않으며, 성과가 있으면서도 자랑하지 않는 것, 이것을 '성과가 있지만 우월해 보이지는 않는다.'라 한다. (이렇게 하면) 그 일은 오래 유지될 수 있다.

곽점본:	果而弗發, 果而弗喬, 果而弗稱, 是胃果而不弜. 丌事好長.
백서갑:	果而毋驕, 果而勿矜, 果而□□, 果而毋得已居, 是胃□而不强.
백서을:	果而毋驕, 果而勿矜, 果□□伐, 果而毋得已居, 是胃果而强.
북대본:	故果而毋矜, 果而毋驕, 果而毋發, 果而毋不得已.
하상공:	果而勿矜, 果而勿伐, 果而勿驕, 果而不得已, 果而勿强.
왕필본:	果而勿矜, 果而勿伐, 果而勿驕, 果而不得已, 果而勿强.
돈황본:	果而勿驕, 果而勿矜, 果而勿伐, 果而不得已, 是果而勿彊.

1) 果: '성과'의 뜻. 해설은 상동.

2) 發: 伐의 통가. '공로를 드러내다'의 뜻. (1) 廢와 통가.(劉信芳1999a) (2) 發로 고석, 伐의 통가.(廖名春2003) 廖名春은 "發과 伐은 같은 음으로 문헌에서는 종종 호환된다."고 지적하였다. 곽점본에서의 發자는 伐의 통가자로 '공로를 드러낸다'는 의미이다.

3) 喬: 驕의 통가.(『郭店楚墓竹簡』, 廖名春2003)

---

5) 高亨 『老子正詁』 참고.(北京: 中國書店에서 1988年에 影印한 1943年 商務印書館本) 廖名春(2003:65) 재인용.

4) 裕: 矜의 와변 자형인 矜. '자랑하다'의 뜻. (1) 矜의 통가.(『郭店楚墓竹簡』) (2) 矜의 와변자인 矜.(廖名春2003) 본서에서는 廖名春의 견해를 받아들여 矜이 본자이며 후에 矜으로 자형이 와변된 것으로 본다.

5) 胃: 謂의 옛 글자. 곽점본에는 대부분 胃자로 적혀 있으며 謂와는 고금자 관계이다.

6) 弶: 剛의 고문, 强의 통가자. 해설은 상동.

7) 丌: 其의 이체자. 其는 箕(키 기)의 초기 자형이다. 箕는 원래 상형자인 ⊠ 형태로 사용되다가 후대에 성부 丌가 추가되어 其자로 변천하였다. 그러나 其자가 '그'라는 의미의 허사로 가차되어 다량 사용되면서 '키'를 나타내는 箕자가 후대에 별도로 만들어진다. 초 문자에서는 其의 성부인 丌나 이에 장식을 더한 丌 자형으로 사용되는 경우가 많은데 모두 其를 나타낸다. 본서에서는 丌와 丌 자형을 丌자로 통일해서 적겠다.

8) 其事好長: '그 일은 오래 지속될 것이다'는 의미. '其事好長'의 長은 후대 판본에서는 모두 還자로 적혀 있다. 이 구문과 관련하여 다음과 같은 논쟁이 존재한다. (1) 구두점 관련: '其事好長'의 好 다음에 '⎯' 라는 표점부호가 찍혀 있는 것을 근거로 '其事好長'으로 표점하는 것이 옳다는 견해와,(許抗生1999, 高明1998, 李零1998, 張桂光1999 등) '其事好. 長…'으로 표점하는 것이 옳다는 견해,(劉信芳1999a) 글자가 하나 탈락된 '其事好還. 長…'으로 보는 것이 옳다는 견해(『郭店楚墓竹簡』, 崔仁義1998)가 상존한다. (2) 구문 자체의 위치 관련: '其事好長'이라는 구문의 위치 관련하여 후대 판본에는 이 장절의 앞 쪽에 놓여 있는데 곽점본에는 이 장절의 맨 뒤에 놓여 있어 어느 위치가 옳은지에 대한 논쟁이다. 본서에서는 이 구문의 단구는 '其事好'가 아니라 '其事好長'으로 해야 한다고 본다. 곽점본 『노자』에서는 長, 久, 恒을 우위 개념으로 두고 이야기를 전개한다. 이 단락의 전체 의미는 '앞서 서술한 이런 것들을 행한다면 그 일은 오래 지속될 수 있을 것'이라는 뜻이다. 그렇기에 이 구문은 곽점본에서처럼 뒤 쪽에 위치시키는 것이 옳다.

1.5 통행본 15장

[원문] 古之善爲士者, 必微妙玄達, 深不可識. 是以爲之頌: 豫乎如冬涉川, 猶乎其[갑8]如悷四鄰. 嚴乎其如客, 渙乎其如釋. 沌乎其如樸, 混乎其如濁. 孰能濁以靜[갑9]者, 將徐淸. 孰能安以動者, 將徐生. 保此道者, 不欲尙呈.[갑10]

[해석] 예전에 보좌진(士) 노릇을 잘하던 자는 반드시 미묘한 듯 현달한 듯 깊어서 그 속을 잘 알 수가 없었다. 이 때문에 다음과 같이 노래하였다. 겨울에 개울을 건너듯 조심스럽고, 사방의 이웃을 두려워하듯 신중하다. 손님인 듯 의젓하면서도, 얼음이 녹듯 흩어져 버린다. 질박한 통나무처럼 엉겨 있으면서도, 탁한 것처럼 섞여 있다. 탁한 것에 정적인 요소를 더하면 서서히 맑아지고 안정되어 있는 것에 동적인 요소를 더하면 서서히 움직인다. 이런 이치를 따르는 자는 드러나는 것을 숭상하려 하지 않는다.(경계한다.)

[논의주체] 보좌진

[전체주지] (보좌진은) 자신의 속을 너무 드러내지 말고 조심스럽게 처신해야 한다.

[구문별 고석]

> 古之善爲士者, 必微妙玄達, 深不可識. 是以爲之頌:
> 예전에 보좌진(士) 노릇을 잘하던 자는 반드시 미묘한 듯 현달한 듯 깊어서 그 속을 잘 알 수가 없었다. 이 때문에 다음과 같이 노래하였다.

> 곽점본: 古之善爲士者, 必非溺玄達, 深不可志, 是以爲之頌:
> 백서갑: □□□□□, □□□□, 深不可志. 夫唯不可志, 故强爲之容,
> 백서을: 古之善為道者, 微眇玄達, 深不可志. 夫唯不可志, 故强爲之容,
> 북대본: 古之為士者, 微眇玄達, 深不可識. 夫唯不可識, 故强爲之頌曰:
> 하상공: 古之善為士者, 微妙玄通, 深不可識. 夫唯不可識, 故强爲之容.
> 왕필본: 古之善為士者, 微妙元通, 深不可識. 夫唯不可識, 故强爲之容.
> 돈황본: 古之善為士者, 微妙玄通, 深不可識. 夫唯不可識, 故强爲之容.
> 『文子·道原』: 夫道者, 高不可及, 深不可測, 包裹天地, 稟受無形.
> 『文子·道原』: 水之為道也, 廣不可極, 深不可測, 長極無窮, 遠淪無涯.
> 『文子·自然』: 天道默默, 無容無則, 大不可極, 深不可測, 常與人化, 智不能得.[6]

1) 非: 微와 통가. 微와 통가된다거나,(『郭店楚墓竹簡』, 丁原植1999, 魏啟鵬1999) 非자는 원래부터 微의 의미도 지니고 있다는 견해가 존재한다.(廖名春2003).

2) 溺: 통상 妙로 가차된다고 여긴다.(『郭店楚墓竹簡』, 魏啟鵬1999, 廖名春2003)

3) 達: 글자 의미 그대로. 이 글자는 곽점본을 포함한 서한 시기까지 출토문헌에서는 모두 達로 사용되지만 동한 이후 전래문헌에서 通으로 사용된다. 通이 옳은 글자라고 여기는 학자가 많으며,(古棣·周英1991, 鄭良樹1997, 廖名春2003) 通과 達은 의미가 같다고 여기는 학자도 있다.(高明1996, 丁原植1999) 일부 학자는 造라 고석하고 溺과 첩운 관계라고 여기기도 한다.(池田知久1999)

4) 志: 識의 통가. 북대본 이후의 판본에서 모두 識으로 사용되는 점을 감안하여 학계에서는 識의 통가자라 여긴다.(『郭店楚墓竹簡』, 丁原植1999, 廖名春2003) 『文子·道原』에는 이 문구가 '深不可測'로 사용된다. 해당 구법위치는 술어성 성분이 위치해야 하는 자리이므로 志보다는 識으로 읽는 것이 낫다.

5) 頌: 글자 그대로. (1) 고문자학자들은 통상 후대 판본에 해당 글자가 容으로 적혀 있는 것을 근거로 삼아 이를 容의 옛 글자나 가차자라 여긴다.(『郭店楚墓竹簡』 등) 가령 易順鼎은 頌이 고자(古字)이고 容은 금자(今字)라고 하였으며 馬敍倫은 容은 籀文 '頌'의 생략인데 지금은 容자가 통용된다고 하였으며 容의 가차자라고 여기기도 하였다.[7] (2) 그러나 沈培 교수는 頌 그대로 읽어도 무방하다고 하였는데 본서에서도 이를 따른다.[8]

---

6) 이상 『文子』의 용례 3개는 丁原植에서 취함.(廖名春(2003:83) 재인용)
7) 廖名春(2003:84) 참고.
8) 2002년에 북경대 수업에서 이 견해를 언급한 적이 있다.

> 豫乎如冬涉川, 猶乎其如惼四鄰.
> 겨울에 개울을 건너듯 조심스럽고, 사방의 이웃을 두려워하듯 신중하다.

곽점본: 夜䚆奴各涉川, 猷䚆丌奴惼四㗊.
백서갑: 曰: 與呵其若冬□□, □□□□畏四□.
백서을: 曰: 與呵其若冬涉水, 猷呵其若畏四㗊.
북대본: 就(蹴)虖其如冬涉水, 猶虖其如畏四鄰.
하상공: 與兮若冬涉川; 猶兮若畏四鄰;
왕필본: 豫焉若冬涉川; 猶兮若畏四鄰;
돈황본: 豫若冬涉川; 猶若畏四鄰;

1) 夜: 豫의 가차자.(『郭店楚墓竹簡』, 廖名春2003)

2) 䚆: 乎와 통용. 乎는 곽점본에서 䚆로 적혀 있는데 이는 口라는 의부와 虍라는 성부를 따르는 글자로 후대 판본에서의 乎자이다.

3) 奴: 如의 통가. 이 장절에는 如가 총 6회 출현하는데 모두 奴자로 적혀 있다. 如라는 의미의 동사는 곽점본에서 奴자나 女자 자형 등으로 사용된다.

4) 各: 冬의 고문, 終의 통가자. 『설문해자』 '冬'의 고문.

5) 猷: 猶의 이체. 곽점본, 백서본에서는 猷로, 북대본 이후의 판본에서는 猶로 적혀 있다. 이 두 글자는 모두 犬부와 酋부를 따르는 글자로 한 글자의 이체 형식일 뿐이다.

6) 丌: 其의 이체자. 其는 箕(키 기)의 초기 자형이다. 箕는 원래 상형자인 🖻 형태로 사용되다가 후대에 성부 丌가 추가되어 其자로 변천하였다. 그러나 其자가 '그'라는 의미의 허사로 가차되어 다량 사용되면서 '키'를 나타내는 箕자가 후대에 별도로 만들어진다. 초 문자에서는 其의 성부인 丌나 이에 장식을 더한 亓 자형으로 사용되는 경우가 많은데 모두 其를 나타낸다. 본서에서는 丌와 亓 자형을 丌자로 통일해서 적겠다.

7) 惼: 畏의 이체. 곽점본 『노자』에는 의부(意符)를 덧붙여 의미를 명확히 하는 현상이 존재하는데 이 글자 역시 畏 자형에 心부를 추가해 '두렵다'는 심리적인 의미를 강조하고 있다. 곽점본에서는 '두려워하다'는 의미를 나타내는 畏가 心부를 따르는 惼와 示부를 수반하는 禖자 두 자형으로 구분되는데 신적인 존재에 대한 두려움은 禖자를, 일반적인 심리작용의 두려움은 惼자를 사용하는 편이다.

8) 㗊: 鄰과 통가. 이 자형은 곽점본과 백서본에서는 㗊자로 사용되었지만 북대본 이후의 판본에서는 鄰으로 바뀌어 적혀 있다. 출토문헌의 㗊자는 후대의 鄰자로 통가되는 경우가 많다. 『郭店楚墓竹簡』에 따르면 이 두 글자는 소리가 비슷해서 통가된다.

嚴乎其如客, 渙乎其如釋.
손님인 듯 의젓하면서도, 얼음이 녹듯 흩어져 버린다.

곽점본: 敢虘丌奴客, 䢘虘丌奴懌,
백서갑: □□其若客, 渙呵其若淩澤,
백서을: 嚴呵其若客, 渙呵其若淩澤,
북대본: 嚴乎其如客, 渙虖其如冰之澤,
하상공: 儼兮其若客; 渙兮若冰之將釋;
왕필본: 儼兮其若容; 渙兮若冰之將釋;
돈황본: 儼若客; 散若冰將汋;

1) 敢: 嚴으로 고석. 儼(의젓하다)의 의미. (1) 嚴과 통가.(『郭店楚墓竹簡』) (2) 嚴자의 생략.(丁原植1999)

2) 丌: 其의 이체자. 해설은 상동.

3) 䢘: 渙(흩어지다)의 통가. (1) 이 자형은 遠자를 성부로 삼으므로 渙으로 읽힐 수 있다.(『郭店楚墓竹簡』, 崔仁義1998) (2) 遠과 渙은 운부가 元部로 같고 그 의미도 渙은 흩어지다(散)의 의미이고 遠은 멀어지다(離)의 의미이므로 비슷하다.(廖名春2003)

4) 懌: 釋의 통가자. 백서본과 북대본에서는 澤으로, 왕필본과 하상공본에서는 釋으로 적혀 있다. (1) 液의 통가자.(劉師培1997, 易順鼎[9]), 丁原植1999) (2) 釋의 통가자.(『郭店楚墓竹簡』, 崔仁義1998, 魏啟鵬1999) 懌과 釋은 동일한 성부를 따르므로 釋의 통가로 보는 것이 더 옳다.

沌乎其如樸, 混乎其如濁.
질박한 통나무처럼 엉겨 있으면서도, 탁한 것처럼 섞여 있다.

곽점본: 屯虘丌奴樸, 坉虘丌奴濁.
백서갑: □呵其若㯷, 湷□□□□,
백서을: 沌呵其若樸, 湷呵其若濁. 湉呵其若浴. 湉呵□若浴.
북대본: 㹠虖其如樸, 沌虖其如濁, 曠虖其如浴.
하상공: 敦兮其若朴; 曠兮其若谷; 渾兮其若濁.
왕필본: 敦兮其若樸; 曠兮其若谷; 混兮其若濁.
돈황본: 混若樸; 曠若谷; 肫若濁.

1) 屯: 沌의 통가자. (1) 混의 통가자.(李零1999) (2) 沌의 통가자.(崔仁義1998)

2) 丌: 其의 이체자. 해설은 상동.

---

9) 廖名春(2003:93) 참고.

3) 樸: 글자 의미 그대로. '통나무' 혹은 '투박함'의 뜻.
4) 坉: 混의 통가자. (1) 沌의 통가자.(魏啟鵬1999, 李零1999) (2) 混의 통가자.(李零1999)
5) 濁: 글자 의미 그대로. '탁함'의 뜻.

孰能濁以靜者, 將徐清. 孰能安以動者, 將徐生.
탁한 것에 정적인 요소를 더하면 서서히 맑아지고 안정되어 있는 것에 동적인 요소를 더하면 서서히 움직인다.
곽점본: 竺能濁以朿者, 㫃舍清. 竺能㢟以迬者, 㫃舍生.
백서갑: 濁而情之, 余清. 女以重之, 余生.
백서을: 濁而靜之, 徐清. 女以重之, 徐生.
북대본: 孰能濁以靜之？徐清. 孰能安以動之？徐生.
하상공: 孰能濁以靜之徐清. 孰能安以久動之徐生.
왕필본: 孰能濁以靜之徐清. 孰能安以動之徐生.
돈황본: 濁以靜之徐清. 安以動之徐生.

1) 竺: 孰의 통가자.(『郭店楚墓竹簡』, 丁原植1999, 崔仁義1998)

2) 朿: 靜의 통가자. (1) 靜의 통가자.(『郭店楚墓竹簡』, 丁原植1999, 魏啟鵬1999) (2) 次의 통가자, 止로 풀이.(張桂光1999)

3) 㫃: 將의 통가자. 廖名春에 따르면 이 자형은 『설문해자』에 수록된 醬자의 고문이다. 醬과 將은 통가 가능하다. 이 자형은 곽점본에서는 將자 대신 사용되는 경우가 많다.

4) 舍: 徐의 통가자. (1) 徐의 통가자.(『郭店楚墓竹簡』) (2) 글자 그대로 舍.(丁原植1999) 丁原植은 "舍는 그치다/멈추다(止息)의 의미가 있다. 舍는 도가의 중요한 철학적 개념이다. 舍清과 그 다음에 출현하는 舍生은 清 혹은 生에 멈추라는 뜻이다."라 주장하였다.

5) 㢟: 安자의 오자. (1) 安자의 오자.(『郭店楚墓竹簡』) (2) 㢟자 그대로.(池田知久1999) (元) 吳澄 역시 해당 구문의 앞뒤 문맥의 의미대로 이 글자를 안정을 나타내는 安으로 보고 있다. 그는 다음과 같이 언급했다. "濁이라는 것은 動할 때를 일컫는다. 이 動에 정적인 것을 가하면 서서히 清한다. 安이라는 것은 靜할 때를 일컫는다. 이 靜에 동적인 것을 가하면 서서히 生한다. 安은 정적임(定靜)을, 生은 활동적임을 가리킨다. 즉 濁해야만 清하고 靜해야만 動함을 일컫는다. 安을 定靜으로 풀이하는 것은 㢟(宓、密)를 靜으로 보는 것과 같다."[10]

---

10) 顏世鉉(2000) 참고.

6) 迬: 動의 통가자. (1) 動의 통가자.(裘錫圭1998) (2) 迬자 그대로, 逗 혹은 住의 의미.(池田知久1999). 곽점본에서 重 소리를 따르는 글자는 主를 소리로 삼기도 한다. 動 역시 重을 성부로 삼고 있는 글자이다.『郭店楚墓竹簡』에서 裘錫圭는 迬자가 백서본에서 重으로, 통행본에서 動으로 사용되고 있음을 언급하며 主와 重이 상고음 성모가 비슷하고 운부는 음양대전(陰陽對轉) 관계라 지적하였다.

保此道者, 不欲尙呈.
이런 이치를 따르는 자는 드러나는 것을 숭상하려 하지 않는다.(경계한다.)

곽점본: 保此衒者, 不谷喿呈.
백서갑: 葆此道不欲盈. 夫唯不欲□, □□□□□成.
백서을: 葆此道□欲盈. 是以能斃而不成.
북대본: 抱此道者不欲盈. 夫唯不盈, 是以能敝不成.
하상공: 保此道者, 不欲盈. 夫唯不盈, 故能蔽不新成.
왕필본: 保此道者, 不欲盈. 夫唯不盈, 故能蔽不新成.
돈황본: 保此道者, 不欲盈. 夫唯不盈, 能弊復成.

1) 保: 글자 그대로. (1) 復자.(馬敍倫1956, 蔣錫昌1988) 馬敍倫은 "莊本『淮南·道應訓』에서는 상기 구문의 保를 復이라 적고 있다."라 하였고 蔣錫昌은 "復이 마땅하다.『설문해자』'復, 往來也.'"라 하였다. (2) 글자 그대로.(鄭良樹1997, 高明1996) 鄭良樹는 "保는 지키다(守也), 편안하다(安也)의 의미이다. 성인이 위에서 서술한 도를 지키려고 한다면 넘치지 않으려고 하는 방법밖에 없다는 뜻이다."라 하였고 高明은 "保는 지키다(守), 의지하다(恃)의 의미이다. '保此道'는 '守此道'의 의미이다."라 하였다.

2) 衒: 道의 이체자. 곽점본『노자』에는 道를 나타내는 자형이 道와 衒, 두 형태로 사용된다. 衒는 '사거리에 사람이 서 있는 모습'으로 道의 회의자 형태이다.

3) 谷: 欲의 통가자. 곽점갑과 곽점병에서는 동일한 한자가 각기 다른 자형을 사용하고 있는 경우가 종종 발견된다. 가령 곽점갑에는 谷부를 수반하는 자형이 浴, 谷, 欲가 출현하는데, 浴자는 후대의 谷(계곡)자와, 谷/雒자는 후대의 欲(조동사/동사)자와, 欲자는 후대의 慾(명사)자와 통용된다. 그러나 곽점병에서는 欲 자형이 그대로 欲을 나타낸다.

4) 喿: 尙의 이체자. 이 글자는 '숭상하다'는 의미를 지닌다. 丁原植(1999)은 이 글자에 대해 "'중시하다'는 의미로 '강조하다'의 뜻으로 확장되었다."라 하였다.

5) 呈: 呈자 그대로. (1) 盈의 통가자.(『郭店楚墓竹簡』) (2) 呈자 그대로, '드러나다

(顯露)'의 의미.(丁原植1999) (3) 涅의 통가자.(崔仁義1998, 廖名春2003) 廖名春은 "涅의 본의는 물이 가득차다는 의미로 盈과 同源字이다."라고 풀이하였다. 이 구문은 보좌진이 자신을 드러내지 말고 처신할 것에 대해 논하고 있는 장절이다. 앞뒤 전체 문맥의 의미로 살펴보았을 때 丁原植의 견해를 수용해 뭋은 글자 그대로 '드러나다'로 풀이해야 한다.

1.6 통행본 64장

[원문] 爲之者敗之, 執之者失[갑10]之. 是以聖人無爲故無敗; 無執故無失. 臨事之紀, 愼終如始, 此無敗事矣. 聖人欲[갑11]不欲, 不貴難得之貨, 敎不敎, 復衆之所過. 是故聖人能輔萬物之自然, 而弗[갑12]能爲.[갑13]

[해석] (인위적으로) 행하는 자는 실패하고, 지키려고 매달리는 자는 잃는다. 그래서 성인은 무위하면 실패하지 않고, 지키려고 매달리지 않으면 잃지 않는다. 일에 임할 때, 처음 시작할 때처럼 끝까지 삼간다면 실패하지 않을 것이다. 성인이 불욕하고자 하면 구하기 힘든 물건을 귀하게 여기지 않게 되고, 가르치지 않으면 많은 잘못된 일들은 원래 자리로 되돌아가게 될 것이다. 성인은 만물이 자신의 자리를 찾아가는 것을 도울 뿐, 억지로 무언가를 행하려고 하지는 않는다.

[논의주체] 성인(왕), 만물
[전체주지] 왕이 무위하고 불욕한다면 만물과 백성은 자연스럽게 자신의 자리를 찾아갈 것이다.
[쟁점] 이 장절은 곽점병(11-14호간)에 한 번 더 중복 서술되어 있다. 그러나 백서본 이후의 판본에서는 곽점갑(10-13호간)을 덧붙여서 하나의 장절로 합쳐져 있다.

[구문별 고석]

爲之者敗之, 執之者失之. 是以聖人無爲故無敗; 無執故無失. (의식적으로) 행하는 자는 실패하고, 지키려고 매달리는 자는 잃는다. 그래서 성인은 무위하면 실패하지 않고, 지키려고 매달리지 않으면 잃지 않는다.

곽점본: 爲之者敗之, 執之者遠之. 백서갑: □□□□, □□□□. 백서을: 為之者敗之, 執者失之. 북대본: 為之者敗之, 執之者失之. 하상공: 為者敗之, 執者失之. 왕필본: 為者敗之, 執者失之. 돈황본: 為者敗之, 執者失之.

곽점본: 是以聖人亡爲古亡敗; 亡執古亡遴. 백서갑: □□□□也, □無敗□; 无執也, 故无失也. 백서을: 是以叩人无為□, □□□□; □□□, □□□□. 북대본: 是以聖人無為, 故無敗也; 無執, 故無失也. 하상공: 聖人無為故無敗, 無執故無失. 왕필본: 是以聖人無為故無敗, 無執故無失. 돈황본: 是以聖人无為故无敗, 无執故无失.

1) 遠: 失의 곽점본 자형인 遴의 오자. (1) 失의 곽점본 자형인 遴의 오자.(崔仁義 1998, 李零1999) (2) 遠자 그대로.(魏啟鵬1999, 彭浩2001) 魏啟鵬은 遠은 떠나다(離開), 멀어지다(背離)의 의미로 보았고 彭浩는 遠과 失 두 글자는 의미가 비슷하고 보았다. 본서에서는 이 글자를 遴의 오자로 본다. 그 이유는 다음과 같다. 첫째, 이 글자는 다음과 같은 구문에 사용되는데 '爲之者敗之, 執之者遠之. 是以聖人亡爲古亡敗; 亡執古亡遴.(갑10-11)' 뒤 구문에서 敗와 遴(失)이 대구로 사용되고 있다. 둘째, 이 구문은 또한 『노자병』에서는 '爲之者敗之, 執之者遴之.(병11)' 라 쓰이는 등 곽점 갑에서 遠자로 사용되는 부분이 곽점병에서는 遴(失)자로 적혀 있다.

2) 亡: 無와 통용. 徐丹(2005)에 따르면 곽점본 『노자』에서는 '無'의 의미를 나타내는 경우 거의 대부분 亡자를 사용하였다.(단 1회만 無자를 사용) 그녀는 亡의 이러한 '無'를 나타내는 용법은 전국 후기가 되면 간체 형태인 无자가 대체하고 그 이후 시기에 다시 번체 형태인 無가 이를 대체하게 되는데 그 이후 亡은 '無'의 의미가 아니라 '상실하다'의 전용자로 사용되게 된다고 하였다.

3) 古: 故의 통가자. 곽점본의 古라는 자형은 古와 故 모두를 나타낼 수 있다.

4) 遴: 失의 통가자. 고문자학자인 趙平安(2000)이 이 글자를 失로 고석한 이후 고문자학계에서 광범위하게 받아들여지고 있다. 彭浩(2001) 역시 遴는 失의 통가자라

하였다.

臨事之紀, 愼終如始, 此無敗事矣. 일에 임할 때, 처음 시작할 때처럼 끝까지 삼간다면 실패하지 않을 것이다.
곽점본: 臨事之紀, 誓各女忎, 此亡敗事矣. 백서갑:　　　　故愼終若始, 則□□□. 백서을:　　故曰: 愼冬若始, 則无敗事矣. 북대본:　　　　故愼終如始, 則無敗事矣. 하상공:　　　　　　愼終如始, 則無敗事. 왕필본:　　　　　　愼終如始, 則無敗事. 돈황본:　　　　　　愼終如始, 則无敗事.

　1) 臨事之紀: 일을 처리하는 기준. 『郭店楚墓竹簡』에서는 臨을 視와 治를 가리킨 다고 보았고 紀에 대해서는 『禮記·樂紀』의 '中和之紀' 구문을 예로 들어 '總要之名也' 라 풀이하고 있다. '臨事之紀'의 풀이에 대해 丁原植(1999)은 "사물을 맞닥뜨렸을 때 처리시의 준칙과 요령"이라는 뜻으로 보았고 廖名春(2003)은 "일을 처리하는 기준(治 事之要)"으로 보았다.

　2) 誓: 愼의 옛 글자. 곽점본에는 誓자로 적혀 있는데 陳劍(2001)은 이 글자와 愼을 고금자(古今字) 관계라 보았다.

　3) 各: 冬의 고문, 終의 통가자. 『설문해자』 '冬'의 고문.

　4) 女: 곽점본에서 女자는 如나 汝 등으로 통가된다.

　5) 忎: 始의 통가자. 곽점본『노자』에는 㠯자나 생략 형태인 厶자를 성부로 삼는 글자 가 총 7회 출현하는데, 그 중 始로 읽히는 경우가 4회, 殆로 읽히는 경우가 1회, 治로 읽히는 경우가 2회 출현한다. 㠯가 心부와 함께 사용되는 경우에는 모두 始로(2회), 言 부와 함께 사용되는 경우에는 始(2회) 혹은 殆(1회)로, 糸부와 함께 사용되는 경우에는 모두 治(2회)로 통가되고 있다. 이 외에도 이의 생략 형태인 厶도 사용되는데 이 글자는 殆(1회)로 통가된다.

聖人欲不欲, 不貴難得之貨, 敎不敎, 復衆之所過. 성인이 불욕하고자 하면 구하기 힘든 물건을 귀하게 여기지 않게 되고, 불교하 면 많은 잘못된 일들은 원래 자리로 되돌아가게 될 것이다.
곽점본: 聖人谷不谷, 不貴難昮之貨, 孝不孝, 遝衆之所𢓜. 백서갑: □□□□欲不欲, 而不貴難得之腜; 學不學, 復衆人之所過; 백서을: 是以耶人欲不欲, 而不貴難得之貨; 學不學, 復衆人之所過;

북대본: 是以聖人欲不欲, 不貴難得之貨. 學不學, 而復衆人之所過. 하상공: 是以聖人欲不欲, 不貴難得之貨. 學不學, 復衆人之所過, 왕필본: 是以聖人欲不欲, 不貴難得之貨. 學不學, 復衆人之所過, 돈황본: 是以聖人欲不欲, 不貴難得之貨. 學不學, 備衆人之所過, 『韓非子·喻老』: 欲不欲, 而不貴難得之貨. 學不學, 複歸衆人之所過也.

1) 谷: 欲의 통가자. 곽점갑과 곽점병은 동일한 한자가 각기 다른 자형을 사용하고 있는 경우가 종종 발견된다. 가령 곽점갑에는 谷부를 수반하는 자형이 浴, 谷, 欲가 출현하는데, 浴자는 후대의 谷(계곡)자와, 谷/雒자는 후대의 欲(조동사/동사)자와, 欲자는 후대의 慾(명사)자와 통용된다. 그러나 곽점병에서는 欲 자형이 그대로 欲을 나타낸다.

2) 㝵: 得의 고문. 『설문해자』에 따르면 得은 고문에서 彳 을 생략해 㝵(䙷)자로 쓰인다. 䙷은 㝵의 오자이다. 䙷은 寸 과 見을 따르는 글자로 寸과 又는 둘 다 손과 관련된 부수이고 見은 貝의 오자이기 때문이다.

3) 季: 教로 고석. (1) 教로 고석.(郭沂1998, 丁原植1999, 魏啟鵬1999) (2) 學으로 고석.(崔仁義1998) 고문자학계에서는 이 글자를 教 혹은 學으로 고석하고 있다. 『郭店楚墓竹簡』에서는 이 자형에 대해 "『古文四聲韻』에서는 『古老子』를 인용하여 學으로 고석하고 있다. 또한 『汗簡』과 『古文四聲韻』에서는 郭昭卿의 『字指』의 教자를 인용하고 있는데 이는 죽간의 글자와 같다."라 하였다. 그러나 본서에서는 郭沂에서 "여기에서는 성인과 대중의 관계를 논하고 있으므로 '教不教'라 보는 것이 타당하다."라 언급한 것처럼 이 구문은 성인과 대중의 관계를 논하므로 '教不教'라 보는 것이 타당하다.

4) 逘: 復의 이체자. 彳 부와 辶(辵)부는 모두 동작을 나타내는 부수로 호환 가능하다.

5) 𠂍: 過의 통가자. 化와 過는 통가 관계이다. 『郭店楚墓竹簡』, 丁原植(1999), 劉信芳(1999a), 魏啟鵬(1999) 전부 過라 읽었다. 그 중 丁原植과 劉信芳은 이를 과실(過失)의 의미라 보았고 魏啟鵬은 "過는 과도함, 지나침, 서로 사이가 나빠져 멀어짐 등을 의미한다."고 보았다.

是故聖人能輔萬物之自然, 而弗能爲. 그러므로 성인은 만물이 자신의 자리를 찾아가는 것을 도울 뿐, 억지로 무언가를 행하려고 하지는 않는다.
곽점본: 是古聖人能尃萬勿之自肰, 而弗能爲.

> 백서갑: 能輔萬物之自囗, 囗弗敢爲.
> 백서을: 能輔萬物之自然, 而弗敢爲.
> 북대본: 以輔萬物之自然, 而弗敢爲.
> 하상공: 以輔萬物之自然, 而不敢爲.
> 왕필본: 以輔萬物之自然, 而不敢爲.
> 돈황본: 以輔萬物之自然, 而不敢爲.
> 『韓非子·喩老』: 恃萬物之自然而不敢爲也.

1) 古: 故의 통가자. 곽점본의 古라는 자형은 古와 故 모두를 나타낼 수 있다.

2) 尃: 輔의 통가자. (1) 輔의 통가자.(『郭店楚墓竹簡』, 崔仁義1998, 劉信芳1999a, 魏啓鵬1999) (2) 글자 그대로 尃라 고석.(丁原植1999) (3) 傅의 통가자, 附의 의미로 '의존하다', '따르다'는 뜻.(趙建偉1999) 본서에서는 곽점본『노자』에서 논하는 왕과 만물의 관계에 따라 이를 '보조하다'라고 풀이해야 옳다고 본다.

3) 勿: 物의 통가자.

4) 肰: 然의 이체자.

1.7 통행본 37장

[원문] 道恒無爲也, 侯王能守之, 而萬物將自愚. 愚而欲作, 將貞之以無名之樸. 夫[갑13]亦將知足以靜, 萬物將自定.[갑14]

[해석] 도는 언제나 무위하기에 왕이 이를 지킬 수 있다면 만물은 스스로 행하려는 마음을 지니게 된다. (만물이) 행하려는 마음을 지닌 후에는 행동하려 하며, 이 행동은 결국 무명의 투박함으로 바로잡힌다. 무릇 (왕이) 정적인 것으로 만족할 수 있다면 만물은 스스로 (질서를) 바로 잡게 된다.

[논의주체] 도, 왕, 만물

[전체주지] 도는 언제나 무위한다. 왕이 이를 본받을 수 있다면 만물의 질서는 저절로 바로잡힐 것이다.

[구문별 고석]

道恒無爲也, 侯王能守之, 而萬物將自愚.
도는 언제나 무위하기에 왕이 이를 지킬 수 있다면 만물은 장차 스스로 행하려는 마음을 지니게 된다.

곽점본:	衍亞亡爲也, 侯王能守之, 而萬勿㭃自愚.
백서갑:	道恒无名, 侯王若守之, 萬物將自愚.
백서을:	道恒无名, 侯王若能守之, 萬物將自化.
북대본:	道恒無為, 侯王若守之, 萬物將自化.
하상공:	道常無為, 而無不為. 侯王若能守, 萬物將自化.
왕필본:	道常無為, 而無不為. 侯王若能守之, 萬物將自化.
돈황본:	道常无為, 而无不為. 王侯若能守, 萬物將自化.
돈황본:	道常無為, 而无不為. 侯王若能守, 萬物將自化. (P.3725)

1) 衍: 道의 이체자. 곽점본『노자』에는 道를 나타내는 자형이 道와 衍 등 두 가지 형

태가 사용된다. 彳는 '사거리에 사람이 서 있는 모습'으로 道의 회의자 형태이다.

2) 亙: 恒의 고문. 『설문해자』에 따르면 이 자형은 恒자의 고문이다.

3) 亡: 無와 통용. 徐丹(2005)에 따르면 곽점본『노자』에서는 '無'의 의미를 나타내는 경우 거의 대부분 亡자를 사용하였다.(단 1회만 無자를 사용) 그녀는 亡의 이러한 '無'를 나타내는 용법은 전국 후기가 되면 간체 형태인 无자가 대체하고 그 이후 시기에 다시 번체 형태인 無가 이를 대체하게 되는데 그 이후 亡은 '無'의 의미가 아니라 '상실하다'의 전용자로 사용되게 된다고 하였다.

4) 勿: 物의 통가자.

5) 牆: 將의 통가자. 廖名春(2003)에 따르면 牆자는 『설문해자』에 수록된 醬자의 고문 자형이다. 醬과 將은 통가 가능하다. 이 자형은 곽점본에서는 將자 대신 사용되는 경우가 많다.

6) 慮: 爲의 분화자. '행하려는 마음'의 뜻. 이 글자의 고석 관련해서는 현재 크게 아래 네 가지 견해가 존재한다. (1) 爲의 분화자.(季旭昇1998, 龐樸1998) (2) 僞의 통가.(『郭店楚墓竹簡』, 裘錫圭2000a)[11] (3) 化의 통가.(劉信芳1999a, 池田知久, 陳斯鵬2000)[12] (4) 義의 통가.(高明1998) 필자는 첫 번째 견해가 옳다고 생각한다. 季旭昇에서는 "爲의 分化字로 마음의 작용을 나타낸다."고 하였고 龐樸에서는 "慮는 일종의 심리상태를 나타내기에 행위가 아니라 마음의 작용으로 봐야 한다."고 하였는데 모두 옳은 견해이다. 곽점본『노자』에서의 爲는 心부가 추가된 慮와 그렇지 않은 爲, 그리고 虫부가 추가된 爲 등 3자형으로 나뉜다. 그 중 '爲'자가 제일 많이 사용되지만 慮 역시 3회 사용된다. 곽점본에서 爲는 '행위' 그 자체를, 慮는 '행위하고자 하는 마음'을 나타낸다. 또한 虫부가 추가된 爲는 '교화'의 의미를 나타낸다. 후대 판본에서 爲는 그대로 사용되지만 慮와 '虫부가 추가된 爲'는 모두 다른 글자로 교체되는데 慮가 명사로 사용될 경우 후대 판본에서 仁으로, 동사로 사용될 경우 化로 바뀌어 있다. 또한 '虫부가 추가된 爲'는 化로 바뀌어 있다. 즉 爲와 慮는 구분해서 보아야 한다는 것이 본서의 주장이다. 상기 구문에서 慮는 慮와 한 구문에 쓰여 모두 心부를 수반하고 있다. 이 글

---

11) 裘錫圭(2000a:28)에서는 "爲로 보아도, 僞로 보아도 된다. 그러나 자연에 위배되는 인위(人爲)이기 때문에 僞로 보는 것이 더 낫다. 그러나 이는 일반적인 爲와는 다르다. 작위적이라는 의미의 僞로 봐서도 안 된다."라 하였다.
12) 陳斯鵬(2000:83)에서는 "池田知久는 馬王堆帛書『노자』갑본을 근거로 이 자형을 化 로 읽었는데 정확한 견해이다. 사실, 곽점본에도 이 글자가 化와 유사하게 읽히는 경우가 있는데 가령 갑13의 '而萬物將自慮(化). 慮(化)而欲作, 將鎭之以亡名之樸.' 구문이 그러하다. 나는 갑1의 慮자도 化로 읽어야 한다고 본다. 化는 교화(敎化)를 의미한다."라 하였다.

자는 '행하려는 마음'으로 봐야 한다.

> 愚而欲作, 將貞之以無名之樸.
> (만물이) 행하려는 마음을 지닌 후에는 행동하려 하며, 이 행동은 결국 무명의 투박함으로 바로잡힌다.
>
> 곽점본: 愚而雒复, 牁貞之以亡名之樸.
> 백서갑: 愚而欲口, 口口口口口口名之榎.
> 백서을: 化而欲作, 吾將闐之以无名之樸.
> 북대본: 化而欲作, 吾將實之以無名之樸.
> 하상공: 化而欲作, 吾將鎭之以無名之朴.
> 왕필본: 化而欲作, 吾將鎭之以無名之樸.
> 돈황본: 化如欲作, 吾將鎭之以无名之樸.
> 돈황본: 化如欲作, 吾將鎭之以無名之樸. (P.3725)

1) 愚: 爲의 분화자. 해설은 상동.

2) 雒: 欲의 통가자. 곽점갑에서의 谷/雒자는 후대의 欲(조동사/동사)자와 통용된다. 그러나 곽점병에서는 欲 자형이 그대로 欲을 나타낸다.

3) 复: 곽점본에서 作은 人부가 아니라 又부를 따른다. 곽점본에서는 爲와 作의 쓰임이 각기 다르다. 곽점본은 후대 판본에서의 문자보다 의부(意符)가 유의미한 작용을 하는 경우가 많은데 곽점본에서의 作은 又부를 추가해 손과 관련된 동작이 시작됨을 강조하고 있다고 판단된다.

4) 牁: 將의 통가자. 해설은 상동.

5) 貞: 글자 그대로. 이 글자는 백서본에는 闐로 적혀 있으며 왕필본 등에는 鎭로 적혀 있기에『郭店楚墓竹簡』에서는 鎭의 통가자로 보았다. 劉信芳(1999a)은 貞을 正의 통가자라 보는 것이 문맥의 의미와 부합하다고 보았다. 그러나 貞은 본래부터 正의 의미를 지닌다.『康熙字典』에서는『易·乾卦』: "元亨利貞"에 대해 '貞, 正也'라 주해하고 있다. 그러므로 이 글자는 글자 그대로 풀이해도 무방하다.

6) 亡: 無와 통용. 해설은 상동.

> 夫亦將知足以靜, 萬物將自定.
> 무릇 (왕이) 정적인 것으로 만족할 수 있다면 만물은 스스로 (질서를) 바로 잡게 된다.
>
> 곽점본: 夫亦牁智=足以束, 萬勿牁自定.
> 백서갑: 口口口无名之榎, 夫將不辱. 不辱以情, 天地將自正.

> 백서을: 闐之以无名之樸, 夫將不辱. 不辱以靜, 天地將自正. (道2426)
> 북대본: 無名之樸, 夫亦將不辱. 不辱以靜, 天地將自正.
> 하상공: 無名之朴, 亦將不欲. 不欲以靜, 天下將自定.
> 왕필본: 無名之樸, 夫亦將無欲. 不欲以靜, 天下將自定.
> 돈황본: 无名之樸, 亦將不欲. 无欲以靜, 天地自正. (老子道經上)
> 돈황본: 無名之樸, 亦將不欲. 不欲以靜, 天下將自正. (P.3725)

1) 牂: 將의 통가자. 해설은 상동.

2) 智: 知와 통용. 곽점본에서는 知자가 전부 智 자형으로 적혀 있다.

3) 朿: 靜의 통가자. (1) 靜의 통가자.(『郭店楚墓竹簡』) (2) 帝의 가차자.(廖名春 2003) 廖名春은 "朿는 帝의 가차로 보인다. 帝에는 살피다(審諦), 상세히 살피다(詳審)의 의미가 있다. 또한 靜에도 제대로 살피다(明審)는 의미가 있다. 帝와 靜은 모두 살피다(審)는 의미가 있다. 이 두 글자는 동의사(同義辭)에 속하므로 통용 가능하다."라 하였다. 본고에서는 靜의 통가자로 본다.

4) 勿: 物의 통가자.

5) 定: 글자 그대로. 학계에서는 통상 正의 통가자로 본다.(『郭店楚墓竹簡』, 朱謙之1984) 朱謙之는 "正과 定은 의미가 통한다. 定의 성부는 正이며 자형 역시 비슷하다."고 하였다. 본서에서는 正과 定의 의미가 통하므로 定자 그대로 보아도 무방하다고 판단한다.

6) 夫亦將知足以靜, 萬物將自定.: 상기 구문의 知는 곽점본에 智로 적혀 있으며, 그 다음에는 표점부호인 '='가 적혀 있다. 통상 곽점본에서의 표점부호는 '=', '一', '■' 등이 사용되는데 '■'은 한 문단의 끝에 사용되어 문단의 끝을 나타내고, '='와 '一'는 문장 중간에 사용되어 '한 글자가 두 번 중복됨'을 나타내는 '중복부호'로서 작용한다. 그렇지만 경우에 따라서는 문맥과 내용상 중복이 되지 않음에도 '중복부호'가 사용되어 있는 경우가 간혹 존재하는데, 저자는 상기 구문 역시 이러한 구문에 속한다고 판단된다. 이 때문에 상기 구문은 '夫亦將知, 知足以靜'이 아니라 '夫亦將知足以靜'으로 보는 것이 옳다고 판단된다.

1.8 통행본 63장

[원문] 爲無爲, 事無事, 味無味. 大, 小之, 多怨, 必多難. 是以聖人 [갑14]猶難之, 故終無難.[갑15]

[해석] 무위를 행하고, 섬기지 않음(無事)을 섬기고, 무미(無味)를 맛본다. 큰 것을 작게 여긴다면 많이 쉽게 느껴지고, 이는 결국 큰 어려움을 초래한다. 그래서 성인들은 (어떤 일이) 쉬워보이더라도 어렵다고 여긴다. 그러므로 종국에는 어려움이 없게 된다.

[논의주체] 성인(왕)

[전체주지] 무위하라. 쉬운 일도 어렵다고 여기고 초심을 가지고 대하면 결국에는 어렵지 않다.

[구문별 고석]

爲無爲, 事無事, 味無味. 大, 小之, 多怨, 必多難. 무위를 행하고, 섬기지 않음(無事)을 섬기고, 무미(無味)를 맛본다. 큰 것을 작게 여긴다면 많이 쉽게 느껴지고 이는 결국 큰 어려움을 초래한다. 많이 쉽다고 여겨지는 것은 반드시 많이 어려운 법이다.
곽점본: 爲亡爲, 事亡事, 未亡未. 大, 少之, 多怨, 必多難.
백서갑: 為无為, 事无事, 味无未. 大小, 多少, 報怨以德. □□必多難,
백서을: 為无為, □□□, □□□. □□, □□, □□□□. 多易必多難,
북대본: 為無爲, 事無事, 味無味. 小大, 多少, 報怨以德. 多易者必多難,
하상공: 為無爲, 事無事, 味無味. 大小多少, 報怨以德. 多易必多難,
왕필본: 為無爲, 事無事, 味無味. 大小多少, 報怨以德. 多易必多難,
돈황본: 為无為, 事无事, 味无味. 大小多少, 報怨以德. 多易必多難,

1) 亡: 無와 통용. 徐丹(2005)에 따르면 곽점본『노자』에서는 '無'의 의미를 나타내는

경우 거의 대부분 亡자를 사용하였다.(단 1회만 無자를 사용) 그녀는 亡의 이러한 '無'를 나타내는 용법은 전국 후기가 되면 간체 형태인 无자가 대체하고 그 이후 시기에 다시 번체 형태인 無가 이를 대체하게 되는데 그 이후 亡은 '無'의 의미가 아니라 '상실하다'의 전용자로 사용되게 된다고 하였다.

2) 未: 味의 통가자. 味 역시 未를 성부로 삼는 글자이다.『郭店楚墓竹簡』과 廖名春(2003)은 味로 읽었다. 그러나 高亨과 朱謙之(1984)에 따르면 '味無味'은『文子·道原篇』와『後漢書·荀爽傳』李注에서는 모두 '知不知'로 인용하고 있다 한다.

3) 惥: 易의 분화자. '심리적으로 쉽다고 느끼다'는 의미. 곽점본은 의부(意符)가 유의미한 작용을 하는 경우가 많다. 惥도 易과는 구분되어 심리적으로 쉬운 것을 의미한다.

4) 𩕳: 難의 이체자. 전국 시기 초 죽간에는 별 의미 없이 土 편방을 부가하는 경우가 있다.

5) 大小之 vs 大小之多: 이 구문은 판본별로 그 구문이나 구두점에 차이가 크기에 아직까지도 논란의 여지가 있는 구문이다. 대체로 아래 두 견해가 존재한다. 첫째, '大小之多易必多難'을 하나의 구문으로 보고 그 의미를 '큰 것과 작은 것의 관계를 너무 쉽게 본다면 반드시 큰 어려움이 생길 것이다.'라고 보는 견해. 둘째, '大小之, 多易必多難.'이라 표점하는 견해로 미국 다트머스대학(Dartmouth)회의 시 제기된 의견이다. 즉 '大小之'는 큰 것을 작은 것이라 여기고 어려운 것을 쉬운 것으로 여기면 이것은 多易(매우 쉽게 여기는 것)인데, 만일 이런 태도를 지닌다면 어려움이 매우 많이 초래될 것이라고 여긴다는 견해가 그것이다.[13] 본고에서는 '大小之'라 구두하고 多惥과는 구분해서 보는 것이 곽점본『노자』전체의 주지와 통한다고 여긴다.

是以聖人猷難之, 故終無難.
그래서 성인들은 (어떤 일이) 쉬워보이더라도 어렵다고 여긴다. 그러므로 종국에는 어려움이 없게 된다.
곽점본: 是以聖人猷難之, 古夂亡𩕳.
백서갑: 是□□人猷難之, 故終於无難.
백서을: 是以耴人□□之, 故□□□.
북대본: 是以聖人猶難之, 故終無難.
하상공: 是以聖人猶難之, 故終無難.
왕필본: 是以聖人猶難之, 故終無難矣.
돈황본: 是以聖人猶難之, 故終无難.

---

13) 王坤鵬·李程(2012) 참고.

1) 𦰩: 難의 이체자. 해설은 상동.
2) 古: 故와 통용. 곽점본의 古라는 자형은 古와 故 모두를 나타낼 수 있다.
3) 夂: 終의 고문. 夂는 『설문해자』에 실린 終의 고문 자형이다.
4) 亡: 無와 통용. 해설은 상동.

1.9 통행본 2장

[원문] 天下皆知美之爲美也, 惡已; 皆知善, 此其不善已. 有無之相生也[갑15], 難恳之相成也, 長短之相形也, 高下之相涅也, 音聲之相和也, 先後之相隨也, 是[갑16]以聖人居無爲之事, 行不言之敎. 萬物作而弗始也, 爲而弗志也, 成而弗居. 夫唯[갑17]弗居也, 是以弗去也. [갑18]

[해석] 천하의 모두가 미를 아름답다고 여길 줄 안다면 이는 추함이 있기 때문이다. 천하의 모두가 선이 무엇인지 안다면 이는 불선이 있기 때문이다. 유무는 상생하고, 어려움과 쉬움은 공존하고, 길고 짧음은 서로 형태를 이루며, 높고 낮음은 서로 통하고, 운율과 소리는 조화를 이루며, 앞과 뒤는 서로 따른다. 그러므로 성인은 무위의 일에 거하고, 불언의 가르침을 행하면 된다. 만물이 만들어내기 시작해도 (성인은) 시작할 마음을 지니지 않으며, (만물이) 행하더라도 (성인은) 뜻을 두지 않으며 (만물이) 이룬다 하더라도 (성인은) 머무르지 않는다. 무릇 머무르지 않는다면 떠날 필요도 없다.

[논의주체] 도, 성인(왕), 만물

[전체주지] 유무(有無), 난이(難恳), 장단(長短), 고하(高下), 음성(音聲), 선후(先後) 등의 상대적으로 보이는 개념들은 공존하고 있다. 왕이 무위하면 만물은 자연의 이치에 따라 움직인다. 성인은 이에 관여할 필요가 없다.

[구문별 고석]

> 天下皆知美之爲美也, 惡已; 皆知善, 此其不善已.
> 천하의 모두가 미를 아름답다고 여길 줄 안다면 이는 추함이 있기 때문이다. 천하의 모두가 선이 무엇인지 안다면 이는 불선이 있기 때문이다.

> 곽점본: 天下皆智散之爲散也, 亞已; 皆智善, 此丌不善已.
> 백서갑: 天下皆知美爲美, 惡已; 皆知善, 訾不善矣.
> 백서을: 天下皆知美之爲美, 亞已. 皆知善, 斯不善矣.
> 북대본: 天下皆智美之為美, 亞已; 皆智善之為善, 斯不善矣.
> 하상공: 天下皆知美之為美, 斯惡已; 皆知善之為善, 斯不善已.
> 왕필본: 天下皆知美之為美, 斯惡已; 皆知善之為善, 斯不善已.
> 돈황본: 天下皆知美之為美, 斯惡已; 皆知善之為善, 斯不善已.

  1) 智: 知와 통용. 곽점본에서는 知가 전부 智자로 적혀 있다.

  2) 散: 美의 고문. 『汗簡』에 따르면 『尚書』에 美자가 嫐 자형으로 적혀 있다. 곽점본에는 嫐의 생략된 형태인 散, 㕜, 혹은 散 등의 자형이 출현하는데 모두 美자로 읽힌다.(『郭店楚墓竹簡』) 『汗簡』은 고문 자형을 수록한 서적이므로 散는 美의 고문이다.

  3) 亞: 惡의 통가자.(『郭店楚墓竹簡』)

  4) 丌: 其의 이체자. 其는 箕(키 기)의 초기 자형이다. 箕는 원래 상형자인 ᑭ 형태로 사용되다가 후대에 성부 丌가 추가되어 其자로 변천하였다. 그러나 其자가 '그'라는 의미의 허사로 가차되어 다량 사용되면서 '키'를 나타내는 箕자가 후대에 별도로 만들어진다. 초 문자에서는 其의 성부인 丌나 이에 장식을 더한 亓 자형으로 사용되는 경우가 많은데 모두 其를 나타낸다. 본서에서는 丌와 亓 자형을 丌자로 통일해서 적겠다.

  5) 天下皆知美之爲美也, 惡已; 皆知善, 此其不善已.: 곽점본 『노자』에는 이 구문과 동일한 구조의 구문이 하나 더 있는데 '知足之爲足, 此恒足矣.'가 바로 그것이다. '知美之爲美'와 '知足之爲足'은 둘 다 '知+主之謂' 구조에 속하므로 '主之謂를 안다'고 풀이해야 한다.

> 有無之相生也, 難恳之相成也, 長短之相形也, 高下之相涅也,
> 유무는 상생하고 어려움과 쉬움은 공존하고, 길고 짧음은 서로 형태를 이루며, 높고 낮음은 서로 통한다.

> 곽점본: 又亡之相生也, 難恳之相城也, 長耑之相型也, 高下之相涅也,
> 백서갑: 有无之相生也, 難易之相成也, 長短之相刑也, 高下之相盈也,
> 백서을: □□□□生也, 難易之相成也, 長短之相刑也, 高下之相盈也,
> 북대본: 故有無之相生, 難易之相成, 短長之相刑, 高下之相頃,

하상공: 故有無相生, 難易相成, 長短相形, 高下相傾,
왕필본: 故有無相生, 難易相成, 長短相較, 高下相傾,
돈황본: 有无相生, 難易相成, 長短相形, 高下相傾,
『文子』: 長短相形

1) 又: 有의 통가자. 곽점본에서는 又 자형이 有와 통용되는 경우가 많다.

2) 亡: 無와 통용. 徐丹(2005)에 따르면 곽점본『노자』에서는 '無'의 의미를 나타내는 경우 거의 대부분 亡자를 사용하였다.(단 1회만 無자를 사용) 그녀는 亡의 이러한 '無'를 나타내는 용법은 전국 후기가 되면 간체 형태인 无자가 대체하고 그 이후 시기에 다시 번체 형태인 無가 이를 대체하게 되는데 그 이후 亡은 '無'의 의미가 아니라 '상실하다'의 전용자로 사용되게 된다고 하였다.

3) 戁: 難의 분화자. '심리적으로 어렵게 느끼다'는 의미. 곽점본에는 의부(意符)로 의미를 세분화한 분화자가 존재한다.

4) 悬: 易의 분화자. '심리적으로 쉽다고 느끼다'는 의미. 곽점본은 의부(意符)가 유의미한 작용을 하는 경우가 많다. 悬도 易과는 구분되어 심리적으로 쉬운 것을 의미한다.

5) 城: 成의 통가자.

6) 耑: 短의 가차자.(『郭店楚墓竹簡』廖名春(2003)도 耑과 短은 고음이 같기에 短은 耑로 가차된다 하였다.

7) 型: 形의 통가자. (1) 形의 통가자.(『郭店楚墓竹簡』 廖名春2003) (2) 刑으로 고석.(丁原植1999) 이 글자는 백서본과 북대본에서는 刑으로, 하상공본과 『文子』에서는 形으로, 왕필본에서는 較자로 적혀 있다. 丁原植은 刑에 '규범'의 의미가 있으므로 '長短相刑'은 '길고 짧음은 서로 제약하며 서로 교량하며 형성된다'라 풀이하였는데 이는 견강부회이다. 길고 짧다는 것은 모양이나 형태를 나타내므로 形으로 풀이하는 것이 옳다.

8) 涅: 글자 그대로, '서로 통한다'는 의미. 이 자형은 통상 盈의 통가자로 여겨진다.(『郭店楚墓竹簡』魏啟鵬1999) 이 글자는 백서본에서는 盈으로, 하상공본 이후의 판본에서는 傾으로 적혀 있다. 하상공본 이후에 傾자로 교체된 이유에 대해서는 한(漢) 혜제(惠帝)의 劉盈이라는 이름을 피휘하기 위해서라 여겨진다.(『馬王堆漢墓帛書[壹]』) 하지만 盈은 '가득 차 넘친다'는 의미를 지니므로 앞뒤 문맥의 의미와 맞지 않는다. 『集韻』에 따르면 이 涅자는 丈井切로 읽힐 때 '通流(꿰뚫고 흐른다)'의 의미를 지닌다. 앞의 문맥에서 유무와 어려움과 쉬움 등등이 모두 서로 맞닿아 있다는 내용을 감안할 때 '높음과 낮음은 서로 통한다.'고 풀이하는 것이 옳다.

音聲之相和也, 先後之相隨也. 是以聖人居無爲之事, 行不言之教.   운율과 소리는 조화를 이루며, 앞과 뒤는 서로 따른다. 그러므로 성인은 무위의 일에 거하고, 불언의 가르침을 행하면 된다.
곽점본: 音聖之相和也, 先後之相墮也.   백서갑: 意聲之相和也, 先後之相隋, 恒也.   백서을: 音聲之相和也, 先後之相隋, 恒也.   북대본: 言〈音〉聲之相和, 先後之相隨.   하상공: 音聲相和, 前後相隨.   왕필본: 音聲相和, 前後相隨.   돈황본: 音聲相和, 先後相隨.
곽점본: 是以聖人居亡爲之事, 行不言之孝.   백서갑: 是以聲人居无為之事, 行□□□.   백서을: 是以耶人居无為之事, 行不言之教.   북대본: 是以聖人居無為之事, 行不言之教.   하상공: 是以聖人處無為之事, 行不言之教.   왕필본: 是以聖人處無為之事, 行不言之教.   돈황본: 是以聖人治, 雺无為之事, 行不言之教.

1) 聖: 聲의 통가자. 이 글자는 다른 판본에서 모두 聲자로 사용되고 있는 것을 근거로 聲의 통가로 보는 견해가 주류이다. 『禮記·樂記』에 따르면 聲과 音은 다른 의미를 지니는데 聲은 단순한 소리이고 音은 이 소리가 모이고 섞인 운율이다.

2) 墮: 隨의 통가자. 이 글자는 백서본에는 隋로, 북대본 이후의 판본에는 隨로 적혀 있다. 墮와 隋 모두 隨의 통가자이다.

3) 亡: 無와 통용. 해설은 상동.

4) 孝: 教로 고석. (1) 教로 고석.(郭沂1998, 丁原植1999, 魏啟鵬1999) (2) 學으로 고석.(崔仁義1998) 고문자학계에서는 이 글자를 教 혹은 學으로 고석하고 있다. 『郭店楚墓竹簡』에서는 이 자형에 대해 "『古文四聲韻』에서는 『古老子』를 인용하여 學으로 고석하고 있다. 또한 『汗簡』과 『古文四聲韻』에서는 郭昭卿『字指』의 教자를 인용하고 있는데 이는 죽간의 글자와 같다."라 하였다. 그러나 본서에서는 郭沂에서 "여기에서는 성인과 대중의 관계를 논하고 있으므로 '教不教'라 보는 것이 타당하다."라 언급한 것처럼 이 구문은 왕과 대중의 관계를 논하므로 '教不教'라 보는 것이 타당하다고 본다.

> 萬物作而弗始也, 爲而弗志也, 成而弗居也. 夫唯弗居也, 是以弗去也.
> 만물이 만들어내기 시작해도 (성인은) 시작할 마음을 지니지 않으며, (만물이) 행하더라도 (성인은) 뜻을 두지 않으며 (만물이) 이룬다 하더라도 (성인은) 머무르지 않는다. 무릇 머무르지 않는다면 떠날 필요도 없다.

곽점본:	萬勿复而弗忎也, 爲而弗志也, 成而弗居.
백서갑:	□□□□□也, 爲而弗志也, 成功而弗居也.
백서을:	萬物昔而弗始, 爲而弗侍也, 成功而弗居也.
북대본:	萬物作而弗辤, 爲而不侍, 成功而弗居.
하상공:	萬物作焉而不辭. 生而不有, 爲而不恃, 功成而弗居.
왕필본:	萬物作焉而不辭. 生而不有, 爲而不恃, 功成而弗居.
돈황본:	萬物作焉而不爲始. 爲而不恃, 成功不雩.
돈황본:	萬物作而不□. 生而不有, 爲而不恃, 功成不居. (P.3592)

곽점본:	天唯弗居也, 是以弗去也.
백서갑:	夫唯居, 是以弗去.
백서을:	夫唯弗居, 是以弗去.
북대본:	夫唯弗居, 是以弗去.
하상공:	夫唯弗居, 是以不去.
왕필본:	夫唯弗居, 是以不去.
돈황본:	夫唯不雩, 是以不去.
돈황본:	夫唯不居, 是以不去. (P.3592)

1) 勿: 物의 통가자.

2) 复: 作의 이체자. 곽점본에서 作은 又부를 따른다. 곽점본은 후대 판본에서의 문자보다 의부(意符)가 유의미한 작용을 하는 경우가 많은데 곽점본에서의 作은 又부를 추가해 손과 관련된 동작이 시작됨을 강조하고 있다고 판단된다.

3) 忎: 始로 고석, 心부 의미를 살려 '시작하려는 마음'으로 풀이. (1) 始자. 시작하다(開始), 창시되다(創始)로 풀이.(蔣錫昌1988, 朱謙之1984, 鄭良樹1997, 許抗生1999, 高明1996) (2) 辭자로 고석, '말하다'나 '주재하다'로 풀이.(俞樾, 于省吾1962, 古棣·周英1991, 黃德寬1996) (3) 治로 고석, '弗治'는 '다스리지 않는다'는 의미를 나타낸다고 봄.(廖名春2003) 본서에서는 이 글자를 始자로 보고 心부의 의미를 살려 '시작하려는 마음'으로 풀이해야 한다고 본다. 곽점본『노자』에는 㠯자나 생략 형태인 㠯자를 성부로 삼는 글자가 총 7회 출현하는데, 그 중 始로 읽히는 경우는 4회, 殆로 읽히는 경우가 1회, 治로 읽히는 경우가 2회 출현한다. 㠯이 心부와 함께 사용되는 경우에는 모두 始로(2회), 言부와 함께 사용되는 경우에는 始(2회) 혹은 殆(1회)로, 糸부와 함께 사용되는 경우에는 모두 治(2회)로 통가되고 있다. 이 외에도 이의 생략 형태인 㣽도 사

용되는데 이 글자는 殆(1회)로 통가된다.

4) 志: 글자 그대로, '뜻을 두다'의 뜻. (1) 恃의 통가자.(『郭店楚墓竹簡』) (2) 志자 그대로.(丁原植1999, 尹振環1999) 丁原植은 "志는 의지를 가리키며 '爲而弗志'는 성인의 행위가 자신의 의지를 표현하지 않음을 나타낸다."고 하였으며 尹振環은 "志는 慕의 뜻으로 기대하다(期望)라는 의미이다. 또한 志는 誌와 통한다. 만일 志가 본자라면 '爲而不志'는 즉 행위가 있어도 개인의 기대는 감히 있을 수 없다는 뜻이다. 만일 誌가 본자라면 행위가 있더라도 감히 자신의 공로로 셈할 수는 없다는 뜻이다. 이 두 가지 의미 모두 통한다."라 하였다. 본서에서는 이 글자가 글자 그대로 '뜻을 두다'라고 본다. 하지만 丁原植의 주장처럼 '爲而弗志'의 주어가 모두 성인이 아니라 爲의 주어는 만물이고 弗志의 주어는 성인이라고 본다.

5) 天: 夫의 오자. 夫자와 而자는 天자와 출토문헌 자형이 비슷해서 곽점본에서는 종종 이 두 자형을 天자로 잘못 쓴다.

6) 萬物作而弗始也, 爲而弗志也, 成而弗居.: 이 구문에는 술어성 성분이 총 6개가 출현한다. 그런데 대부분의 번역서에서는 이 술어성 성분의 주어를 모두 만물, 혹은 모두 성인이라 여기고 있다. 그렇지만 필자가 판단하기에 상기 구문에는 또 다른 주어인 '성인'이 생략되어 있다. 즉, 作/爲/成을 하는 주체는 만물이고, 弗始/弗志/弗居하는 주체는 '성인'이다. 곽점본 『노자』에서 爲의 주체는 만물이다. 성인은 무위의 주체이다. 이 때문에 상기 구문에서 作/爲/成 하는 주체와 弗始, 弗志, 弗居하는 주체가 각각 만물과 성인으로 구분되어야 한다. 그러므로 상기 구문의 弗자 앞에는 '성인'이라는 주체가 생략된 것으로 이해해야 한다.

1.10 통행본 32장

[원문] 道恒無名. 樸雖姑, 天地弗敢臣, 侯王如能[갑18]守之, 萬物將自貞. 天地相合也, 以逾甘露. 民莫之命而自均焉. 始制有名. 名[갑19]亦既有, 夫亦將知止, 知止所以不殆. 譬道之在天下也, 猷小谷之與江海. ■[갑20]

[해석] 도에는 이름이 없다. 투박함은 비록 작고 약한 것이지만 천지에 이를 신하 삼을 수 있는 것은 없다. 왕이 만일 이런 투박함을 지킬 수만 있다면 만물은 장차 스스로 질서를 잡아갈 것이다. 하늘과 땅은 감로가 내릴 정도로 화합하게 되고 백성들은 시키지 않아도 스스로 균형을 이루게 된다. (만물은) 만들어지기 시작하고 이름이 생긴다. 이름이 생기면 장차 멈추는 법도 알게 된다. 멈추는 법을 안다면 위험해지지 않는다. 도가 천하에 존재한다는 것은 작은 계곡물들이 강과 바다와 한데 섞여 어우러지는 것과 같은 이치이다.

[논의주체] 도, 왕, 만물

[전체주지] 도는 이름이 없고 투박하다. 왕이 투박함을 지키기만 한다면 만물은 스스로 균형을 이루고 멈출 때와 나아갈 때를 알게 된다. 이는 작은 계곡물들이 강과 바다와 어우러지는 것과 같은 이치이다.

[구문별 고석]

> 道恒無名. 樸雖姑, 天地弗敢臣, 侯王如能守之, 萬物將自貞.
> 도에는 이름이 없다. 투박함은 비록 작고 약한 것이지만 천지에 이를 신하 삼을 수 있는 것은 없다. 왕이 만일 이런 투박함을 지킬 수만 있다면 만물은 장차 스스로 질서를 잡아갈 것이다.

> 곽점본: 道亙亡名, 僕唯姑, 天埅弗敢臣, 侯王女能獸之, 萬勿牔自貞.
> 백서갑: 道恒无名, 握唯□, □□□□□. □王若能守之, 萬物將自賓.
> 백서을: 道恒无名, 樸唯小, 而天下弗敢臣. 侯王若能守之, 萬物將自賓.
> 북대본: 道恒無名, 樸唯小, 天下弗敢臣. 侯王若能守之, 萬物將自賓.
> 하상공: 道常無名. 朴雖小, 天下不敢臣. 侯王若能守之, 萬物將自賓.
> 왕필본: 道常無名. 樸雖小, 天下莫能臣也. 侯王若能守之, 萬物將自賓.
> 돈황본: 道常无名. 樸雖小, 天下不敢臣. 王侯若能守, 萬物將自賓.

1) 亙: 恒의 고문.『설문해자』에 따르면 이 자형은 恒자의 고문이다.

2) 亡: 無와 통용. 徐丹(2005)에 따르면 곽점본『노자』에서는 '無'의 의미를 나타내는 경우 거의 대부분 亡자를 사용하였다.(단 1회만 無자를 사용) 그녀는 亡의 이러한 '無'를 나타내는 용법은 전국 후기가 되면 간체 형태인 无자가 대체하고 그 이후 시기에 다시 번체 형태인 無가 이를 대체하게 되는데 그 이후 亡은 '無'의 의미가 아니라 '상실하다'의 전용자로 사용되게 된다고 하였다.

3) 僕: 樸의 통가자.(『郭店楚墓竹簡』) 그러나 人부의 의미를 살려 '사람의 투박함'의 뜻을 지닌다. 본서의 고찰에 따르면 樸이 '사람의 투박함'을 나타내는 경우는 곽점본『노자』에 총2회 출현하는데 모두 人부를 따라 僕자로 사용된다. 곽점본『노자』에서는 의부(意符)가 유의미하게 작용되는 경우가 많다는 점을 감안할 때, 木부가 아닌 人부를 수반하는 僕는 '사람의 투박함'을 강조하는 것으로 판단된다.

4) 唯: 雖의 통가자.(『郭店楚墓竹簡』, 廖名春2003)

5) 姑: 姑자로 고석. 거의 대부분의 기존 연구에서 이 글자를 妻로 고석하고 다음과 같은 글자의 통가자로 본다. (1) 微의 통가.(『郭店楚墓竹簡』) (2) 細의 통가.(李零1998, 廖名春2003) (3) 稺 혹은 穉의 통가.『方言』: "穉, 小也." 에 근거하여 어리다(稚)로 풀이(趙建偉1999, 魏啟鵬1999) (4) 瘠의 통가. 楊樹達의 "(『長沙方言考』에서) 현재 長沙 지역에서는 작은 물건을 瘠라고 부른다."를 근거로 妻를 瘠로 읽고 小로 풀이한다면 이는 초 지역의 방언과도 부합할 것이라고 주장.(顔世鉉1999a) 그러나 본서에서는 이 글자는 陳偉의 견해대로 姑로 고석하는 것이 맞다고 본다.『설문해자』에 "姑, 小弱也." 라는 풀이에 의거, '작고 약함'으로 풀이한다. 이 글자는 사람의 투박함과 관련된 글자이기 때문에 다른 풀이는 적합하지 않다고 본다.

6) 埅: 地의 이체자. 초 문자에서는 地자 대신 이 자형이 상용된다. 廖名春(2003)은

고문자에서 它와 也는 혼용되고 있고 고문자에서 阜는 생략되기도 하므로 이 자형은 地의 이체자라고 하였다.

7) 女: 곽점본에서 女자는 如나 汝 등으로 통가된다.
8) 獸: 守의 통가자.
9) 勿: 物의 통가자.
10) 牆: 將의 통가자. 廖名春(2003)에 따르면 牆자는 『설문해자』에 수록된 醬자의 고문 자형이다. 醬과 將은 통가 가능하다. 이 자형은 곽점본에서는 將자 대신 사용되는 경우가 많다.
11) 宜: 貞의 오자. 학계에서는 통상 후대 판본에서 모두 賓으로 사용되고 있는 점을 근거로 이 자형을 賓의 오자로 고석하고 있다. 그러나 본서에서 판단하기에 이 글자는 곽점본에 자주 출현하는 貞의 오자이며 正의 의미를 지닌다.(본서의 1.7 참조)

> 天地相合也, 以逾甘露. 民莫之命而自均焉.
> 하늘과 땅은 감로가 내릴 정도로 화합하게 되고 백성들은 시키지 않아도 스스로 균형을 이루게 된다.
>
> 곽점본: 天埅相合也, 以逾甘雾. 民莫之命天自均安.
> 백서갑: 天地相谷〈合〉, 以俞甘洛. 民莫之□□□□焉.
> 백서을: 天地相合, 以俞甘洛. □□□令, 而自均焉.
> 북대본: 天地相合, 以俞甘露, 民莫之令而自均安.
> 하상공: 天地相合, 以降甘露, 民莫之令而自均.
> 왕필본: 天地相合, 以降甘露, 民莫之令而自均.
> 돈황본: 天地相合, 以降甘露, 民莫之令而自均.

1) 埅: 地의 이체자. 해설은 상동.
2) 合: 글자 그대로. (1) 合자로 고석.(『郭店楚墓竹簡』) (2) 會자로 고석.(裘錫圭 1998, 崔仁義1998, 丁原植1999) (3) 答의 옛글자.(廖名春2003)
3) 逾: 글자 그대로. '응답하다'의 의미. 이 글자는 곽점본에 逾, 백서본과 북대본에 俞라 적혀 있지만 하상공본 이후의 판본에서 降으로 바뀌어 적혀 있다. 이 때문에 학계에서는 이 글자를 '감로가 내리다'라는 의미와 결부해 貫(떨어지다)의 통가자로 여기거나,(丁原植1999) 下(내리다)로 풀이하거나,(陳偉1998) 濡(젖다)의 통가자로 보거나,(趙建偉1999) 輸의 통가자로 보고 '흘러내리다, 쏟아지다'의 의미이기에 降과 의미가 통한다(廖名春2003)로 보는 등 다양한 견해가 상존했다. 그러나 이 글자는 글자 그대로 '응답하다'의 의미로 보아 천하가 화평하면 내린다는 '단 이슬'인 감로가 천하의 화합에 응답한다는 의미로 봐도 무방하다.

4) 雺: 露의 이체자.

5) 天: 而의 오자. 夫자와 而자는 天자와 출토문헌 자형이 비슷해서 곽점본에서는 종종 이 두 자형을 天자로 오기하는 경우가 있다.

6) 均: 글자 그대로. 丁原植(1999)은 均을 '조화/어울리다(調和)'의 의미로 보았다.

7) 安: 焉자를 安으로 잘못 고석. 乃, 즉 才의 의미. 곽점본『노자』의 자형을 살펴보면 安이라 고석되는 자형은 사실상 두 자형으로 명확히 구분되는데 ① 宀부를 수반하는 𠕋(총1회)과 ② 그렇지 않은 𠕋(총7회)로 나뉜다. 그 중 고문자학자들은 ①을 安으로 고석하며 ②는 焉으로 고석하였다. 상기 安자도 사실상 𠕋자로 적혀 있으므로 焉으로 고석되어야 마땅하다.

始制有名. 名亦既有, 夫亦將知止, 知止所以不殆.
(만물은) 만들어지기 시작하고 이름이 생긴다. 이름이 생기면 장차 멈추는 법도 알게 된다. 멈추는 법을 안다면 위험해지지 않는다.

곽점본: 𦖞折又名. 名亦既又, 夫亦牆智䇛, 智䇛所以不𦖞.
백서갑: 始制有□, □□□有, 夫□□□□, □□所以不□.
백서을: 始制有名, 名亦既有, 夫亦將知止, 知止所以不殆.
북대본: 始正有名, 名亦既有, 夫亦將智止, 智止所以不殆.
하상공: 始制有名, 名亦既有, 夫亦將知之, 知之所以不殆.
왕필본: 始制有名, 名亦既有, 夫亦將知止, 知止可以不殆.
돈황본: 始制有名, 名亦既有, 夫亦將知止, 知止不殆.

1) 𦖞: 始와 殆의 통가자. 곽점본『노자』에는 㠯자나 생략 형태인 㠯자를 성부로 삼는 글자가 총 7회 출현하는데, 그 중 始로 읽히는 경우는 4회, 殆로 읽히는 경우가 1회, 治로 읽히는 경우가 2회 출현한다. 㠯이 心부와 함께 사용되는 경우에는 모두 始로(2회), 言부와 함께 사용되는 경우에는 始(2회) 혹은 殆(1회)로, 糸부와 함께 사용되는 경우에는 모두 治(2회)로 통가되고 있다. 이 외에도 이의 생략 형태인 㠯도 사용되는데 이 글자는 殆(1회)로 통가된다.

2) 折: 制의 통가자. 학계에서는 통상 折라 고석하고 制로 읽는다.(『郭店楚墓竹簡』) 이에 대해 丁原植(1999)은 "折에는 판단하다, 판정하다의 의미가 있고 制에는 판정하다의 의미가 있다."라 하였고 廖名春(2003)은 "林義光은『文源』에서 '고대에 制와 折은 통용되었다.'라 하였는데 그러하다.『荀子·正名』에서는 '制名'이라는 표현이 여러 번 나오는데 이미 하나의 단어처럼 쓰인 듯 하다. '折名'이라는 표현은 쓰이지 않으므로 制가 본자임이 확실하다."라 하였다.

3) 又: 有의 통가자. 곽점본에서는 又 자형이 有와 통용되는 경우가 많다.

4) 牂: 將의 통가자. 해설은 상동.

5) 智: 知와 통용. 곽점본에서는 知자가 전부 智자로 적혀 있다.

6) 止: 止로 고석. 이 자형은 통상 之 혹은 止로 고석 가능하며 문맥에 따라 글자를 선별해서 고석하면 된다. 그러나 이 구문에서 知止의 止는 하상공본에서는 之로, 다른 판본에서는 止로 적혀 있기에 고래로 두 견해가 상존해 왔다. (1) 之자.(胡適1919, 高亨, 古棣·周英1991, 廖名春2003) (2) 止로 고석.(蔣錫昌1988, 丁原植1999, 魏啟鵬1999) 丁原植은 "'止'는 편안하게 쉬는 거처이다."라고 하였으며 魏啟鵬은 "명분은 이미 얻었으니 충분함을 알고 멈춰야 한다는 뜻"이라고 하였다.

> 譬道之在天下也, 猷小谷之與江海.
> 도가 천하에 존재한다는 것은 작은 계곡물들이 강과 바다와 한데 섞여 어우러지는 것과 같은 이치이다.
>
> 곽점본: 卑道之才天下也, 猷少浴之与江海. ■
> 백서갑: 俾道之在□□□, □□浴之與江海也.
> 백서을: 卑□□在天下也, 猷小浴之與江海也.
> 북대본: 避道之在天下, 猶小谷之與江海.
> 하상공: 譬道之在天下, 猶川谷之與江海.
> 왕필본: 譬道之在天下, 猶川谷之於江海.
> 돈황본: 譬道在天下, 猶川谷與江海.

1) 卑: 譬와 통가.(『郭店楚墓竹簡』) 廖名春(2003)은 卑자를 편방으로 삼는 글자와 辟자를 편방으로 삼는 글자가 서로 통하는 전래문헌 용례를 제시하며 卑와 譬가 통가 관계라 지적하였다. 곽점본의 卑는 백서갑에서는 俾로, 북대본에서는 避로, 하상공본 이후의 판본에서는 譬로 적혀 있는 등 卑자나 辟자를 편방으로 삼는다. 본서에서도 廖名春의 견해에 동의해 이 두 글자는 통가 가능하다고 판단한다.

2) 才: 在와 통가. 곽점본에서 在는 통상 才로 적혀 있다. 才와 在는 통가관계이다.

3) 猷: 猶의 이체자.

4) 少浴: 小谷의 이체자. 小와 少는 동원자이고 후대에 분화되었다. 이 때문에 초기 출토문헌에서는 두 자형이 구분이 안 되는 경우가 많다. 浴은 谷의 회의 형태이다.

5) 与: 與자 고문의 생략. 동사 용법으로 쓰였다. 『설문해자』에 따르면 與자의 고문은 𦥑 형태로 사용된다. 与는 𦥑의 생략된 형태이다. 초 죽간에서는 대부분 与자가 사용된다.

6) 海: 海의 이체자. 廖名春(2003)에 따르면 海는 每 소리를 따르고, 海는 母 소리를 따르기에 통용된다. 또한 『六朝別字記』에 '海作海'라 적혀 있는데다 포산초간(包山

楚簡)과 마왕퇴한묘백서『九主』에도 海가 아닌 洢자로 적혀 있는 것을 근거로 옛 글자는 洢가 옳다고도 주장했다.

7) 譬道之在天下也, 猶小谷之与江海.: 이 구문은 主之謂 구조가 주어와 목적어에 위치한 구조로 사용되었다. 즉 '譬+{[主之謂+也], 猶+[主之謂]}' 구조이므로 与는 동사술어로 풀이해야 한다.

1.11 통행본 25장

[원문] 有狀混成, 先天地生, 寂寥, 獨立不亥, 可以爲天下母. 未知其名, 字之曰道, 吾[갑21]强爲之名曰大. 大曰衍, 衍曰遠, 遠曰反. 天大, 地大, 道大, 王亦大. 國中有四大焉, 王處一焉. 人[갑22]法地, 地法天, 天法道, 道法自然.[갑23]

[해석] 섞여있는 어떤 형태가 있었는데 하늘과 땅보다 먼저 생겨났다. 고요하게 의존하지 않고 스스로 존재했기에 천하의 어머니가 될 수 있었다. 그 이름(名)은 모르는데 그 자(字)는 도(道)라고 했다. 나는 그것을 임의대로 큼(大)이라고 하겠다. 큰 것은 널리 퍼지고, 널리 퍼지면 멀리 가게 되며, 멀리 가면 되돌아온다. 하늘은 크고, 땅도 크고, 도(道)도 크고, 왕도 역시 크다. 국가에는 이 네 가지 큰 것이 존재하는데 왕은 그 중 하나이다. 사람들은 땅을 따르고, 땅은 하늘을 따르며, 하늘은 도를 따르고, 도는 만물의 자발성을 따른다.

[논의주체] 도, 왕, 천지, 만물

[전체주지] 도의 특성에 관해 정의하고 도와 천지, 왕의 관계에 대해 논한다. 천, 지, 도, 왕은 모두 크면서도 순환하는 속성을 지니고 있다. 사람들은 땅과, 땅은 하늘과, 하늘은 도(道)와, 도는 만물의 자발성(自然)과 이런 관계를 맺고 있다.

[구문별 고석]

有狀混成, 先天地生, 寂寥, 獨立不亥, 可以爲天下母. 섞여있는 어떤 형태가 있었는데 하늘과 땅보다 먼저 생겨났다. 고요하게 의존하지 않고 스스로 존재했기에 천하의 어머니가 될 수 있었다.
곽점본: 又牆蟲城, 先天陞生, 백서갑: 有物昆成, 先天地生. 백서을: 有物昆成, 先天地生. 북대본: 有物綸成, 先天地生. 하상공: 有物混成, 先天地生. 왕필본: 有物混成, 先天地生. 돈황본: 有物混成, 先天地生.
곽점본: 敓繆, 蜀立不亥, 可以爲天下母. 백서갑: 繡呵繆呵, 獨立□□□, 可以為天地母. 백서을: 蕭呵漻呵, 獨立而不玹, 可以為天地母. 북대본: 肅覺, 獨立而不㧾, 偏行而不殆, 可以為天地母. 하상공: 寂兮寥兮, 獨立而不改, 周行而不殆, 可以為天下母. 왕필본: 寂兮寥兮, 獨立不改, 周行而不殆, 可以為天下母. 돈황본: 寂漠, 獨立不改, 周行不殆, 可以為天下母.

1) 又: 有의 통가자. 곽점본에서는 又 자형이 有와 통용되는 경우가 많다.

2) 牆: 狀의 통가자. '형태', '모양'의 의미. (1) 狀으로 고석하거나 狀으로 통가된다고 여기는 경우.(裘錫圭1999, 黃錫全2000) 裘錫圭는 "首를 의부로, 爿을 성부로 한다. 문맥에 따라 狀으로 읽는 것이 마땅하다."라 하였으며 黃錫全은 "狀으로 읽어도 象으로 읽어도 되며 형상(形狀, 形象)을 나타낸다."라 하였다. (2) 象으로 읽어도 된다고 여기는 경우.(趙建偉1999, 黃錫全2000) (3) 將으로 읽는 경우.(崔仁義1998, 劉信芳 1998a)

3) 蟲: 昆의 본자인 蚰의 오자, 混의 통가자.(『郭店楚墓竹簡』 魏啟鵬1999)

4) 城: 成의 통가자.

5) 陞: 地의 이체자. 초 문자에서는 地자 대신 이 자형이 상용된다. 廖名春은(2003) 고문자에서 它와 也는 혼용되고 있고 고문자에서 阜는 생략되기도 하므로 이 자형은 地의 이체자라고 하였다.

6) 敓繆: 寂寥의 통가자. 이 어휘는 판본별로 사용된 글자가 다르다. 백서갑에서는 繡繆, 백서을에서는 蕭漻, 북대본에서는 肅覺, 하상공본과 왕필본에서는 寂寥라 적혀 있다. 이 어휘에 대해 趙建偉는 悅穆로 읽으며 아름답고 장엄한 모양이라 풀이하였고 魏啟鵬은 悅穆로 읽으며 장엄하고 엄숙한 모양이라고 하였다. 李零은 寂寥으로

읽었다.

7) 蜀: 獨의 통가자.

8) 亥: 亥자 그대로. '의존하다'의 뜻. (1) 改의 통가자.(『郭店楚墓竹簡』, 崔仁義 1998, 魏啓鵬1999) (2) 垓의 가차자, '한계가 있다'는 의미.(丁原植1999, 尹振環 1999) (3) 亥자 그대로.(廖名春2003) 廖名春은 亥자를 본자로 보았다. 그는 『玉篇』: "亥, 依也."를 근거로 不亥는 不依로, 즉 '의지하지 않는다, 종속되지 않는다.'는 뜻이며 '獨立'과 같은 의미라고 보았다.

未知其名, 字之曰道, 吾强爲之名曰大.
그 이름(名)은 모르는데 그 자(字)는 도(道)라고 했다. 나는 그것을 임의대로 큼(大)이라고 하겠다.

곽점본:	未智丌名, 𢆶之曰道, 䔒弜爲之名曰大.
백서갑:	吾未知其名, 字之曰道. 吾强爲之名曰大.
백서을:	吾未知其名也, 字之曰道. 吾強為之名曰大.
북대본:	吾不智其名, 其字曰道. 吾強為之名曰大.
하상공:	吾不知其名, 字之曰道. 強為之名曰大.
왕필본:	吾不知其名, 字之曰道. 強為之名曰大.
돈황본:	吾不知其名, 字之曰道. 吾強為之名曰大.

1) 智: 知와 통용. 곽점본에서는 지자가 전부 智자로 적혀 있다.

2) 丌: 其의 이체자. 其는 箕(키 기)의 초기 자형이다. 箕는 원래 상형자인 ⿱ 형태로 사용되다가 후대에 성부 丌가 추가되어 其자로 변천하였다. 그러나 其자가 '그'라는 의미의 허사로 가차되어 다량 사용되면서 '키'를 나타내는 箕자가 후대에 별도로 만들어 진다. 초 문자에서는 其의 성부인 丌나 장식을 더한 兀 자형으로 사용되는 경우가 많은데 모두 其를 나타낸다. 본서에서는 丌와 兀 자형을 丌자로 통일해서 적겠다.

3) 𢆶: 字의 통가자. 이 자형은 𢆶와 才를 따른다. 丁原植(1999)은 이 중 𢆶는 茲와 동일한 글자로 이 𢆶가 바로 字의 성부라고 하였다. 廖名春(2003)은 𢆶는 絲와 동일한 글자인데 絲는 心母之部이고 字는 從母之部이므로 통한다고 하였다. 廖名春은 이 글자는 𢆶와 才가 모두 성부 역할을 한다고 주장하였다.

4) 䔒: 吾의 통가자. 이 자형은 虍와 壬 자형을 따른다. 출토문헌 자형 중 壬(임)자와 𡈼(정)자는 구분되어야 한다. 두 번째 자형은 사람이 땅 위에 서 있는 옆모습을 본 뜬 글자이다. 廖名春은 䔒는 吾의 형성자 형태로 虍는 吾의 소리를 따르고 壬는 의미를 따르고 있다고 주장하였는데 설득력 있는 견해이다.

5) 弜: 剛의 고문. 強의 통가자. '억지로 하다, 강제하다', '강함을 드러내다'의 뜻. 이

자형은 [illegible]자에 力을 더한 이체형식이다. 곽점갑 7-8호간에는 [illegible]자가 사용되는데 이와 관련해서는 아래 두 견해가 존재한다. (1) 剛의 고문.(劉信芳1999a) 劉信芳은 이 자형이 『설문해자』의 剛자에 해당한다고 여겼다. 하지만 필자가 보기에 『설문해자』의 剛자는 [illegible]자 형태로 왼쪽 부수가 人자를 따르므로 信자로 예정(隸定)해야 한다. 人과 弓은 자형이 비슷해 혼용된다. (2) 强의 생략.(廖名春2003) 廖名春은 人은 弓의 오자로 볼 수도 있지만 이 두 자형은 자세히 보면 차이를 지니므로 이 글자는 强의 생략으로 봐야 한다고 하였다. 또한 『설문해자』 强자의 籀文은 蚰과 彊을 따르는데다 고문헌에는 强자로 彊의 의미를 대체하는 경우가 있다고도 언급하였다.

大曰衍, 衍曰遠, 遠曰反. 天大, 地大, 道大, 王亦大.
큰 것은 널리 퍼지고, 널리 퍼지면 멀리 가게 되며, 멀리 가면 되돌아온다.

곽점본: 大曰潸, 潸曰連, 連曰反. 天大, 地大, 道大, 王亦大.
백서갑: 大曰筮, 筮曰□, □□□. □□, 天大, 地大, 王亦大.
백서을: 大曰筮, 筮曰遠, 遠曰反. 道大, 天大, 地大, 王亦大.
북대본: 大曰慸, 慸曰遠, 遠曰反. 天大, 地大, 道大, 王亦大.
하상공: 大曰逝, 逝曰遠, 遠曰反. 故道大, 天大, 地大, 王亦大.
왕필본: 大曰逝, 逝曰遠, 遠曰反. 故道大, 天大, 地大, 王亦大.
돈황본: 大曰逝, 逝曰遠, 遠曰反. 道大, 天大, 地大, 王大.

1) 潸: 衍의 통가자. 이 글자에 대해 裘錫圭(1999)와 裘錫圭·李家浩(1989)에서는 "曾侯乙墓에는 渻자가 수차례 등장하는데 이는 潸의 이체자이다. 渻은 遣과 음이 비슷한 衍일 가능성이 크다."라 하였다. 裘錫圭는 또한 "衍자는 고대에 溢, 廣, 大로 풀이되었는데 이는 확장(延伸), 확대(擴大), 초과(超過) 등의 의미를 지닌다. 문맥 의미로 보자면 '大曰衍, 衍曰遠'라 봐야 한다."라 하였다.

2) 連: 遠의 오자.(『郭店楚墓竹簡』)

3) 反: 返의 의미.

4) 埅: 地의 이체자. 해설은 상동.

國中有四大焉, 王處一焉. 人法地, 地法天, 天法道, 道法自然.
국가에는 이 네 가지 큼이 존재하는데 왕은 그 중 하나이다. 사람들은 땅을 본받고, 땅은 하늘을 본받으며, 하늘은 도를 본받고, 도는 만물의 자발성을 따른다.

곽점본: 囯中又四大安, 王凥一安. 人灋埅, 埅灋天, 天灋道, 道灋自肰.
백서갑: 國中有四大, 而王居一焉. 人法地, 地法□, □□□, □□□□.
백서을: 國中有四大, 而王居一焉. 人法地, 地法天, 天法道, 道法自然.

> 북대본: 或中有四大, 而王居一焉. 人灋地, 地灋天, 天灋道, 道灋自然.
> 하상공: 域中有四大, 而王居其一焉. 人法地, 地法天, 天法道, 道法自然.
> 왕필본: 域中有四大, 而王居其一焉. 人法地, 地法天, 天法道, 道法自然.
> 돈황본: 域中有四大, 而王雺一. 人法地, 地法天, 天法道, 道法自然.
> 돈황본: ……(残)道法自然. (P.4365)

1) 囥: 囿의 이체자. 域의 통가자. '국가'의 의미. 裘錫圭(1999)는 이 자형이 囿의 이체자이며 有는 域과 상고음이 서로 통한다고 지적하였다. 그 외에도 國으로 고석하는 견해도 존재한다. 域의 의미와 관련해서는 '우주'를 나타낸다는 견해(陳柱1928)와 '국가'를 나타낸다(廖名春2003)는 두 견해로 나뉜다.

2) 又: 有의 통가자. 해설은 상동.

3) 安: 焉자를 安자로 잘못 고석. 乃, 즉 才의 의미. 곽점본 『노자』의 자형을 살펴보면 安이라 고석되는 자형은 사실상 두 자형으로 명확히 구분되는데 ① 宀부를 수반하는 ⿱(총1회)과 ② 그렇지 않은 ⿱(총7회)로 나뉜다. 그 중 고문자학자들은 ①을 安으로 고석하며 ②는 焉으로 고석한다. 상기 安자도 사실상 ⿱자로 적혀 있으므로 焉으로 고석되어야 마땅하다.

4) 凥: 處의 이체자. (1) 居로 고석.(『郭店楚墓竹簡』, 丁原植1999) (2) 處로 고석.(裘錫圭1999, 廖名春2003) 廖名春에 따르면 凥는 處의 생략 형태인 処의 이체자이다. 출토문헌에서 處자와 居자는 각기 다른 용도로 사용되는 경우가 많다.

5) 灋: 法자의 초기 형태. '效法'의 의미로 '보고 배운다'는 뜻이다. 『설문해자』에는 灋자가 수록되어 있는데 法은 灋의 금문(今文) 형태라 하였다.

6) 坓: 地의 이체자. 해설은 상동.

7) 肰: 然의 이체자.

1.12 통행본 5장

[원문] 天地之間, 其猶橐籥與? 虛而不屈, 動而愈出.■[갑23]

[해석] 하늘과 땅 사이의 공간은 풀무의 공간 같은 것인가? 텅 비어 있지만 끝없이 사용할 수 있고, 움직이면 움직일수록 더 많이 나온다.

[논의주체] 천지

[전체주지] '비어 있음'도 중요하다. 아무 것도 없어 보이는 공간도 사실상 무언가 끊임없이 만들어 내는 중요한 역할을 하고 있다.

[구문별 고석]

天地之間, 其猶橐籥與? 虛而不屈, 動而愈出.
하늘과 땅 사이의 공간은 풀무의 공간 같은 것인가? 텅 비어 있지만 끝없이 사용할 수 있고, 움직이면 움직일수록 더 많이 나온다.

곽점본: 天埅之勿, 丌猶囗籊與? 虛而不屈, 遆而愈出. ■
백서갑: 天地囗囗, 囗猶橐籥與? 虛而不淈, 踵而俞出.
백서을: 天地之間, 其猶橐籥與? 虛而不淈, 勭而俞出.
북대본: 天地之間, 其猶橐籥虖? 虛而不屈, 動而揄出.
하상공: 天地之間, 其猶橐籥乎? 虛而不屈, 動而愈出.
왕필본: 天地之間, 其猶橐籥乎? 虛而不屈, 動而愈出.
돈황본: 天地之間, 其猶橐籥? 虛而不屈, 動而愈出.
돈황본: 天地之間, 其猶橐籥乎? 虛而不屈, 動而愈出. (P.3592)

1) 埅: 地의 이체자. 초 문자에서는 地자 대신 이 자형이 상용된다. 廖名春(2003)은 고문자에서 它와 也는 혼용되고 있고 고문자에서 阜는 생략되기도 하므로 이 자형은 地의 이체자라고 하였다.

2) 勿: 間의 고문. 이 자형은 『설문해자』에 間의 고문으로 수록되어 있다.

3) 丌: 其의 이체자. 其는 箕(키 기)의 초기 자형이다. 箕는 원래 상형자인 ᄇ 형태로

사용되다가 후대에 성부 丌가 추가되어 其자로 변천하였다. 그러나 其자가 '그'라는 의미의 허사로 가차되어 다량 사용되면서 '키'를 나타내는 箕자가 후대에 별도로 만들어진다. 초 문자에서는 其의 성부인 丌나 장식을 더한 丌 자형으로 사용되는 경우가 많은데 모두 其를 나타낸다. 본서에서는 丌와 丌 자형을 丌자로 통일해서 적겠다.

4) 猷: 猶의 이체자.

5) 囚: 橐의 통가자. 다른 판본에서는 모두 橐로 적혀 있으며 대부분의 학자들이 橐의 통가자라 여긴다.(『郭店楚墓竹簡』, 丁原植1999, 劉信芳1999a, 魏啟鵬1999) 그러나 崔仁義(1998)은 囚로 예정하고 『爾雅·釋言』: "囚, 拘也."를 예로 들어 拘로 풀이하였다.

6) 籊: 管의 통가자. 籥과 동의사(同義詞). 다른 판본에는 모두 약(籥)이라 적혀 있다. 劉信芳(1999a)은 이 자형의 竹자 아래 형태인 瞿는 雚의 생략된 형태로 이 글자의 성부이며 管과는 통가 관계, 타 판본의 籥과는 동의사(同義詞) 관계라 하였다. 廖名春(2003)은 劉信芳에 동의하며 곽점본에서 籊으로 쓰인 것은 앞 구문의 間과 압운(押韻)을 맞추기 위한 것이라고 주장하였다.

7) 囚籊: 橐管의 이체자. 이 어휘는 타 판본에서는 모두 橐籥라 적혀 있다. 이 어휘는 불을 피울 때 공기를 분사하는 데 사용되는 '풀무(bellows)'같은 기구를 나타낸다. 吳澄은 "橐籥'은 불을 피울 때 바람을 일으키도록 주조된 기구이다. 바깥 부위를 橐라 하고 안쪽에서 부채질 하는 곳을 籥라 한다. 橐籥을 천하에 비유하자면 橐은 太虛처럼 주변을 포함하는 몸체이고 籥은 원기처럼 천지 기운의 쓰임이다."[14]라 하였다. 劉信芳(1999a)은 풀무같은 이 기구는 겉 부분인 橐은 소가죽으로, 속 부분인 管은 대나무로 이루어졌다고 주장하였다.

8) 屈: 글자 그대로, '고갈되다'의 의미. 백서본에서는 淈자를, 곽점본과 타 판본에서는 屈자를 사용하고 있다. 학계에서는 통상 屈로 고석하며 그 의미에 대해서는 '고갈되다', '다하다'로 풀이한다. 勞健은 "『설문해자』에서는 屈을 꼬리가 없음(無尾)으로 풀이하고 있다. 이러한 의미는 짧은 것을 총칭하는 의미로 확장되었다. 고로 '다하다/끝나다(竭)'라는 의미를 지니며 掘의 음을 지닌다."라 하였고[15] 古棣·周英(1991)은 "屈은 竭로 풀이된다. 왕필(王弼)은 '故虛而不得窮屈.'라 주하였다. 窮屈은 다하다(窮竭)를 의미한다."라 하였다.

9) 連: 動의 이체자. 이 자형은 백서갑에서는 踵를, 백서을에서는 勭, 그 이외의 판본에

---

14) 朱謙之(1984) 참고.
15) 朱謙之(1984) 참고.

서는 動으로 적혀 있다. 劉信芳(1999a)은 "초나라 계통 문자에서 動은 모두 逹자를 사용한다."라 하였고 廖名春(2003)은 "踵, 勭은 動의 동원자이다. 沖으로 읽어야 한다. 『설문해자』: '沖, ……讀若動.' 沖은 空이라 풀이한다. 앞 문장인 '虛而不屈'의 虛와 의미가 비슷하다."라 하였다. 초나라 죽간 문자에서 重과 童은 소리가 서로 통하는 경우가 많다.

1.13 통행본 16장

[원문] 至虛, 恒也; 守中, 篤也. 萬物方作, 居以顧復也. 天道員員, 各復其根. ■[갑24]

[해석] 비어있음에 이르면 오래 유지할 수 있고 비어있음을 지키면 한결같을 수 있다. 만물은 무릇 만들어지기 시작하면 되돌아감을 염두에 두면서 거한다. 하늘의 도는 빙빙 돌고 돌며 (만물은) 각자 그 뿌리로 되돌아간다.

[논의주체] 도, 만물

[전체주지] 비어 있음(虛)은 오래 유지할 수 있게 해 준다. 만물은 하늘의 도처럼 순환한다.

[구문별 고석]

天至虛, 恒也; 守中, 篤也. 萬物方作, 居以顧復也. 天道員員, 各復其根. 비어있음에 이르면 오래 유지할 수 있고 비어있음을 지키면 한결같을 수 있다. 만물은 무릇 만들어지기 시작하면(作) 되돌아감을 염두에 두면서 거한다. 하늘의 도는 빙빙 돌고 돌며 (만물은) 각자 그 뿌리로 되돌아간다.
곽점본: 至虛, 死也; 獸中, 篤也. 萬勿方作, 居以寡遆也. 백서갑: 至虛極也, 守情表也. 萬物旁作, 吾以觀其復也. 백서을: 至虛極也, 守靜督也. 萬物旁作, 吾以觀其復也. 북대본: 至虛, 極; 積正, 督. 萬物竝作, 吾以觀其復. 하상공: 至虛極, 守靜篤. 萬物並作, 吾以觀其復. 왕필본: 致虛極, 守靜篤. 萬物並作, 吾以觀復. 돈황본: 致虛極, 守靜篤. 萬物並作, 吾以觀其復.
곽점본: 天道員員, 各遆兀堇. ■ 백서갑: 天物雲雲, 各復歸於其□. 백서을: 天物㘪㘪, 各復歸於其根.

> 북대본: 天物云云, 各復歸其根.
> 하상공: 夫物芸芸, 各復歸其根.
> 왕필본: 夫物芸芸, 各復歸其根.
> 돈황본: 夫物云云, 各歸其根.

1) 亙: 恒의 고문.『설문해자』에 따르면 이 자형은 恒자의 고문이다. 이 글자는 백서본 이후의 판본에서 그 의미가 비슷한 極자로 바뀌었다. 李零(1999)에 따르면 전국진한 출토문헌에서 恒자와 極자는 그 자형이 비슷해 종종 혼용된다.

2) 獸: 守의 통가자. 곽점본에서는 守의 통가자로 獸자가 상용된다.

3) 中: 沖의 통가자. 空의 의미. 백서갑에는 情으로, 다른 판본에서는 靜으로, 傅奕本에서는 靖으로 적혀 있다. (1) 盅의 통가자.(池田知久1999) (2) 沖의 통가자. 盅의 본자. 空의 의미. 靜의 의미와 통용.(魏啟鵬1999, 廖名春2003) (3) 中자 그대로. 제5장 '不如守中'처럼 본질이 존재하는 곳의 의미.(趙建偉1999, 彭浩2001) 趙建偉는 守中에 대해 中和의 도를 지킨다는 뜻으로『文子·道原』에 나오는 '執沖含和'의 '含和'와 같은 의미라 하였다. 곽점본에서는 성인이 무위(無爲)하고 아무 일도 안하고(無事), 정적인 것을 좋아할 것을(好靜) 강조한다.(곽점갑29-32, 통행본57장) 이 때문에 이 中을 沖의 통가자로 보는 것이 전체 문맥 의미와 통한다.

4) 簹: 篤의 옛 글자. '한결같다'의 뜻. (1) 篤의 옛 글자. '진실되다', '한결같다'의 의미.(『郭店楚墓竹簡』, 劉信芳1999a) (2) 督의 통가자, 至正, 至中의 의미.(鄭良樹1997) (3) 裻의 가차자.(丁原植1999)『설문해자』에 "簹, 厚也. 讀若篤."라고 했으며 段玉裁의 注에서는 "簹와 篤는 古今字이다."라 注하였다.

5) 勿: 物의 통가자.

6) 方: 方자 그대로. 백서본에서는 旁, 북대본 이후의 판본에서는 竝(並)으로 적혀 있다. (1) 竝의 가차자.(李零1999) (2) 旁의 가차자.(廖名春2003)

7) 居: 居자 그대로. 백서본 이후의 판본에서 '吾'로 바뀌어 적혀 있다.

8) 寡: 顧의 가차자. (1) 須로 고석. 需의 가차자. 待의 의미.(池田知久1999) (2) 寡로 고석. 顧의 통가자.(顔世鉉2001, 白於藍2000) (3) 顧로 고석.(裘錫圭1998)

9) 逨: 復의 이체자. 彳과 辶은 부수로 사용될 때 통용되는 것이 전국문자의 특징이다.

10) 天道: 글자 그대로. 백서본과 북대본에서는 天物이라, 하상공본 이후의 전래문헌 판본에서는 夫物로 적혀 있다.

11) 員: 云의 통가자. (1) 云의 통가자.(李零1998, 朱謙之1984) 朱謙之는 '불안정(不安靜)'의 뜻이라 보았으며 李零은 죽간에서는 '詩云'의 云을 員자로 적고 있는 것을

근거로 云의 통가자라 보았다. (2) 圓의 본자.(郭沂 1998) 郭沂는 員을 圓의 본자라 하며 일월성신(日月星辰)은 모두 한 바퀴 돌아서 다시 시작하는데 이것이 바로 '天道員員'이라 풀이하였다. (3) 運의 통가자.(丁原植 1999, 趙建偉 1999) 본서에서는 員員이 두 글자 연달아 사용된 의성어이며 둥글게 둥글게 돌아가는 소리를 형상한다고 판단한다.

   12) 丌: 其의 이체자. 其는 箕(키 기)의 초기 자형이다. 箕는 원래 상형자인 ✣ 형태로 사용되다가 후대에 성부 丌가 추가되어 其자로 변천하였다. 그러나 其자가 '그'라는 의미의 허사로 가차되어 다량 사용되면서 '키'를 나타내는 箕자가 후대에 별도로 만들어진다. 초 문자에서는 其의 성부인 丌나 장식을 더한 丌 자형으로 사용되는 경우가 많은데 모두 其를 나타낸다. 본서에서는 丌와 丌 자형을 丌자로 통일해서 적겠다.

   13) 堇: 根의 통가자.(『郭店楚墓竹簡』)

1.14 통행본 64장

[원문] 其安也, 易持也. 其未兆也, 易謀也. 其脆也, 易判也. 其幾也, 易散也. 爲之於其[갑25]無有也. 治之於其未亂. 合[抱之木, 生於毫末], 九層之臺, 作[於累土. 千里之行, 始於][갑26]足下.[갑27]

[해석] 안일한 상태라면 장악하기가 쉽다. (나쁜) 조짐이 보이기 전이라면 대책을 마련하기가 쉽고, 무른 사물은 가르기가 쉽고, 미세한 것은 흩어버리기가 쉽다. (어떤 일이) 발생하기 전에 처리해야 하며, 혼란이 생기기 전에 다스려야 한다. 아름드리나무도 아주 작은 싹이 트여 자라난 것이며, 아주 높은 누대도 한 삼태기의 흙을 쌓아 올린 것이며, 굉장한 높이도 발밑에서부터 시작된 것이다.

[논의주체] 보좌진

[전체주지] 어떤 일이 발생하기 전의 작고 연약한 초기 상태가 다스리기 쉽다.

[구문별 고석]

其安也, 易持也. 其未兆也, 易謀也. 其脆也, 易判也. 其幾也, 易散也. 안일한 상태라면 장악하기가 쉽다. (나쁜) 조짐이 보이기 전이라면 대책을 마련하기가 쉽고, 무른 사물은 가르기가 쉽고, 미세한 것은 흩어버리기가 쉽다.
곽점본: 丌安也, 易朵也. 丌未兆也, 易䎺也.   백서갑: 其安也, 易持也. □□□□, □□□.   백서을: □□□□, □□□□□□.   북대본: 其安易持也, 其未兆易謀也,   하상공: 其安易持, 其未兆易謀.   왕필본: 其安易持, 其未兆易謀.

돈황본: 其安易持, 其未兆易謀. 『韓非子·喻老』: 其安易持也, 其未兆易謀也.
곽점본: 丌䎴也, 易畔也. 丌幾也, 易後也. 백서갑: □□□. □□□. □□□. □□□. 백서을: □□□□□. □□□□□. 북대본: 其脆易判也, 其微易散也. 하상공: 其脆易破, 其微易散. 왕필본: 其脆易泮, 其微易散. 돈황본: 其毳易破, 其微易散.

1) 丌: 其의 이체자. 其는 箕(키 기)의 초기 자형이다. 箕는 원래 상형자인 𠀠 형태로 사용되다가 후대에 성부 丌가 추가되어 其자로 변천하였다. 그러나 其자가 '그'라는 의미의 허사로 가차되어 다량 사용되면서 '키'를 나타내는 箕자가 후대에 별도로 만들어진다. 초 문자에서는 其의 성부인 丌나 장식을 더한 兀 자형으로 사용되는 경우가 많은데 모두 其를 나타낸다. 본서에서는 丌와 兀 자형을 丌자로 통일해서 적겠다.

2) 安: 安자 그대로. '안일하다'의 의미.

3) 易: 곽점본에는 易과 惕 두 글자가 구분되어 사용된다. 易은 '쉽다'는 의미이다.

4) 𢱤: 持의 통가자. 백서본 이후의 판본에는 持자로 적혀 있다. (1) 持의 통가자.『郭店楚墓竹簡』(2) 持의 이체자.(廖名春2003) (3) 困의 고문. '포위하다'의 뜻.(劉信芳 1999a) '모이다'의 뜻.(魏啟鵬1999) 劉信芳은 이 글자가 "『설문해자』의 困자의 古文과 자형이 같은데 梱자로 쓰이기도 한다. 困은 본래 문지방을 의미하다가 '짐승을 잡는 함정'이라는 의미로 확장되었다. 겹겹이 포위한다는 의미로 사용된다."라 하였다. 魏啟鵬은 이 글자를 困자로 보면서 "群의 의미로 모으다(合群), 모이다(聚集)의 뜻이다."라고 하였다.

5) 㒸: 兆의 이체자. 이 글자는 타 판본에는 모두 兆자로 적혀 있다.『郭店楚墓竹簡』에서는 兆자로 읽었으며 廖名春(2003)은 兆자의 번체로 보았다.

6) 㥁: 謀의 고문. 이 글자는 타 판본에서는 모두 謀로 적혀 있다. 廖名春(2003)은 謀의 고문이라 하였다.

7) 䎴: 脆의 통가자. '무르다'의 뜻. 왕필본과 하상공본에는 脆자로, 돈황본에는 毳자로 적혀 있다. (1) 脆의 통가자.『郭店楚墓竹簡』(2) 毳자. '부드럽고 가는 상태'를 의미.(丁原植1999) (3) 膬의 통가자. '작고 연약하다'는 뜻.(廖名春2003)

8) 畔: 判의 통가자. 북대본에서는 判자로, 왕필본에서는 泮자로, 하상공본과 돈황본에서는 破자로 적혀 있다. (1) 判의 통가자. '分'의 뜻.『郭店楚墓竹簡』廖名春

2003) (2) 畔자 그대로. '분별하다'의 뜻.(丁原植1999)

9) 幾: 幾자 그대로. '미세하다'의 의미. 다른 판본에서는 모두 微자로 적혀 있다. (1) 微의 통가자.(李零1999) (2) 幾자 그대로. '움직임이 적음(動之微)'을 뜻하며 사물이 발생하기 시작한 초기의 미세한 단계를 의미한다.(池田知久1999) 廖名春(2003)에서는『설문해자』의 "幾, 微也, 殆也."를 예로 들어 幾와 微의 의미는 같으므로 통용 가능하다 주장하였다.

10) 後: 散의 통가자. 다른 판본에서는 모두 散자로 적혀 있다. (1) 散의 통가자.(『郭店楚墓竹簡』) (2) 後자 그대로, '따르다'는 의미.(池田知久1999)

爲之於其無有也. 治之於其未亂.
(어떤 일이) 발생하기 전에 처리해야 하며, 혼란이 생기기 전에 다스려야 한다.

곽점본:	爲之於丌亡又也. 紿之於丌未亂.
백서갑:	□□□□□□, □□□□□□.
백서을:	□□□□□□, □□□□□□.
북대본:	為之其無有也, 治之其未亂也.
하상공:	為之於未有, 治之於未亂.
왕필본:	為之於未有, 治之於未亂.
돈황본:	為之於未有, 治之於未亂.

---

1) 丌: 其의 이체자. 해설은 상동.

2) 亡: 無와 통용. 徐丹(2005)에 따르면 곽점본 『노자』에서는 '無'의 의미를 나타내는 경우 거의 대부분 亡자를 사용하였다.(단 1회만 無자를 사용) 그녀는 亡의 이러한 '無'를 나타내는 용법은 전국 후기가 되면 간체 형태인 无자가 대체하고 그 이후 시기에 다시 번체 형태인 無가 이를 대체하게 되는데 그 이후 亡은 '無'의 의미가 아니라 '상실하다'의 전용자로 사용되게 된다고 하였다.

3) 又: 有의 통가자. 곽점본에서는 又 자형이 有와 통용되는 경우가 많다.

4) 紿: 治의 통가자. 타 판본에는 모두 治자로 적혀 있다. 곽점본『노자』에는 台자나 생략 형태인 㠯자를 성부로 삼는 글자가 총 7회 출현하는데, 그 중 始로 읽히는 경우는 4회, 殆로 읽히는 경우가 1회, 治로 읽히는 경우가 2회 출현한다. 㠯이 心부와 함께 사용되는 경우에는 모두 始로(2회), 言부와 함께 사용되는 경우에는 始(2회) 혹은 殆(1회)로, 糸부와 함께 사용되는 경우에는 모두 治(2회)로 통가되고 있다. 이 외에도 이의 생략 형태인 㕣도 사용되는데 이 글자는 殆(1회)로 통가된다.

合[抱之木, 生於毫末], 九層之臺, 作[於累土. 百仞之高, 始於]足下.
아름드리나무도 아주 작은 싹이 트여 자라난 것이며, 아주 높은 누대도 한 삼태기의 흙을 쌓아 올린 것이며, 굉장한 높이도 발밑에서부터 시작된 것이다.

곽점본: 合□□□, □□□□, 九城之臺, 作□□□. □□□□, □□足下.
백서갑: □□□□, □□毫末. 九成之臺, 作於羸土. 百仁之高, 台於足□.
백서을: □□□木, 生於毫末. 九層之臺, 作於虆土. 百千之高, 始於足下.
북대본: 合抱之木, 生於毫末. 九成之臺, 作於纍土. 百仞之高, 始於足下.
하상공: 合抱之木, 生於毫末. 九層之臺, 起於累土. 千里之行, 始於足下.
왕필본: 合抱之木, 生於毫末. 九層之臺, 起於累土. 千里之行, 始於足下.
돈황본: 合抱之木, 生於豪末. 九重之臺, 起於累土. 百刃之高, 起於足下.

1) 城: 層의 통가자.(李零1998) 백서갑과 북대본에서는 成으로, 백서을과 하상공본과 왕필본에서는 層으로, 돈황본에서는 重으로 적혀 있다.

2) 作: 이 자형은 절반 이상이 손상되어 알아보기 힘든데 남은 자형이 甲자와 비슷하다 하여『郭店楚墓竹簡』에서는 甲으로 고석되었다. 그러나 손상된 자형은 作의 모습과도 비슷하기에 본서에서는 타 판본에서 사용된 문자를 근거로 作으로 고석하였다.

1.15 통행본 56장

[원문] 知之者弗言, 言之者弗知. 閉其兌, 塞其門, 和其光, 同其塵, 挫其銳, 解其紛[갑27], 是謂玄同. 故不可得而親, 亦不可得而疏; 不可得而利, 亦不可得而害[갑28]; 不可得而貴, 亦可不可得而賤. 故爲天下貴.[갑29]

[해석] 아는 것이 전부 말로 표현되지는 못한다. 말로 표현되더라도 전부 다 아는 것은 아니다. 함구하고, 문을 닫고, 빛을 조화롭게 하고, 먼지와 같게 하고, 칼끝을 무디게 하고, 갈등을 삭히는 것, 이것을 현동이라고 한다. 그러므로 가까이 하지 않으나 멀리 하지도 않고, 이롭게 하지 않으나 해롭게 하지도 않으며, 귀하게 여기지 않으나 천하게 여기지도 않는다. 이렇게 천하의 귀함이 된다.

[논의주체] 보좌진

[전체주지] 보좌진은 그 속을 다 드러내지 말아야 한다.

[구문별 고석]

知之者弗言, 言之者弗知. 아는 것이 전부 말로 표현되지는 못한다. 말로 표현되더라도 전부 다 아는 것은 아니다.
곽점본: 智之者弗言, 言之者弗智. 백서갑: □□弗言, 言者弗知. 백서을: 知者弗言, 言者弗知. 북대본: 智者弗言. 言者弗智.

하상공: 知者不言. 言者不知.
왕필본: 知者不言. 言者不知.
돈황본: 知者不言. 言者不知.

1) 智: 知와 통용. 곽점본에서는 知자가 전부 智자로 적혀 있다.

閉其兌, 塞其門, 和其光, 同其塵, 挫其銳, 解其紛, 是謂玄同.
함구하고, 문을 닫고, 빛을 조화롭게 하고, 먼지와 같게 하고, 칼끝을 무디게 하고, 갈등을 삭히는 것, 이것을 현동이라고 한다.

곽점본: 閔丌㙥, 賽丌門, 和丌光, 迵丌𨛭, 剉丌䤜, 解丌紛, 是胃玄同.
백서갑: 塞其悶, 閉其口, 口其光, 同其軫, 坐其閱, 解其紛, 是胃玄同.
백서을: 塞其垧, 閉其門, 和其光, 同其塵, 銼其兌而解其紛, 是胃玄同.
북대본: 塞其脫, 閉其門, 和其光, 同其畛, 挫其兌, 解其紛, 是謂玄同.
하상공: 塞其兌, 閉其門, 挫其銳, 解其紛, 和其光, 同其塵, 是謂玄同.
왕필본: 塞其兌, 閉其門, 挫其銳, 解其分, 和其光, 同其塵, 是謂元同.
돈황본: 塞其兌, 閉其門, 挫其銳, 解其忿, 和其光, 同其塵, 是謂玄同.

1) 閔: 閉의 오자. (1) 閉의 오자.(『郭店楚墓竹簡』) (2) 閉의 이체자.(魏啟鵬1999) (3) 悶의 오자.(李零1999, 廖名春2003)

2) 丌: 其의 이체자. 其는 箕(키 기)의 초기 자형이다. 箕는 원래 상형자인 𠀠 형태로 사용되다가 후대에 성부 丌가 추가되어 其자로 변천하였다. 그러나 其자가 '그'라는 의미의 허사로 가차되어 다량 사용되면서 '키'를 나타내는 箕자가 후대에 별도로 만들어진다. 초 문자에서는 其의 성부인 丌나 장식을 더한 亓 자형으로 사용되는 경우가 많은데 모두 其를 나타낸다. 본서에서는 丌와 亓 자형을 丌자로 통일해서 적겠다.

3) 㙥: 兌의 통가자라는 견해에는 이견이 없는 편이다. 그러나 이 글자의 해석과 관련해서는 '穴'로 봐야 한다는 견해,(俞樾) '隧'로 읽어야 한다는 견해,(孫詒讓) '입'을 가리킨다는 견해(廖名春2003) 등 다양하다.『설문해자』에서는 '兌'를 '說也'라 풀이하고 있다.

4) 賽: 塞의 가차자.(『郭店楚墓竹簡』, 廖名春2003) 廖名春은 塞는 閉와 의미가 같다고 하였다.

5) 迵: 同의 이체자.(『郭店楚墓竹簡』) 다른 각 판본에서는 모두 同자로 적혀 있다.

6) 𨛭: 慎으로 고석. 塵의 가차자.(『郭店楚墓竹簡』) 廖名春(2003)은 "문맥을 살펴보면 塵이 본자인 것으로 판단된다. '同其塵'이라는 말은 세속에 뒤섞여있다는 뜻이다."라 하였다.

7) 剉: 挫의 통가자. 백서갑에서는 坐로, 백서을에서는 銼로, 북대본 이후의 판본에서는 挫로 적혀 있다. (1) 剉로 고석.(『郭店楚墓竹簡』) (2) 挫의 통가자.(黃德寬·徐在國1998) (3) 銼로 고석.(李零1999) (4) 斲의 통가자. '충격을 주다(打擊), 깎다(砍削)'의 의미.(魏啟鵬1999) 挫는 『설문해자』에서 '摧也.'라 풀이하고 있으며 '折'로도 풀이 되는데 모두 '꺾다'의 의미를 지니고 있다.

8) 畚: 銳의 통가자. (1) 櫻의 가차자. '어지럽히다'의 뜻.(丁原植1999, 趙建偉1999) (2) 銳의 통가자.(黃德寬·徐在國1998, 黃錫全2000, 廖名春2003)

9) 紛: 각 판본에서는 分자나 忿자로 쓰이고 있다. (1) 紛자 그대로.(馬敘倫1956, 蔣錫昌1988, 高亨) (2) 忿의 가차자.(武內義雄[16], 廖名春2003, 古棣·周英1991) 古棣·周英은 忿으로 보고 '원통함/분함을 없애다'는 의미라고 하였다.

10) 胃: 謂의 옛 글자. 곽점본에는 대부분 胃자로 적혀 있으며 謂와는 고금자 관계이다.

```
故不可得而親, 亦不可得而疏; 不可得而利, 亦不可得而害;
그러므로 가까이 하지 않으나 멀리 하지도 않고, 이롭게 하지 않으나 해롭게 하
지도 않으며,
```

| 곽점본: 古不可㝵天〈而〉新, 亦不可㝵而疋; 不可㝵而利, 亦不可㝵而害; |
| 백서갑: 故不可得而親, 亦不可得而疏; 不可得而利, 亦不可得而害; |
| 백서을: 故不可得而親也, 亦□□□而□; □□□而利, □□□得而害; |
| 북대본: 故不可得而親. 亦不可得而疏. 不可得而利. 亦不可得而害; |
| 하상공: 故不可得而親. 亦不可得而疎. 不可得而利. 亦不可得而害. |
| 왕필본: 故不可得而親. 不可得而疏. 不可得而利. 不可得而害. |
| 돈황본: 故不可得親. 不可得疏. 不可得利. 不可得害. |

1) 古: 故와 통용. 곽점본의 古라는 자형은 古와 故 모두를 나타낼 수 있다.

2) 㝵: 得의 고문. 『설문해자』에 따르면 得은 고문에서 彳을 생략해 (㝵)자로 쓰인다. 㝵은 㝵의 오자이다. 㝵은 寸과 見을 따르는 글자로 寸과 又는 둘 다 손과 관련된 부수이고 見은 貝의 오자이기 때문이다.

3) 天: 而의 오자. 天과 而는 전국시기 죽간에서의 자형이 비슷해서 출토문헌에서 간혹 혼용된다.

4) 新: 親의 통가자.

5) 疋: 疏의 통가자.

---

16) 朱謙之(1984) 참고.

> 不可得而貴, 亦可不可得而賤. 故爲天下貴.
> 귀하게 여기지 않으나 천하게 여기지도 않는다. 이렇게 천하의 귀함이 된다.

곽점본: 不可尋而貴, 亦可不可尋而戔. 古爲天下貴.
백서갑: 不可□而貴, 亦不可得而淺. 故為天下貴.
백서을: 不可得而貴, 亦不可得而賤. 故為天下貴.
북대본: 不可得而貴. 亦不可得而賤. 故為天下貴.
하상공: 不可得而貴. 亦不可得而賤. 故為天下貴.
왕필본: 不可得而貴. 不可得而賤. 故為天下貴.
돈황본: 不可得貴. 不可得賤. 故為天下貴.

1) 尋: 得의 고문. 해설은 상동.
2) 戔: 賤의 통가자.
3) 古: 故와 통용. 해설은 상동.

1.16 통행본 57장

[원문] 以正治邦, 以奇用兵, 以無事[갑29]取天下. 吾何以知其然也? 夫天多期違, 而民彌貧. 民多[갑30]利器, 而邦滋昏. 人多知而奇物滋起. 灋物滋章, 盜賊多有. 是以聖人之言曰: 我無事而民自富. [갑31]我無爲而民自盉. 我好靜而民自正. 我欲不欲而民自樸. ■[갑32].

[해석] 정도로써 하면 나라가 다스려지고, 묘책을 사용하면 군사를 부릴 수 있지만, 아무 일도 안하면 천하를 얻게 된다. 나는 그러함을 어떻게 알 수 있는가? 무릇 하늘이 때를 자꾸 어기면 백성들은 빈곤함이 늘어난다. 백성들이 예리한 기구를 많이 지니면 국가는 혼란이 가중된다. 사람들이 지혜를 많이 사용할수록 기이한 사물이 많이 생긴다. 법령이 많이 늘어날수록 도적들은 많아진다. 그래서 성인은 다음과 같이 말했다. '나는 아무 일도 하지 않는데 백성들은 스스로 부유해진다. 나는 무위하는데 백성들은 스스로 하고자 한다. 나는 고요함을 좋아하는데 백성들이 스스로 질서를 찾아간다. 나는 불욕하고자 하는데 백성들은 스스로 투박해진다.'

[논의주체] 성인(왕), 백성

[전체주지] 성인이 무위하면 백성들은 스스로 질서를 찾아간다.

[구문별 고석]

| 以正治邦, 以奇用兵, 以無事取天下. 吾何以知其然也 ? |
| 정도로써 하면 나라가 다스려지고, 묘책을 사용하면 군사를 부릴 수 있지만, 아 |

무 일도 안하면 천하를 얻게 된다. 나는 그러함을 어떻게 알 수 있는가?
곽점본: 以正之邦, 以𢦏甬兵, 以亡事取天下. 㠯可以智亓䟱也？ 백서갑: 以正之邦, 以畸用兵, 以无事取天下. 吾何□□□也哉？ 백서을: 以正之國, 以畸用兵, 以無事取天下. 吾何以知其然也才？ 북대본: 以正之國, 以倚用兵, 以無事取天下. 吾何以智其然也？ 하상공: 以正治國, 以奇用兵, 以無事取天下. 吾何以知其然哉？以此. 왕필본: 以正治國, 以奇用兵, 以無事取天下. 吾何以知其然哉？以此. 돈황본: 以政之國, 以奇用兵, 以无事取天下. 吾何以知天下之然？以此.

1) 正: 正자 그대로. 이 글자는 타 판본에서는 모두 正자가 적혀 있으나 돈황본에서는 政자로 바뀌어 적혀 있다.

2) 之: 治의 통가자. 후대 판본에서는 모두 治로 바뀌어 적혀 있다. 之와 治는 통가된다. (1) 治의 통가자.(高明1996, 『郭店楚墓竹簡』) (2) 之자 그대로.(馬叙倫1956, 廖名春2003) 廖名春은 之를 '사용하다(用)'의 의미로 보았다.

3) 邦: 國과 통용. 백서을 이후에서는 劉邦 이름의 피휘의 영향으로 모두 國으로 바뀌어 적혀 있다.

4) 𢦏: 백서본에서는 畸자로, 북대본에서는 倚자로, 하상공본 이후의 판본에서는 奇자로 적혀 있다. (1) 奇의 통가자.(『郭店楚墓竹簡』, 劉國勝2000) 劉國勝은 『荀子·天論』: '故道之所善, 中則可從, 畸則不可為, 匿則大惑.' 구문을 楊倞이 '畸者, 謂偏也.'라 注한 것을 근거로 奇를 偏으로 해석하고 있다. (2) 奇자의 변체.(廖名春2003) 廖名春은 "𢦏자는 字書에는 없는 글자이다. 奇자의 변체로 판단된다. 畸와 奇는 고대에 통용되었으므로 여기에서는 奇자로 쓰이는 것이 옳다고 본다. '以正之邦'과 '以奇用兵' 구문에서 正과 奇가 대비되고 있다. 이 구문은 '君子居則貴左, 用兵則貴右; 吉事尚左, 凶事尚右'과 대조해서 살펴볼 수 있다."라 하였다.

5) 甬: 用으로 고석.

6) 亡: 無와 통용. 곽점본에는 無의 동사와 부정부사 용법이 亡과 无 두 자형으로 적혀 있는데, 곽점갑과 곽점을에서는 亡이, 곽점병에서는 無가 상용된다. 徐丹(2005)에 따르면 곽점본 『노자』에서는 '無'의 의미를 나타내는 경우 거의 대부분 亡자를 사용하였다.(단 1회만 無자를 사용) 그녀는 亡의 이러한 '無'를 나타내는 용법은 전국 후기가 되면 간체 형태인 无자가 대체하고 그 이후 시기에 다시 번체 형태인 無가 이를 대체하게 되는데 그 이후 亡은 '無'의 의미가 아니라 '상실하다'의 전용자로 사용되게 된다고 하였다.

7) 㠯: 吾의 통가자. 이 자형은 虍와 壬 자형을 따른다. 출토문헌 자형 중 壬(임)자와

壬(정)자는 구분되어야 한다. 두 번째 자형은 사람이 땅 위에 서 있는 옆모습을 본 뜬 글자이다. 廖名春(2003)은 埕를 吾의 형성자 형태라고 보았다.

8) 可: 何의 통가자. (1) 何의 통가자.(『郭店楚墓竹簡』, 廖名春2003) (2) 可자 그대로.(劉信芳1999a) 곽점본에서는 可가 可와 何 모두로 읽히는 경우가 많으므로 앞뒤 문맥을 잘 살펴야 한다.

9) 智: 知와 통용. 곽점본에서는 知자가 전부 智자로 적혀 있다.

10) 丌: 其의 이체자. 其는 箕(키 기)의 초기 자형이다. 箕는 원래 상형자인 뇨 형태로 사용되다가 후대에 성부 丌가 추가되어 其자로 변천하였다. 그러나 其자가 '그'라는 의미의 허사로 가차되어 다량 사용되면서 '키'를 나타내는 箕자가 후대에 별도로 만들어진다. 초 문자에서는 其의 성부인 丌나 장식을 더한 亓 자형으로 사용되는 경우가 많은데 모두 其를 나타낸다. 본서에서는 丌와 亓 자형을 丌자로 통일해서 적겠다.

11) 肰: 然의 이체자.

12) 吾可以知其然也: 후대 판본에서는 상기 구문이 '吾何以知其然也?' 혹은 의문어기사 哉가 추가되어 의문문으로 풀이되고 있다. 곽점본에서의 可는 可와 何로 통가된다. 이 때문에 상기 구문의 可를 何로 보아 구문을 의문문으로 풀이할 수도 있고 可자 그대로 평서문으로 풀이해도 그 의미가 앞뒤 문맥과 연결된다.

夫天多期違, 而民彌貧. 民多利器, 而邦滋昏.
무릇 하늘이 때를 자꾸 어기면 백성들은 빈곤함이 늘어난다. 백성들이 예리한 기구를 많이 지니면 국가는 혼란이 가중된다.

곽점본: 夫天多忌韋, 而民爾畔. 民多利器, 而邦慈昏.
백서갑: 夫天下□□□, 而民彌貧. 民多利器, 而邦家茲昏.
백서을: 夫天下多忌諱, 而民彌貧. 民多利器, □□□□昏.
북대본: 夫天多忌諱而民璽貧. 民多利器而固〈國〉家茲昏.
하상공: 天下多忌諱, 而民彌貧. 民多利器, 國家滋昏.
왕필본: 天下多忌諱, 而民彌貧. 民多利器, 國家滋昏.
돈황본: 天下多忌諱, 而民弥貧. 民多利器, 國家滋昏.

---

1) 天: 곽점본과 북대본에서만 天으로 적혀 있고 백서본 및 타 판본에서는 모두 天下로 바뀌어 적혀 있다.

2) 忌韋: 期違의 통가. 忌는 期의『설문해자』고문 자형이다. 이 글자는 타 판본에서 모두 忌諱로 적혀 있는 것을 근거로 대부분 忌諱로 고석한다. 가령 顔世鉉(2000)은 『楚辭·謬諫』의 '願承閒而效志兮, 恐犯忌而干諱.' 구문에 대해 王逸은 '忌는 두려워하는 바를, 諱는 숨기는 바를 나타낸다.'라 주하고 있다. 任繼愈는 '忌諱는 말하지

말고 행하지 말 것을 의미한다. 즉 금령을 나타낸다.'라 언급하고 있다. 忌諱는 가혹한 법령을 일컫는다."라 하였다. 廖名春(2003)는 '忌諱多'는 법령이 엄격함을 의미한다고 하였다. 하지만 곽점본에서 天과 天下는 구분되어 사용되기에 주어를 天으로 풀이해야 마땅하다.

3) 爾: 彌와 통용. 타 판본에서 대부분 彌로 적혀 있는 것을 근거로 대부분의 학자들은 彌라 여긴다. 『小爾雅』에서는 "彌, 益也."라 풀이하고 있다.

4) 畔: 貧의 통가자. (1) 叛의 통가자.(『郭店楚墓竹簡』, 郭沂1998, 廖名春2003) (2) 貧의 통가자. '빈궁함'의 뜻.(劉信芳1999a) '分(갈라지다)'로 풀이(顏世鉉2000)

5) 邦: 國과 통용. 해설은 상동.

6) 慈: 滋의 통가자.

人多知而奇物滋起. 灋物滋章, 盜賊多有. 是以聖人之言曰:
사람들이 지혜를 많이 사용할수록 기괴한 사물이 많이 생긴다. 법령이 많이 늘어날수록 도적들은 많아진다. 그래서 성인은 다음과 같이 말했다.

곽점본:	人多智天〈而〉戠勿慈记. 灋勿慈章, 覝惻多又. 是以聖人之言曰:
백서갑:	人多知, 而何物茲□. □□□□, □盜賊□□. □□□□□□□:
백서을:	□□□□, □□□□□. □物茲章, 而盜賊□□. 是以□人之言曰:
북대본:	人多智而荷物茲起, 灋物茲章而盜賊多有. 故聖人之言云,
하상공:	人多伎巧, 奇物滋起. 法令滋彰, 盜賊多有. 故聖人云,
왕필본:	人多伎巧, 奇物滋起. 法令滋彰, 盜賊多有. 故聖人云,
돈황본:	人多知巧, 奇物滋起. 法物滋彰, 盜賊多有. 故聖人云,

1) 智: 知와 통용. 해설은 상동.

2) 天: 而의 오자. 天과 而는 전국시기 죽간에서의 자형이 비슷해서 출토문헌에서 간혹 혼용된다.

3) 奇物: 戠은 奇의 통가자. 勿은 物의 통가자. 奇物은 '괴이하고 사악한 사물'을 가리킨다.(劉國勝2000)

4) 慈: 滋의 통가자.

5) 记: 起의 이체자. 走와 辶이 호환되어 사용된 경우이다.

6) 灋: 法과 통용. 法자의 초기 형태. 『설문해자』에는 灋자가 수록되어 있는데 法은 灋의 금문(今文) 형태라 하였다.

7) 法物: 법령의 의미. 劉信芳(1999a)은 '법률과 그것이 실려 있는 것'을 가리킨다 하였고 魏啟鵬(1999)은 "法物은 화폐(錢幣)를 가리킨다. 그 의미는 '法貨'와 같다. 이는 법령에서 제조해서 통행시킨 화폐를 가리킨다."라 하였다.

8) 章: 章자 그대로. 이 글자는 백서본과 북대본에서는 그대로 章자로 사용되지만 하상공본 이후의 판본에서는 彰자로 적혀 있다. (1) 彰의 통가자.(『郭店楚墓竹簡』, 廖名春2003) (2) 章자 그대로.(劉信芳1999a) 劉信芳은 "章은 장절의 의미를 나타낸다. 漢나라 高祖의 '法三章'이 바로 이 의미이다. '滋章'이라는 것은 법률조항이 추가된다는 뜻이다."라 하였다.

9) 㲋: 盜의 통가자. 廖名春(2003)은 선진 전래문헌에는 盜자가 상용자로 사용되지만 갑골문, 금문, 초나라 죽간 모두에서 盜자는 출현하지 않으며 수호지진간(睡虎地秦簡)이 되어서야 盜자가 사용되기 시작한다고 지적한다. 또한 그에 따르면 선진시기 전래문헌에서는 도(桃), 조(駣) 등의 글자가 盜자와 통용된다 한다. 종합하면, 兆를 소리로 삼는 이 세 글자는 모두 盜와 통용되므로 㲋는 盜의 통가자이다.

10) 惻: 賊의 통가자.

11) 又: 有의 통가자. 곽점본에서는 又 자형이 有와 통용되는 경우가 많다.

> 我無事而民自富. 我無爲而民自盇. 我好靜而民自正. 我欲不欲而民自樸.
> '나는 아무 일도 하지 않는데 백성들은 스스로 부유해진다. 나는 무위하는데 백성들은 스스로 하고자 한다. 나는 고요함을 좋아하는데 백성들이 스스로 질서를 찾아간다. 나는 불욕하고자 하는데 백성들은 스스로 투박해진다.'
>
> 곽점본: 我無事而民自稟. 我亡爲而民自盇. 我好青而民自正.
> 백서갑: 我无为也而民自化. 我好靜而民自正. 我无事民□□.
> 백서을: 我无為而民自化. 我好靜而民自正. 我无事而民自富.
> 북대본: 我無爲而民自化. 我無事而民自富. 我好靜而民自正.
> 하상공: 我無爲而民自化. 我好靜而民自正. 我無事而民自富.
> 왕필본: 我無爲而民自化. 我好靜而民自正. 我無事而民自富.
> 돈황본: 我无爲民自化. 我无事民自富. 我好靜民自政,
>
> 곽점본: 我谷不谷而民自樸. ■
> 백서갑: □□□□□□□.
> 백서을: 我欲不欲而民自樸.
> 북대본: 我欲不欲而民自樸.
> 하상공: 我無欲而民自朴.
> 왕필본: 我無欲而民自樸.
> 돈황본: 我无欲民自樸.

1) 稟: 富의 이체자. 示자를 의부로, 富자를 성부로 삼는 글자로 示부를 추가하여 그 의미를 강화하고 있다.

2) 亡: 無와 통용. 해설은 상동.

3) 蝕: 이 글자는 다른 판본에서는 모두 化로 적혀 있다.

4) 青: 靜의 통가자. 이 글자는 다른 판본에서는 모두 靜자로 적혀 있다. (1) 靜의 통가자.(『郭店楚墓竹簡』) (2) 淸의 생략이거나 가차.(池田知久1999)

5) 谷: 欲으로 고석. 곽점갑과 곽점병은 동일한 한자가 각기 다른 자형을 사용하고 있는 경우가 종종 발견된다. 가령 곽점갑에는 谷부를 수반하는 자형이 浴, 谷, 欲가 출현하는데, 浴자는 후대의 谷(계곡)자와, 谷/雒자는 후대의 欲(조동사/동사)자와, 欲자는 후대의 慾(명사)자와 통용된다. 그러나 곽점병에서는 欲 자형이 그대로 欲을 나타낸다.

1.17 통행본 55장

[원문] 含德之厚者, 比于赤子. 蜂蠆虺蛇弗螫, 攫鳥猛獸弗扣, 骨弱筋柔而捉[갑33]固. 未知牝牡之合, 朘怒, 精之至也. 終日嘷而不憂, 和之至也. 和曰常, 知和曰明, [갑34]益生曰祥, 心使氣曰强. 物壯則老, 是謂不道.[갑35]

[해석] 덕이 충만한 자는 갓난아기에 비유할 수 있다. (갓난아기는 독성을 지닌) 벌, 전갈, 벌레, 뱀들이 물지 않고, 사나운 새나 맹수도 덤벼들지 않는다. (갓난아기는) 뼈는 연약하고 근육은 부드럽지만 손으로 쥐는 힘은 오히려 세다. (갓난아기가) 남녀의 교합을 모르지만 발기되는 것은 정기가 강하기 때문이다. (갓난아기가) 하루 종일 울어도 근심이 없는 것은 조화의 기운이 강하기 때문이다. 조화로움은 항상성을 지니며, 조화로움을 아는 것은 명철한 것이다. (이와는 반대로) 삶을 억지로 더하려는 것을 왕성함(祥)이라고 부르며 마음이 기를 부리려고 하는 것을 강제함(强)이라고 한다. 만물은 너무 장성하면 노쇠해지는데 이를 불도(不道)라고 한다.

[논의주체] 도

[전체주지] 유약의 중요성을 논한다. 반대로 억지로 무언가를 행하고 이루려고 하면 오히려 노쇠해질 수 있음을 경고한다.

[구문별 고석]

含德之厚者, 比于赤子. 덕이 충만한 자는 갓난아기에 비유할 수 있다.
곽점본: 酓悳之叀者, 比于赤子. 백서갑: □□之厚□, 比於赤子. 백서을: 含德之厚者, 比於赤子. 북대본: 含德之厚者, 比於赤子. 하상공: 含德之厚, 比於赤子. 왕필본: 含德之厚, 比於赤子. 돈황본: 含德之厚, 比於赤子.

1) 酓: 含과 통용. 廖名春(2003)은 酓과 含이 모두 今을 성부로 삼기에 통용 가능하다 주장했다.

2) 悳: 德의 고문. 德자는 곽점본에서는 대부분 悳자로 사용된다.

3) 叀: 厚로 고석.

4) 赤子: 갓난아이라는 뜻으로, 곽점갑 1호간에 출현하는 季子와 비슷한 개념이다.

蜂蠆虺蛇弗螫, 攫鳥猛獸弗扣, 骨弱筋柔而捉固. (갓난아기는 독성을 지닌) 벌, 전갈, 벌레, 뱀들이 물지 않고, 사나운 새나 맹수도 덤벼들지 않는다. (갓난아기는) 뼈는 연약하고 근육은 부드럽지만 손으로 쥐는 힘은 오히려 세다.
곽점본: 蟲蠆虫它弗蠚, 攫鳥獸獸弗扣, 骨溺菫柔而捉固. 백서갑: 逢㵒螟地弗螫, 攫鳥猛獸弗搏, 骨弱筋柔而握固. 백서을: 蠭虫蛇弗赫, 據鳥孟獸弗捕, 骨筋弱柔而握固. 북대본: 蠭蠆蚖蛇弗赫, 猛獸攫鳥弗搏, 骨弱筋柔而摳固. 하상공: 毒蟲不螫, 猛獸不據, 攫鳥不搏. 骨弱筋柔而握固. 왕필본: 蜂蠆虺蛇不螫, 猛獸不據, 攫鳥不搏. 骨弱筋柔而握固. 돈황본: 毒虫不螫, 鸇鳥猛狩不猼. 骨弱筋柔而握固.

1) 蟲: 蜂의 통가자. '벌'의 의미. 이 글자는 백서본과 북대본, 왕필본 모두에서 夆을 성부로 삼고 있다. (1) 蜪의 통가자.(『郭店楚墓竹簡』) (2) 蝟로 고석.(裘錫圭1998, 丁原植1999) 丁原植은 猬(고슴도치)의 통가자로 보았다. (3) 虺의 통가자.(劉信芳1999a, 李零1999, 魏啟鵬1999) (4) 蠢의 통가자. 蠭으로 읽음. 후대의 蜂字.(黃錫全2000) 黃錫全은 由 자형은 鬼 자형과는 미세한 차이가 존재한다고 주장하며 蟲자가 蠢로 고석되어야 한다고 보았다. 그는 由는 幫母物部이고 夆은 並母東部이기에 성부가 脣音으로 통하므로 이 두 글자의 소리는 통한다고 보았다. 그는 또한 이 글자는

『설문해자』에 수록된 蠭의 통가자로 '飛蟲, 螫人者.'의 의미라고 주장하며 후대의 蜂자와도 연계시켰다.

2) 蠆: 蠆의 이체자. '전갈'과의 독충.(黃錫全2000)『集韻』에 따르면 蠆은 蠆의 이체자(或體)이다.『左傳·僖二十二年』'蠭蠆有毒.' 구문에 대해『通俗文』에서는 '蠆, 長尾謂之蠍.'라 주하고 있다.

3) 虫: 虺의 고문. '살무사' 같은 뱀. 이 자형은 곽점본에 중복부호를 사용해 '蠆='로 적혀 있기에 虫로도 虺로도 고석 가능하다. (1) 蟲자로 고석.(『郭店楚墓竹簡』) (2) 虺자로 고석.(裘錫圭1998) 이 자형은 왕필본에서는 虺자로 적혀 있다.『玉篇』에 따르면 이 자형은 '虺'자의 고문이다.

4) 它: 蛇의 옛 글자. 它와 蛇는 고금자이다.

5) 蠚: 蠚자로 고석, 螫의 이체자. 이 글자는 백서을과 북대본에서는 赫으로, 그 외의 판본에서는 螫으로 적혀 있다.『廣韻』에서는 蠚을 螫의 이체자로 보았다. 그 의미와 관련해서『설문해자』에서는 '螫, 蟲行毒也.'라 하였다.『史記·淮陰侯傳』의 '猛虎之猶豫, 不如蜂蠆之致螫.'라는 구문에서 蜂蠆이 螫한다는 내용이 있는 것으로 보아 螫으로 고석하는 것이 옳다.

6) 攫: 攫자 그대로. 곽점본과 왕필본에는 攫자로, 백서갑과 북대본에는 擢자로, 백서을에는 據자로, 하상공본에는 獲자로 적혀 있다. 廖名春(2003)은 攫이 矍자라 하였다. 攫鳥는 사나운 새를 나타내는 어휘이다.『禮·儒行』: '鷙蟲攫搏.'의 攫에 대해 '以腳取之謂之攫, 以翼擊之謂之搏.'라 주소하고 있다. 즉 새의 발을 이용해 잡는 것을 攫, 날개로 공격하는 것을 搏이라 한다 하였다.

7) 猷: 猛의 통가자. 이 자형은 백서갑과 북대본 이후의 판본에서 모두 猛자로 적혀 있다. 廖名春은 猛의 孟과 猷의 丙은 성부가 통한다고 하였다. 猛獸는 '맹수'를 의미한다.

8) 扣: 扣자 그대로. 이 글자는 백서갑과 하상공본, 왕필본에는 搏자로, 백서을에는 捕자로 적혀 있다. (1) 敂의 통가자. '擊'의 뜻.(『郭店楚墓竹簡』) (2) 拍의 오자, 搏과 통용.(黃德寬·徐在國1998) (3) 扣자 그대로. 扣자는『集韻』『韻會』『正韻』에서 '擊也.'라고 훈하고 있다.

9) 溺: 弱의 통가자. 다른 판본에는 모두 弱자로 적혀 있다.

10) 菫: 筋의 통가자. 백서본, 북대본, 왕필본에서 전부 筋으로 적혀 있다. 廖名春(2003)에 따르면 菫과 筋은 상고음이 통한다.

11) 㮙: 柔의 이체자. 타 판본에는 모두 柔자로 적혀 있다. 廖名春(2003)은 柔는 矛를 성부로, 木을 의부로 삼는 형성자이고 㮙는 矛와 求를 모두 성부로 삼는 글자이다.

12) 捉: 捉자 그대로. 握의 의미. 백서본, 하상공본과 왕필본 등에서 모두 握으로 적혀 있는 것을 근거로 통상 握의 통가자라 여긴다. 그러나 『설문해자』에 捉자에 대해 '搤也. 一曰握也.'라고 풀이하는 등 원래부터 '쥐다', '잡다'의 의미를 지니고 있으므로 글자 그대로 풀이하면 된다.

> 未知牝牡之合, 朘怒, 精之至也. 終日號而不憂, 和之至也.
> (갓난아기가) 남녀의 교합을 모르지만 발기되는 것은 정기가 강하기 때문이다.
> (갓난아기가) 하루 종일 울어도 근심이 없는 것은 조화의 기운이 강하기 때문이다.
> 곽점본: 未智牝戊之合朘怒, 精之至也. 夂日虖而不惪, 和之至也.
> 백서갑: 未知牝牡□□□□, 精□至也. 終曰〈日〉號而不 , 和之至也.
> 백서을: 未知牝牡之會而朘怒, 精之至也. 冬日號而不嚘, 和□□□.
> 북대본: 未智牝牡之合而朘怒, 精之至也. 終日號而不幽, 和之至也.
> 하상공: 未知牝牡之合而峻作, 精之至也. 終日號而不啞, 和之至也.
> 왕필본: 未知牝牡之合而全作, 精之至也. 終日號而不嗄, 和之至也.
> 돈황본: 未知牝牡之合而酸作, 精之至. 終日號而不嗄, 和之至.
> 『莊子·桑庚楚』: 終日號而嗌不嗄.

1) 智: 知와 통용. 곽점본에서는 知자가 전부 智자로 적혀 있다.

2) 戊: 牡의 통가자. 다른 판본에서는 모두 牡자로 적혀 있다. 廖名春(2003)은 두 글자가 상고음이 통용 가능하다 보았다.

3) 朘: 朘의 가차자. '어린아이의 고환'의 뜻. 이 글자는 백서본과 북대본에서는 朘, 하상공본에서는 峻, 왕필본에서는 全, 돈황본에서는 酸 등 판본별로 다르게 적혀 있다. 고문자 학자 대부분은 朘과 연관된 글자로 보았는데 黃德寬·徐在國(1998)는 "士를 의부로 勿을 성부로 하는 글자로 朘의 이체(或體)인 듯하다."라 하였고 李零(1999)은 豖로 고석하고 朘의 가차자로 보았다. 鄭良樹(1997)는 "峻은 朘의 가차자이다. 현재 광주사람(廣州人)들은 아이의 음부를 朘이라 부른다."라 하였다.

4) 怒: 怒의 통가자. 『郭店楚墓竹簡』 郭沂(1998)는 怒에 '분발하다, 분기하다'라는 뜻이 있다고 보았다.

5) 夂: 終의 고문. 夂는 『설문해자』에 실린 終의 고문 자형이다.

6) 虖: 號의 이체자. 呼의 의미. (1) 乎와 통용.『郭店楚墓竹簡』(2) 號의 통가자.(李零1999) 廖名春(2003)에 따르면 "集韻"에 "號,『설문해자』: '呼也.' 或作虖."라는 해설이 있다. 즉 虖는 號의 이체자로 둘 다 呼의 의미를 지닌다.

7) 惥: 憂의 이체자. (1) 嗄의 통가자, '목이 쉬다'의 뜻.(易順鼎[17], 章炳麟[18], 李零1999) 章炳麟은 "司馬彪는 초나라 사람들은 너무 울어서 목소리가 나오지 않은 것을 嗄이라 하였다."라 하였다. (2) 噎의 통가자, '목이 메다'의 뜻.(劉信芳1999a, 魏啟鵬1999) (3) 憂자 그대로.(『郭店楚墓竹簡』, 丁原植1999, 廖名春2003) 惥는 『설문해자』에서 '愁'라 훈하고 있다.

和曰常, 知和曰明. 益生曰祥, 心使氣曰強.
조화로움은 항상성을 지니며, 조화로움을 아는 것은 명철한 것이다. (이와는 반대로) 삶을 억지로 더하려는 것을 왕성함(祥)이라고 부르며 마음이 기를 부리려고 하는 것을 강제함(強)이라고 한다.

곽점본: 和曰𥛔, 智和曰明. 賹生曰羕, 心使燹曰𢑑.
백서갑: 和曰常, 知和曰明. 益生曰祥, 心使氣曰強.
백서을: □□□常, 知常曰明. 益生□祥, 心使氣曰強.
북대본: 和曰常. 智和曰明. 益生曰詳. 心使氣曰強.
하상공: 知和曰常. 知常曰明. 益生曰祥. 心使氣曰強.
왕필본: 知和曰常. 知常曰明. 益生曰祥. 心使氣曰強.
돈황본: 知和曰常. 知常曰明. 益生曰詳. 心使氣曰彊.

1) 𥛔: 裳의 오자. 常의 통가자. 이 글자는 타 판본에서 모두 常으로 적혀 있다. (1) 票으로 고석, 同의 통가자.(劉信芳1999a, 魏啟鵬1999) (2) 裳의 오자, 常의 통가자.(顔世鉉2000, 廖名春2003)

2) 智: 知와 통용. 해설은 상동.

3) 賹: 益의 통가자.(『郭店楚墓竹簡』) 곽점본에는 益자가 貝부를 수반하여 賹으로 적혀 있다.

4) 羕: 祥의 가차자. 盛의 의미. 『詩·陳風』: '東門之楊, 其葉牂牂.'의 牂牂에 대해 傳에서는 '牂牂然盛貌.'라 주하고 있다. (1) 祥의 통가자.(『郭店楚墓竹簡』) '요상하다(妖祥)'의 뜻.(蔣錫昌1988) '順'의 의미.(趙建偉1999) (2) 痒의 통가자.(高亨) 『爾雅·釋詁』: "痒, 病也." (3) 牂의 가차자. 壯의 의미. 그 다음 문장인 '物壯則老'의 壯자와 대응.(武内義雄[19])

5) 燹: 氣의 이체자. 『설문해자』에 따르면 氣의 혹체(或體)는 旣와 米를 따른다.

---

17) 廖名春(2003:333) 참고.
18) 廖名春(2003:333) 참고.
19) 廖名春(2003:340) 참고.

6) 弜: 剛의 고문. 强의 통가자. '억지로 하다, 강제하다', '강함을 드러내다'의 뜻. 이 자형은 弜자에 力을 더한 이체형식이다. 곽점갑 7-8호간에는 弜자가 사용되는데 이와 관련해서는 아래 두 견해가 존재한다. (1) 剛의 고문.(劉信芳1999a) 劉信芳은 이 자형이 『설문해자』의 剛자에 해당한다고 여겼다. 하지만 필자가 보기에 『설문해자』의 剛자는 𠂆자 형태로 왼쪽 부수가 人자를 따르므로 信자로 예정(隸定)해야 한다. 人과 弓은 자형이 비슷해 혼용된다. (2) 强의 생략.(廖名春2003) 廖名春은 人은 弓의 오자로 볼 수도 있지만 이 두 자형은 자세히 보면 차이를 지니므로 이 글자는 强의 생략으로 봐야 한다고 하였다. 또한 『설문해자』 强자의 籒文은 蚰과 彊을 따르는데 고문헌에는 强자로 彊의 의미를 대체하는 경우가 있다고도 언급하였다.

物壯則老, 是謂不道.
만물은 너무 장성하면 노쇠해지는데 이를 불도(不道)라고 한다.

곽점본: 勿蠆則老, 是胃不道.
백서갑: □□即老, 胃之不道, 不道□□.
백서을: 物□則老, 胃之不道, 不道蚤已.
북대본: 物壯則老, 謂之不道, 不道蚤已.
하상공: 物壯將老. 謂之不道, 不道早已.
왕필본: 物壯則老. 謂之不道, 不道早已.
돈황본: 物壯將老. 謂之非道, 非道早已.

1) 勿: 物의 통가자.
2) 蠆: 臧으로 고석. 壯의 통가자.(『郭店楚墓竹簡』) 廖名春(2003)에 따르면 臧은 臧의 고문이고 臧과 壯은 상고음이 통한다.
3) 胃: 謂의 옛 글자. 곽점본에는 대부분 胃자로 적혀 있으며 謂와는 고금자 관계이다.

1.18 통행본 44장

[원문] 名與身孰親？身與貨[갑35]孰多？得與亡孰病？愛必大費, 厚藏必多亡. 故知足不辱, 知止不殆, 可[갑36]以長久.[갑37]

[해석] 이름과 몸 중 어떤 것이 더 친근한가? 몸과 재물 중 어떤 것이 더 많은가? (재물을) 얻고 잃음 중 어떤 것이 더 근심인가? (재물은) 아끼면 반드시 크게 잃는다. (재물은) 깊이 감춰둘수록 반드시 더 많이 잃는다. 그러므로 만족을 알면 모욕되지 않고, 그만둘 줄 알면 위험하지 않게 되며, 오래 유지될 수 있다.

[논의주체] 왕 혹은 보좌진

[전체주지] 재물은 탐할수록 잃게 되므로 자족해야 한다.

[특징] 이 장절은 재물과 관련된 글자가 貝부를 의부로 삼고 있다.

[구문별 고석]

名與身孰親？身與貨孰多？得與亡孰病？愛必大費, 厚藏必多亡. 이름과 몸 중 어떤 것이 더 친근한가? 몸과 재물 중 어떤 것이 더 많은가? (재물을) 얻고 잃음 중 어떤 것이 더 근심인가? (재물은) 아끼면 반드시 크게 잃는다. (재물은) 깊이 감춰둘수록 반드시 더 많이 잃는다.
곽점본: 名與身箮新？身與貨箮多？貢與貝箮疠？
백서갑: 名與身孰亲？身與貨孰多？得與亡孰病？
백서을: 名與□□□？□□□□□？□□□□□？
북대본: 身與名孰親？身與貨孰多？得與亡孰病？
하상공: 名與身孰親. 身與貨孰多. 得與亡孰病.
왕필본: 名與身孰親. 身與貨孰多. 得與亡孰病.
돈황본: 名與身孰親. 身與貨孰多. 得與亡孰病.

> 곽점본: 甚悉必大寶, 厚寶必多貢.
> 백서갑: 甚□□□, □□□□亡.
> 백서을: □□□□□, □□□□□.
> 북대본: 是故甚愛必大費. 多藏必厚亡.
> 하상공: 甚愛必大費. 多藏必厚亡.
> 왕필본: 是故甚愛必大費. 多藏必厚亡.
> 돈황본: 是故甚愛必大費. 多藏必厚亡.

1) 箮: 孰의 통가자. 타 판본에는 모두 孰자로 적혀 있다.

2) 新: 親의 통가자. 백서갑에서는 亲자로, 그 외의 판본에서는 親자로 적혀 있다.

3) 貢: 得의 이체자. 타 판본에는 모두 得자로 적혀 있다. (1) 得의 통가자.(『郭店楚墓竹簡』) (2) 持로 고석.(陳偉1998) 陳偉는 "持와 得은 의미가 비슷하며 亡와는 상반된 의미이다."라 하였다.

4) 貢: 亡의 이체자. 타 판본에는 모두 亡자로 적혀 있다.

5) 疠: 病의 고문. 타 판본에는 모두 病자로 적혀 있다.『古文四聲韻』에서는『古老子』의 이 글자를 인용하며 病자라 적고 있다.

6) 悉: 愛의 초기 형태.『설문해자』에 따르면 愛자는 从夊悉聲이다.『玉篇』에서는 '悉, 今作愛'라 적고 있다.

7) 賮: 費의 이체자. 타 판본에는 모두 費자로 적혀 있다.

8) 賮: 藏의 이체자. 북대본에는 臧자로, 그 이외의 판본에는 모두 藏자로 적혀 있다.

> 故知足不辱, 知止不殆, 可以長久.
> 그러므로 만족을 알면 모욕되지 않고, 그만둘 줄 알면 위험하지 않게 되며, 오래 유지될 수 있다.

> 곽점본: 古智足不辱, 智止不怠, 可以長舊.
> 백서갑: 故知足不辱, 知止不殆, 可以長久.
> 백서을: □□□□□, □□□□, □□□□.
> 북대본: 故智足不辱. 智止不殆. 可以長久.
> 하상공: 知足不辱. 知止不殆. 可以長久.
> 왕필본: 知足不辱. 知止不殆. 可以長久.
> 돈황본: 故知足不辱. 知止不殆. 可以長久.

1) 古: 故와 통용. 곽점본의 古라는 자형은 古와 故 모두를 나타낼 수 있다.

2) 智: 知와 통용. 곽점본에서는 知자가 전부 智자로 적혀 있다.

3) 㣨: 殆의 통가자. 곽점본 『노자』에는 㠯자나 생략 형태인 㔾자를 성부로 삼는 글자가 총 7회 출현하는데, 그 중 始로 읽히는 경우는 4회, 殆로 읽히는 경우가 1회, 治로 읽히는 경우가 2회 출현한다. 㠯이 心부와 함께 사용되는 경우에는 모두 始로(2회), 言부와 함께 사용되는 경우에는 始(2회) 혹은 殆(1회)로, 糸부와 함께 사용되는 경우에는 모두 治(2회)로 통가되고 있다. 이 외에도 이의 생략 형태인 㔾도 사용되는데 이 글자는 殆(1회)로 통가된다.

4) 舊: 久의 통가자.(『郭店楚墓竹簡』, 廖名春2003)

1.19 통행본 40장

[원문] 返也者, 道動也. 弱也者, 道之用也. 天下之物生于有, [有]生于無.[갑37]

[해석] 순환은 도의 운동이다. 유약(弱)은 도의 효용이다. 천하 만물은 유(有)에서 생기며, (유는) 무에서 생긴다.

[논의주체] 도

[전체주지] 무(無)에서 유(有)가 생기는데 유(有)는 유약(弱)에서 시작된다. 천하 만물은 유약에서 생성되고 도는 그렇게 순환한다.

[구문별 고석]

返也者, 道動也. 弱也者, 道之用也. 天下之物生於有, [有]生於無. 순환은 도의 운동이다. 유약(弱)은 도의 효용이다. 천하 만물은 유(有)에서 생기며, (유는) 무에서 생긴다.
곽점본: 返也者, 道僅也. 溺也者, 道之甬也. 백서갑: □□□, 道之動也; 弱也者, 道之用也. 백서을: 反也者, 道之動也. □□者, 道之用也. 북대본: 反者道之動也. 弱者道之用也. 하상공: 反者道之動. 弱者道之用. 왕필본: 反者道之動. 弱者道之用. 돈황본: 反者道之動. 弱者道之用.
곽점본: 天下之勿生於又, 生於亡. 백서갑: 天□□□□□□, □□□□. 백서을: 天下之物生於有, 有□於无. 북대본: 天下之物生於有, 有生於無. 하상공: 天下萬物生於有, 有生於無.

> 왕필본: 天下萬物生於有, 有生於無.
> 돈황본: 天地之物生於有, 有生於无.

1) 返: 返자 그대로. 곽점본에서는 의부가 유의미한 작용을 하는 경우가 종종 존재한다. 순환의 의미에는 동작의 뜻이 포함되므로 辶이 부가되어 있는 것이다. 타 판본에는 모두 反자로 적혀 있다.

2) 僮: 動의 이체자. 타 판본에는 모두 動자로 적혀 있다. 곽점본에서 童부는 動으로 읽힐 수 있다. 초나라 죽간 문자에서는 重과 童은 소리가 서로 통하는 경우가 많다.

3) 溺: 弱의 통가자. 타 판본에는 모두 弱자로 적혀 있다.

4) 甬: 用으로 고석. 타 판본에는 모두 用자로 적혀 있다.

5) 勿: 物의 통가자. 타 판본에는 모두 物자로 적혀 있다.

6) 又: 有의 통가자. 곽점본에서는 又 자형이 有와 통용되는 경우가 많다. 타 판본에는 모두 有자로 적혀 있다.

7) 亡: 無와 통용. 백서을과 돈황본에는 无로, 그 외의 판본에는 모두 無로 적혀 있다. 곽점본에는 無의 동사와 부정부사 용법이 亡과 無 두 자형으로 적혀 있는데, 곽점갑과 곽점을에서는 亡이, 곽점병에서는 無가 상용된다. 徐丹(2005)에 따르면 곽점본 『노자』에서는 '無'의 의미를 나타내는 경우 거의 대부분 亡자를 사용하였다.(단 1회만 無자를 사용) 그녀는 亡의 이러한 '無'를 나타내는 용법은 전국 후기가 되면 간체 형태인 无자가 대체하고 그 이후 시기에 다시 번체 형태인 無가 이를 대체하게 되는데 그 이후 亡은 '無'의 의미가 아니라 '상실하다'의 전용자로 사용되게 된다고 하였다.

8) 天下之物生於有, [有]生於亡.: 곽점본에서는 '天下之勿生于有生于亡'으로 적혀 있다. 于는 개사로 사용되어 뒤에 명사성 성분을 수반하므로 상기 구문은 '天下之勿生于有, 生于亡'으로 끊어 읽어야 한다. 그렇지만 앞뒤 문맥으로 살펴보았을 때 천하만물은 유에서, 유는 무에서 나오는 것이 맞으므로 又(有) 뒤에 '중복부호'가 생략된 것으로 보는 것이 타당하다고 판단한다.

1.20 통행본 9장

[원문] 持而盈[갑37]之, 不若已. 揣而群之, 不可長保也. 金玉盈室, 莫能守也. 貴富驕, 自遺咎[갑38]也. 功遂身退, 天之道也. ■[갑39]

[해석] 쥐고 가득 채우는 것보다 그만두는 것이 낫다. 쥐고 모으는 것을 오랫동안 지킬 수는 없다. 금과 옥이 온 집에 넘쳐나도 이를 지킬 수는 없다. 귀함과 부유함과 교만함은 재앙을 남긴다. 성과를 이루면 몸은 물러나는 것이 하늘의 이치이다.

[논의주체] 보좌진

[전체주지] 귀함과 부유함과 교만함을 경계하며 성과를 이루면 몸은 물러나는 것이 하늘의 도리이다.

[구문별 고석]

持而盈之, 不若已. 揣而群之, 不可長保也.
쥐고 가득 채우는 것보다 그만두는 것이 낫다. 쥐고 모으는 것을 오랫동안 지킬 수는 없다.
곽점본: 㝅而浧之, 不不若已. 湍而群之, 不可長保也.
백서갑: 揃而盈之, 不□□□. □□□之, □可長葆之.
백서을: 揃而盈之, 不若其已. 揣而允之, 不可長葆也.
북대본: 持而盈之, 不如其已; 桓而允之, 不可長葆;
하상공: 持而盈之, 不如其已; 揣而銳之, 不可長保;
왕필본: 持而盈之, 不如其已; 揣而梲之, 不可長保;
돈황본: 持而滿之, 不若其已; 揣□□之, 不可長實;
돈황본: 持而盈之, 不如其已; 揣而銳之, 不可長保; (P.3592)

1) 㝅: 持의 이체자. 백서본에는 揃자로, 북대본 이후의 판본에는 持자로 적혀 있다.

(1) 持의 이체자.(廖名春2003)『金文編』에는 持가 手없이 寺로 적혀 있다. 朱와 寺는 윗부분은 동일하고 아래 부분은 木과 寸으로 각기 다른데, 이에 대해 廖名春은 朱가 持의 이체 형식이기 때문이라 하였다. (2) 殖의 통가자. '번식하다'의 뜻.(『郭店楚墓竹簡』, 鄭良樹1997) 鄭良樹은 백서본에서 揸자로 사용되는 것을 근거로 하여 持가 殖과 통한다고 보았다. 그러나 鄭良樹는 蔣錫昌(1988)의 견해에 동의하여 '持盈'이라는 어휘가 고대의 성어라고도 주장했다. 그 의미에 대해서는 持는 守, 盈은 滿이라 하였다.

2) 涅: 盈의 통가자.(『郭店楚墓竹簡』, 廖名春2003) 이 글자는 돈황본에서 滿으로 적혀 있는 것을 제외하고는 타 판본에서는 모두 盈으로 적혀 있다.

3) 不不: 不의 오기(誤記). 원문을 찾아보면 不은 중복부호를 사용한 것이 아닌 두 번 중복되어 '不不'로 적혀 있다. 해당시기에 부정부사가 연달아 중복해서 사용되는 경우가 존재하지 않는 것은 아니나(가령 不弗敢 등) 동일한 부정부사가 중복되어 사용되는 경우는 선진 시기 문법에는 존재하지 않는 현상이다. 이 때문에 이 중 하나의 不은 오자로 한 번 더 잘못 필사된 것으로 봐야 한다.

4) 湍: 揣의 가차자. 持의 의미. 이 글자는 백서본에서는 掬, 하상공본 이후의 판본에서는 모두 揣자로 적혀 있다. (1) 揣의 가차자.(池田知久1999, 李零1999) 池田知久는 그 의미에 대해『漢書』賈誼傳 孟康注의 "揣, 持也"라 하였다. 李零은 '제어하다(控持)' 혹은 '추측하다(揣度)'의 뜻이라 하였다. (2) 摶의 통가자.(趙建偉1999) 趙建偉는『史記·屈原賈生傳』索隱에서 '摶本作揣'라 한 것과 곽점본에서 '長短相形'의 短이 耑로 적혀 있는 것을 근거로 湍, 掬, 揣 세 글자를 모두 摶으로 읽고 '거두어 들이다(收斂)'의 뜻(『管子·内業』: '摶, 結聚也')으로 풀이해야 한다고 보았다.

5) 羣: 群자로 고석. '모으다'의 뜻. 이 글자는 백서본과 북대본에서는 允, 하상공본과 돈황본에서는 銳, 왕필본에서는 梲로 적혀 있다. 고문헌에서 允자와 兌자는 통용되는 사례가 많다. (1) 곽점본이 출토되기 이전에는 銳로 풀이하는 경우가 많았다. (2) 群자로 고석. 곽점본 출토 이후에는 글자 그대로 고석하는 경우가 많다. 그 의미는 '많이 쌓아둔다'(趙建偉1999), '모인다'(李零1999) 등의 견해가 있다.

金玉盈室, 莫能守也. 貴富驕, 自遺咎也. 功遂身退, 天之道也.
금과 옥이 온 집에 넘쳐나도 이를 지킬 수는 없다. 귀함과 부유함과 교만함은 재앙을 남긴다. 성과를 이루면 몸은 물러나는 것이 하늘의 이치이다.

곽점본: 金玉涅室, 莫能獸也. 貴福喬, 自遺咎也.
백서갑: 金玉盈室, 莫之守也. 貴富而驕, 自遺咎也.

백서을: 金玉□室, 莫之能守也. 貴富而驕, 自遺咎也. 북대본: 金玉盈室, 莫能守. 富貴而驕, 自遺咎. 하상공: 金玉滿堂, 莫之能守; 富貴而驕, 自遺其咎. 왕필본: 金玉滿堂, 莫之能守; 富貴而驕, 自遺其咎. 돈황본: 金玉滿堂, 莫之能守; 富貴而驕, 自遺其咎. 돈황본: 金玉滿堂, 莫之能守; 富貴而驕, 自遺其咎. (P.3592)
곽점본: 攻述身退, 天之道也. ■ 백서갑: 功述身芮, 天□□□. 백서을: 功遂身退, 天之道也. 북대본: 功遂身退, 天之道也. 하상공: 功成名遂身退, 天之道. 왕필본: 功遂身退, 天之道. 돈황본: 名成功遂身退, 天之道. 돈황본: 功成名遂身退, 天之道. (P.3592)

 1) 浧: 盈의 통가자.(『郭店楚墓竹簡』, 廖名春2003) 이 글자는 백서본과 북대본에서 盈으로, 하상공본 이후의 판본에서는 모두 滿으로 적혀 있다.

 2) 獸: 守의 통가자. 곽점본에서는 守의 통가자로 獸자가 상용된다. 곽점본『노자』에서 獸자는 자형 그대로 읽히거나 守로 통가되거나 둘 중 하나이다.

 3) 福: 富의 통가자.(『郭店楚墓竹簡』, 廖名春2003) 타 판본에서는 모두 富로 적혀 있다. 廖名春은 두 글자 모두 畐자를 성부로 삼고 있기에 통용 가능하다 보았다.

 4) 喬: 驕의 통가자.(『郭店楚墓竹簡』) 백서갑에서는 驕자로, 타 판본에서는 모두 驕자로 적혀 있다.

 5) 攻: 功의 통가자.(廖名春2003) 타 판본에는 모두 功으로 적혀 있다.

 6) 述: 遂의 통가자.(廖名春2003) 백서갑에는 述자로 적혀 있지만 그 외의 타 판본에는 모두 遂로 적혀 있다.

제2장 『노자을』 원문 고석 및 풀이

『노자을』에서는 『노자갑』에 이어 도의 특성, 왕과 보좌진의 역할 관련 내용을 서술하고 있다. 즉 왕과 보좌진이 각자의 역할을 잘 수행하면 세상은 잘 돌아가게 된다고 언급한다. 다만 계층 간의 역할에 대해서도 추가로 논한다는 것이 특징인데 이 내용은 아래 통행본 54장(곽점을16-17)에 반영되어 있다.

잘 닦인 몸은 올곧게 질서가 잡혀 있다. 잘 닦인 집은 여유가 있다. 잘 닦인 고을은 오래갈 수 있다. 잘 닦인 국가는 풍성하다. 잘 닦인 천하는 널리 퍼져 나간다.

『노자을』의 내용은 크게 도의 특성에 관해 논하는 장절(통행본45장), 계층의 역할과 각 계층의 관계에 대해 논하는 장절(통행본54장), 왕의 역할을 논하는 장절(통행본13,20,48장), 보좌진의 역할을 논하는 장절(통행본41,52장)로 나뉜다.

그 내용을 살펴보면 도의 특성 관련해서는 도는 '큰(大)' 특성을 지니는데 너무 큰 나머지 모자라 보이기도 하지만 우리가 쓰기에는 충분할 만큼 큰 것들이며 이 큼들의 청정(淸靜)이야말로 천하의 질서를 잡아준다(大成若

缺, 其用不敝/45장)고 언급한다. 성인에게는 무위하면 결국 무소불위할 것이라는 가르침을 준다.(無爲而無不爲/48장) 보좌진에게는 말과 행동을 조심할 것이며(閉其門, 塞其兌, 終身不救/52장) 스스로 행할 수 있는 일에 대해서만 근근이 행할 것을 당부하고 있다.(僅能行於其中/41장)

아래에서는 곽점본의 죽간 순서대로 그 내용을 구체적으로 고석하고 풀이해보도록 하겠다.

본서	곽점본	통행본	논의주체	키워드
2.1	을1-3	59	[왕 혹은 보좌진]	嗇, 長久
2.2	을3-4	48	[왕]	無爲
2.3	을4-5	20	[왕]	[正反], 絶學無憂
2.4	을5-8	13	[왕]	寵辱若驚
2.5	을9-12	41	도, 보좌진	僅行, [正反]
2.6	을13	52	[보좌진]	閉其門, 塞其兌
2.7	을13-15	45	[도]	[正反], 清靜
2.8	을15-18	54	身, 家, 鄉, 邦, 天下	善建者不拔, 以鄉觀鄉

[표] 곽점본 「노자」 각 장절의 주요 논의주체와 주요 내용
※ 상기 표의 논의주체 항목에서 [ ]는 은성(隱性) 주어를 나타냄

2.1 통행본 59장

[원문] 治人事天, 莫若嗇. 夫唯嗇, 是以早服, 是謂[重積德. 重積德則][을1][無]不克, 無不克, 則莫知其恆, 莫知其恆, 可以有國. 有國之母, 可以長[久. 是謂深根固柢][을2], 長生久視之道也.[을3]

[해석] 사람들을 다스리고 하늘을 섬기려면 아끼는 것(전부 다 쓰지 않는 것) 만한 것이 없다. 무릇 다 쓰지 않기 때문에 예비할 수 있다. 이를 일러 '쌓아둔다(重積德)'라 한다. 쌓아두면 하지 못하는 일이 없다. 하지 못하는 일이 없으니 그 끝을 알 필요가 없다. 그 끝을 알 필요가 없으니 국가를 존치시킬 수 있다. 국가의 어머니(근본)가 있으니 오래 지속될 수 있다. 이를 뿌리가 견고한 장생구시(長生久視)의 도라고 부른다.

[논의주체] 왕 혹은 보좌진

[전체주지] 지닌 것을 전부 다 사용하지 않고 아껴두면 미리 준비할 수 있고 그러면 성과물을 많이 낼 수 있고 만사형통하게 된다. 이렇게 국가는 존치된다. 이것이 바로 오래 존속하는 장생구시(長生久視)의 이치이다.

[구문별 고석]

治人事天, 莫若嗇. 夫唯嗇, 是以早服, 是謂[重積德].
사람들을 다스리고 하늘을 섬기려면 아끼는 것(전부 다 쓰지 않는 것) 만한 것이 없다. 무릇 다 쓰지 않기 때문에 예비할 수 있다. 이를 일러 '쌓아둔다(重積德)'라 한다.

> 곽점본: 紿人事天, 莫若嗇. 夫唯嗇, 是以杲, 是以杲備是胃□□□.
> 백서갑: □□□□□. □□□, □□□□. □□□□□□.
> 백서을: 治人事天莫若嗇. 夫唯嗇, 是以蚤服. 蚤服是胃重積□.
> 북대본: 治人事天, 莫如嗇. 夫唯嗇, 是以蚤服. 蚤服是謂重積德,
> 하상공: 治人事天莫若嗇. 夫唯嗇是謂早服. 早服謂之重積德.
> 왕필본: 治人事天莫若嗇. 夫唯嗇是謂早服. 早服謂之重積德.
> 돈황본: 治人事天莫若式. 夫唯式是以早伏. 早伏謂之重積德.
> 『韓非子·解老』: 治人事天莫如嗇. 夫謂嗇, 是以蚤服. 蚤服, 是謂重積德.

1) 紿: 治의 통가자. 다른 판본에는 모두 治자로 적혀 있다. (1) 治의 통가자. '다스리다'의 뜻.(『郭店楚墓竹簡』, 廖名春2003) (2) 給자 그대로. '주다'의 뜻.(尹振環1999)

2) 嗇: 嗇자 그대로. '아끼다'의 뜻. 다른 판본에는 모두 嗇자로, 돈황본에는 式자로 적혀 있다. (1) 式의 통가자.(武内義雄[1], 朱謙之1984) 朱謙之는 '法式'의 의미로, 또한 법식이라는 개념은 천문적인 현상을 관찰한 것으로부터 온 것이라 주장하였다. (2) 嗇자 그대로.(劉師培1997, 蔣錫昌1988, 古棣·周英1991, 魏啟鵬1999) 嗇자의 의미에 대해 劉師培는 "『解老』의 해석에 따르면 嗇는 '省嗇'이다. 『解老』에 따르면 『노자』에서 언급한 治人이라는 것은 동적이고 정적인 절기에 맞추어 한다면 생각하는 수고로움을 덜 수 있다는 말이다. 事天이라는 것은 총명의 힘을 다하지 않고 지식을 다 쓰지 않는 것이다. 만일 최선을 다해 다 사용한다면 정신적인 소모가 많아지고, 정신적인 소모가 많아지면 눈이 멀고 귀가 먹으며 어지러워지고 사나워지는 등의 화가 나한테 미칠 것이므로 이를 아껴야 한다. 아낀다는 것은 그 정신을 아끼고 그 지식을 아낀다는 것이다. 그러므로 '治人事天莫如嗇.'라 한 것이다."라 하였다. 蔣錫昌은 "嗇과 儉, 損 등은 글자는 다르나 의미는 비슷하다."라 하였고 高亨은 "嗇은 穡의 古文으로 '곡식을 거두다(收穀)'로 풀이된다. 朱駿聲의 『說文通訓定聲』에 따르면 嗇은 본래 저장하다는 의미인데 아끼다 혹은 사용하지 않는다는 의미로 확장되었다."라 하였으며 古棣·周英, 廖名春은 "嗇은 오곡(五穀)을 거두어들인다는 뜻으로 3가지 의미를 지니고 있다. 즉 수렴하다, 저장하다, 아끼다.(一收斂; 二收藏; 三愛惜.)"라 하였다. 魏啟鵬은 "嗇은 '아끼다'는 의미이다. 『大戴禮記·公符』: '嗇於時, 惠於財'라는 구문이 있다. 즉 周나라 사람들은 나라를 다스림에 있어 '때나 시기를 아까워하고 사용을 살핀다(惜時省用)'는 전통이 있다."라 하였다.

3) 杲: 早의 통가자. 『郭店楚墓竹簡』에서는 이 글자에 대해 日을 의부로, 棗가 생략된 글자를 성부로 하고 있으며 棗와 早는 동음이라고 하였다.

---

1) 廖名春(2003:534) 참조.

4) 備: 備자 그대로, 預(미리 준비한다)의 뜻. 돈황본에서 伏자로 적혀 있는 것을 제외하고 타 판본에서는 모두 服자로 적혀 있다. (1) 服의 통가자.(『郭店楚墓竹簡』, 李零1999, 朱謙之1984) 朱謙之는 '蚤服'는 '빨리 복종하면 덕을 많이 쌓을 수 있다'는 뜻이라 하였다. (2) 復의 통가자, '돌아오다'의 뜻.(蔣錫昌1988, 趙建偉1999) (3) 備자 그대로, 預(미리 준비한다)의 뜻.(丁原植1999, 尹振環1999, 魏啟鵬1999, 劉信芳1999a) 丁原植과 尹振環은 그 근거로『書·說命』: "有備無患",『莊子·天地』: "循于道之謂備."를 들었다. 劉信芳은 "'早備'는 일 처리를 하기 전에 준비를 해 놓는다는 뜻이다. 대략 농사일에는 종자를 남기는 것이 필요한데 이는 다음 해에 경작하기 위함이라는 뜻이며 양식을 저장하는 것이 필요한 이유는 기근을 예방하기 위함이라는 뜻이다."라 하였다. (4) 葡자로 고석, '도를 얻는다.'의 뜻.(池田知久1999) 池田知久는 "服은 用이라는 뜻이며 備는 愼의 뜻이다. 모두 문장의 의미에 부합하지 않는다.『설문해자』'葡, 具也.'라는 해석으로 보아 여기에서는 도를 얻는다(得道)의 의미이다."라 하였다.

5) 胃: 謂의 옛 글자. 곽점본에는 대부분 胃자로 적혀 있으며 謂와는 고금자 관계이다.

6) 是以早, 是以早服: 앞의 是以早는 필요없는 글자를 중복 서술한 연문(衍文)이다.

[重積德則無]不克, 無不克, 則莫知其恆, 莫知其恆, 可以有國.
쌓아두면 하지 못하는 일이 없다. 하지 못하는 일이 없으니 그 끝을 알 필요가 없다. 그 끝을 알 필요가 없으니 국가를 존치시킬 수 있다.

곽점본: □□□□不=克=, 則莫智丌死, 莫智丌死, 可以又邦.
백서갑: □□□□□□□, □□□□莫□□, □□□□, 可以有國.
백서을: 重積□□□□, □□□□莫知其□. 莫知其□, □□有國.
북대본: 重積德則無不克. 無不克則莫智其極. 莫智其極則可以有國.
하상공: 重積德則無不剋. 無不剋則莫知其極. 莫知其極可以有國.
왕필본: 重積德則無不克. 無不克則莫知其極. 莫知其極可以有國.
돈황본: 重積德則无不克. 無不克莫知其極. 能知其極可以有國.
『韓非子·解老』: 重積德, 則無不克. 無不克, 則莫知其極. 莫知其極, 則可以有國.

---

1) 克: 克자 그대로, '能'의 의미. 이 글자는 하상공본에서 剋자로 적혀 있는 것을 제외하고 타 판본에서는 모두 克으로 적혀 있다. (1) 克으로 고석, '勝'으로 풀이. 가령 蔣錫昌(1988)은 "河上은 '克, 勝也.'라 주하였다. 이 말은 덕이 쌓여갈수록 勝하게 되고 勝하면 그 도달함을 알지 못한다는 뜻이다."라 하였고 朱謙之(1984)는 "克과 剋은 통

한다. 克은 勝의 뜻이고 剋은 能의 뜻이다."라 하였다. (2) 克으로 고석, '能'으로 풀이. 본서에서는 '能'으로 풀이해야 한다고 판단한다.『설문해자』에 이 글자는 '肩也.'라 풀이되어 있다. 이에 대해 徐鍇는 "肩, 任也. 任者, 又負荷之名也. 能勝此物謂之克也."라 하는 등 '勝'과 관련된 의미로 풀이하고 있다.『玉篇』에서도 '勝也.'로 풀이하고 있다. 그러나『爾雅·釋言』에서는 克을 '能也.'라 풀이한다. 실제로 출토문헌에서 克은 '能'으로 풀이되는 경우가 많다.

2) 智: 知와 통용. 곽점본에서는 知자가 전부 智자로 적혀 있다.

3) 丌: 其의 이체자. 其는 箕(키 기)의 초기 자형이다. 箕는 원래 상형자인 🤝 형태로 사용되다가 후대에 성부 丌가 추가되어 其자로 변천하였다. 그러나 其자가 '그'라는 의미의 허사로 가차되어 다량 사용되면서 '키'를 나타내는 箕자가 후대에 별도로 만들어진다. 초 문자에서는 其의 성부인 丌나 장식을 더한 丌 자형으로 사용되는 경우가 많은데 모두 其를 나타낸다. 본서에서는 丌와 丌 자형을 丌자로 통일해서 적겠다.

4) 死: 恒의 고문. '極'의 의미. 이 글자는 다른 판본에는 모두 極자로 적혀 있다. (1) 恒의 고문.(劉信芳1999a, 魏啟鵬1999) 劉信芳은『설문해자』: "椢, 竟也. 恒, 古文椢."을 예로 들어 "莫知其恒은 그 경계를 모른다는 뜻이다."라 하였다. 魏啟鵬도 "恒은 椢자로 읽힌다.『설문해자』의 椢에 대해 徐鍇는 '竟者, 竟極之也.'라 하였다. 즉 恒은 원래 극(極, 終極)의 의미가 있다."라 하였다. 이 글자는『설문해자』에 따르면 恒자의 고문이다. (2) 亟의 오자, 極과 통용.(『郭店楚墓竹簡』彭浩2001)

5) 又: 有의 통가자. 곽점본에서는 又 자형이 有와 통용되는 경우가 많다. 타 판본에는 모두 有자로 적혀 있다.

6) 邦: 國과 통용. (1) 國과 통용.(『郭店楚墓竹簡』, 彭浩2001, 廖名春2003) 廖名春은 '도읍'의 뜻이라 하였다. (2) 城의 옛 글자.(崔仁義1998) 崔仁義는 "『玉篇』에서는 고대 城자라 언급한다."라 하였다. (3) 域으로 고석.(劉信芳1999a)

有國之母, 可以長[久. 是謂深根固柢], 長生久視之道也.
국가의 어머니(근본)가 있으니 오래 지속될 수 있다. 이를 뿌리가 견고한 장생구시(長生久視)의 도라고 부른다.

곽점본: 又邦之母, 可以長□. □□□□□, 長生舊視之道也.
백서갑: 有國之母, 可以長久. 是胃深槿根固氐, □□□□道也.
백서을: 有國之母, 可□□□. 是胃□根固氐, 長生久視之道也.
북대본: 有國之母可以長久矣. 是謂深根固抵〈柢〉, 長生久視之道也.
하상공: 有國之母可以長久. 是謂深根固蔕, 長生久視之道.
왕필본: 有國之母可以長久. 是謂深根固柢, 長生久視之道.

돈황본: 有國之母可以長久, 是以深根固蔕, 長生久視之道.
『韓非子·解老』: 有國之母, 可以長久. 深其根, 固其柢, 長生久視之道也.

1) 又: 有의 통가자. 해설은 상동.
2) 邦: 國과 통용. 해설은 상동.
3) 舊: 久의 통가자.

2.2 통행본 48장

[원문] 學者日益, 爲道者日損. 損之或損, 以至無爲[을3]也. 無爲而無不爲.[을4]

[해석] 배우는 자는 (가진 것이) 나날이 더해질 것이며, 도를 행하는 자는 (가진 것이) 나날이 적어질 것이다. 적어지고 또 적어짐으로써 무위에 이르게 된다. 무위하면 결국 무소불위하게 된다.

[논의주체] 왕

[전체주지] 인위적인 배움이 아니라 도를 좇아 살면 결국 무위에 도달하고 그러면 무소불위의 상태에 이른다.

[구문별 고석]

學者日益, 爲道者日損. 損之或損, 以至無爲也, 無爲而無不爲. 배우는 자는 (가진 것이) 나날이 더해질 것이며, 도를 행하는 자는 (가진 것이) 나날이 적어질 것이다. 적어지고 또 적어짐으로써 무위에 이르게 된다. 무위하면 결국 무소불위하게 된다.
곽점본: 學者日益, 爲道者日員. 員之或員, 以至亡爲也, 亡爲而亡不爲.
백서갑: □□□□, □□□□, □□□□, □□□□□, □□□□□□.
백서을: 爲學者日益, 聞道者日云, 云之有云, 以至於无□, □□□□□□.
북대본: 爲學者日益, 爲道者日損. [損]之有損之, 至於無[爲. 無爲而無不爲.]
하상공: 爲學日益. 爲道日損. 損之又損. 以至於無爲. 無爲而無不爲.
왕필본: 爲學日益. 爲道日損. 損之又損. 以至於無爲. 無爲而無不爲.
돈황본: 爲學日益. 爲道日損. 損之又損之. 以至於无爲. 无爲无爲无不爲.

1) 員: 損의 통가자.(『郭店楚墓竹簡』, 廖名春2003) 廖名春에 따르면 이 員과 損은 성부를 공유하기에 통용 가능하다.

2) 或: 王力의 『고한어자전(古漢語字典)』에 따르면 或은 부사로 又의 의미를 지니는데 이러한 의미는 『시경』 용례에서부터 찾아볼 수 있다. 곽점본 『노자』에서도 或이 又의 의미로 사용되기도 한다.

3) 亡: 無와 통용. 백서을과 돈황본에는 无로, 그 외의 판본에는 모두 無로 적혀 있다. 곽점본에는 無의 동사와 부정부사 용법이 亡과 無 두 자형으로 적혀 있는데, 곽점갑과 곽점을에서는 亡이, 곽점병에서는 無가 상용된다. 徐丹(2005)에 따르면 곽점본 『노자』에서는 '無'의 의미를 나타내는 경우 거의 대부분 亡자를 사용하였다.(단 1회만 無자를 사용) 그녀는 亡의 이러한 '無'를 나타내는 용법은 전국 후기가 되면 간체 형태인 无자가 대체하고 그 이후 시기에 다시 번체 형태인 無가 이를 대체하게 되는데 그 이후 亡은 '無'의 의미가 아니라 '상실하다'의 전용자로 사용되게 된다고 하였다.

2.3 통행본 20장

[원문] 絕學無憂, 唯與呵, 相去幾何? 美與惡, 相去何若? [을4]人之所
畏, 亦不可以不畏■人.[을5]

[해석] 배움을 끊으면 근심이 없어진다. 정중하게 대답하는 말과 꾸짖는 말이 과연 얼마나 차이가 있는가? 아름다움과 추함이 과연 얼마나 차이가 있는가? 사람들이 경외하는 자는 그 또한 사람들을 경외하지 않을 수 없다.

[논의주체] 왕

[전체주지] 모든 일은 상대적이다. 논증도 이쪽에서 보면 찬성이지만 저쪽에서 보면 반대이고, 아름다움도 이쪽에서 보면 아름답지만 저쪽에서 보면 추함일 수 있다. 경외한다는 것도 백성이 성인을 경외하는 것만은 아니며 성인도 백성을 경외하지 않을 수 없다. 그래서 배움을 끊으면 근심이 없다.

[구문별 고석]

絕學無憂. 唯與呵, 相去幾何? 美與惡, 相去何若?
배움을 끊으면 근심이 없어진다. 정중하게 대답하는 말과 꾸짖는 말이 과연 얼마나 차이가 있는가? 아름다움과 추함이 과연 얼마나 차이가 있는가?

곽점본: 絕學亡惪. 唯與可, 相去幾可? 㠯與亞, 相去可若?
백서갑: □□□□. 唯與訶, 其相去幾何? 美與惡, 其相去何若?
백서을: 絕學无憂. 唯與呵, 其相去幾何? 美與亞, 其相去何若?
북대본: 絕學無憂. 唯與何, 其相去幾何? 美與惡, 其相去何若?
하상공: 絕學無憂. 唯之與阿, 相去幾何? 善之與惡, 相去何若?
왕필본: 絕學無憂. 唯之與阿, 相去幾何? 善之與惡, 相去若何?
돈황본: 絕學无憂. 唯之與何, 相去幾何? 美之與惡, 相去何若?

1) 蠿: 絶의 고문.『설문해자』'絶'자의 古文은 蠿로 적혀 있다.『설문해자』'繼'자의 풀이에 따르면 蠿와 𢇍는 이체 관계이다.

2) 亡: 無와 통용. 백서을과 돈황본에는 无로, 그 외의 판본에는 모두 無로 적혀 있다. 곽점본에는 無의 동사와 부정부사 용법에 亡과 無 두 자형으로 적혀 있는데, 곽점 갑과 곽점을에서는 亡이, 곽점병에서는 無가 상용된다. 徐丹(2005)에 따르면 곽점본 『노자』에서는 '無'의 의미를 나타내는 경우 거의 대부분 亡자를 사용하였다.(단 1회만 無자를 사용) 그녀는 亡의 이러한 '無'를 나타내는 용법은 전국 후기가 되면 간체 형태인 无자가 대체하고 그 이후 시기에 다시 번체 형태인 無가 이를 대체하게 되는데 그 이후 亡은 '無'의 의미가 아니라 '상실하다'의 전용자로 사용되게 된다고 하였다.

3) 惪: 憂의 이체자. (1) 憂의 이체자.(『郭店楚墓竹簡』) (2) 擾의 통가자.(趙建偉 1999) 趙建偉는 "憂은『文子·上德』의 '心擾則百節皆亂'의 擾자로 읽어야 한다. '無擾'는 52장에 나오는 '不勤'을 의미한다."라 하였다.

4) 可: 呵의 통가자. '꾸짖다'의 뜻. 곽점본에서 可는 可, 何, 呵 등으로 읽힌다. 이 글자는 백서갑에서는 訶자로, 백서을에서는 呵자로, 왕필본에서는 阿자로 적혀 있다. (1) 呵의 통가자.(『郭店楚墓竹簡』) (2) 訶의 통가자.(劉師培1997, 鄭良樹1997, 高明 1996) 劉師培는 "訶,『설문해자』'大言而怒也.' 呵는 訶의 속자이다. 顔師古는 '唯之與阿'라 하였는데 이는 '찬성하고 반대하고'의 의미이다."라 하였다. 鄭良樹는 "劉師培가 阿를 訶로 본 것, 訶와 唯를 상반된 의미로 본 것, 모두 정확하다."라 하였다.

5) 可: 何의 통가자. 곽점본에서 可는 可, 何, 呵 등으로 읽힌다.

6) 歮: 美의 고문.『汗簡』에 따르면『尙書』에 美자가 嫐 자형으로 적혀 있다. 곽점본에는 嫐의 생략된 자형인 㪚, 歮, 혹은 㪚 등의 자형이 출현하는데 모두 美자로 읽힌다.(『郭店楚墓竹簡』)『汗簡』은 고문 자형을 수록한 서적이므로 㪚는 美의 고문이다.

7) 何若: 若何의 도치. 蔣錫昌(1988)은 "이 구문에서는 阿, 何, 惡, 若은 압운 관계에 있다. 제 판본에서 若何를 何若라 적고 있는 것 역시 같은 이치이다."라 하였다.

8) 絶學無憂: '絶學無憂'의 위치에 대해 (1) 바로 위 장절인 '絶聖棄智'의 앞에 놓여야 한다고 보는 견해.(易順鼎, 馬敍倫, 蔣錫昌, 高亨, 趙建偉) (2) 이 장에 속한다고 여기는 견해(許抗生)가 있다. 許抗生은 다음과 같이 말했다. "어째서 사람들은 찬성과 반대(혹은 옳음과 그름), 아름다움과 추악함의 구분에 대해서 논쟁하는가? 이러한 것들은 모두 배움이 깊어갈수록 수반되는 고민들이다. 그래서 이러한 배움을 단절시키고 문명이 아직 시작되지 않은 사회로 사람들이 시비와 아름다움/추함이 없는 시대로 돌아가야지만 분쟁이나 우환이 없게 될 것이다. 그러므로 이 장의 시작은 '絶學無憂'라는 네 글자로 시작하여 이 장의 기본적인 사상을 함축한 것으로 보아야 한다."

> 人之所禔, 亦不可以不禔人.
> 사람들이 경외하는 자는 그 또한 사람들을 경외하지 않을 수 없다.

곽점본: 人之所禔, 亦不可以不禔人.
백서갑: 人之□□, 亦不□□□□□.
백서을: 人之所畏, 亦不可以不畏人.
북대본: 人之所畏, 不可以不畏人.
하상공: 人之所畏, 不可不畏.
왕필본: 人之所畏, 不可不畏.
돈황본: 人之所畏, 不可不畏.

1) 禔: 畏의 분화자. 곽점본에는 畏를 표현하는 자형이 두 가지 사용되는데 하나는 禔이고 다른 하나는 愄이다. 愄는 심리적인 두려움을, 禔는 경외심을 각각 나타낸다.

2) 不畏人 vs 不畏: 곽점본에서는 '不畏' 다음에 표점부호가 있다. 이 때문에 구두점에 대한 두 가지 상반된 견해가 존재한다. (1) 不畏: 人을 필요없는 글자가 잘못 추가된 연문(衍文)으로 보고 혹자는 人을 다음 구문에 속하는 글자로 보는 경우.(古棣·周英 1991) 古棣·周英는 "不畏가 맞다. '人之所畏'는 왕으로 볼 수 없으며 '사람들이 두려워하는 일'로 봐야 한다. 만일 왕을 표현하고 싶다면 고대중국어 통사규칙에 따라 '為人之所畏者'라 적었어야 한다."라 하였다. (2) 不畏人: 人을 앞 구문에 속하는 글자로 보는 경우.(張舜徽1982, 許抗生1999) 張舜徽는 "不畏人이 맞다. 이 말은 왕이 백성의 두려움이라는 뜻으로 왕 역시 백성을 두려워하지 않을 수 없다는 뜻이다."라 하였다. 許抗生은 "'不畏人'이 맞다. 이 장은 상대론(相對論)를 이야기하고 있다. 즉 '긍정과 부정, 아름다움과 추함, 두려움과 두렵지 않음'. 人之所畏는 위에 있는 통치자를 말하며 위에 있는 통치자 역시 남을 두려워하지 않을 수 없다는 의미이므로 서로 두려워 한다는 뜻이다."라 하였다. 劉殿爵(1982)은 이 두 구문의 의미에 대해 다음과 같이 풀이했다. "통행본의 의미(주: 不畏)는 '다른 사람이 두려워하는 것은 자신도 두려워하지 않을 수 없다.'이고 백서본의 의미(주: 不畏人)는 '사람들로 하여금 두려움을 느끼게 하는 사람(즉 왕) 역시 타인을 두려워하는 사람일 것이다.'이다. 상기 두 구문의 의미는 완전히 다르다. 전자는 일반적인 도리를 이야기하고 있고 후자는 왕에게 치술의 도리를 얘기하고 있다." 본서에서도 앞 문맥에서 唯와 呵, 美와 惡를 대비해서 이야기하고 있으므로 이 구문도 왕과 백성을 대비해서 이야기한다고 본다. 즉 不畏人이 옳다고 본다.

2.4 통행본 13장

[원문] 寵辱若驚. 貴大患若身. 何謂寵[을5]辱? 寵爲下也. 得之若驚, 失之若驚, 是謂寵辱若驚. [何謂貴大患][을6]若身? 吾所以有大患者, 爲吾有身. 及吾亡身, 有何[患]? [故貴爲身於][을7]爲天下, 若可以託天下矣. 愛以身爲天下, 若可以寄天下矣. ■[을8]

[해석] 모욕을 깜짝 놀란 것처럼 귀히 여기고, 큰 우환을 자기 몸처럼 귀하게 여긴다. '모욕을 귀히 여긴다'는 것은 무엇인가? '낮게 여겨짐(멸시)'를 귀히 여긴다는 것이다. 낮게 여겨져도 깜짝 놀란 것처럼 하고, 낮게 여겨지지 않아도 깜짝 놀란 것처럼 하는 것을 '모욕을 깜짝 놀란 것처럼 귀히 여긴다.'고 이른다. '큰 우환을 자기 몸처럼 귀하게 여긴다.'는 것은 무슨 말인가? 내가 큰 우환이 있는 이유는 내 몸이 있기 때문이다. 내 몸이 없어짐에 이른다면 무슨 우환이 있겠는가? 그러므로 천하를 위해 무언가를 할 때 내 몸을 위하듯 귀하게 여기면 (그 사람에게) 천하를 맡길 수 있을 것이다. 내 몸을 사랑하는 마음으로 천하를 위한다면 (그 사람에게) 천하를 위탁할 수 있을 것이다.

[논의주체] 왕

[전체주지] '나한테 모욕과 우환이 미치는 것을 두려워하는 마음으로 천하를 위하는 자'는 천하를 다스릴 수 있다.

[구문별 고석]

寵辱若驚. 貴大患若身.
모욕을 깜짝 놀란 것처럼 귀히 여기고, 큰 우환을 자기 몸처럼 귀하게 여긴다.

곽점본: 態辱若纓. 貴大患若身.
백서갑: 龍辱若驚, 貴大梡若身.
백서을: 弄辱若驚, 貴大患若身.
북대본: 寵辱若[驚], 貴大患若身.
하상공: 寵辱若驚, 貴大患若身.
왕필본: 寵辱若驚, 貴大患若身.
돈황본: 寵辱若驚, 貴大患若身.

1) 態: 寵의 통가자. '높이다', '총애하다'의 뜻. 백서을에서만 弄자로 적혀 있고 타 판본에서는 모두 寵자로 적혀 있다. (1) 寵의 통가자.(『郭店楚墓竹簡』, 廖名春2003) (2) 降의 통가자.(劉信芳1999a)

2) 纓: 驚의 통가자. 다른 판본에서는 대부분 驚라 적고 있다. (1) 驚의 통가자.(『郭店楚墓竹簡』, 趙建偉1999) 趙建偉는 "纓과 驚은 소리와 뜻이 통한다. 『詩·伐木』'鳥鳴嚶嚶'에 대해 毛傳에서는 '嚶嚶, 驚懼也.'라 하였다."라 하였다. (2) 攖의 통가자. '어지럽고 요란하고 혼란스럽다'는 뜻.(魏啓鵬1999)

3) 貴: 貴자 그대로. '귀하다'의 뜻. (1) 貴자 그대로.(廖名春2003) (2) 遺의 통가자. '주다', '더하다'는 뜻.(魏啓鵬1999)『莊子·天下』: "道則無遺者矣."『釋文』: "遺本又作貴." (3) 畏의 오자.(鄭良樹1997)

4) 寵辱若驚. 貴大患若身.: 이 구문은 대비문으로 문장 구조를 동일하게 봐야 한다. 즉 'VO若N' 구조가 병렬된 구문으로 '寵辱'은 '貴大患'처럼 술목구조이다. '貴大患'의 貴는 형용사로 '귀히 여기다'라는 의미로 풀이되고 있기에 '寵'도 형용사로 '이쁘게 여기다'로 봐야 한다. 이 때문에 필자는 態을 寵으로 봐야 한다고 본다. 즉 상기 구문은 '모욕을 깜짝 놀란 것처럼 귀히 여기고, 큰 우환을 자기 몸처럼 귀하게 여긴다.'는 뜻으로 모욕과 우환을 크게 여기는 것을 경고하고 있다.

何謂寵辱? 寵爲下也. 得之若驚, 失之若驚, 是謂寵辱若驚.
'모욕을 귀히 여긴다'는 것은 무엇인가? '낮게 여겨짐(멸시)'을 귀히 여긴다는 것이다. '낮게 여겨짐'을 당해도 깜짝 놀란 것처럼 하고, '낮게 여겨짐'을 당하지 않아도 깜짝 놀란 것처럼 하는 것을 '모욕을 깜짝 놀란 것처럼 귀히 여긴다.'고 이른다.

곽점본: 可胃態辱? 態爲下也. 旻之若纓, 遊之若纓, 是胃態辱—纓.
백서갑: 苛胃龍辱若驚? 龍之為下, 得之若驚, 失□若驚, 是胃龍辱若驚.

백서을:	何胃弄辱若驚? 弄之爲下也, 得之若驚, 失之若驚, 是胃弄辱若驚.
북대본:	何謂寵辱? 寵爲下, 是謂寵辱, 得之若㦸, 失之若㦸, 是謂寵辱若㦸.
하상공:	何謂寵辱? 辱爲下. 得之若驚, 失之若驚, 是謂寵辱若驚.
왕필본:	何謂寵辱若驚? 寵爲下. 得之若驚, 失之若驚, 是謂寵辱若驚.
돈황본:	何謂寵辱? 辱爲下. 得之若驚, 失之若驚, 是謂寵辱若驚.

1) 可: 何의 통가자. 곽점본에서 可는 可, 何, 呵 등으로 읽힌다.

2) 胃: 謂의 옛 글자. 곽점본에는 대부분 胃자로 적혀 있으며 謂와는 고금자 관계이다.

3) 䭔: 寵의 통가자. 해설은 상동.

4) 纓: 驚의 통가자. 해설은 상동.

5) 㝵: 得의 고문. 『설문해자』에 따르면 得은 고문에서 彳을 생략해 㝵(㝵)자로 쓰인다. 㝵은 㝵의 오자이다. 㝵은 寸과 見을 따르는 글자로 寸과 又는 둘 다 손과 관련된 부수이고 見은 貝의 오자이다.

6) 遊: 失의 통가자. 고문자학자인 趙平安(2000)이 이 글자를 失로 고석한 이후 고문자학계에서 광범위하게 받아들여지고 있다. 彭浩 역시 遊는 失의 통가자라 하였다.

[何謂貴大患]若身? 吾所以有大患者, 爲吾有身. 及吾亡身, 有何[患]?
'큰 우환을 자기 몸처럼 귀하게 여긴다.'는 것은 무슨 말인가? 내가 큰 우환이 있는 이유는 내 몸이 있기 때문이다. 내 몸이 없어짐에 이른다면 무슨 우환이 있겠는가?

곽점본:	□□□□□若身? 𠭁所以又大患者, 爲𠭁又身.
백서갑:	何胃貴大梡若身? 吾所以有大梡者, 爲吾有身也.
백서을:	何胃貴大患若身? 吾所以有大患者, 爲吾有身也.
북대본:	何謂貴大患若身? 吾所以有大患者, 爲吾有身;
하상공:	何謂貴大患若身? 吾所以有大患者, 爲吾有身,
왕필본:	何謂貴大患若身? 吾所以有大患者, 爲吾有身,
돈황본:	何謂貴大患若身? 吾所以有大患, 爲我有身,

곽점본:	返𠭁亡身, 或可□?
백서갑:	及吾无身, 有何梡?
백서을:	及吾無身, 有何患?
북대본:	及吾無身, 吾有何患?
하상공:	及吾無身, 吾有何患?
왕필본:	及吾無身, 吾有何患?
돈황본:	及我无身, 吾有何患?

1) 𠭁: 吾의 통가자. 이 자형은 虍와 壬 자형을 따른다. 출토문헌 자형 중 壬(임)자와

壬(정)자는 구분되어야 한다. 두 번째 자형은 사람이 땅 위에 서 있는 옆모습을 본 뜬 글자이다. 廖名春(2003)은 𡈼가 형성 방식을 따른 글자로 虍는 吾의 소리를 따르고 壬는 의미를 따르고 있다고 주장하였는데 설득력 있는 견해이다.

  2) 又: 有의 통가자. 곽점본에서는 又 자형이 有와 통용되는 경우가 많다. 타 판본에는 모두 有자로 적혀 있다.

  3) 迖: 及의 이체자. 彳부나 辶부는 동작과 관련되어 있는 의부(意符)이므로 여기에서는 '미치는 동작'을 나타낸다 할 수 있다.

  4) 亡: 無와 통용. 백서을과 돈황본에는 无로, 그 외의 판본에는 모두 無로 적혀 있다. 곽점본에는 無의 동사와 부정부사 용법이 亡과 無 두 자형으로 적혀 있는데, 곽점갑과 곽점을에서는 亡이, 곽점병에서는 無가 상용된다. 徐丹(2005)에 따르면 곽점본 『노자』에서는 '無'의 의미를 나타내는 경우 거의 대부분 亡자를 사용하였다.(단 1회만 無자를 사용) 그녀는 亡의 이러한 '無'를 나타내는 용법은 전국 후기가 되면 간체 형태인 无자가 대체하고 그 이후 시기에 다시 번체 형태인 無가 이를 대체하게 되는데 그 이후 亡은 '無'의 의미가 아니라 '상실하다'의 전용자로 사용되게 된다고 하였다.

  5) 可: 何의 통가자. 곽점본에서 可는 可, 何, 呵 등으로 읽힌다.

[故貴爲身於]爲天下, 若可以託天下矣. 愛以身爲天下, 若可以寄天下矣. 그러므로 천하를 위해 무언가를 할 때 내 몸을 위하듯 귀하게 여기면 (그 사람에게) 천하를 맡길 수 있을 것이다. 내 몸을 사랑하는 마음으로 천하를 위한다면 (그 사람에게) 천하를 위탁할 수 있을 것이다.

곽점본:	□□□□□爲天下, 若可以㐌天下矣.
백서갑:	故貴爲身於爲天下, 若可以迡天下矣;
백서을:	故貴爲身於爲天下, 若可以槖天下□;
북대본:	故貴以身爲天下, 若可以槖天下.
하상공:	故貴以身爲天下者, 則可寄於天下.
왕필본:	故貴以身爲天下者, 若可寄天下.
돈황본:	故貴以身於天下, 若可託天下.
『莊子·在宥』:	貴以身於爲天下, 則可以托天下矣.
『淮南子·道應訓』:	貴以身爲天下, 焉可以托天下矣.

곽점본:	愛以身爲天下, 若可以迖天下矣. ■
백서갑:	愛以身爲天下, 女何以寄天下.
백서을:	愛以身爲天下, 女可以寄天下矣.
북대본:	愛以身爲天下, 若可以寄天下.
하상공:	愛以身爲天下者, 乃可以託於天下.

> 왕필본: 愛以身爲天下, 若可託天下.
> 돈황본: 愛以身爲天下, 若可寄天下.
> 『莊子·在宥』: 愛以身爲天下, 則可以寄天下.
> 『淮南子·道應訓』: 愛以身爲天下, 焉可以寄天下矣.

1) 若: 若자 그대로. '乃'의 뜻. 王引之『經傳釋詞』에 따르면 "『小爾雅』'若, 乃也', '若, 猶則也'."라는 해석이 있다.

2) 凥: 託의 통가자. '寄'의 의미. 백서갑에서는 迱자로, 백서을과 북대본에서는 橐자로, 하상공본과 왕필본에서는 寄자로, 돈황본에서는 託자로 적혀 있다. (1) 託의 통가자.(『郭店楚墓竹簡』) (2) 宅로 고석, '託'의 의미.(丁原植1999)『설문해자』: "宅, 所託也." (3) 托로 고석.(李零1999) (4) 凥는 庀의 오자, 즉 庇과 같으며 의미는 천하에 그 몸을 숨길 수 있다는 의미이다.(趙建偉1999)

3) 迱: 寄의 통가자. 백서본과 북대본, 돈황본에는 寄자가, 하상공본과 왕필본에는 託자가 적혀 있다. (1) 寄의 통가자.(李零1999, 崔仁義1998) (2) 弆의 통가자. '간직하다'의 의미.(魏啟鵬1999) '숨기다(藏)'의 의미로 천하에 그 몸을 숨긴다는 의미이다.『莊子·達生』의 "聖人藏於天故莫之能傷",『文子·上德』"聖人內藏"은 모두 이런 의미이다.(趙建偉1999) (4) 去자 자체에 藏의 의미를 지님.(廖名春2003)

2.5 통행본 41장

[원문] 上士聞道, 僅能行於其中. 中士聞道, 若聞若忘. 下士聞道, 大笑之. 弗大[을9]笑不足以爲道矣. 是以建言有之: 明道如曹, 夷道[若纇, 進][을10]道若退. 上德如谷, 大白如辱, 廣德如不足, 建德如[偸, 質]貞如渝. 大方無隅[을11], 大器免成, 大音希聲, 天象無形, 道……[을12]

[해석] 유능한 사(士)는 도를 들으면 그 중에서 행할 수 있는 것을 근근이 행하고, 평범한 사(士)는 도를 들으면 들은 듯 안들은 듯하고, 유능하지 않은 사(士)는 도를 들으면 이를 크게 비웃는다. 크게 비웃지 않으면 도라고 여김에 부족하다고 생각한다. 그래서 예전에 다음과 같은 말이 있었다. "밝은 도는 어두운 듯하고, 평탄한 도는 울퉁불퉁한 듯하고, 나아가는 도는 물러나는 듯하다. 위(上德)는 계곡 아래와 유사하고, 아주 희다는 것(大白)은 더러운 것과 유사하며, 넓음(廣德)은 부족한 것과 비슷하고, 확실함(建德) 은 나태한 것과 비슷하고, 순박한 것은 쉽게 변하는 것과 같다. 큰 사각은 모서리가 없고, 큰 그릇은 이뤄지기를 면하며, 큰 운율은 소리가 희박하고, 큰 형상은 형체가 없다. 도는……"

[논의주체] 도, 보좌진

[전체주지] 도의 특성을 논한다. 그리고 유능한 보좌진은 도를 듣고는 행할 수 있는 일만 근근이 수행한다고 서술한다.

[구문별 고석]

上士聞道, 僅能行於其中. 中士聞道, 若聞若忘. 下士聞道, 大笑之.
유능한 사는 도를 들으면 그 중에서 행할 수 있는 것을 근근이 행하고, 평범한 사는 도를 들으면 들은 듯 안들은 듯하고, 유능하지 않은 사는 도를 들으면 이를 크게 비웃는다.

곽점본: 上士昏道, 堇能行於丌中. 中士昏道, 若昏若亡. 下士昏道, 大芺之.
백서갑: □□□□, □□□□. □□□□, □□□□. □□□□, □□□.
백서을: 上□□道, 堇能行之. 中士聞道, 若存若亡. 下士聞道, 大笑之.
북대본: 上士聞道, 堇能行. 中士聞道, 若存若亡. 下士聞道, 大芺之.
하상공: 上士聞道, 勤而行之. 中士聞道, 若存若亡. 下士聞道大笑之.
왕필본: 上士聞道, 勤而行之. 中士聞道, 若存若亡. 下士聞道大笑之.
돈황본: 上士聞道, 懃能行. 中士聞道, 若存若亡. 下士聞道, 大笑之.

1) 士: 보좌진을 가리킨다. 上士는 우수한 보좌진, 中士는 일반 보좌진, 下士는 우수하지 않은 보좌진을 일컫는다.

2) 昏: 聞의 통가자. (1) 聞의 통가자.(『郭店楚墓竹簡』) (2) 存의 통가자.(廖名春2003)

3) 堇: 僅의 통가자. '겨우, 근근이'의 뜻. (1) 勤의 통가자.(『郭店楚墓竹簡』, 池田知久1999) (2) 僅의 통가자.(裘錫圭1998, 許抗生1999, 劉殿爵1982) 裘錫圭는 劉殿爵(1982)에서 堇자를 통행본에서의 勤으로 읽으면 안 되고 僅으로 읽어야 한다고 주장한 점을 들며 문맥의 어기로 보았을 때 劉殿爵의 주장대로 僅자로 읽어야 할 것 같다고 언급하였다. (3) 謹의 통가자. 『설문해자』: '謹, 愼也.'(劉信芳1999a) (4) 堇자 그대로.『管子·五行』의 注에는 '堇, 誠也'라는 해석이 있다. '堇行之'는 즉『禮記』의 '篤行之'이다.(趙建偉1999)

4) 丌: 其의 이체자. 其는 箕(키 기)의 초기 자형이다. 箕는 원래 상형자인  형태로 사용되다가 후대에 성부 丌가 추가되어 其자로 변천하였다. 그러나 其자가 '그'라는 의미의 허사로 가차되어 다량 사용되면서 '키'를 나타내는 箕자가 후대에 별도로 만들어진다. 초 문자에서는 其의 성부인 丌나 장식을 더한 亓 자형으로 사용되는 경우가 많은데 모두 其를 나타낸다. 본서에서는 丌와 亓 자형을 丌자로 통일해서 적겠다.

5) 亡: 忘의 통가자. (1) 忘의 통가자.(高亨, 高明) (2) 亡자 그대로.(廖名春2003)

6) 芺: 笑로 고석. 曾憲通(1993)에 따르면 이 두 자형은 선진양한 시기에 笑의 두 가지 필사법으로 공존한다.

弗大笑不足以爲道矣. 是以建言有之: 明道如曹, 夷道[若纇, 進]道若退. 크게 비웃지 않으면 도라고 여김에 족하지 않다고 생각한다. 그래서 예전에 다음과 같은 말이 있었다. "밝은 도는 어두운 듯 보이고, 평탄한 도는 울퉁불퉁한 듯하고, 나아가는 도는 물러나는 듯이 보인다.

곽점본:	弗大芙不足以爲道矣. 是以建言又之:
백서갑:	□□□□□□. □□□□□□:
백서을:	弗笑□□以為道. 是以建言有之曰:
북대본:	弗芙, 不足以為道. 是以建言有之曰:
하상공:	不笑不足以為道. 故建言有之:
왕필본:	不笑不足以為道. 故建言有之.
돈황본:	不笑不足以為道. 是以建言有之:

곽점본:	明道女孛, 遲道□□, □道若退.
백서갑:	□□□□, □□□□, □□□□.
백서을:	明道如費, 進道如退. 夷道如纇.
북대본:	明道如沫, 進道如退. 夷道如纇.
하상공:	明道若昧, 進道若退. 夷道若纇.
왕필본:	明道若昧, 進道若退. 夷道若纇.
돈황본:	明道若昧, 進道若退. 夷道若纇.

1) 芙: 笑로 고석. 해설은 상동.

2) 建言: '옛 말', '예전부터 전해져 내려오던 말'. 廖名春(2003)은 이 구문을 번역할 때 서명기호를 부가해『建言』이라 적고 있는데 建言은 서명이 아니므로 타당하지 않다.

3) 又: 有의 통가자. 곽점본에서는 又 자형이 有와 통용되는 경우가 많다. 타 판본에는 모두 有자로 적혀 있다.

4) 女: 如의 통가자. 女는 곽점본에서 汝, 如 등으로 읽힌다.

5) 孛: 曹의 통가자. '不明'의 뜻. 백서을에서는 費자로, 북대본에서는 沫자로, 하상공본 이후에서는 昧자로 적혀 있다. (1) 曹의 통가자,『郭店楚墓竹簡』『설문해자』에 따르면 曹는 '目不明'의 뜻을 지닌다. (2) 悖의 가차자, '혼란하다(混亂)'는 뜻.(丁原植 1999) (3) 昧의 통가자.(劉信芳1999a)

6) 遲: 遲로 고석(李家浩). 夷의 통가자.(『郭店楚墓竹簡』, 廖名春2003) 李家浩에서는 遲는『설문해자』遲자의 이체(或體)라 하였다. 廖名春은 遲과 夷는 고대에 통용되는 글자였는데『詩·小雅·私牡』: "周道倭遲."구문의 遲가『韓詩』에서는 夷로 사용되고 있고 金文의 遲 역시 夷로 읽히는 경우가 있다고 지적하였다.

> 上德如谷, 大白如辱, 廣德如不足, 建德如[偷, 質]貞如渝.
> 위(上德)는 계곡 아래와 유사하고, 아주 희다는 것(大白)은 더러운 것과 유사하며, 넓음(廣德)은 부족한 것과 비슷하고, 확실함(建德)은 나태한 것과 비슷하고, 순박한 것은 쉽게 변하는 것과 같다.

곽점본:	上悳女浴, 大白女辱, 坒悳女不足, 建悳女□, □貞女愉.
백서갑:	□□□□, □□□□, □□□□, □□□□□, □□□□.
백서을:	上德如浴, 大白如辱, 廣德如不足, 建德如□, 質□□□.
북대본:	上德如谷, 大白如辱, 廣德如不足, 建德若楡, 桎眞如輸.
하상공:	上德若谷, 大白若辱, 廣德若不足, 建德若偷, 質眞若渝.
왕필본:	上德若谷, 大白若辱, 廣德若不足, 建德若偷, 質眞若渝.
돈황본:	上德若浴, 大白若辱, 廣德若不足, 建德若偷, 質眞若渝.

1) 悳: 德의 고문. 德자는 곽점본에서는 대부분 悳자로 사용된다.

2) 女: 如의 통가자. 곽점본에서 女자는 如나 汝 등으로 통가된다.

3) 浴: 골짜기를 나타내는 谷의 형성자 형태. 이 글자 관련 아래 두 견해가 존재한다. (1) 浴자로 고석하고 谷자로 읽거나(『郭店楚墓竹簡』) 浴자로 예정(隸定)하고 谷의 번체자로 보는 견해(廖名春2003)에서는 '두 산 사이에서의 물의 흐름'으로 본다. (2) 渦자로 예정(隸定)하거나(崔仁義1998) 이를 『설문해자』 過자의 이체 보는 견해(劉信芳1999a)에서는 '하류의 통칭'으로 풀이한다. 본서의 고찰 결과, 곽점본에서는 골짜기를 나타내는 谷자는 水부가 추가되어 浴으로 적혀 있었다. 곽점본에서는 의부(意符)가 유의미하게 작용하고 있다는 특징이 있다는 점을 감안하면 浴은 水라는 의부와 谷이라는 성부를 따르는 형성자로 계곡물을 나타내고 있음을 알 수 있다.

4) 辱: 辱자 그대로. '더럽다'의 뜻. 이 글자는 백서본, 북대본, 하상공본, 왕필본, 돈황본 모두에서 辱자로 적혀 있으나 부혁본(傅奕本) 등에서는 黷자로 적혀 있다. 范應元(1998)은 黷자에 대해 辱를 성부로 하며 더러운 먼지/검은 때(黑垢)의 의미라 하였다. 廖名春(2003)은 辱에는 더럽다(汚)의 의미가 있으며 글자를 바꿔서 볼 필요가 없다 하였다. 『廣雅』: "辱, 汚也." 『儀禮·士昏禮』: "今吾子辱"에 대해 鄭玄은 "以白造緇曰辱."라 주하고 있다.

5) 坒: 廣의 통가자. 廖名春(2003)에 따르면 坒은 갑골문에서는 從止王聲을 따른다. 이 자형은 往의 초기 형태인데 후에 이 자형의 王자는 생략되어 土자로 사용되고 止자는 之자로 변형된다. 『설문해자』에 따르면 坒은 '從之, 在土上'의 형태이며 皇처럼 읽힌다. 往과 廣은 통가된다. 그 의미는 『廣雅』에 따르면 '大'이다.

6) 建: 建자 그대로. (1) 健의 통가자.(兪樾) (2) 建자 그대로.(池田知久1999) 池田知久는 兪樾이 健으로 풀이한 것은 유가적인 해석으로 이 글자는 글자 그대로 建으로

보고 '確立'의 의미로 봐야 한다고 주장했다.

7) 貞: 貞자 그대로. (1) 眞의 통가자.(『郭店楚墓竹簡』) (2) 貞자 그대로, '正'의 뜻.(丁原植1999, 劉信芳1999a, 魏啟鵬1999) 魏啟鵬은 『逸周書·諡法』의 '淸白守節曰貞.' 구문을 예로 들어 貞과 渝가 대비되어 상반된 의미를 나타내고 있다고 보았다.

8) 愉: 渝의 가차자. (1) 渝의 가차자, 『爾雅·釋言』: '渝, 變也.' (丁原植1999) (2) 愉자 그대로, '즐기며 결과를 생각하지 않는다'는 뜻.(劉信芳1999a)

大方無隅, 大器免成, 大音希聲, 天象無形, 道……
큰 사각은 모서리가 없고, 큰 그릇은 이뤄지기를 면하며, 큰 운율은 소리가 희박하고, 큰 형상은 형체가 없다. 도는 ……"

곽점본: 大方亡禺, 大器曼城, 大音祗聖, 天象亡坓,
백서갑: □□□□□□, □□□□, □□□□□,
백서을: 大方无禺, 大器免成, 大音希聲, 天象无刑,
북대본: 大方無隅, 大器勉成, 大音希聲, 天象無形,
하상공: 大方無隅, 大器晩成, 大音希聲, 大象無形,
왕필본: 大方無隅, 大器晩成, 大音希聲, 大象無形,
돈황본: 大方无隅, 大器晩成, 大音希聲, 大象无形,
『韓非子·喻老』: 大器晩成, 大音希聲.

곽점본: 道……
백서갑: □□□□. □□□, □□□□□.
백서을: 道襃无名. 夫唯道, 善始且善成.
북대본: 道殷无名. 夫唯道, 善貣且成.
하상공: 道隱無名. 夫唯道, 善貸且成.
왕필본: 道隱無名. 夫唯道, 善貸且成.
돈황본: 道隱无名. 夫唯道, 善貸且成.

---

1) 亡: 無와 통용. 백서을과 돈황본에는 无로, 그 외의 판본에는 모두 無로 적혀 있다. 곽점본에는 無의 동사와 부정부사 용법이 亡과 無 두 자형으로 적혀 있는데, 곽점갑과 곽점을에서는 亡이, 곽점병에서는 無가 상용된다. 徐丹(2005)에 따르면 곽점본『노자』에서는 '無'의 의미를 나타내는 경우 거의 대부분 亡자를 사용하였다.(단 1회만 無자를 사용) 그녀는 亡의 이러한 '無'를 나타내는 용법은 전국 후기가 되면 간체 형태인 无자가 대체하고 그 이후 시기에 다시 번체 형태인 無가 이를 대체하게 되는데 그 이후 亡은 '無'의 의미가 아니라 '상실하다'의 전용자로 사용되게 된다고 하였다.

2) 禺: 隅의 통가자. '모퉁이'의 뜻.(『郭店楚墓竹簡』, 廖名春2003)

3) 曼: 免의 통가자. 백서을에는 免자로, 북대본에는 勉자로, 하상공본 이후의 판본에서는 晩으로 적혀 있다. 앞뒤 문맥의 의미로 보았을 때 늦게 이뤄지는게 아니라 아예 이뤄지지를 않는다고 보는게 옳기 때문에 免으로 봐야한다. (1) 晩의 통가자나 생략된 형태.(『郭店楚墓竹簡』, 鄭良樹1997) (2) 慢의 통가자.(裘錫圭1998) (3) 免의 가차자.(陳柱1939, 高明1996, 樓宇烈1980) 陳柱는 "免成은 無成의 뜻으로 앞 문장에서 언급한 無隅와 뒷 문장에서 언급한 希聲이나 無形과 같다. 無隅는 大方과 상반되고 希聲은 大音과 상반되고 無形은 大象과 상반된다. 그러므로 免成과 大器가 상반된다는 것을 알 수 있다."라 하였다. (4) 曼자 그대로. 『廣雅·釋言』에서의 '無'의 뜻.(廖名春2003)

4) 城: 成과 통용.

5) 祇: 希의 통가자.(『郭店楚墓竹簡』, 趙建偉1999, 廖名春2003) 이 글자는 타 판본에서 전부 希로 적혀 있다. 廖名春은 『노자』 14장의 '聽之不聞, 名曰希'에도 이 글자가 사용된다고 언급하였다.

6) 聖: 聲의 통가자. 이 글자는 타 판본에서 전부 聲으로 적혀 있다. 곽점본에서는 聖자가 聖과 聽을 나타낼 수 있다.

7) 天: 天자 그대로. 이 글자는 백서본과 북대본에서는 天으로 적혀 있지만 그 이후의 판본에서는 전부 大자로 바뀌어 적혀 있다. (1) 天자 그대로.(鄭良樹1997, 王中江1999, 劉信芳1999a) 鄭良樹는 『廣雅·釋詁』: "天, 大也."를 인용해 天이 大로 풀이된다고 보았다. (2) 大자로 고석.(李零1999)

8) 型: 形의 통가자. (1) 形의 통가자.(『郭店楚墓竹簡』) (2) 型의 통가자.(劉信芳1999a, 廖名春2003) 劉信芳은 "'天象'은 유일무이한 것으로 복제 불가능한 것이라는 뜻이다."라 하였고 廖名春은 "型자는 『中山王鼎』에 쓰이는데 形자보다 더 일찍 사용된 글자로 판단된다."라 하였다.

9) 道 다음의 구절은 손상되어 파악이 힘들다.

2.6 통행본 52장

[원문] 閉其門, 塞其兌, 終身不救. 啓其兌, 賽其事, 終身不勑.[을13]

[해석] 문을 닫고 입을 다물면 평생토록 혼란스럽지 않다. (그런데 거꾸로) 입을 열고 일을 다투면 평생토록 순조롭지 않다.

[논의주체] 보좌진

[전체주지] 말과 행동을 조심하면 평생 순조롭다.

[구문별 고석]

閉其門, 塞其兌, 終身不救. 啓其兌, 賽其事, 終身不勑.
문을 닫고 입을 다물면 평생토록 혼란스럽지 않다. (그런데 거꾸로) 입을 열고 일을 다투면 평생토록 순조롭지 않다.

곽점본:	悶丌門, 賽丌㙛, 夂身不丞. 啓丌㙛, 賽丌事, 夂身不棶.
백서갑:	塞其悶, 閉其門, 終身不堇. 啟其悶, 濟其事, 終身□□.
백서을:	塞其垸, 閉其門, 冬身不堇. 啟其垸, 齊其□, □□不棘.
북대본:	塞其脫, 閉其門, 終身不僅. 啟其脫, 齊其事, 終身不來.
하상공:	塞其兌, 閉其門, 終身不勤. 開其兌, 濟其事, 終身不救.
왕필본:	塞其兌, 閉其門, 終身不勤. 開其兌, 濟其事, 終身不救.
돈황본:	塞其兌, 閉其門, 終身不憨. 開其兌, 濟其事, 終身不救.

1) 悶: 閉의 통가자. 다른 판본에는 모두 閉자로 적혀 있다.

2) 丌: 其의 이체자. 其는 箕(키 기)의 초기 자형이다. 箕는 원래 상형자인 ㅂ 형태로 사용되다가 후대에 성부 丌가 추가되어 其자로 변천하였다. 그러나 其자가 '그'라는 의미의 허사로 가차되어 다량 사용되면서 '키'를 나타내는 箕자가 후대에 별도로 만들어진다. 초 문자에서는 其의 성부인 丌나 장식을 더한 亓 자형으로 사용되는 경우가 많은데 모두 其를 나타낸다. 본서에서는 丌와 亓 자형을 丌자로 통일해서 적겠다.

3) 賽: 塞의 가차자.(『郭店楚墓竹簡』, 廖名春2003) 廖名春은 塞는 閉와 의미가

같다고 하였다.

4) 逌: 兌의 통가자라는 견해에는 이견이 없는 편이다. 그러나 이 글자의 해석 관련해서는 '穴'로 봐야 한다는 견해(俞樾), '隧'로 읽어야 한다는 견해(孫詒讓), '입'을 가리킨다는 견해(廖名春2003) 등 다양하다.『설문해자』에는 '兌, 說也.'라 풀이하고 있다.

5) 夂: 終의 고문. 夂자는『설문해자』에 실린 終의 고문 자형이다.

6) 堇: 慜의 이체자. 督의 가차자. 이 글자는 백서본에서는 董자로, 북대본에서는 僅자로, 하상공본과 왕필본에서는 勤자로 적혀 있다. (1) 慜의 이체자, 督의 가차자, '혼란스럽다(昏亂)', '현혹되다(眩惑)'의 의미.(丁原植1999) (2) 務의 통가자, 趣의 뜻.(劉信芳1999a) (3) 侮의 통가자.(李零1999) (4) 矜의 이체자, 勤의 통가자.(趙建偉1999) (5) 敄의 가차자, '근면하다'는 의미.(池田知久1999)『설문해자』: "敄, 彊也." (6)『설문해자』의 㐭자.(白於藍2000) 白於藍은 "菫과 今을 부수로 삼는 글자는 고서에서 통용 가능했다. 㐭은 勤의 가차이다. 이 글자는 矜으로도 읽힌다."라 하였다.

7) 埭: 勑의 통가자. '順'의 의미. (1) 棘의 통가자. 來와 棘의 자형이 비슷해 혼용됨.(李零1999) (2) 勑의 통가자,『廣雅』: "勑, 順也."(魏啟鵬1999) (3) 棘, 救, 來 세 글자는 음이 통하고 의미도 같음.(白於藍2000) (4) 棘는 治의 가차자. 治는 '신체상황이 정상적이고 병이 없다'는 뜻.(廖名春2003)

2.7 통행본 45장

[원문] 大成若[을13]缺, 其用不敝. 大盈若盅, 其用不窮. 大巧若拙, 大成若詘, 大直[을14]若屈. 燥勝寒, 淸勝熱, 淸靜爲天下定.[을15]

[해석] 大成(큰 이룸)은 (너무 커서 우리가 보기엔) 부족해 보이지만 (사실상) 그 쓰임은 부족함이 없다. 大盈(큰 넘침)은 (너무 방대해서 우리가 보기엔) 빈 것처럼 보이지만 그 쓰임은 궁하지 않다. 大巧(큰 기교/아름다움)는 (너무 아름다워서 우리가 보기엔) 쓸모가 없어 보이고, 大成(큰 이룸)은 (너무 커서 우리가 보기에) 굴곡이 있는 것 같고, 大直(큰 올곧음)은 (너무 커서 우리가 보기엔) 굽은 것 같이 보인다. 건조함은 한기를 이기고, 맑음은 열기를 이긴다. 청정(淸靜)은 천하의 질서를 잡아준다.

[논의주체] 도

[전체주지] 큰 것들은 너무나 커서 얼핏 보기에는 굽어보이고 모자라 보이고 꽉 차 보이지 않지만 사실상 우리가 쓰기에 충분할 만큼 큰 것이며 그 청정(淸靜)이야말로 천하의 질서를 잡아준다.

[구문별 고석]

> 大成若缺, 其用不敝. 大盈若盅, 其用不窮.
> 大成(큰 이룸)은 (너무 커서 우리가 보기엔) 부족해 보이지만 (사실상) 그 쓰임은 부족함이 없다. 大盈(큰 넘침)은 (너무 방대해서 우리가 보기엔) 빈 것처럼 보이지만 그 쓰임은 궁하지 않다.

곽점본:	大城若夬, 丌甬不㡀. 大涅若中, 丌甬不穷.
백서갑:	大成若缺, 其用不幣. 大盈若溢, 其用不䆅.
백서을:	□□□□, □□□□. □盈如沖, 其□□□.
북대본:	大成如缺, 其用不敝. 大盈如沖, 其用不窬.
하상공:	大成若缺, 其用不弊. 大盈若沖, 其用不窮.
왕필본:	大成若缺, 其用不弊. 大盈若沖, 其用不窮.
돈황본:	大成若缺, 其用不弊. 大満若沖, 其用不窮.

1) 城: 成과 통용. 다른 판본에서는 모두 成자로 적혀 있다. (1) 成자 그대로.(蔣錫昌 1988, 崔仁義1998, 廖名春2003) (2) 盛의 생략.(馬敘倫1956, 李零1999) 李零은 "盛자가 맞다. 詘는 부족하고 訥와 비슷하다. 盛은 滿盈하고 盈과 비슷하다."라 하였다.

2) 夬: 缺과 통용.(『郭店楚墓竹簡』, 廖名春2003) 하상공본과 돈황본에는 䂂자로, 그 외의 판본에는 缺자로 적혀 있다. 馬敘倫(1956)은 『莊子·天地』의 '以二缶鐘惑'의 缶가 司馬 판본에서 垂로 적혀 있는 것을 근거로 六朝 시기 속자 필사법에서는 垂와 缶를 혼용하는 습관이 있었으므로 䂂자는 缺자의 오자라고 주장하였다.

3) 丌: 其의 이체자. 其는 箕(키 기)의 초기 자형이다. 箕는 원래 상형자인 형태로 사용되다가 후대에 성부 丌가 추가되어 其자로 변천하였다. 그러나 其자가 '그'라는 의미의 허사로 가차되어 다량 사용되면서 '키'를 나타내는 箕자가 후대에 별도로 만들어진다. 초 문자에서는 其의 성부인 丌나 장식을 더한 丌 자형으로 사용되는 경우가 많은데 모두 其를 나타낸다. 본서에서는 丌와 丌 자형을 丌자로 통일해서 적겠다.

4) 甬: 用과 통용.

5) 㡀: 幣의 생략. 敝의 가차자.(廖名春2003) 백서갑에는 幣자로, 북대본에는 敝자로, 그 외의 판본에는 弊자로 적혀 있다.

6) 涅: 盈의 통가자.(『郭店楚墓竹簡』, 廖名春2003) 이 글자는 돈황본에는 満자로, 그 외의 판본에서는 盈으로 적혀 있다.

7) 中: 盅의 통가자.(『郭店楚墓竹簡』, 廖名春2003) 이 글자는 백서갑에는 溢자로, 그 외의 판본에는 沖자로 적혀 있다. 廖名春은 『노자』의 "道盅而用之" 구문을 段玉裁에서 "盅, 虛字, 今作沖."라 주했다고 언급하였다.

8) 穷: 窮의 통가자.(『郭店楚墓竹簡』) 이 글자는 하상공본, 왕필본, 돈황본에 窮자로 적혀 있다.

	大巧若拙, 大成若訥, 大直若屈. 燥勝寒, 淸勝熱, 淸靜爲天下定. 大巧(큰 기교/아름다움)는 (너무 아름다워서 우리가 보기엔) 쓸모가 없어 보이고, 大成(큰 이룸)은 (너무 커서 우리가 보기에) 굴곡이 있는 것 같고, 大直(큰 올곧음)은 (너무 커서 우리가 보기엔) 굽은 것 같이 보인다. 건조함은 한기를 이기고, 맑음은 열기를 이긴다. 淸靜(맑음과 안정됨)은 천하의 질서를 잡아준다.
곽점본:	大攷若仚, 大成若詘, 大植若屈. 喿勑蒼, 青勑然, 清=爲天下定.
백서갑:	大直如詘, 大巧如拙, 大贏如炳. 趮勝寒, 靚勝炅. 請靚可以爲天下正.
백서을:	□□□, □巧如拙, □□□絀. 趮朕寒, □□□, □□□□□□.
북대본:	大直如詘. 大巧如拙. 大盛如絀. 趮勝寒. 靜勝熱. 淸靜爲天下政.
하상공:	大直若屈. 大巧若拙. 大辯若訥. 躁勝寒. 靜勝熱. 淸靜爲天下正.
왕필본:	大直若屈. 大巧若拙. 大辯若訥. 躁勝寒. 靜勝熱. 淸靜爲天下正.
돈황본:	大直若屈. 大巧若拙. 大辯若訥. 躁勝寒. 靜勝熱. 淸靜爲天下政.

1) 攷: 巧의 통가자.(『郭店楚墓竹簡』, 廖名春2003) 廖名春에서는 攷와 巧가 溪紐幽部로 통가 가능하다고 보았다.

2) 仚: 拙의 통가자.(『郭店楚墓竹簡』)

3) 成: 成자 그대로. (1) 呈과 통용. 辯라 해석.(廖名春2003) (2) 盛과 같음. 盛盈으로 해석.(趙建偉1999) (3) 成자 그대로. 大成은 九成之樂을 가리킴.

4) 詘: 詘은 악곡이 중단되는 모양.(魏啟鵬1999)

5) 植: 直와 통용.(廖名春2003)

6) 屈: 屈자 그대로. 『玉篇』: "屈, 曲也."(廖名春2003)

7) 喿: 燥의 통가자.(『郭店楚墓竹簡』)

8) 勑: 勝의 본자(本字).(『郭店楚墓竹簡』) 廖名春에 따르면 초나라 문자에서는 勑자만 8회 사용되고 勝자는 사용되지 않는다고 한다.

9) 蒼: 滄의 통가자. 『설문해자』: "滄, 寒也."(『郭店楚墓竹簡』, 廖名春2003) 廖名春은 "『逸周書·周祝』에서는 '天地之間有滄熱.'라 하였다. 滄熱은 滄熱, 즉 寒熱을 나타낸다."라 하였다.

10) 青: 淸의 통가자. (1) 淸의 통가자.(『郭店楚墓竹簡』) (1) 靜의 통가자.(劉信芳1999)

11) 然: 熱의 통가자.(『郭店楚墓竹簡』)

12) 清=: 淸淸으로 고석. 淸靜의 통가자.(裘錫圭1998) '='는 중복부호이다.

13) 定: 定자 그대로.

2.8 통행본 54장

[원문] 善建者不拔, 善保者[을15]不脫, 子孫以其祭祀不輟. 修之身, 其德乃貞. 修之家, 其德有余. 修[을16]之鄉, 其德乃長. 修之邦, 其德乃奉. 修之天下, [其德乃普]. [以家觀][을17]家, 以鄉觀鄉, 以邦觀邦, 以天下觀天下. 吾可以知天[下之然.].[을18]

[해석] 잘 세워진 것은 뽑히지 않으며 잘 유지된 것은 벗어나지 않으니 자손은 제사 때문에 고달프지 않게 된다. 잘 닦인 몸은, 올곧게 질서가 잡혀 있다. 잘 닦인 집은 여유가 있다. 잘 닦인 고을은 오래갈 수 있다. 잘 닦인 국가는 풍성하다. 잘 닦인 천하는, 널리 퍼져나간다. 잘 닦인 집의 모습으로 집을 다스리고, 잘 닦인 고을의 모습으로 고을을 다스리고, 잘 닦인 국가의 모습으로 국가를 다스리고, 잘 닦인 천하의 모습으로 천하를 다스린다. 나는 천하가 그러하다는 것을 알 수 있다.

[논의주체] 개인, 가족, 고을, 나라, 천하
[전체주지] 왕과 보좌진과 만물이 각자의 역할을 잘 수행하면 세상은 잘 돌아가게 된다.

[구문별 고석]

善建者不拔, 善保者不脫, 子孫以其祭祀不輟.
잘 세워진 것은 뽑히지 않으며 잘 유지된 것은 벗어나지 않으니 자손이 제사 때문에 고달프지 않는다.
곽점본: 善建者不㧢, 善保者不兌, 子孫以丌祭祀不乇.

백서갑: 善建□□拔, □□□□□, 子孫以祭祀□□.
백서을: 善建者□□, □□□□□, 子孫以祭祀不絕.
북대본: 善建不拔. 善抱不脫. 子孫祭祀不絕.
하상공: 善建者不拔. 善抱者不脫. 子孫祭祀不輟.
왕필본: 善建者不拔. 善抱者不脫. 子孫以祭祀不輟.
돈황본: 善建不拔. 善抱不脫. 子孫祭祀不醊.
『韓非子·解老』: 拔. 不脫. 祭祀不絕.
『韓非子·喩老』: 善建不拔, 善抱不脫, 子孫以其祭祀世世不輟.

1) 朶: 拔의 고문. '두 손으로 나무를 뽑다'의 뜻. 타 판본에는 모두 拔자로 적혀 있다.
(1) 拔의 고문.(『郭店楚墓竹簡』)『古文四聲韻』의『古老子』의 拔자 자형과 동일하다.
(2) 發 혹은 撥로 읽음. 發은 열다(開)라는 의미임.(趙建偉1999)

2) 保: 保자 그대로. '持'의 뜻.(廖名春2003) 타 판본에는 모두 抱자로 적혀 있다.

3) 兌: 脫의 통가자. 다른 판본과『喩老』,『解老』에서는 전부 脫자로 적혀 있다. (1) 脫의 통가자.(『郭店楚墓竹簡』) (2) 敓자로 읽음. 고대의 奪자임.(趙建偉1999)

4) 丌: 其의 이체자. 其는 箕(키 기)의 초기 자형이다. 箕는 원래 상형자인 𠀠 형태로 사용되다가 후대에 성부 丌가 추가되어 其자로 변천하였다. 그러나 其자가 '그'라는 의미의 허사로 가차되어 다량 사용되면서 '키'를 나타내는 箕자가 후대에 별도로 만들어진다. 초 문자에서는 其의 성부인 丌나 장식을 더한 亓 자형으로 사용되는 경우가 많은데 모두 其를 나타낸다. 본서에서는 丌와 亓 자형을 丌자로 통일해서 적겠다.

5) 毛: 毛로 고석, 輟의 통가자. 백서갑과 북대본에서는 絕자로, 하상공본과 돈황본에서는 輟자로 적혀 있다. (1) 屯자로 고석.『설문해자』: "屯, 難也."(『郭店楚墓竹簡』) (2) 毛자로 고석.(裘錫圭1998) (3) 毛으로 고석, 輟의 통가자.(李零1999)

修之身, 其德乃貞. 修之家, 其德有余. 修之鄉, 其德乃長.
잘 닦인 몸은 올곧게 질서가 잡혀 있다. 잘 닦인 집은 여유가 있다. 잘 닦인 고을은 오래갈 수 있다.

곽점본: 攸之身, 丌悳乃貞. 攸之豙, 丌悳又舍. 攸之向, 丌悳乃長.
백서갑: □□□, □□□□. □□□, □□□餘. 脩之□, □□□□.
백서을: 脩之身, 其德乃真. 脩之家, 其德有餘. 脩之鄉, 其德乃長.
북대본: 脩之身, 其德乃真; 脩之家, 其德有餘; 脩之鄉, 其德乃長.
하상공: 修之於身, 其德乃真. 修之於家, 其德乃餘. 修之於鄉, 其德乃長.
왕필본: 修之於身, 其德乃真. 修之於家, 其德乃餘. 修之於鄉, 其德乃長.
돈황본: 脩之身, 其德能真. 脩之家, 其德能餘. 脩之鄉, 其德能長.
『韓非子·解老』: 修之身, 其德乃真. 修之家, 其德有餘. 修之鄉, 其德乃長.

1) 攸: 修와 통용.

2) 丌: 其의 이체자. 해설은 상동.

3) 惪: 德의 고문. 德자는 곽점본에서는 대부분 惪자로 사용된다.

4) 貞: 貞자 그대로. 다른 판본에서는 모두 眞자로 적혀 있다. (1) 眞의 통가자.(『郭店楚墓竹簡』) (2) 正의 통가자. (廖名春2003)

5) 豕: 家의 이체자.

6) 又: 有의 통가자. 곽점본에서는 又 자형이 有와 통용되는 경우가 많다. 타 판본에는 모두 有자로 적혀 있다.

7) 舍: 余로 고석. 餘와 통용. (1) 舍로 고석, 餘로 읽음.(『郭店楚墓竹簡』) (2) 余로 고석. 餘와 통용.(廖名春2003) 廖名春은 "舍자는 字書에는 출현하지 않으며『中山王鼎』에 등장하는 글자이다. 余로 읽으며 해당 글자의 口 부수는 繁化 현상이 있다. 余와 餘는 통용된다."라 하였다.

8) 向: 鄕의 통가자. (裘錫圭1998)

修之邦, 其德乃奉. 修之天下[其德乃普].
잘 닦인 국가는 풍성하다. 잘 닦인 천하는 널리 퍼져나간다.

곽점본: 攸之邦, 丌惪乃奉. 攸之天下□□□□.
백서갑: □□□, □□□□. □□□□, □□□□.
백서을: 脩之國, 其德乃夆. 脩之天下, 其德乃博.
북대본: 修之國, 其德乃逢. 脩之天下, 其德乃薄.
하상공: 修之於國, 其德乃豐. 修之於天下, 其德乃普.
왕필본: 修之於國, 其德乃豐. 修之於天下, 其德乃普.
돈황본: 脩之國, 其德能豐. 脩之天下, 其德能普.
『韓非子·解老』: 修之邦, 其德乃豐. 修之天下, 其德乃普.

1) 攸: 修와 통용.

2) 邦: 國과 통용. 백서을 이후에서는 劉邦 이름의 피휘의 영향으로 모두 國으로 바뀌어 적혀 있다.

3) 丌: 其의 이체자. 해설은 상동.

4) 惪: 德의 고문. 해설은 상동.

5) 奉: 豐의 통가자. 백서을에서는 夆자로, 왕필본 등에서는 豐자로 적혀 있다. (1) 豐의 통가자.(『郭店楚墓竹簡』) (2) 逢의 통가자. (廖名春2003) 廖名春은 "馬王堆帛書『經法·四度』: '外內皆順, 命曰天當, 功成而不廢, 後不奉央.'라는 구문이 있는데 奉央은 逢殃을 의미한다."라 하였다.

[以家觀]家, 以鄕觀鄕, 以邦觀邦, 以天下觀天下.
잘 닦인 집의 모습으로 집을 다스리고, 잘 닦인 고을의 모습으로 고을을 다스리고, 잘 닦인 국가의 모습으로 국가를 다스리고, 잘 닦인 천하의 모습으로 천하를 다스린다.

곽점본: □□□㝑, 以向觀向, 以邦觀邦, 以天下觀天下.
백서갑: 以身□身, 以家觀家, 以鄕觀鄕, 以邦觀邦, 以天□□□.
백서을: 以身觀身, 以家觀□, □□□國, 以天下觀天下.
북대본: 以身觀身, 以家觀家, 以鄕觀鄕, 以國觀國, 以天下觀天下.
하상공: 故以身觀身, 以家觀家, 以鄕觀鄕, 以國觀國, 以天下觀天下.
왕필본: 故以身觀身, 以家觀家, 以鄕觀鄕, 以國觀國, 以天下觀天下.
돈황본: 故以身觀身, 以家觀家, 以鄕觀鄕, 以國觀國, 以天下觀天下.
『韓非子·解老』: 以身觀身, 以家觀家, 以鄕觀鄕, 以邦觀邦, 以天下觀天下.

1) 㝑: 家의 이체자.
2) 向: 鄕의 통가자.
3) 邦: 國과 통용. 해설은 상동.

吾可以知天[下之然.]
나는 천하가 그러하다는 것을 알 수 있다.

곽점본: 虖可以智天□□□.
백서갑: □□□□□□□□？□□.
백서을: □□□□天下之然玆？以□.
북대본: 吾何以知天下然哉？以此.
하상공: 何以知天下之然哉？以此.
왕필본: 吾何以知天下然哉？以此.
돈황본: 吾何以知天下之然？以此.
『韓非子·解老』: 吾奚以知天下之然也?以此.

1) 虖: 吾의 통가자. 이 자형은 虍와 壬 자형을 따른다. 출토문헌 자형 중 壬(임)자와 壬(정)자는 구분되어야 한다. 두 번째 자형은 사람이 땅 위에 서 있는 옆모습을 본 뜬 글자이다. 廖名春(2003)은 虖가 형성 방식을 따른 글자로 虍는 吾의 소리를 따르고 壬는 의미를 따르고 있다고 주장하였는데 설득력 있는 견해이다.
2) 可: 可자 그대로. 곽점본에서 可는 可, 何, 呵 등으로 읽는다.
3) 智: 知와 통용. 곽점본에서는 知자가 전부 智자로 적혀 있다.

제3장 『노자병』 원문 고석 및 풀이

『노자병』에서는 『노자갑』과 『노자을』을 계승하여 도의 특성, 성인의 역할에 대해 논하고 있다.

도의 특성 관련해서는 도(道)는 담백하고 비어있는 듯하지만, 오히려 다 사용하지 못할 만큼 크다(大)는 점을 강조하고 있다.(35장) 성인을 논하는 장절에서는 성인이 무위(無爲)하고 불욕(不欲)과 불학(不學)을 실천한다면 만물과 백성은 자연스럽게 자신의 자리를 찾아 되돌아가게 될 것이라고 주장한다.(64장) 또한 갑본이나 을본과는 다르게 군자의 역할을 추가로 논하는 것이 특징이다.(31장)

『노자병』은 『노자을』을 계승하여 계층 간의 구분(17, 18장)을 추가 서술하는데 백성 계층에서는 최상의 존재를 알지 못한다는 점을 강조하고 있다.(곽점병1-2, 통행본17장)

최상의 존재는, 아래에서는 그가 존재한다는 사실만을 알 뿐이다. 그 다음의 존재는, (아래에서는) 그를 가까이 여기고 칭찬한다. 그 다음의 존재는, (아래에서는) 두려워한다. 그 다음의 존재는, (아래에서는) 업신여긴다. 불신은 믿음이 부족해야 생기는 것이다. 아아, 그 귀한 말이여! 일이 이뤄지고 그 공이 생기면, 백성은 "내가 스스로 그렇게 한 것이다."라고 말한다.

또한 도가 유지되는 사회에서는 그 모습 그대로 순환하면 되므로 인의는 필요 없게 되며, 가족이 화목하면 그 모습 그대로 살게 되므로 효와 자애는 필요 없게 된다고도 언급한다.(18장) 이는 잘 세워진 것은 뽑히지 않는다(善建者不拔/54장)는 『노자을』에서의 언급과도 연관된 내용이다.

아래에서는 곽점본의 죽간 순서대로 그 내용을 구체적으로 고석하고 풀이해보도록 하겠다.

본서	곽점본	통행본	논의주체	키워드
3.1	병1-2	17	태상, 백성	[계층], [正反], 自然
3.2	병2-3	18	도, 가족, 국가	[正反]
3.3	병4-5	35	도	無味
3.4	병6-10	31	군자	吉事上左, 喪事上右
3.5	병11-14	64뒤	성인(왕), 만물	無爲, 自然

[표] 곽점본 『노자』 각 장절의 주요 논의주체와 주요 내용
※ 상기 표의 논의주체 항목에서 [ ]는 은성(隱性) 주어를 나타냄

3.1 통행본 17장

[원문] 太上, 下知有之 ; 其次, 親譽之 ; 其次, 畏之 ; 其次, 侮之. 信不足, 焉[병1]有不信. 猶乎其貴言也. 成事遂功, 而百姓曰我自然也.[병2]

[해석] 최상의 존재는, 아래에서는 그가 존재한다는 사실만을 알 뿐이다. 그 다음의 존재는, (아래에서는) 그를 가까이 여기고 드높인다. 그 다음의 존재는, (아래에서는) 두려워한다. 그 다음의 존재는, (아래에서는) 업신여긴다. 불신은 믿음이 부족해야 생기는 것이다. 아아, 그 귀한 말이여! 일이 이뤄지고 그 공이 생기면, 백성은 "내가 스스로 그렇게 한 것이다."라고 말한다.

[논의주체] 태상, 백성

[전체주지] 계층이 존재하며 각 계층은 각기 다른 방식으로 제 역할을 수행한다. 최상의 존재(도)에 대해서 그 다음 계층(성인)에서는 존재한다는 사실만 알 뿐이며, 그 다음 계층(성인)에 대해서 그 다다음 계층(보좌진)에서는 그를 가깝게 여기고 존중한다. 그 다다음 계층(보좌진)에 대해서 그 다다다음 계층(백성)은 두려움을 느끼며, 그 다다다음 계층(백성)에 대해서 그 아래 계층에서는 업신여긴다. 각각의 계층은 각각 순환하고 이들은 그 외의 층차에 대해서는 알지 못한다. 그래서 백성들은 어떤 일에 성과가 있더라도 그들 스스로 그렇게 해낸 결과라 여긴다.

[해설] 이 장절에서는 두 개념을 이야기하고 있다. 계층과 관련된 내용, 그

리고 정반 개념과 관련된 내용이 그러하다. 전반부의 태상(太上)과 관련된 부분에서는 각 계층의 차이를 논하고 있고 후반의 믿음과 불신을 논하는 부분에서는 정반 관련 개념을 논하고 있다.

[구문별 고석]

> 太上, 下知有之; 其次, 親譽之; 其次, 愄之; 其次, 侮之.
> 최상의 존재는, 아래에서는 그가 존재한다는 사실만을 알 뿐이다. 그 다음의 존재는, (아래에서는) 그를 가까이 여기고 드높인다. 그 다음의 존재는, (아래에서는) 두려워한다. 그 다음의 존재는, (아래에서는) 업신여긴다.
>
> 곽점본: 大上, 下智又之; 丌即, 新譽之; 丌既〈即〉, 愄之; 丌即, 炙之.
> 백서갑: 太上, 下知有之. 其次, 親譽之. 其次, 畏之. 其下, 母(侮)之.
> 백서을: 太上, 下知又□. □□, 親譽之. 其次, 畏之. 其下, 母之.
> 북대본: 大上, 下智有之. 其次, 親譽之. 其次, 畏之. 其下, 母之.
> 하상공: 太上, 下知有之. 其次, 親之譽之. 其次, 畏之. 其次, 侮之.
> 왕필본: 太上, 下知有之. 其次, 親之譽之. 其次, 畏之. 其次, 侮之.
> 돈황본: 太上, 下知有之. 其次, 親之譽之. 其次, 畏之, 侮之.
> 『韓非子·難三』: 太上, 下智有之.
> 『文子·自然』: 太上, 下知而有之.
> 『淮南子·主術訓』: 太上, 下智有之.

1) 大: 太와 통용. 蔣錫昌(1988)은 "'太上'은 '最上'을 가리키며 덕을 세우는 자이다. 『左傳·襄24年』에 '太上, 有立德; 其次, 有立功; 其次, 有立言.'라는 구문이 있다."라 하였다.

2) 智: 知와 통용. 곽점본에서는 知자가 전부 智자로 적혀 있다.

3) 又: 有의 통가자. 곽점본에서는 又 자형이 有와 통용되는 경우가 많다. 타 판본에는 모두 有자로 적혀 있다.

4) 丌: 其의 이체자. 其는 箕(키 기)의 초기 자형이다. 箕는 원래 상형자인 𠀠 형태로 사용되다가 후대에 성부 丌가 추가되어 其자로 변천하였다. 그러나 其자가 '그'라는 의미의 허사로 가차되어 다량 사용되면서 '키'를 나타내는 箕자가 후대에 별도로 만들어진다. 초 문자에서는 其의 성부인 丌나 장식을 더한 亓 자형으로 사용되는 경우가 많은데 모두 其를 나타낸다. 본서에서는 丌와 亓 자형을 丌자로 통일해서 적겠다.

5) 即: 次의 통가자.(『郭店楚墓竹簡』)

6) 新: 親의 통가자. 다른 판본에서는 모두 親자로 적혀 있다.

7) 既: 即의 오자. 次의 통가자.

8) 愄: 畏의 이체. 곽점본『노자』에는 의부(意符)를 덧붙여 의미를 명확히 하는 현상이 존재하는데 이 글자 역시 畏 자형에 心부를 추가해 '두렵다'는 심리적인 의미를 강조하고 있다. 곽점본에서는 '두려워하다'는 의미를 나타내는 畏가 心부를 따르는 愄와 示부를 수반하는 禖자 두 자형으로 구분되는데 신적인 존재에 대한 두려움은 禖자를, 일반적인 심리작용의 두려움은 愄자를 사용하는 편이다.

9) 炙: 侮의 고문.『古文四聲韻』에서는『古孝經』의 侮자를 炙라 적고 있다.

10) 太上, 下知有之; 其次, 親譽之; 其次, 愄之; 其次, 侮之.: 이 구문은 통상 '太上'을 하나의 주어로 삼아 해석한다. 그렇지만 통사구조로 보았을 때, 太上과 나머지 其次는 같은 주어 자리에 놓여서 각기 다른 주체를 다루고 있다. '下知有之'와 '親譽之', '愄之', '侮之'는 모두 같은 통사구조로 동일한 주어인 下를 공유하고 있다. 해당 구문에서 之가 재시시하는 성분은 각자의 구문에서의 주어이다. 즉 첫 번째 구문의 경우 之가 '太上'을, 두 번째 구문의 경우 之가 '其次'를 재지시하고 있다. '太上, 下知有之' 구문에 대해 勞健은 "'下知有之'라는 것은 가까운 것도 두려움도 없지만 그것이 있을 뿐이라는 말이다."라 하였고[1] 高亨은 "'太上'이라는 것은 왕이다. '下知有之'라는 것은 백성이 왕이 있음을 알지만 그 사이에 사랑과 미움과 은혜와 원망은 없다는 것이다."라 하였으며 鄭良樹(1997)은 陸希聲의『注』를 인용하여 "태고에 덕이 있는 왕은 무위하며 흔적을 남기지 않았다. 고로 백성들은 왕이 존재하는 것만 알 뿐 그 힘이 어떻게 나에게 미치는지는 몰랐다."라 주장했다.

信不足, 焉有不信. 猶乎其貴言也. 成事遂功, 而百姓曰我自然也.
불신은 믿음이 부족해야 생기는 것이다. 아아, 그 귀한 말이여! 일이 이뤄지고 그 공이 생기면, 백성은 "내가 스스로 그렇게 한 것이다."라고 말한다.

곽점본:	信不足, 安又不信. 猷唬丌貴言也. 成事述, 而百眚曰我自肰也.
백서갑:	信不足, 案有不信. □□其貴言也. 成功遂事, 而百省胃我自然.
백서을:	信不足, 安有不信. 猷呵, 其貴言也. 成功遂事, 而百姓胃我自然.
북대본:	信不足, 安有不信. 猶虖其貴言. 成功遂事, 百姓曰我自然.
하상공:	信不足焉, 猶兮其貴言, 功成事遂, 百姓皆謂我自然.
왕필본:	信不足, 焉有不信焉. 悠兮其貴言, 功成事遂, 百姓皆謂我自然.

---

1) 廖名春(2003:496) 참고.

> 돈황본: 信不足, 猶其貴言, 成功遂事, 百姓謂我自然.

1) 安: 焉이 安으로 잘못 고석됨. 乃, 즉 才의 의미. 곽점본『노자』의 자형을 살펴보면 安이라 고석되는 자형은 사실상 두 자형으로 명확히 구분되는데 ① 宀부를 수반하는 ?(총1회)과 ② 그렇지 않은 ?(총7회)로 나뉜다. 그 중 고문자학자들은 ①을 安으로 고석하며 ②는 焉으로 고석한다. 상기 安자는 ? 자로 적혀 있으므로 焉으로 고석되어야 마땅하다.

2) 又: 有의 통가자. 해설은 상동.

3) 猷: 猶의 이체자. 그 의미에 대해 丁原植(1999)은 "주저하며(猶疑) 살피며(審慎) 두려워하는(畏懼) 태도"라 하였고 魏啓鵬(1999)은 "여유있고 침착한 모양(舒遲貌, 舒和貌)"이라 하였다. 또한 劉信芳은(1999a) "'猶乎'는 '烏乎'와 같다. 즉 '말이 진중함(語須珍重)'을 말한다."라 하였다.

4) 虖: 嘑의 이체자. 乎와 통용. (1) 乎와 통용.(『郭店楚墓竹簡』) (2) 號의 통가자.(李零1999)

5) 丌: 其의 이체자. 其는 箕(키 기)의 초기 자형이다. 箕는 원래 상형자인 ? 형태로 사용되다가 후대에 성부 丌가 추가되어 其자로 변천하였다. 그러나 其자가 '그'라는 의미의 허사로 가차되어 다량 사용되면서 '키'를 나타내는 箕자가 후대에 별도로 만들어진다. 초 문자에서는 其의 성부인 丌나 장식을 더한 亓 자형으로 사용되는 경우가 많은데 모두 其를 나타낸다. 본서에서는 丌와 亓 자형을 丌자로 통일해서 적겠다.

6) 述: 遂의 통가자.(廖名春2003) 타 판본에는 모두 遂로 적혀 있다.

7) 攻: 功자와 통용.

8) 眚: 姓자와 통용.

9) 肰: 然의 이체자.

10) 成事遂功, 而百姓曰我自然也.: 이 구문의 '百姓曰我自然也'의 曰은 후대 판본에서 謂로 바뀌어 적혀 있다. 이 두 술어는 각기 다른 성격을 지니는데 曰 뒤에는 단일 목적어만 수반 가능하지만 謂는 간접목적어와 직접목적어 두 성분을 수반할 수 있다. 이 때문에 상기 구문에서의 曰을 謂로 볼 경우 我는 '성인'만을 나타내지만 曰로 볼 경우 我는 '백성'도, '성인'도 가능해진다. 곽점본의 曰은 통행본에서 謂로 적혀 있기에 곽점본이 출토되기 이전에는 我를 성인으로 보는 견해가 우세했다. 그러나 곽점본 출토 이후에는 학자들의 견해가 아래 세 가지로 나뉘었는데, 1) 曰을 여전히 謂의 오자로 보아 我를 성인으로 보는 경우, 2) 曰을 자형 그대로 보지만 我는 여전히 성인으로 여기는 경우, 3) 曰을 자형 그대로 보고 我를 백성으로 보는 경우가 그것이었다. 대부분

의 학자는 1)과 2)의 견해에 동의하지만 3)의 견해를 주장하는 학자도 있었는데 안타깝게도 그 근거는 제시하지 못했다. 본서에서는 3)의 견해가 옳다고 본다. 그 근거로 '自+V' 구조는 곽점본『노자』에서는 백성(民)과 만물(萬物)만을 주체로 삼고 있는 점을 논증했다.(본서의 9.1.2 참고) 즉 '我自然也'에서 '自然'은 백성이나 만물이 '스스로 그렇게 됨'을 일컫는다. 그러므로 상기 구문의 曰은 글자 그대로 봐야 한다.

3.2 통행본 18장

[원문] 故大[병2]道廢, 焉有仁義. 六親不和, 焉有孝慈. 邦家昏[亂], 焉有正臣. ■[병3]

[해석] 대도(大道)가 무너져야만 인의라는 개념이 생겨난다. 가족과 친척이 불화해야만 효와 자애(慈)라는 개념이 생겨난다. 국가가 혼란해야만 올바른 신하가 생겨난다.

[논의주체] 도, 가족, 국가

[전체주지] 대도(大道)와 국가, 가족은 각기 다른 층차에 속한다. 상위 계층에서의 인의라는 개념은 대도가 무너져야만 발생하고, 중위 계층에서의 올바른 신하라는 개념은 국가가 혼란해져야만 발생한다. 또한 하위 계층에서의 효와 자애라는 개념은 가족이나 친척 간의 불화가 생겨야만 강조되는 개념이다. 즉 각 계층이 잘 건립되어 있으면 인의, 올바른 신하, 효와 자애라는 개념은 필요 없게 되는 것이다.

[구문별 고석]

故大道廢, 焉有仁義. 六親不和, 焉有孝慈. 대도(大道)가 무너져야만 인의라는 개념이 생겨난다. 가족과 친척이 불화해야만 효와 자애(慈)라는 개념이 생겨난다.
곽점본: 古大道發, 安有悥義. 六新不和, 安有孝孳. 백서갑: 故大道廢, 案有仁義. 知快出, 案有大偽. 六親不和, 案有畜茲. 백서을: 故大道廢, 安有仁義. 知慧出, 安有□□. 六親不和, 安又孝茲. 북대본: 故大道廢, 安有仁義; 智慧出, 安有大偽; 六親不和, 安有孝茲;

하상공:	大道廢, 有仁義; 智惠出, 有大僞; 六親不和, 有孝慈;
왕필본:	大道廢, 有仁義; 慧智出, 有大僞; 六親不和, 有孝慈;
돈황본:	大道廢, 有仁義; 智慧出, 有大僞; 六親不和, 有孝慈;

1) 古: 故와 통용. 곽점본의 古라는 자형은 古와 故 모두를 나타낼 수 있다.

2) 發: 廢의 통가자. 타 판본에는 모두 廢로 적혀 있다.

3) 安: 焉이 安으로 잘못 고석됨. 乃, 즉 才의 의미. 곽점본『노자』의 자형을 살펴보면 安이라 고석되는 자형은 사실상 두 자형으로 명확히 구분되는데 ① 宀부를 수반하는 𠕁(총1회)과 ② 그렇지 않은 𠂆(총7회)로 나뉜다. 그 중 고문자학자들은 ①을 安으로 고석하며 ②는 焉으로 고석한다. 상기 安자는 𠂆자로 적혀 있으므로 焉으로 고석되어야 마땅하다.

4) 息: 仁의 고문.『설문해자』의 仁자 고문은 㤚자로 적혀 있다. 이에 대해『郭店楚墓竹簡』에서는 千은 身의 오자라 하였고 裘錫圭(1998)는 人, 千, 身은 상고음이 모두 통하기에 오자로 볼 필요가 없다고 하였다.

5) 新: 親의 통가자. 다른 판본에서는 모두 親자로 적혀 있다.

6) 孯: 慈의 통가자.(『郭店楚墓竹簡』).

邦家昏[亂], 焉有正臣.
국가가 혼란해야만 올바른 신하가 생겨난다.

곽점본:	邦豙緍□, 安又正臣. ■
백서갑:	邦家悶亂, 案有貞臣.
백서을:	國家悶亂, 安有貞臣.
북대본:	國家㨗亂, 安有貞臣.
하상공:	國家昏亂, 有忠臣.
왕필본:	國家昏亂, 有忠臣.
돈황본:	國家昏亂, 有忠臣.

1) 邦: 國과 통용. 백서을 이후에서는 劉邦 이름의 피휘의 영향으로 모두 國으로 바뀌어 적혀 있다.

2) 豙: 家의 이체자.

3) 緍: 昏의 통가자.(『郭店楚墓竹簡』)

4) 安: 焉이 安으로 잘못 고석됨. 해설은 상동.

5) 又: 有의 통가자. 곽점본에서는 又 자형이 有와 통용되는 경우가 많다. 타 판본에는 모두 有자로 적혀 있다.

6) 正臣: 글자 그대로. 이 어휘는 백서본과 북대본에서는 貞臣으로, 하상공본 이후의 판본에서는 忠臣으로 바뀌어 적혀 있다.

3.3 통행본 35장

[원문] 執大象, 天下往. 往而不害, 焉平大. 樂與餌, 過客止. 故道[之出言][병4], 淡呵其無味也. 視之不足見, 聲之不足聞, 而不可旣也.■[병5]

[해석] 큰 형상을 세우면 천하가 모여든다. 모여들고 해치지 않으니 평화로움이 크다. 음악과 음식은 지나가는 손님을 멈추게 한다. 도(道)를 말로 표현한다면 '담백하도다, 그 무미(無味)함이여. 보아도 보이지 않고 들어도 들리지 않지만 오히려 다 쓰지 못한다.'라고 할 수 있다.

[논의주체] 도

[해설] 도(道)는 담백하고 비어있는 듯하지만, 오히려 다 사용하지 못할 만큼 크다.

[구문별 고석]

執大象, 天下往. 往而不害, 焉平大. 樂與餌, 過客止. 큰 형상을 세우면 천하가 모여든다. 모여들고 해치지 않으니 평화로움이 크다. 음악과 음식은 지나가는 손님을 멈추게 한다.
곽점본: 執大象, 天下往. 往而不害, 安坪大. 樂與餌, 佧客止.
백서갑: 執大象, □□往. 往而不害, 安平大. 樂與餌, 過格止.
백서을: 執大象, 天下往. 往而不害, 安平大. 樂與□, 過格止.
북대본: 執大象, 天下往. 往而不害, 安平大. 樂與餌, 過客止.
하상공: 執大象, 天下往. 往而不害, 安平太. 樂與餌, 過客止.
왕필본: 執大象, 天下往. 往而不害, 安平太. 樂與餌, 過客止.
돈황본: 執大象, 天下往. 往而不害, 安平太. 樂與餌, 過客止.
돈황본: 執大象, 天下往. 往而不害, 安平泰. 樂與餌, 過客止. (P.3725)

1) 埶: 埶자 그대로. '배치하다, 세우다'의 의미. 이 글자는 곽점본과 북대본에서 埶자로, 그 외의 판본에서는 執자로 적혀 있다. 학계에서는 埶로 고석하는데 이견은 없는 편이나 그 의미에 대해서는 의견이 분분하다. (1) 設의 통가자.(裘錫圭1998, 彭浩2001) 裘錫圭는 타 판본에서는 執자로 적혀 있는 것이 잘못된 글자라고 주장하였다. 彭浩도 裘錫圭의 견해에 동의해 設로 읽었으며 '전시하다(施陳), 배치하다(置)'의 의미라 하였다. (2) 臬의 통가자. 고대에 태양의 그림자를 측정하던 말뚝.(丁原植1999) (3) 藝의 옛 글자. 極의 의미. '藝大象'은 大象의 경계에 도달하다는 의미.(劉信芳1999a) (4) 埶는 勢와 藝 두 가지 독법이 있는데 勢는 設과 음이 같다. '設大象'은 서주시기의 제도인 '設象'에서 유래되었다. '設象'은 문자로 나열된 법령을 가리키며 백성이 보고 읊는 것이었다. 『노자』에 출현하는 '大象'은 무형무성의 대도의 상을 말한다.(魏啟鵬1999)

2) 安: 焉이 安으로 잘못 고석됨. 이 글자는 타 판본에서는 모두 安자로 적혀 있다. 이 때문에 대부분의 학자들이 이 글자를 安으로 보고 '평안하다'의 의미로 풀이한다. 그러나 곽점본『노자』의 자형을 살펴보면 安이라 고석되는 자형은 사실상 두 자형으로 명확히 구분되는데 ① 宀부를 수반하는 ▦(총1회)과 ② 그렇지 않은 ▦(총7회)로 나뉜다. 그 중 고문자학자들은 ①을 安으로 고석하며 ②는 焉으로 고석하였다. 상기 安자도 사실상 ▦ 자로 적혀 있으므로 焉으로 고석해야 마땅하다. 그러나 고문자학자들은 유독 상기 곽점병 4호간의 '▦平大'에 대해서만 安으로 고석하고 있는데 이는 잘못된 고석으로 바로잡아야만 한다.

3) 坪: 平의 이체자.

4) 餌: 餌자 그대로. 음식(丁原植1999, 魏啟鵬1999) 혹은 맛있는 음식(彭浩2001)의 뜻.

5) 恎: 過의 통가자.

6) 之: 止로 고석. 이 자형은 통상 之 혹은 止로 고석 가능하며 문맥에 따라 글자를 선별해서 고석하면 된다.

故道[之出言], 淡呵其無味也. 視之不足見, 聲之不足聞, 而不可既也.
도(道)를 말로 표현한다면 '담백하도다, 그 무미(無味)함이여. 보아도 보이지 않고 들어도 들리지 않지만 오히려 다 쓰지 못한다.'라고 할 수 있다.

곽점본: 古道□□□, 淡可丌無味也.
백서갑: 故道之出言也, 曰談呵其无味也.
백서을: 故道之出言也, 曰: 淡呵其无味也.

북대본: 道之出言曰: 淡旖其無味.
하상공: 道之出口, 淡乎其無味.
왕필본: 道之出口, 淡乎其無味.
돈황본: 道出言, 惔无味.
돈황본: 道之出口, 淡乎其無味. (P.3725)
곽점본: 視之不足見, 聖之不足餌, 而不可既也. ■
백서갑: □□不足見也. 聽之不足聞也. 用之不可既也.
백서을: 視之不足見也. 聽之不足聞也. 用之不可既也.
북대본: 視之不足見, 聽之不足聞, 用之不可既也.
하상공: 視之不足見, 聽之不足聞, 用之不可既.
왕필본: 視之不足見, 聽之不足聞, 用之不足既.
돈황본: 視不足見, 聽不足聞, 用不可既.
돈황본: 視之不足見, 聽之不足聞, 用之不可既. (P.3725)

1) 古: 故와 통용. 곽점본의 古라는 자형은 古와 故 모두를 나타낼 수 있다.

2) 可: 呵의 통가자. 곽점본에서 可는 可, 何, 呵 등으로 읽힌다.

3) 丌: 其의 이체자. 其는 箕(키 기)의 초기 자형이다. 箕는 원래 상형자인 ☒ 형태로 사용되다가 후대에 성부 丌가 추가되어 其자로 변천하였다. 그러나 其자가 '그'라는 의미의 허사로 가차되어 다량 사용되면서 '키'를 나타내는 箕자가 후대에 별도로 만들어진다. 초 문자에서는 其의 성부인 丌나 장식을 더한 亓 자형으로 사용되는 경우가 많은데 모두 其를 나타낸다. 본서에서는 丌와 亓 자형을 丌자로 통일해서 적겠다.

4) 聖: 聲의 통가자. 이 글자는 타 판본에서 전부 聲으로 적혀 있다. 곽점본에서는 聖자가 聖과 聽을 나타낼 수 있다.

5) 餌: 聞의 고문.『설문해자』'聞'자의 고문

6) 既: 既자 그대로. 그 의미에 대해 高亨은 "『廣雅·釋詁』에서는 既를 盡이라 풀이하였다."라 하였고 朱謙之(1984)는 "『설문해자』: 既, 小食也."라 하였다.

3.4 통행본 31장

[원문] 君子居則貴左, 用兵則貴右. 故曰: 兵者[非君子之器. 不][병6]得已而用之, 恬淡爲上, 弗美也. 美之, 是樂殺人. 夫樂[殺人, 不可][병7]以得志於天下. 故吉事上左, 喪事上右, 是以偏將[병8]軍居左, 上將軍居右, 言以喪禮居之也. 故殺[人衆][병9], 則以哀悲泣之; 戰勝則以喪禮居之.■[병10]

[해석] 군자는 거할 때는 왼쪽을 귀하게 여기고 무기를 사용할 때는 오른쪽을 귀하게 여긴다. 그러므로 '무기는 군자의 기물이 아니다'라고 하는 것이다. 부득이 이것을 쓰는 경우에는 예리하게 적을 공격하는 것을 최상으로 삼되 이를 좋다고 여겨서는 안 된다. 만일 이를 좋다고 여긴다면 이는 살인을 즐기는 것이다. 무릇 살인을 즐긴다면 천하에서 그 뜻을 얻지 못할 것이다. 그러므로 길한 일은 왼쪽을 중시하고 불길한 일에는 오른쪽을 중시한다. 그래서 편장군은 왼쪽에 거하고 상장군은 오른쪽에 거하는데 이는 상례를 따르는 것이다. 그러므로 살인을 많이 했다면 비통한 마음으로 이를 슬퍼하고 전쟁에서 승리했다면 상례를 따라야 한다.

[논의주체] 군자

[전체주지] 좌우에는 구분이 있다. 군자는 길한 일은 왼쪽을 불길한 일은 오른쪽을 중시한다.

[구문별 고석]

> 君子居則貴左, 用兵則貴右.
> 군자는 거할 때는 왼쪽을 귀하게 여기고 무기를 사용할 때는 오른쪽을 귀하게 여긴다.

곽점본: 君子居則貴左, 甬兵則貴右.
백서갑: 君子居則貴左, 用兵則貴右.
백서을: □□居則貴左, 用兵則貴右.
북대본: 是以君子居則貴左, 用兵則貴右.
하상공: 君子居則貴左, 用兵則貴右.
왕필본: 君子居則貴左, 用兵則貴右.
돈황본: 君子居則貴左, 用兵則貴右.

1) 甬: 用과 통용.

2) 左右: (1) 고대 사람들은 左를 중시.(高亨) 그는 『逸周書·無順』의 '吉禮左, 順地以利本; 武禮右還, 順天以利兵.' 구문과 『詩·裳裳者華』의 '左之左之, 君子宜之. 右之右之, 君子有之.' 구문에 대한 毛傳의 '左陽道, 朝祀之事; 右陰道, 喪戎之事.' 풀이가 『노자』의 풀이와 부합한다고 하였다. (2) 고대 사람들은 전부 右를 중시.(中井履軒) 그는 "고대 사람들은 전부 右를 중시했다. 그래서 좌천이라는 표현이 있는 것이다. 관에서 左를 중시한 경우는 五胡가 중국을 혼란하게 한 때부터 시작되었다."라 하였다.[2] (3) 초나라 사람들은 左를 중시.(朱兼之1984) 그는 『左傳·桓公8年』 '楚人尙左' 구문이 『노자』의 구문과 그 내용이 동일하다고 주장했다.

> 故曰兵者[非君子之器.]
> 그러므로 '무기는 군자의 기물이 아니다'라고 하는 것이다.

곽점본: 古曰兵者□□□□□
백서갑: 故兵者非君子之器也. □□不祥之器也,
백서을: 故兵者非君子之器. 兵者不祥□器也,
북대본: 兵者, 非君子之器也, 不羑之器也,
하상공: 兵者不祥之器, 非君子之器,
왕필본: 兵者不祥之器, 非君子之器,
돈황본: 兵者不祥器, 非君子之器,

1) 古: 故와 통용. 곽점본의 古라는 자형은 古와 故 모두를 나타낼 수 있다.

2) 兵者: 병기, 무기.(魏啟鵬1999)

---

2) 廖名春(2003:534) 참조.

3) 甬 : 用과 통용.

[不]得已而用之, 恬淡爲上, 弗美也. 美之, 是樂殺人.
부득이 이것을 쓰는 경우에는 예리하게 적을 공격하는 것을 최상으로 삼되 이를 좋다고 여겨서는 안 된다. 만일 이를 좋다고 여긴다면 이는 살인을 즐기는 것이다.

곽점본: □旻已而甬之, 銛纏爲上, 弗散也. 散之, 是樂殺人.
백서갑: 不得已而用之, 銛襲為上. 勿美也, 若美之, 是樂殺人也.
백서을: 不得已而用之, 銛惦為上, 勿美也. 若美之, 是樂殺人也.
북대본: 不得已而用之, 恬僂為上, 弗美. 若美之, 是樂之; 樂之, 是樂殺人,
하상공: 不得已而用之, 恬惔為上. 勝而不美, 而美之者, 是樂殺人.
왕필본: 不得已而用之, 恬淡為上. 勝而不美, 而美之者, 是樂殺人.
돈황본: 不得已而用之, 恬惔為上. 故不美若美, 必樂之. 是樂煞人.

1) 旻 : 得의 고문. 『설문해자』에 따르면 得은 고문에서 彳을 생략해 (㝵)자로 쓰인다. 㝵은 旻의 오자이다. 㝵은 寸과 見을 따르는 글자로 寸과 又는 둘 다 손과 관련된 부수이고 見은 貝의 오자이기 때문이다.

2) 銛 : 銛자 그대로. 곽점본에서는  형태로 사용되어 있음. (1) 銛자 그대로, '예리하다(銳利)'의 뜻.(張舜徽1982, 張松如1987, 裘錫圭1998) (2) 恬의 통가자.(李零1999, 尹振環1999) 李零은 이 글자의 자형에 대해 분석하며 金의 오른쪽에 사용된 자형이 위 부분은 '厂', 아래 부분은 '肉'을 따르는 이 자형은 초 문자에서 舌로 고석되기에 이 글자는 恬으로 읽힐 수 있다고 하였다.

3) 纏 : 襲의 통가자. 곽점본에서는  형태로 사용되어 있음. (1) 襲자, '적을 공격하다(攻敵)'의 뜻.(張舜徽1982, 尹振環1999) (2) 龐자, '두텁다(厚大)'는 뜻.(張松如1987) (3) 淡자.(李零1999) 李零은 이 자형은 龏 형태를 따르는데 고서에서 龍자를 따르는 글자인 讋자는 淡과 고음이 비슷하므로 淡으로 읽힐 수 있다 하였다. (4) 功자, '銛功'은 '무기가 예리하다는 뜻'.(裘錫圭1998)

4) 散 : 美의 고문. 『汗簡』에 따르면 『尙書』에 美자가 媺 자형으로 적혀 있다. 곽점본에는 媺의 생략된 자형인 散, 岜, 혹은 散 등의 출현하는데 모두 美자로 읽힌다.(『郭店楚墓竹簡』) 『汗簡』은 고문 자형을 수록한 서적이므로 散는 美의 고문이다.

夫樂[殺人, 不可]以得志於天下. 故吉事上左, 喪事上右.
무릇 살인을 즐긴다면 천하에서 그 뜻을 얻지 못할 것이다. 그러므로 길한 일은 왼쪽을 중시하고 불길한 일에는 오른쪽을 중시한다.

곽점본:	夫樂□□□□以炅志於天下. 古吉事上左, 喪事上右.
백서갑:	夫樂殺人, 不可以得志於天下矣. 是以吉事上左, 喪事上右;
백서을:	夫樂殺人, 不可以得志於天下矣. 是以吉事□□, □□□□;
북대본:	不可以得志於天下. 是以吉事上左, 喪事上右.
하상공:	夫樂殺人者, 則不可得志於天下矣. 吉事尚左, 凶事尚右.
왕필본:	夫樂殺人者, 則不可得志於天下矣. 吉事尚左, 凶事尚右.
돈황본:	夫樂煞者, 不可得意於天下. 故吉事尚左, 喪事尚右.

1) 炅: 得의 고문. 해설은 상동.

2) 古: 故와 통용. 해설은 상동.

是以偏將軍居左, 上將軍居右, 言以喪禮居之也.
그래서 편장군은 왼쪽에 거하고 상장군은 오른쪽에 거하는데 이는 상례를 따르는 것이다.

곽점본:	是以卞牂軍居左, 上牂軍居右, 言以喪豊居之也.
백서갑:	是以便將軍居左, 上將軍居右, 言以喪禮居之也.
백서을:	是以偏將軍居左, 而上將軍居右, 言以喪禮居之也.
북대본:	扁將軍居左, 上將軍居右. 言以喪禮居之.
하상공:	偏將軍居左, 上將軍居右. 言以喪禮處之.
왕필본:	偏將軍居左, 上將軍居右. 言以喪禮處之.
돈황본:	是以偏將軍居左, 上將軍居右. 言以喪禮雺之.

1) 卞: 偏의 통가자. 백서갑에는 便자로, 북대본에는 扁자로, 그 외의 판본에는 모두 偏자로 적혀 있다.

2) 牂: 將의 통가자. 廖名春(2003)에 따르면 자는『설문해자』에 수록된 醬자의 고문 자형이다. 醬과 將은 통가 가능하다. 이 자형은 곽점본에서는 將자 대신 사용되는 경우가 많다.

3) 豊: 禮의 본자(本字).(『郭店楚墓竹簡』) 다른 판본에는 모두 禮자로 적혀 있다.

故殺[人衆], 則以哀悲莅之; 戰勝則以喪禮居之.
그러므로 살인을 많이 했다면 비통한 마음으로 이를 슬퍼하고 전쟁에서 승리했다면 상례를 따라야 한다.

곽점본:	古殺□□, 則以忐悲位之; 戰勅則以喪豊居之. ■
백서갑:	殺人衆, 以悲依立之; 戰勝, 以喪禮處之.
백서을:	殺□□, □□□立之; □朕而以喪禮處之.

> 북대본: 殺人衆, 則以悲哀立之, 戰勝, 以喪禮居之.
> 하상공: 殺人之衆, 以悲哀泣之, 戰勝以喪禮處之.
> 왕필본: 殺人之衆, 以哀悲泣之, 戰勝以喪禮處之.
> 돈황본: 煞人衆多, 以悲哀泣之, 戰勝以喪禮雺之.

1) 古: 故와 통용. 해설은 상동.

2) 忲: 哀의 통가자. 『郭店楚墓竹簡』에서는 衣와 哀의 소리가 비슷하다 하였다. 곽점본에서는 의부가 유의미한 요소로 작용하는 현상이 존재하는데 이 哀자 역시 心부를 따르는 것으로 보아 동일한 현상에 속한다.

3) 位: 泣의 통가자. 莅의 통가자, '다다르다, 이르다'의 뜻.(裘錫圭1998)

4) 勅: 勝의 본자(本字).『郭店楚墓竹簡』廖名春(2003)에 따르면 초나라 문자에서 勅자만 8회 사용되고 勝자는 사용되지 않는다고 한다.

5) 豊: 禮의 본자(本字).『郭店楚墓竹簡』) 다른 판본에는 모두 禮자로 적혀 있다.

3.5 통행본 64장

[원문] 爲之者敗之, 執之者失之. 聖人無爲, 故無敗也; 無執, 故[無失也]. [병11]人之敗也, 恒於其且成也敗之. 愼終若始, 則無敗事矣. 是以[聖][병12]人欲不欲, 不貴難得之貨; 學不學, 復衆之所過. 是以能輔萬物[병13]之自然, 而弗敢爲.[병14]

[해석] 행하려는 자는 실패하고, 잡으려는 자는 잃는다. 성인은 무위하면 실패하지 않고 취하려고 하지 않으면 잃지 않는다. 사람이 실패하는 것은 항상 그것이 곧 이뤄지려고 할 때 실패한다. 마무리도 첫 시작 때처럼 삼가면 실패하지 않을 것이다. 그래서 성인이 불욕하고자 하면 구하기 힘든 물건을 귀하게 여기지 않게 되고, 불학하고자 하면 많은 잘못된 일들은 원래 자리로 되돌아가게 될 것이다. 그러므로 성인은 만물이 스스로 자립하는 것을 보조할 수 있을 뿐이지, 감히 인위적으로 행하려고 하지 못한다.

[논의주체] 성인(왕), 만물

[전체주지] 성인이 무위(無爲)하고 금욕(不欲)과 불학(不學)을 실천한다면 만물과 백성은 자연스럽게 자신의 자리를 찾아 되돌아가게 될 것이다.

[구문별 고석]

爲之者敗之, 執之者失之. 聖人無爲, 故無敗也; 無執, 故[無失也].
인위적으로 행하려는 자는 실패하고 취하려는 자는 잃는다. 성인은 무위하면 실패하지 않으며 취하려고 하지 않으면 잃지 않는다.

170

곽점본: 爲之者敗之, 執之者遊之.
백서갑: □□□□, □□□□.
백서을: 為之者敗之, 執者失之.
북대본: 為者敗之, 執者失之.
하상공: 為者敗之, 執者失之.
왕필본: 為者敗之, 執者失之.
돈황본: 為者敗之, 執者失之.

곽점본: 人無爲, 古無敗也; 無執, 古□□□.
백서갑: □□□□也, □無敗□; 无執也, 故无失也.
백서을: 是以耶人无為□, □□□□; □□□, □□□□.
북대본: 是以聖人無為, 故無敗也; 無執, 故無失也.
하상공: 聖人無為故無敗, 無執故無失.
왕필본: 是以聖人無為故無敗, 無執故無失.
돈황본: 是以聖人无為故无敗, 无執故无失.

  1) 遊: 失의 통가자. 고문자학자인 趙平安(2000)이 이 글자를 失로 고석한 이후 고문자학계에서 광범위하게 받아들여지고 있다. 彭浩 역시 遊는 失의 통가자라 하였다.

  2) 古: 故와 통용. 곽점본의 古라는 자형은 古와 故 모두를 나타낼 수 있다.

人之敗也, 恒於其且成也敗之. 愼終若始, 則無敗事矣.
사람이 실패하는 것은 항상 그것이 곧 이뤄지려고 할 때 실패한다. 마무리도 첫 시작 때처럼 삼가면 실패하지 않을 것이다.

곽점본: 人之敗也, 亙於其虘成也敗之. 新冬若訂, 則無敗事喜.
백서갑: 民之從事也, 恒於其成事而敗之. 故慎終若始, 則□□□□.
백서을: 民之從事也, 恒於其成事而敗之. 故曰: 慎冬若始, 則无敗事矣.
북대본: 民之從事也, 恒於其成事而敗之. 故慎終如始, 則無敗事矣.
하상공: 民之從事, 常於幾成而敗之. 慎終如始, 則無敗事.
왕필본: 民之從事, 常於幾成而敗之. 慎終如始, 則無敗事.
돈황본: 民之從事, 常於幾成而敗之. 慎終如始, 則无敗事.

  1) 亙: 恒의 고문. 『설문해자』에 따르면 이 자형은 恒자의 고문이다.

  2) 虘: 且의 통가자.(『郭店楚墓竹簡』)

  3) 新: 愼의 옛 글자. 다른 판본에는 모두 愼자로 적혀 있다. (1) 愼의 통가자.(『郭店楚墓竹簡』) (2) 愼의 옛 글자.(陳劍2001) 陳劍은 誓과 愼을 고금자(古今字) 관계라 보고 있다. (3) 誓자로 고석.(池田知久1999)

  4) 冬: 終의 고문. 冬자는 『설문해자』에 실린 終의 고문 자형이다.

5) 㠯: 始의 통가자. 『郭店楚墓竹簡』 곽점본 『노자』에는 㠯자나 생략 형태인 㠯자를 성부로 삼는 글자가 총 7회 출현하는데, 그 중 始로 읽히는 경우는 4회, 殆로 읽히는 경우가 1회, 治로 읽히는 경우가 2회 출현한다. 㠯이 心부와 함께 사용되는 경우에는 모두 始로(2회), 言부와 함께 사용되는 경우에는 始(2회) 혹은 殆(1회)로, 糸부와 함께 사용되는 경우에는 모두 治(2회)로 통가되고 있다. 이 외에도 이의 생략 형태인 厶도 사용되는데 이 글자는 殆(1회)로 통가된다.

6) 㱃: 喜로 고석. 矣의 통가자. 『郭店楚墓竹簡』 『郭店楚墓竹簡』에서는 이 㱃자가 금문의 '喜' 자형과 비슷하다고 하였으며 裘錫圭(1998)는 이 㱃자를 바로 喜로 고석하였다. 喜 자형으로 矣를 나타내는 용법은 진나라 문자의 특징이다.

是以聖人欲不欲, 不貴難得之貨; 學不學, 復衆之所過.
그래서 성인이 불욕하고자 하면 구하기 힘든 물건을 귀하게 여기지 않게 되고, 불학하고자 하면 많은 잘못된 일들은 원래 자리로 되돌아가게 될 것이다.

곽점본: 是以□人欲不欲, 不貴難㝵之貨; 學不學, 遝衆之所迲.
백서갑: □□□□欲不欲, 而不貴難得之膭; 學不學, 復衆人之所過;
백서을: 是以耶人欲不欲, 而不貴難得之貨; 學不學, 復衆人之所過;
북대본: 是以聖人欲不欲, 不貴難得之貨. 學不學, 而復衆人之所過.
하상공: 是以聖人欲不欲, 不貴難得之貨. 學不學, 復衆人之所過.
왕필본: 是以聖人欲不欲, 不貴難得之貨. 學不學, 復衆人之所過,
돈황본: 是以聖人欲不欲, 不貴難得之貨. 學不學, 儵衆人之所過.
『韓非子·喩老』: 欲不欲, 而不貴難得之貨. 學不學, 複歸衆人之所過也.

---

1) 欲: 欲자 그대로. 곽점갑과 곽점병은 동일한 한자가 각기 다른 자형을 사용하고 있는 경우가 종종 발견된다. 가령 곽점갑에는 谷부를 수반하는 자형이 浴, 谷, 欲가 출현하는데, 浴자는 후대의 谷(계곡)자와, 谷/雒자는 후대의 欲(조동사/동사)자와, 欲자는 후대의 慾(명사)자와 통용된다. 그러나 곽점병에서는 欲 자형이 그대로 欲을 나타낸다.

2) 鸛: 難의 분화자. '심리적으로 어렵게 느끼다'는 의미. 곽점본에는 의부(意符)로 의미를 세분화한 분화자가 많다.

3) 㝵: 得의 고문. 『설문해자』에 따르면 得은 고문에서 彳 을 생략해 㝵(㝵)자로 쓰인다. 㝵는 㝵의 오자이다. 㝵은 寸 과 見을 따르는 글자로 寸과 又는 둘 다 손과 관련된 부수이고 見은 貝의 오자이기 때문이다.

4) 遝: 復의 이체자. 彳과 辶은 부수로 사용될 때 통용되는 것이 전국문자의 특징이다.

5) 迲: 過의 통가자. 化와 過는 통가 관계이다.

6) 聖人欲不欲, 不貴難得之貨, 學不學, 復衆之所過.: 이 구문은 총 4개의 단문

으로 구성되어 있다. 이에 대해 기존 번역본을 살펴보면 통상 이 4개의 구문을 모두 병렬구조로 풀이하고 있음을 알 수 있다. 하지만 상기 구문은 4개의 단문이 단순 병렬된 구조가 아니라 두 개의 복문이 대비된 병렬구조로 보아야 한다. 즉, '聖人欲不欲, 不貴難得之貨'와 '學不學, 復衆之所過.'라는 두 개의 조건복문이 병렬된 구조이므로 學不學 앞에는 聖人이 생략된 것으로 풀이해야 한다. 병렬 구조에는 단문 병렬구조도 있지만 복문의 병렬 구조도 있다. 병렬 구조 관련한 자세한 내용은 梅廣(2015) 참조.

是以能輔萬物之自然, 而弗敢爲.
그러므로 성인은 만물이 스스로 자립하는 것을 보조할 수 있을 뿐이지, 감히 인위적으로 행하려고 하지 못한다.

곽점본: 是以能捕萬勿之自肰, 而弗敢爲.
백서갑: 能輔萬物之自口, 口弗敢為.
백서을: 能輔萬物之自然, 而弗敢為.
북대본: 以輔萬物之自然, 而弗敢為.
하상공: 以輔萬物之自然, 而不敢為.
왕필본: 以輔萬物之自然, 而不敢為.
돈황본: 以輔萬物之自然, 而不敢為.
『韓非子·喻老』: 恃萬物之自然而不敢爲也.

1) 捕: 곽점본에는 捕자로 적혀 있는데 輔와 통가 가능하다. 이에 대해 기존 학계에서는 '의존하다, 따르다' 등의 여러 견해를 제시했지만, 앞뒤 문맥에 따라 본다면 성인은 무언가 하려고 하지 않고 다만 만물을 보조함으로써 만물이 자연스럽게 자기 자리를 찾아간다는 의미이므로 이는 '보조하다'라고 해석해야 옳다.

2) 勿: 物의 통가자. 타 판본에는 모두 物자로 적혀 있다.

3) 肰: 然의 이체자.

제4장 판본 소개와 선행 연구

아래에서는 판본에 대해 소개한 후, 곽점본『노자』관련 선행연구 현황을 살펴보도록 하겠다.

4.1『노자』제 판본과 그 선후 관계[1]

출토문헌 중 시기적으로 가장 이른 판본은 전국시기 중후기의 죽간본인 곽점본이다. 그 다음으로는 1970년대에 발견된 진-서한 필사본인 백서갑본과 을본, 서한의 북대본이 있으며 당 필사본인 돈황본이 있다. 전래문헌은 왕필본과 하상공본이 가장 권위 있는 판본으로 통용되고 있다.

1) 곽점본(郭店本)

곽점본은 1993년 호북성(湖北省) 형문시(荊門市) 곽점(郭店) 지역의 초나라 묘지에서 출토된 죽간 필사본이다. 본서에서 사용하고 있는 곽점본『노자』는『곽점초묘죽간(郭店楚墓竹簡)』[2]에 수록된 죽간 원문이다. 곽점본『노자』는 편폭이나 구조, 장절의 수량, 배열 순서, 문자 사용 등의 측면에

---

1) 『노자』판본 소개 부분은 필자의 박사논문(조은정2012)과 조은정(2014a)을 참조하여 수정되었다.
2) 荊門市博物館 編, 文物出版社, 1998.

서 보았을 때 백서본이나 통행본과는 현격한 차이를 보인다. 『곽점초묘죽간』에서는 죽간의 형태나 길이를 근거로 곽점본을 갑·을·병 3편으로 나누어 정리하였다. 필사 년대는 기원전 4세기 중엽부터 3세기 초엽 사이, 즉 전국시기 중후기로 본다.

2) 백서본(帛書本)

백서본은 1973년 호북성(湖北省) 장사시(長沙市) 마왕퇴(馬王堆) 한나라 묘지에서 발견된 것으로 비단 위에 적힌 필사본이다. 백서본『노자』는 백서갑과 백서을 두 종류가 있는데 본서에서는『백서노자교주(帛書老子校注)』[3)]에 수록된 원문을 사용하였다. 백서본에는『노자』81장의 내용이 거의 대부분 수록되어 있는 등 그 체례나 내용이 완전한 편이다. 그러나 통행본과의 차이점도 존재하는데 가령 통행본은 도경(道經)이 제1장부터, 덕경(德經)이 제38장부터 시작된다면 백서본은 그 반대로 덕경이 도경의 앞에 놓인다. 백서갑과 백서을은 일부 글자가 상이한 것을 제외하고는 내용, 체례, 순서가 거의 대부분 일치한다. 백서가 손상되어 용례들이 완전치 못한 경우도 존재하는데 백서갑의 손상 정도가 더 심한 편이다. 이 두 필사본은 시기적으로 차이가 있는데 갑본은 진대 후기에서 서한 초기, 을본은 서한 초중기의 필사본으로 여겨진다.[4)] 백서본은 통행본에 비해 글자 수가 좀 더 많다는 특징이 있다.

---

3) 高明, 中華書局, 1996.
4) 백서갑은 글자체가 전서(篆書)와 예서(隸書)의 중간 단계에 속해 있으며 한(漢) 고조(高祖)인 유방(劉邦)의 '방'자를 피휘하지 않은 점을 근거로 서한 초기인 고제(高帝) 시기나 그 이전 시기인 진대 후기로 여겨진다. 백서을은 예서체를 사용하는데다 유방의 '방'자는 피휘하여 '국(國)'자로 고쳤지만 혜제(惠帝)의 이름인 '영(盈)'자와 문제(文帝)의 이름인 '항(恒)'자는 피휘하지 않았기에 문제(文帝) 시기나 그 이전의 필사본으로 여겨진다.

3) 북대본(北大簡)

북대본은 중국 북경대학에서 출판된 『북경대학장서한죽서(일)(北京大學藏西漢竹書(貳))』[5]에 수록된 원문으로 한대의 죽간으로 추정되기에 북대한간(北大漢簡)이라고도 불린다. 북대본 『노자』도 백서본처럼 덕경이 도경에 앞선다. 북대본의 필사년대와 관련하여 한웨이(韓巍)는 그 서체가 성숙한 예서체에 속한다는 점을 근거로 한 경제(景帝) 이후 무제(武帝) 초기에 속한다고 주장하였다.[6] 그러나 필자는 북대본 『노자』가 백서을과 동일한 시기의 필사본이라 생각한다. 그 이유는 첫째, 피휘 현상을 놓고 보면 북대본도 백서을처럼 유방(劉邦)의 '방'자는 피휘하고 있지만 그 후대 황제인 혜제(惠帝)의 '영(盈)', 문제(文帝)의 '항(恒)', 경제(景帝)의 '계(啓)', 무제(武帝)의 '철(徹)'은 모두 피휘하지 않으며, 둘째, 서체가 북대본과 백서을 모두 동일한 예서체에 속하기 때문이다. 이에 본서에서는 북대본과 백서을을 같은 시기인 서한 시기의 필사본으로 판단한다.

4) 돈황본(敦煌本)

돈황본은 20세기 초 돈황(敦煌) 막고굴(莫高窟) 장경동(藏經洞)에서 발견된 당(唐)의 『노자』 필사본이다. 돈황 문헌은 4세기부터 11세기까지의 정치, 경제, 역사, 언어, 문학, 예술, 철학, 종교 등의 내용을 아우른다.[7] 그 중 『노자』 필사본은 총 76건이 발견되었는데 후에 50건으로 정리되었다.[8] 본서

---

5) 北京大學出土文獻研究所編, 上海古籍出版社, 2012.
6) 韓巍(2012:208-209) 참조.
7) 朱大星(2007:2) 참조.
8) 朱大星(2007:31) 참조. 『돈황보장』에 수록된 『노자』는 원문만 수록된 필사본 말고도 하상공장구(河上公章句), 상이주(想爾注), 성현영의소(成玄英義疏), 이영주(李榮注), 당현종어주(唐玄宗御注) 등의 주소본(注疏本)도 수록되어 있는 등 그 수량이 상당하다.

에서는 『돈황보장(敦煌寶藏)』⁹⁾에 수록된 필사본 사진 원문을 재정리하였다. 돈황본 『노자』는 장절의 수량이나 배열 순서, 문자의 사용이 전체적으로 통행본과 흡사하다. 그러나 필자의 고찰에 따르면 통행본에 비해 허사는 적게 사용된 편이다. 본서에서는 당(唐)의 것이라 확정지을 수 있는 필사본을 채택하여 그 원문을 정리하였는데 『노자』 제1장부터 7장까지는 P.2584 필사본을, 제8장부터 81장까지는 S.6453 필사본을 사용하였다.¹⁰⁾

5) 전래문헌

전래문헌으로는 왕필본(王弼本), 하상공본(河上公本), 부혁본(傅奕本), 엄준본(嚴遵本) 등 외에도 수많은 주소본(注疏本), 교감본(校勘本)이 있지만 현존하는 전래문헌 중 가장 대표적인 통행본은 왕필본과 하상공본이다. 鄭良樹(1997:서론)는 주겸지(朱謙之)의 견해를 인용하여 왕필본과 하상공본을 각각 문인 계통과 민간 계통의 판본으로 규정하였다. 그는 하상공본은 '동한 중기 이후, 왕필본 이전'에 속하는 판본이며 왕필본은 왕필이 삼국 시기 위(魏)나라 인물인 점을 감안하여 하상공본 이후의 판본을 저본(底本)으로 삼았을 것이라 여겼다. 본서에서는 왕필본의 경우 『제자집성(3)(諸子集成(三))』¹¹⁾에 수록된 왕필 주 『노자』 원문을 사용하였고 하상공본은

---

9) 黃永武 主編, 臺北: 新文豐出版公司, 1983-1986.
10) P.2584의 P란 독일인 Paul Pelliot의 이름 앞글자이다. P.2584란 그가 소장한 돈황 필사본 번호를 일컫는다. S.6453의 S는 영국인 Marc Aurel Stein의 이름을 일컫는다. 朱大星(2007:61)이 인용한 池田溫의 의견에 따르면 P.2584는 8세기 초엽의 필사본이다. 또한 朱大星(2007:34)에서는 S.6453 필사본의 말미에 「大唐天寶十載歲次辛卯正月乙酉朔廿六日庚戌, 燉煌郡燉煌縣玉關鄕」이라 적혀 있는 것 중 '大唐天寶'를 근거로 해당 필사본의 필사년대를 AD 751년으로 추정하였다.
11) 北京, 中華書局, 1986.

『송본노자도덕경(宋本老子道德經)』[12])에 수록된 원문을 사용하였다. 그 중 왕필본은 중국에서, 하상공본은 한국과 일본에서 더 광범위하게 사용되어져 온 편인데 이 두 판본은 문자 사용 현황이 그 이전의 출토문헌 판본들과는 달리 통일된 면모를 보여주고 있는 편이다.

6) 『노자』 판본 간의 선후 관계

조은정(2015)에서는 『노자』 5종 판본인 곽점본, 백서을, 돈황본, 왕필본, 북대본의 선후 관계를 논한 바 있다. 여기에 백서갑과 鄭良樹(1997:序論)에서의 하상공본에 대한 관점을 추가해서 종합하면 본서에서 사용한 7종 판본의 선후관계는 아래 표와 같다. 그 중 백서갑은 진대 후기-서한 초기의 판본에 속하는데 본서에서는 편의상 백서갑을 '진'으로 표기하도록 하겠다.

시기별	전국 중후기	진	서한	동한	위진	당
판본별	곽점본	백서갑	백서을 북대본	하상공본	왕필본	돈황본

[표] 『노자』 제 판본의 시기별 선후 관계

4.2 선행 연구

1973년 마왕퇴 한묘에서 백서본 『노자』가, 1993년 곽점 초묘에서 죽간본 『노자』가 출토된 이후 『노자』 연구는 전대미문의 활기를 띠었다. 백서본은 통행본과 비교하면 장절의 순서나 각 장절의 조합 내용에서 일부 차이를 보이기는 하나 전체적으로 보았을 때 통행본과의 차이가 그리 크지는 않은 편

---

12) 宋元閩刻精華, 福建人民出版社, 2008.

이다. 이에 백서본 발견 이후 연구의 방향은 주해, 교감, 해설 등이 주를 이루게 된다. 그러나 1998년 곽점본이 출간된 이후 『노자』 연구는 큰 전환기를 맞는다. 곽점본은 백서본이나 통행본과는 달리 편폭이 통행본의 1/3 수준인데다 장절의 배열 순서도 완전히 다르고 일부 문자에서는 철학사상계에 큰 반향을 일으킬만한 차이가 발견되었기 때문이다. 이 때문에 곽점본과 타 판본의 관계, 장절 순서 재배열, 판본 성격, 문자 고석 및 교감, 도가와 유가 관계의 재정립 등 관련 연구들이 쏟아져 나왔다.

1) 곽점본 『노자』 관련 국내외 연구

국내외 연구는 고문자학, 문헌학, 사상철학의 각도로 나누어 살펴볼 수 있었다. 고문자학적인 관점에서의 연구는 국외, 특히 중국에 집중되어 있었다. 고문자학계에서는 중국의 푸단대(復旦大學), 우한대(武漢大學), 칭화대(清華大學)를 중심으로 투고 가능한 홈페이지를 개설하여 온라인 논문 투고를 유도하고 있다.[13] 국내에서의 연구는 문자 고석보다는 주석과 해설에 치중되어 있는 편이다. 문자 고석을 진행한 경우도 있기는 하지만 상당히 미미하다.[14] 국외 단행본의 경우 곽점본과 백서본을 바탕으로 한 고석,

---

13) 고문자학계에서는 이러한 인터넷 수록 논문이 정식 학위논문이나 학술논문에 활발하게 인용되고 있다. 상용되는 학술 홈페이지는 다음과 같다.
　簡帛網(www.bsm.org.cn, 武漢大學),
　復旦網(www.gwz.fudan.edu.cn, 復旦大學),
　清華網(www.tsinghua.edu.cn/publish/cetrp, 清華大學).
14) 김홍경(2003) 참고. 또한 최남규(2016)에서는 『郭店楚墓竹簡』(1998)을 전면 번역한 후 주해를 달았는데 각 자전에서의 자형을 비교 수록하여 고문자학 연구자에게 자형 관련 자료를 제공해주고 있다. 안기섭(2018)에서 역시 곽점본 『노자』를 고석하고 풀이 하고 있는데 『설문해자』나 『이아』, 혹은 고문헌을 비교대조하는 방식의 전통적인 훈고방식을 차용하고 있다는 특징이 있다. 이석명(2003)에서는 곽점본, 백서본, 왕필본의 텍스트를 비교한 후 백서본 『노자』 원문 전문에 대한 해석을 시도하였다. 이 밖에도 박희준(1991), 이천교(2004), 임헌규(2005) 등의 연구가 있다.

주해, 번역 작업이 주를 이루고 있다.[15]

문헌학적 관점에서의 연구도 국내외 모두에서 이루어졌는데 『노자』의 저자,[16] 『노자』의 완성(成書) 및 전파 등을 곽점본과 기타 출토문헌 대조를 통해 연구하거나[17] 『노자』 판본 간의 관계를 연구하거나[18] 곽점본을 백서본이나 통행본과 비교해 진본을 확정짓는 연구 등이 있었다.[19]

사상철학적인 관점에서의 접근은 국내외 모두에서 가장 활발히 이뤄져 온 연구 영역이다. 국내에서는 고문자학이나 고문헌 연구보다 사상철학적인 관점에서의 연구가 더 활발히 진행되어 왔다. 이 연구는 노자 사상 자체의 연구와 타 사상과의 비교 연구로 나누어 볼 수 있었는데 전자는 노자의 자연(自然), 무명(無名), 부재(不在), 효(孝) 등의 개념을 논한 연구가 존재하며[20] 후자의 경우는 황로사상과의 비교, 유가사상과의 비교 등으로 세분된다.[21] 국외의 연구도 비슷한 양상을 띠고 있었는데[22] 판본 비교를 통해

---

15) 涂宗流(2002), 尹振環(2001), 李零(2002), 彭浩(2001), 尹振環(2001), 廖名春(2003), 陳鼓應(2000) 등 참고.
16) 聶中慶(2003)에서는 『노자』의 저자 문제도 논쟁이 되고 있음을 지적하였다. 이 외에도 尹振環(2000), 陳廣忠(2000) 참고.
17) 이석명(2001)에서는 곽점본과 백서본 『노자』 이문 일부를 발췌하여 고찰한 후 『노자』의 형성과 변모과정에 대해 논하고 있는데 비슷한 연구로는 寧鎭疆(2001), 전재성(2005) 등이 있다.
18) 李存山(2003), 聶中慶(2003) 참고.
19) 林雄洲(2008), 김홍경(2007) 참고.
20) 李承律(2008)에서는 곽점본 『노자』의 자연 사상을, 池田知久(2004)에서는 노자에서 언급한 효 개념을, 尹武學(2004)에서는 곽점본 『노자』의 무명(無名) 개념을, 오상무(2008)에서는 곽점 『노자』의 부재(不在) 개념을, 김백희(2004)에서는 노자 사상을 논하고 있다.
21) 김경수(2008)에서는 곽점본과 백서본을 중심으로 황로학(黃老學)과 도가와 유가 사상에 대해 철학적인 관점으로 논하고 있으며 김수중(2003)에서는 노자와 황로사상에 대해 논하고 있다. 임헌규(2006)에서는 노자의 무위와 유가의 인의를 비교 연구하였고 김백희(2001)에서는 노자와 공맹의 정치관에 대해 비교 연구하였다. 임헌규(2004)에서는 곽점본 『노자』와 유가에 대해 연구하였다. 이 외에도 철학사상적인 관점에서의 논의는 윤무학(2007), 金白熙(2001) 등의 연구도 존재한다.
22) 郭沂(2001), 高华平(2003), 尹振环(2002) 참고.

『노자』의 사상을 논한 연구도 있었다.[23]

2) 『노자』 판본 비교를 통한 언어학 연구

곽점본이나 백서본 『노자』를 언어학적인 관점에서 연구한 논문도 소수이지만 존재하기는 한다.

董琨(2001)「郭店楚簡『老子』異文的語法學考察」『中國語文』第4期.
宋斌(2008)「馬王堆帛書『老子』虛詞研究」, 首都師範大學 碩士學位論文.
金俊憲(2001)「『죽간노자』, 『백서노자』 및 『하상공주본노자』의 '居'와 '處'에 대한 어학적 고찰」, 『중국어문논총』 21집.

董琨(2001)은 곽점본과 백서본을 통행본『노자』일부와 비교대조하여『노자』의 亡(无), 其, 之, 此, 斯, 玆, 夫(天/而), 弗, 不, 故, 是以, 也 등의 허사를 연구한 최초의 논문이라 할 수 있다. 그러나 董琨(2001)에서는 상기 허사가 각 판본에서 교체되거나 증감되는 등의 현상만을 묘사했을 뿐 교체나 증감의 이유나 중국어사적인 관점에서의 변천을 논하고 있지는 않다. 宋斌(2008)은 백서본『노자』허사를 연구함에 있어 곽점본과 왕필본과의 비교대조를 통해 언어학적인 관점으로 분석을 시도한 논문이다. 하지만 그 고찰 대상을 부정부사 弗과 不, 어기사 也, 개사 於, 실사 恒과 常으로만 제한을

---

23) 劉黛(2008)에서는 『노자』 판본 중 일부 이문(異文)을 발췌하여 비교 후 사상적 변화에 대해 논하고 있다. 尹振環(1999)에서 곽점본과 백서본의 이문 비교를 통해 두 판본의 극명한 사상적인 차이에 대해 논하고 있다.

두어 연구가 전면적이지 못하다는 한계가 있다. 金俊憲(2001)에서는 『노자』 판본 3종을 비교하여 '居'와 '處'가 교체 사용되는 현상을 발견한 후 이러한 현상의 원인을 의미와 음운과의 유사성과 연관지어 논하고 있다.

그 외에도 黃德寬(1995), 吳辛丑(1998), 李先耕(2004), 張玉金(2008) 등의 연구에서 판본 간 이문을 연구했지만 통가자(通假字)를 논하거나 단편적인 현상만을 묘사하는 등에 그쳤다.

3) 『노자』 판본 원문 전체 비교 연구

『노자』 판본의 원문 전체를 수평적으로 비교 대조한 후 연구를 진행한 대표적인 텍스트는 다음과 같다.

劉笑敢(2006) 『老子古今』, 北京: 中國社會科學出版社.
徐富昌(2006) 『簡帛典籍異文側探』, 臺北: 國家出版社.

劉笑敢(2006)에서는 곽점본, 백서본, 왕필본, 하상공본, 부혁본(傅奕本) 등 총 5종 판본 비교를 통해 노자의 이문을 연구하였다. 그는 원문 전체 대조는 물론 이에 대한 고석, 이를 통한 판본들 간의 문자적이고 형식적인 차이, 철학적인 논쟁 등에 대해 광범위하게 논하였다. 徐富昌(2006) 역시 곽점본과 백서갑, 백서을, 왕필본 등 4종 판본의 원문 전체를 비교 대조한 후 이문에 대해 논하였는데 주로 통가자(通假字) 연구를 진행했다는 특징이 있다.[24] 이들은 모두 문자학이거나 철학적인 관점에서만 연구를 진행했다.

---

24) 국내 연구로 李英淑(2006) 『곽점초간』「老子」의 문자비교 연구: 「백서본」「왕필본」과의 비교를 통하여」(전북대학교 석사학위논문)가 있는데 연구대상이 곽점갑에 제한되어 있는 등 전면적이지

종합하면 기존 연구는 고문자학, 문헌학, 사상철학 등에 치중되어 진행되어 왔으며 판본 비교를 활용하여 판본 간의 이문을 연구했다 하더라도 일부 판본을 부분적으로만 비교했거나 변화의 원인을 언어학의 관점에서 체계적으로 탐구하는 연구는 극히 드물었다. 더불어 사용된 판본 역시 돈황본이나 2012년 발표된 북대본은 대부분의 연구에서 제외되어 왔다.

4.3 곽점본 『노자』의 문헌적 성격

곽점본 『노자』의 문헌적 성격 관련한 견해는 크게 아래 두 가지로 나뉜다.[25]

갑) '원형'설: 곽점본 『노자』가 최초의 『노자』이며, 이를 바탕으로 후대에 확장되어 81장의 『노자』가 되었다는 견해로 許抗生, 池田知久, 李若暉, 郭沂 등이 이를 주장한다.

을) '선집'설: 곽점본 『노자』 당시에 이미 81장의 완정한 『노자』가 존재했으며 곽점본 『노자』는 이 중 일부 내용을 선집한 것이라는 견해로 裘錫圭, 張岱年, 高晨陽, 唐明邦, 李全華, 王博 등이 이를 주장한다.

그 중 곽점본 『노자』가 현존 최초의 노자라는 '원형설'을 주장하는 학자들의 견해는 다시 둘로 나뉘는데 하나는 곽점본이 '노자'라는 사람의 언어모음

못하고 육서나 가차자만을 논하는 등 문자학적이고 음운 학적인 관점으로만 기술되어 있다.
[25] 이 두 견해는 羅浩(1999)와 聶中慶(2004:154)에서 정리한 기존연구를 재정리한 것이다. 羅浩(1999,「郭店老子對文中一些方法論問題」,『道家文化研究』第17輯, 198-202)의 견해는 李若暉(2004a:13-16) 재인용.

집이라는 견해이고 다른 하나는 곽점본을 '노자'라는 사람과 관련 없는, 편집자만 존재하는 당시의 '격언모음집'으로 보는 견해이다.[26] '격언모음집'이라는 견해를 주장하는 대표적인 학자로는 메이광(梅廣)이 있다. 메이광 교수는 곽점본『노자』를 격언모음집이라고 주장하는 근거로, 첫째 곽점본『노자』를 관통하는 일관된 주제가 없고, 둘째 곽점본『노자』에는 통행본『노자』에서 중요시 하는 구문이나 장절이 존재하지 않는 경우가 많은데 가령 곽점본에는 도경의 시작인 제1장, 덕경의 시작인 제38장뿐만 아니라 소국과민(小國寡民), 상선약수(上善若水) 등의 구문이 아예 존재하지 않으며, 셋째 64장의 내용 절반이 중복되어 출현하는 점 등을 제시했다.[27]

본서에서도 곽점본『노자』가 당시의 격언을 편집한 모음집이라는 견해에 찬성한다. 곽점본『노자』에는 메이광 교수의 주장처럼 통행본 64장의 곽점갑과 곽점병에서의 중복 외에도 개별구문이 중복된 경우가 다수 발견되었기 때문이다.

우선 통행본 64장이 곽점본에 중복 출현하는 경우를 살펴보자. 메이 교수는 통행본 64장이 곽점본『노자』에는 갑본 2곳, 병본 1곳에 분산되어 있으며 일부 내용이 중복 나열되어 있다는 특징이 있다고 지적하였다. 이를 구체적으로 살펴보면 통행본 64장은 곽점본『노자』 갑10-13, 갑25-27, 병11-14에 분산되어 있다. 그 내용을 비교대조해보면 다음과 같다.

왕필본 64장	곽점본
其安易持, 其未兆易謀. 其脆易泮, 其微易散. 爲之於未有,	其安也, 易持也. 其未兆也, 易謀也. 其脆也, 易判也. 其幾也, 易散也. 爲之於其無

---

26) 李若暉(2004b:81) 참고.
27) 메이광(梅廣)의 견해는 본서의 [부록1] 참고, 이하 동.

治之於未亂. 合抱之木, 生於毫末. 九層之臺, 起於累土. 千里之行, 始於足下.	有也. 治之於其未亂. 合[抱之木, 生於毫末], 九層之臺, 作[於累土. 千里之行, 始於]足下. (곽점갑25~27)
안일한 상태라면 장악하기가 쉽다. (나쁜) 조짐이 보이기 전이라면 대책을 마련하기가 쉽고, 무른 사물은 가르기가 쉽고, 미세한 것은 흩어버리기가 쉽다. (어떤 일이) 발생하기 전에 처리해야 하며, 혼란이 생기기 전에 다스려야 한다. 아름드리나무도 아주 작은 싹이 트여 자라난 것이며, 아주 높은 누대도 한 삼태기의 흙을 쌓아 올린 것이며, 굉장한 높이도 발밑에서부터 시작된 것이다.	
為者敗之, 執者失之. 是以聖人無為故無敗, 無執故無失. 民之從事, 常於幾成而敗之. 慎終如始, 則無敗事. 是以聖人欲不欲, 不貴難得之貨. 學不學, 復衆人之所過, 以輔萬物之自然, 而不敢為.	爲之者敗之, 執之者失之. 是以聖人無爲故無敗; 無執故無失. 臨事之紀, 慎終如始, 此無敗事矣. 聖人欲不欲, 不貴難得之貨, 教不教, 復衆之所過. 是故聖人能輔萬物之自然, 而弗能爲. (곽점갑 10~13) 爲之者敗之, 執之者失之. 聖人無爲, 故無敗也; 無執, 故[無失也]. 慎終若始, 則無敗事矣. 人之敗也, 恒於其且成也敗之. 是以聖人欲不欲, 不貴難得之貨; 學不學, 復衆之所過. 是以能輔萬物之自然, 而弗敢爲. (곽점병11~14)
행하려는 자는 실패하고, 잡으려는 자는 잃는다. 그래서 성인은 무위하면 실패하지 않고, 잡으려고 하지 않으면 잃지 않는다. (일에 임할 때) 마무리도 처음 시작할 때처럼 삼간다면 실패하지 않을 것이다. 성인이 억지로 무언가 하고자 하지 않으면 구하기 힘든 물건을 귀하게 여기지 않게 되고, 억지로 무언가 가르치려고 하지 않는다면 많은 잘못된 일들은 원래 자리로 되돌아가게 될 것이다. 그러므로 성인은 만물이 스스로 자립하는 것을 도울 뿐이지, 인위적으로 행하려고 하지는 않는다.	

[표] 왕필본 64장 원문과 곽점본 원문 비교 대조

상기 표를 통해 보면 알 수 있지만 왕필본 64장의 뒤쪽 내용 절반이 곽점병에 한 번 더 기술되어 있다. 그러나 이러한 현상은 비단 64장에만 나타나는 것이 아니었다. 본서의 고찰에 따르면 곽점본 『노자』에는 원래부터 중복되는 개념이나 구문이 자주 사용되고 있었는데 64장과 관련된 중복도 있었고 64장과 무관한 중복도 있었다. 아래 표를 보면 중복 상황이 매우 잘 드러난다.

구분	곽점본 용례	통행본
64장과 관련된 중복	(1) (聖人)敎不敎, <u>復衆之所過</u>. (곽점갑12-13) (성인이) 억지로 무언가 가르치려고 하지 않는다면 많은 잘못된 일들은 원래 자리로 되돌아가게 될 것이다.	64장
	(2) (聖人)學不學, <u>復衆之所過</u>. (곽점병13-14) (성인이) 억지로 무언가 배우려고 하지 않는다면 많은 잘못된 일들은 원래 자리로 되돌아가게 될 것이다.	64장
	(3) 聖人<u>欲不欲</u>, 不貴難得之貨. (곽점갑11-12) 성인이 불욕하고자 하면 구하기 힘든 물건을 귀하게 여기지 않게 된다.	64장
	(4) 是以聖人<u>欲不欲</u>, 不貴難得之貨. (곽점병12-13) 성인이 불욕하고자 하면 구하기 힘든 물건을 귀하게 여기지 않게 된다.	64장
	(5) 我<u>欲不欲</u>而民自樸. (곽점갑31-32) (성인인) 나는 불욕하고자 하는데 백성들은 스스로 투박해진다.'	57장
	(6) 是以聖人亡(無)爲故亡敗; 亡執故亡失. (곽점갑11) 그래서 성인은 무위하면 실패하지 않고, 잡으려고 하지 않으면 잃지 않는다.	64장
	(7) 聖人<u>無爲</u>, 故無敗也; 無執, 故[無失也]. (곽점병11) 성인은 무위하면 실패하지 않으며 취하려고 하지 않으면 잃지 않는다.	64장
	(8) 我亡(無)爲而民自蠲. (곽점갑31-32) (성인인) 나는 무위하는데 백성들은 스스로 하고자 한다.	57장
	(9) 聖人能<u>輔萬物之自然</u>, 而弗能爲. (곽점갑12-13) 성인은 만물이 스스로 자립하는 것을 보조할 수 있을 뿐이지, 억지로 행하려고 하지 못한다.	64장
	(10) 是以能<u>輔萬物之自然</u>, 而弗敢爲. (곽점병13-14) 그러므로 성인은 만물이 스스로 자립하는 것을 보조할 수 있을 뿐, 감히 억지로 행하려고 하지 못한다.	64장
64장과 무관한 중복	(11) 我好靜而民<u>自正</u>. (곽점갑32) 나는 고요함을 좋아하는데 백성들이 스스로 질서를 찾아간다.	57장
	(12) 夫亦將<u>知足以靜</u>, 萬物將<u>自定(正)</u>. (곽점갑14) 무릇 (성인이) 정적인 것으로 만족할 수 있다면 만물은 스스로 (질서를) 바로잡게 된다.	37장
	(13) 是以聖人之言曰: 我無事而民自富. (곽점갑31-32) 그래서 성인은 '나는 아무 일도 하지 않는데 백성들은 스스로 부유해진다.'라고 말한다.	57장
	(14) 是以聖人居亡爲之事, 行不言之敎. (곽점갑16-18) 그러므로 성인은 무위의 일에 머무르고, 불언의 가르침을 행하면 된다.	2장
	(15) <u>道恒亡(無)爲也, 侯王能守之</u>, 而萬物將自爲. (곽점갑13) 도는 언제나 무위하기에 왕이 이를 지킬 수 있다면 만물은 스스로	37장

186

64장과 무관한 중복	행하려는 마음을 지니게 된다. (16) <u>道恒亡名</u>, 樸雖姑, 天地弗敢臣, <u>侯王如能守之, 萬物將自貞</u>. (곽점갑18-19) 도에는 이름이 없다. 투박함은 비록 작고 약한 것이지만 천하에 이를 신하 삼을 수 있는 것은 없다. 왕이 만일 이런 투박함을 지킬 수만 있다면 만물은 장차 스스로 질서를 잡아갈 것이다.	32장
	(17) <u>萬物將自愙. 愙而欲作, 將貞之以亡(無)名之樸</u>. (곽점갑13-14) (만물이) 행하려는 마음을 지닌 후에는 행동하려 하며, 이 행동은 결국 무명의 투박함으로 바로잡힌다.	37장
	(18) <u>萬物作</u>而弗始也, 爲而弗志也, 成而弗居. (곽점갑17) 만물이 만들어내기 시작해도 (성인은) 시작할 마음을 지니지 않으며, (만물이) 행하더라도 (성인은) 뜻을 두지 않으며 (만물이) 이룬다 하더라도 (성인은) 머무르지 않는다.	2장
	(19) <u>萬物方作</u>, 居以顧復也. (곽점갑24) 만물은 무릇 만들어지기 시작하면 되돌아감을 염두에 두면서 거한다.	16장

[표] 곽점본 『노자』에서 중복 사용된 개념이나 구문

이러한 사실은 '곽점본 『노자』는 당시의 격언모음집'이라는 주장에 유력한 증거가 될 수 있다.

제2부

곽점본 『노자』 원문과 후대 판본의 차이 묘사

[내용 요약]

제2부에서는 『노자』 제 판본 간 언어문자의 차이를 집중 묘사하고자 한다. 이 묘사 작업들 중 일부 내용은 제3부에서 제 판본 간 원문 차이에 반영되어 있는 다양한 변화 현상을 논할 때 활용될 것이다. 아래에서는 통사와 어휘, 문자학으로 나누어 제 판본의 원문 차이를 살펴보도록 하겠다.[1]

---

[1] 제2부에서는 후대 판본에서 추가되거나 삭제된 다량의 구문들이나 정반 개념 어휘의 변화 등에 대해서는 묘사하지 못했다. 미처 묘사되지 못한 이러한 현상들에 대해서는 차후 보완이 이뤄지길 희망한다. 제2부와 제3부에서 곽점본 원문 인용 시에는 제1부의 고석본 원문 인용을 원칙으로 하되, 필요 시 곽점본 원래 자형도 같이 수록해서 비교하였다. 또한 통행본 원문을 사용할 필요가 있을 경우 왕필본의 용례를 근거로 삼았다.

제5장 제 판본의 통사적 차이

통사 차이는 품사 차이와 통사구조의 차이로 나누어 볼 수 있다.

5.1 품사 차이

『노자』는 판본별 이문(異文) 현상이 상당한데 그 중 허사의 변화 현상이 두드러진다. 품사 차이는 지시사, 부사, 조동사, 어기사, 개사, 접속사, 명사 표지, 품사의 변화 등으로 세분해서 살펴볼 수 있었다.

5.1.1 지시사

곽점본에서 판본 간 변화 양상을 보여준 지시사는 吾, 此, 其, 之 등이 있었으며 그 추가와 교체 현상은 아래와 같았다.

1) 吾의 추가와 교체[2]

곽점본『노자』에는 吾가 총 6회 출현하며 모두 <u>虐</u> 자형으로 사용되고 있었는데 그 추가와 교체 현상은 다음과 같았다.

---

[2] 용례는 조은정(2015)에서 발췌 및 수정.

(1) 萬物方作, 居以顧復也. (곽점갑24, 통행본16장) 만물은 무릇 만들어지기 시작하면 되돌아감을 염두에 두면서 거한다.

(2) 吾所以有大患者, 爲吾有身. 及吾亡身, __有何[患]? (곽점을7, 통행본13장) 내가 큰 우환이 있는 이유는 내 몸이 있기 때문이다. 내 몸이 없어짐에 이른다면 무슨 우환이 있겠는가?

(3) 愳而欲作, __將貞之以亡(無)名之樸. (곽점갑13, 통행본37장) (만물이) 행하려는 마음을 지닌 후에는 행동하려 하며, 이 행동은 결국 무명의 투박함으로 바로잡는다.

(4) __未知其名, 字之曰道, 吾强爲之名曰大. (곽점갑21-22, 통행본25장) 그 이름(名)은 모르는데 그 자(字)는 도(道)라고 했다. 나는 그것을 임의대로 큼(大)이라고 이름하겠다.

예(1)-(4)에는 모두 吾가 후대에 추가되거나 다른 어휘가 吾로 교체된 현상이 보이는데 이는 저자가 없던 『노자』에 저자를 입힌 전국서한 시기의 도가집단과 연관되어 있다.(제3부 9.1.1 참고)

예문	전국	진	서한		동한	위진	당
	곽점본	백서갑	백서을	북대본	하상공	왕필본	돈황본
(1)	居	吾	吾	吾	吾	吾	吾
(2)	虗 虗 虗	吾 吾 吾 -	吾 吾 吾 -	吾 吾 吾	吾 吾 吾 吾	吾 吾 吾 吾	吾 我 我 吾
(3)	-	□	吾	吾	吾	吾	吾
(4)	- 虗	吾 吾	吾 吾	吾 吾	吾 -	吾 -	吾 吾

※ '-'는 해당 판본에 해당 구문이 없거나 해당 구문은 있으나 이에 해당하는 글자가 없음을, '□'은 해당 구문 자체가 손상되어 어떤 글자인지 알 수 없음을 나타냄.(이하 동)

이 외에도 예(2)의 일부 吾는 돈황본에서 我로 교체되는데 이는 단순 교체로 판단된다. 吾와 我는 선진 시기 대표적인 인칭대명사로 그 용법에 관해 마건충(馬建忠)은 선진 시기의 吾는 주어로, 我는 목적어로 쓰인다고 언급하였고 왕력(王力)은 吾는 주격과 속격으로, 我는 주격·속격·목적격으로 사용된다고 주장하였다.[3] 예(2)의 경우 吾가 겸어문에 쓰여 앞 술어의 목적어와 뒤 술어의 주어로 사용되고 있으므로 후대 판본인 돈황본에서 我로 바뀐 것은 동일한 용법인 어휘의 단순 교체일 뿐 중국어사적인 관점에서의 기능 변화로 보기에는 어렵다.

2) 此의 추가와 교체[4]

곽점본『노자』에 此는 총 4회 출현하는데 관형어로 사용된 1회(예4)를 제외하고 모두 다른 글자로 교체되거나 삭제되어 있었다. 아래(1)-(3)은 此의 교체 혹은 삭제 용례이고 예(4)는 추가된 용례이다.

(1) 天下皆知美之爲美也, 惡已; 皆知善, 此其不善已. (곽점갑15, 통행본2장) 천하의 모두가 미를 아름답다고 여길 줄 안다면 이는 추함이 있기 때문이다. 천하의 모두가 선이 무엇인지 안다면 이는 불선이 있기 때문이다.

(2) a. 臨事之紀, 愼終如始, 此亡(無)敗事矣. (곽점갑11, 통행본64장) 일에 임할 때, 마무리도 첫 시작 때처럼 삼간다면 실패하지 않을 것이다.

　　b. 愼終若始, 則無敗事矣. (곽점병12, 통행본64장) 마무리도 첫 시작때처럼 삼간다면 실패하지 않을 것이다.

(3) 知足之爲足, 此恒足矣. (곽점갑6, 통행본46장) 만족 자체가 만족함

---

3) 馬建忠『馬氏文通』, 商務印書館, 1983; 王力『漢語語法史』, 商務印書館, 1989.
4) 용례는 조은정(2017)에서 발췌 및 수정.

이 된다는 것을 안다면 항상 만족하게 된다.

(4) __三言以爲史不足, 或命之或所屬. (곽점갑1-2, 통행본19장) 이 세 문구로 부족하다고 여겨지면 또 이렇게 당부할 수도 있겠다.

상기 예(1)-(3)은 此가 모두 조건복문 주절에서 VP 앞에 사용되어 있다. 이 통사 위치는 주어, 부사, 접속사 등이 놓일 수 있는 자리이다. 그래서인지 후대 판본인 전래문헌에서는 이 此가 則·斯로 교체되거나 아예 삭제되어 있다. 이러한 현상은 조건복문의 병렬구조에서 수식구조로의 변화와 관련되어 있다.(제3부 8.1.1 참고)

예문	전국	진	서한		동한	위진	당
	곽점본	백서갑	백서을	북대본	하상공	왕필본	돈황본
(1)	此	訾	斯	斯	斯	斯	斯
(2)	a. 此 b. 則	則	則	則	則	則	則
(3)	此	-	□	-	-	-	-
(4)	-	此	此	此	此	此	此

3) 其의 삭제

其는 지시사로 사용될 경우 주어 혹은 관형어로 사용되는데 백은희(2016)에 따르면『맹자』에서는 대부분 관형어로 사용된다 한다. 其는 아래 용례를 보면 알 수 있지만 명사를 수식하는 관형어와(예1) 主之謂 구조에서 主之의 대체 기능으로서의 관형어 용법(예2-3), 주어로서의 용법(예4) 등으로 구분된다.

(1) 善建者不拔, 善保者不脫, 子孫以其祭祀不輟. (곽점을15-16, 통행

본54장) 잘 세워진 것은 뽑히지 않으며 잘 유지된 것은 벗어나지 않으니 자손은 제사 때문에 고달프지 않게 된다.

(2) 爲之於其亡(無)有也. 治之於其未亂. (곽점갑26, 통행본64장) (어떤 일이) 발생하기 전에 처리해야 하며, 혼란이 생기기 전에 다스려야 한다.

(3) 聖人之在民前也, 以身後之; 其在民上也, 以言下之. 其在民上也, 民弗厚也; 其在民前也, 民弗害也. (곽점갑3-4, 통행본66장) 성인은 백성의 앞에 있는 존재이니 그 몸은 뒤로 하고, 백성의 위에 있는 존재이니 그 말은 낮춰야 한다. (이렇게 하면) 성인이 백성의 위에 있더라도 백성들은 그를 특별하게 여기지 않으며 성인이 백성의 앞에 있더라도 백성들은 그를 해하지 않는다.

(4) 豫乎如冬涉川, 猶乎其如悔四鄰. 嚴乎其如客, 渙乎其如釋. 沌乎其如樸, 混乎其如濁. (곽점갑8-9, 통행본15장) 겨울에 개울을 건너듯 조심스럽고, 사방의 이웃을 두려워하듯 신중하다. 손님인 듯 의젓하면서도, 얼음이 녹듯 흩어져 버린다. 질박한 통나무처럼 엉겨 있으면서도, 탁한 것처럼 섞여 있다.

그 중 관형어 용법으로 사용된 其는 동한 이후의 판본에서 모두 삭제되었는데 예(2)-(3)의 경우는 主之謂 구조에서의 명사화표지 之의 쇠락 현상과 관련되어 있었다.(제3부 8.1.3 참고)

예문	전국		서한		동한	위진	당
	곽점본	진 백서갑	백서을	북대본	하상공	왕필본	돈황본
(1)	其	−	−	−	−	−	−
(2)	其 其	□ □	□ □	其 其	− −	− −	− −
(3)	其 其	其 −	其 −	其 −	− −	− −	− −
(3)	其	−	−	−	−	−	−

(4)	其 其 其 其 其	□ 其 其 其 □	其 其 其 其 其	其 其 其 其 其	- 其 - 其 其	- 其 - 其 其	- - - - -

4) 之의 삭제

곽점본『노자』의 아래 용례에서의 之는 목적어로 사용되고 있는데 이중 목적어 구문에서 사용된 경우(예1)와 중심 동사의 목적어로 사용된 경우(예2-3), 그리고 명사표지로 사용된 者자 구조 내에서의 사용(예4-6) 등으로 구분 가능하다.

(1) 天下樂進而弗厭. 以其不爭也, 故天下莫能與之爭. (곽점갑4-5, 통행본66장) 천하 만물은 즐겁게 앞으로 나아가면서도 그를 미워하지 않기에 그와 경쟁하지 않는다. 그러므로 천하에 그와 다툴 수 있는 것은 아무것도 없게 된다.

(2) 道恒亡(無)爲也, 侯王能守之, 而萬物將自愙. (곽점갑13, 통행본37장) 도는 언제나 무위하기에 왕이 이를 지킬 수 있다면 만물은 스스로 행하려는 마음을 지니게 된다.

(3) 三言以爲文不足, 或命之或所屬. 示素保樸, 少私寡欲. (곽점갑2, 통행본19장) 이 세 문구로 부족하다고 여겨지면 또 이렇게 당부할 수도 있겠다. '투박함을 지니고 사리사욕을 줄여라.'

(4) 爲之者敗之, 執之者失之. (곽점병11, 통행본64장) 행하려는 자는 실패하고, 잡으려는 자는 잃는다.

(5) 爲之者敗之, 執之者失之. (곽점갑10-11, 통행본64장) 행하려는 자는 실패하고, 잡으려는 자는 잃는다.

(6) 知之者弗言, 言之者弗知. (곽점갑27, 통행본56장) 아는 것이 전부 말

로 표현되지는 못한다. 말로 표현되더라도 전부 다 아는 것은 아니다.

魏培泉(2003)에서는 선진시기에 상용되던 지시사 之가 동한 이후에 그 사용량이 급감한다고 지적한 바 있다. 그러나 그는 어떤 통사적 위치에 놓인 之가 사용이 급감하는지에 대해서는 언급하지 않았다. 상기 용례를 살펴보면, 지시사 之는 목적격으로 사용될 경우에는 삭제되지 않으며(예1), 문미에 놓일 경우에는 삭제되기도 안 되기도 하였지만(예2), 문중에 놓여 술어의 목적어로 사용될 경우에는(예3-6) 동한 이후의 판본에서 모두 삭제되어 있는 것을 확인할 수 있었다. 이를 통해 우리는 동한 이후의 之 사용률 감소는 문미에 놓인 之가 아닌 문중에서 'V+之' 구조일 경우로 제한되어 있음을 알 수 있었다.

예문	전국	진	서한		동한	위진	당
	곽점본	백서갑	백서을	북대본	하상공	왕필본	돈황본
(1)	之	□	-	之	之	之	之
(2)	之	之	之	之	-	之	- -
(3)	之	之	之	之	-	-	-
(4)	之 之	□ □	之 之	- -	- -	- -	- -
(5)	之 之	- -	之 之	之 之	- -	- -	- -
(6)	之 之	- -	- -	- -	- -	- -	- -

5.1.2 부사

부사의 교체 현상은 弗, 不, 無, 未, 或, 又, 則, 將 등에서 발견되었는데 이는 크게 부정부사의 교체와 일반부사 교체로 나눌 수 있었다.

1) 弗의 不 혹은 다른 부정부사로의 교체[5]

곽점본에는 20여회의 부정부사 弗이 사용된다.

(1) 下士聞道, 大笑之. 弗大笑不足以爲道矣. (곽점을9, 통행본41장) 유능하지 않은 사는 도를 들으면 이를 크게 비웃는다. 크게 비웃지 않으면 도라고 여김에 부족하다고 생각한다.

(2) 蜂蠆虺蛇弗螫, 攫鳥猛獸弗扣. (곽점갑33, 통행본55장) (갓난아기는 독성을 지닌) 벌, 전갈, 벌레, 뱀들이 물지 않고, 사나운 새나 맹수도 덤벼들지 않는다.

(3) 知之者弗言, 言之者弗知. (곽점갑27, 통행본56장) 아는 것이 전부 말로 표현되지는 못한다. 말로 표현되더라도 전부 다 아는 것은 아니다.

(4) 其在民上也, 民弗厚也; 其在民前也, 民弗害也. 天下樂進而弗厭, 以其不爭也, 故天下莫能與之爭. (곽점갑4-5, 통행본66장) 성인이 백성의 위에 있더라도 백성들은 그를 특별하게 여기지 않으며 성인이 백성의 앞에 있더라도 백성들은 그를 해하지 않는다. (이렇게 되면) 천하 만물은 즐겁게 앞으로 나아가면서도 그를 미워하지 않기에 그와 경쟁하지 않는다. 그러므로 천하에 그와 다툴 수 있는 것은 아무것도 없게 된다.

(5) 萬物作而弗始也, 爲而弗志也, 成而弗居. 天唯弗居也, 是以弗去也. (곽점갑16-18, 통행본2장) 만물이 만들어내기 시작해도 (성인은) 시작할 마음을 지니지 않으며, (만물이) 행하더라도 (성인은) 뜻을 두지 않으며 (만물이) 이룬다 하더라도 (성인은) 머무르지 않는다. 무릇 머무르지 않는다면 떠날 필요도 없다.

(6) 是故聖人能輔萬物之自然, 而弗能爲. (곽점갑12-13, 통행본64장) 그러므로 성인은 만물이 저절로 그러해짐을 도울 수 있을 뿐이지, 인위적으

---

5) 본 부분의 내용과 예문 일부는 조은정(2014b)의 예문 (1)-(10)까지를 재정리한 후 북대 본 내용을 보충, 수정한 것이다. 또한 조은정(2015)에서도 발췌 및 수정하였다.

로 행하려고 할 수는 없다.

(7) 是以能輔萬物之自然, 而弗敢爲. (곽점병13-14, 통행본64장) 그러므로 성인은 만물이 저절로 그러해짐을 보조할 수 있을 뿐이지, 감히 (인위적으로) 행하려고 하지 못한다.

(8) 道恒亡(無)名, 樸雖妢, 天地弗敢臣. (곽점갑18, 통행본32장) 도에는 이름이 없다. 투박함은 비록 작고 약한 것이지만 천하에 이를 신하 삼을 수 있는 것은 없다.

(9) 果而弗伐, 果而弗驕, 果而弗矜, 是謂果而不強. (곽점갑7, 통행본30장) 성과가 있으면서도 공로를 드러내지 않고, 성과가 있으면서도 교만하지 않으며, 성과가 있으면서도 자랑하지 않는 것, 이것을 '성과가 있지만 일부러 티내지는 않는다'라 한다.

(10) [不]得已而用之, 恬淡爲上, 弗美也. (곽점병6-7, 통행본31장) 부득이 이것을 쓰는 경우에는 예리하게 적을 공격하는 것을 최상으로 삼되 이를 좋다고 여겨서는 안 된다.

이 弗은 『노자』 제 판본에서 거의 대부분 다른 부정부사로 바뀌어 적혀 있었는데 不로의 변화가 가장 두드러졌다.

예문	전국	진	서한		동한	위진	당
	곽점본	백서갑	백서을	북대본	하상공	왕필본	돈황본
(1)	弗	□	弗	弗	不	不	不
(2)	弗 弗	弗 弗	弗 弗	弗 弗	不 不	不 不	不 不
(3)	弗 弗	弗 弗	弗 弗	弗 弗	不 不	不 不	不 不
(4)	弗 弗 弗	弗 弗 弗	弗 弗 弗	不 弗 弗	不 不 不	不 不 不	不 不 不

(5)	弗 弗 弗 弗 弗	□ 弗 弗 - 弗	弗 弗 弗 弗 弗	弗 不 弗 弗 弗	不 不 弗 弗 不	不 不 弗 弗 不	不 不 不 不 不
(6)	弗	弗	弗	弗	不	不	不
(7)	弗	弗	弗	弗	不	不	不
(8)	弗	□	弗	弗	不	弗	不
(9)	弗 弗 弗	毋 勿 □	[/] 毋 勿	毋 毋 毋	勿 勿 勿	勿 勿 勿	勿 勿 勿
(10)	弗	勿	勿	弗	不	不	不

弗의 동한 이후 판본에서의 不로의 교체 현상은 피휘설(避諱說)과 弗의 기능 변천과 관련되어 있었다.(피휘설 관련 논의는 제3부 9.3을, 弗의 기능 변천 관련 논의는 제3부 8.1.2 참고)

2) 부정부사 不과 연관된 교체

아래 용례의 곽점본 부정부사는 동한 이후의 왕필본과 하상공본에서 대부분 不로 바뀌어 적혀 있다.

(1) 三言以爲文不足, 或命之或所屬. 示素保樸, 少私寡欲. (곽점갑2, 통행본19장) 이 세 문구로 부족하다고 여겨지면 또 이렇게 당부할 수도 있겠다. '투박함을 지니고 사리사욕을 줄여라.'

(2) 未知其名, 字之曰道, 吾强爲之名曰大. (곽점갑21~22, 통행본25장) 그 이름(名)은 모르는데 그 자(字)는 도(道)라고 했다. 나는 그것을 임의대로 큼(大)이라고 이름하겠다.

(3) 善者果而已, 毋以取强. (곽점갑7, 통행본30장) 일을 잘하는 자는 성

과를 중시할 뿐이지 '강함'을 취하지는 않는다.

상기 예문 중 예(1)의 不足은 백서본과 북대본에서 未足으로 사용되다가 동한 이후의 하상공본과 왕필본 판본에서 不足으로 다시 바뀌었고, 예(2)의 未知는 백서을까지 사용되다가 동한 이후의 판본에서는 不知로 바뀌었다. 또한 예(3)의 毋는 백서본까지 그대로 사용되다가 그 이후의 판본에서 不로 바뀌었다.[6]

예문	전국	진	서한		동한	위진	당
	곽점본	백서갑	백서을	북대본	하상공	왕필본	돈황본
(1)	不	未	未	未	不	不	未
(2)	未	未	未	不	不	不	不
(3)	毋	毋	毋	不	不	不	不

3) 亡(無)의 未로의 교체

곽점본『노자』에는 亡(無)有가 1회 출현한다. 아래 용례는 어떤 일이 발생하기 전에, 혼란이 생기기 전의 상태에서 다스려야 한다는 것을 강조하는 내용이다. 이 어휘는 未亂과 더불어 어떤 일이 아직 발생하기 전의 상태를 강조한다. 이 亡(無)有는 후대 판본에서 未有로 바뀌어 적혀 있다.

(1) 爲之於其亡(無)有也. 治之於其未亂. (곽점갑25-26, 통행본64장)
(어떤 일이) 발생하기 전에 처리해야 하며, 혼란이 생기기 전에 다스려야 한다.

---

6) 이러한 현상은 판본 간 문체 차이에서 기인하는 듯하다. 전체적으로 보았을 때 곽점본과 백서본 등 출토문헌이 왕필본과 하상공본 등 전래문헌보다 양태나 어기사를 많이 사용하는 편이다.

예문	전국	진	서한		동한	위진	당
	곽점본	백서갑	백서을	북대본	하상공	왕필본	돈황본
(1)	亡	□	□	無	未	未	未

4) 或에서 又로의 교체

王力의 『고한어자전(古漢語字典)』에 따르면 或은 부사로 又의 의미를 지니는데 이러한 의미는 『시경』 용례에서부터 찾아볼 수 있다. 곽점본 『노자』에도 或이 又의 의미로 사용되는 경우가 있다. 이는 동한 이후에는 모두 又자로 바뀌어 적혀 있었다.

(1) 損之或損, 以至亡(無)爲也. (곽점을3-4, 통행본48장) 적어지고 또 적어짐으로써 무위에 이르게 된다.

예문	전국	진	서한		동한	위진	당
	곽점본	백서갑	백서을	북대본	하상공	왕필본	돈황본
(1)	或	□	有	有	又	又	又

5) 則에서 將으로의 교체

곽점본에는 부사 則이 동한의 하상공본과 돈황본에서 將으로 바뀌어 적혀 있는 용례가 1회 출현한다.

(1) 物壯則老, 是謂不道. (곽점갑35, 통행본55장) 만물은 너무 장성하면 노쇠해지는데 이를 불도(不道)라고 한다.

예문	전국	진	서한		동한	위진	당
	곽점본	백서갑	백서을	북대본	하상공	왕필본	돈황본

| (1) | 則 | 即 | 則 | 則 | 將 | 則 | 將 |

5.1.3 조동사

조동사의 교체 혹은 삭제는 可以, 可, 能, 敢, 欲 등에서 살펴볼 수 있었다.

1) 可以에서 可로의 교체

곽점본『노자』에 사용된 可以 중 총 4회가 동한 이후의 판본에서 可로 바뀌었는데 이는 可 기능의 확대라는 언어 변천을 반영한 결과였다.(제3부 8.1.2 참고)

(1) [故貴爲身於]爲天下, 若可以託天下矣. (곽점을7-8, 통행본13장) 그러므로 천하를 위해 무언가를 할 때 내 몸을 위하듯 귀하게 여기면 천하를 맡길 수 있다.

(2) 愛以身爲天下, 若可以寄天下矣. (곽점을8, 통행본13장) 내 몸을 사랑하는 마음으로 천하를 위한다면 천하를 위탁할 수 있을 것이다.

(3) 人之所猥, 亦不可以不猥人. (곽점을5, 통행본20장) 사람들이 경외하는 자는 그 또한 사람들을 경외하지 않을 수 없다.

(4) 夫樂[殺人, 不]可以得志於天下. (곽점병7-8, 통행본31장) 무릇 살인을 즐긴다면 천하에서 그 뜻을 얻지 못할 것이다.

예문	전국	진	서한		동한	위진	당
	곽점본	백서갑	백서을	북대본	하상공	왕필본	돈황본
(1)	可以	可以	可以	可以	可	可	可
(2)	可以	何以	可以	可以	可以	可	可
(3)	可以	□□	可以	可以	可	可	可
(4)	□以	可以	可以	可以	可	可	可

2) 能과 敢의 상호 교체

能이 후대 판본에서 敢으로 바뀐 경우와, 敢이 能으로 바뀐 경우도 발견되었다.

(1) a. 是故聖人能輔萬物之自然, 而弗能爲. (곽점갑12-13, 통행본64장) 그러므로 성인은 만물의 자연을 보조할 수 있을 뿐이지, 감히 (인위적으로) 행하려고 하지 못한다.

b. 是以能輔萬物之自然, 而弗敢爲. (곽점병13-14, 통행본64장) 그러므로 성인은 만물의 자연을 보조할 수 있을 뿐이지, 감히 (인위적으로) 행하려고 하지 못한다.

(2) 道恒亡(無)名, 樸雖小, 天地弗敢臣, 侯王如能守之, 萬物將自貞. (곽점갑18-19, 통행본32장) 도에는 이름이 없다. 투박함은 비록 작고 약한 것이지만 천지에 이를 신하 삼을 수 있는 것은 없다. 왕이 만일 이런 투박함을 지킬 수만 있다면 만물은 장차 스스로 질서를 잡아갈 것이다.

예문	전국	진	서한		동한	위진	당
	곽점본	백서갑	백서을	북대본	하상공	왕필본	돈황본
(1)	a. 能 b. 敢	敢	敢	敢	敢	敢	敢
(2)	敢	□	敢	敢	敢	能	敢

3) 欲의 생략

조동사 欲의 생략 현상도 존재했다.

(1) 以道佐人主者, 不谷(欲)以兵强於天下. (곽점갑6-7, 통행본30장) 도로 왕을 보좌하는 자는 천하 만물에 군사로 강제하지 않는다.

예문	전국	진	서한		동한	위진	당
	곽점본	백서갑	백서을	북대본	하상공	왕필본	돈황본
(1)	谷(欲)	-	-	-	-	-	-

5.1.4 개사

곽점본의 於가 동한 이후의 판본에서 삭제되어 있는 경우도 존재했는데 이는 于/於 기능의 소멸과 연관되어 있었다.(제3부 8.1.2 참고)

(1) 以道佐人主者, 不欲以兵強於天下. (곽점갑6-7, 통행본30장) 도로 왕을 보좌하는 자는 천하 만물에 군사로 강제하지 않는다.

(2) 上士聞道, 僅能行於其中. (곽점을9, 통행본41장) 유능한 사는 도를 들으면 그 중에서 행할 수 있는 것을 근근이 행한다.

예문	전국	진	서한		동한	위진	당
	곽점본	백서갑	백서을	북대본	하상공	왕필본	돈황본
(1)	於	□	於	於	-	-	-
(2)	於	□	-	-	-	-	-

5.1.5 접속사

1) 병렬접속사 而

병렬 관계를 나타내는 접속사 而자는 두 문장 이상의 구문을 접속할 경우 후대 판본, 특히 동한 이후의 판본에서 거의 삭제되었다. 이러한 현상은 병렬구조에서 수식구조로의 중국어 변천 흐름을 반영한 결과였다.(제3부 8.1.1 참고)

(1) 視之不足見, 聲之不足聞, 而不可既也. (곽점병5, 통행본35장) 보아도 보이지 않고 들어도 들리지 않지만 오히려 다 쓰지 못한다.

(2) 道恒亡(無)爲也, 侯王能守之, 而萬物將自爲. (곽점갑13, 통행본37장) 도는 언제나 무위한다. 왕이 이를 지킬 수 있다면 만물은 스스로 행하려는 마음을 지니게 된다.

(3) 民多利器, 而邦滋昏. (곽점갑30-31, 통행본57장) 백성들이 예리한 기구를 많이 지니면 국가는 혼란이 가중된다.

(4) 人多知而奇物滋起. (곽점갑31, 통행본57장) 사람들이 지혜를 많이 사용할수록 기이한 사물이 많이 생긴다.

(5) 成事遂功, 而百姓曰我自然也. (곽점병2, 통행본17장) 일이 이뤄지고 그 공이 생기면, 백성은 "내가 스스로 그렇게 한 것이다."라고 말한다.

예문	전국 곽점본	진 백서갑	서한 백서을	서한 북대본	동한 하상공	위진 왕필본	당 돈황본
(1)	而	-	-				
(2)	而	-					
(3)	而	而	□	而	-	-	-
(4)	⟨而⟩ / -	而 / □	□ / 而	而 / 而	-	-	-
(5)	而	而	而	-			

2) 是以와 故

是以와 故 모두 단락과 단락을 이을 수 있는 접속사이다. 곽점본에서의 是以와 故는 후대 판본에서 호환 사용되고 있는데 是以가 후대 판본에서 故로 교체 사용되는 비율이 더 높았다. 이러한 현상은 是以의 故로의 접속사 교체 현상과 연관되어 있었다. (제3부 8.1.3 참고)

(1) 弗大笑不足以爲道矣. 是以建言有之. (곽점을9-10, 통행본41장) 크게 비웃지 않으면 도라고 여김에 족하지 않다고 생각한다. 그래서 예전에 다음과 같은 말이 있었다.

(2) 灋物滋章, 盜賊多有. 是以聖人之言曰. (곽점갑31, 통행본57장) 법령이 많이 늘어날수록 도적들은 많아진다. 그래서 성인은 다음과 같이 말했다.

(3) 古(故)吉事上左, 喪事上右. (곽점병8, 통행본31장) 그러므로 길한 일은 왼쪽을 중시하고 불길한 일에는 오른쪽을 중시한다.

(4) 是以偏將軍居左, 上將軍居右, 言以喪禮居之也. (곽점병8-9, 통행본31장) 그래서 편장군은 왼쪽에 자리를 잡고 상장군은 오른쪽에 자리를 잡는데 이는 상례를 따르는 것이다.

예문	전국 곽점본	진 백서갑	서한 백서을	서한 북대본	동한 하상공	위진 왕필본	당 돈황본
(1)	是以	□□	是以	是以	故	故	是以
(2)	是以	□□	是以	故	故	故	故
(3)	古(故)	是以	是以	是以	-	-	故
(4)	是以	是以	是以	-	-	-	是以

5.1.6 어기사

어기사의 변화에는 삭제 현상이 두드러졌는데 夫, 也(문미), 矣 등은 후대 판본에서 대부분 삭제되어 있었다. 그 외에도 而已와 而已矣의 교체 사용, 乎의 兮로의 교체, 也의 與 혹은 邪로의 교체, 與의 乎로의 교체 현상도 발견되었다.

1) 夫의 삭제

夫는 문두 어기사로 통상 발어사의 역할을 하는 것으로 여겨진다. 하지만 동한 이후의 판본에서는 거의 삭제되어 있다.

(1) <u>夫</u>亦將知足以靜, 萬物將自定. (곽점갑13-14, 통행본37장) 무릇 (성인이) 정적인 것으로 만족할 수 있다면 만물은 스스로 (질서를) 바로 잡게 된다.

(2) <u>夫</u>天多期諱, 而民彌貧. 民多利器, 而邦滋昏. (곽점갑30-31, 통행본57장) 무릇 하늘이 때를 자꾸 어기면 백성들은 빈곤함이 늘어난다. 백성들이 예리한 기구를 많이 지니면 국가는 혼란이 가중된다.

예문	전국	진	서한		동한	위진	당
	곽점본	백서갑	백서을	북대본	하상공	왕필본	돈황본
(1)	夫	夫	夫	夫	-	夫	-
(2)	夫	夫	夫	夫	-	-	-

2) 也(문미)의 삭제

곽점본에서는 총 52회의 也가 쓰이고 있었는데 돈황본에서는 이들 거의 대부분이 삭제되어 있었다. 그 중 곽점본에서만 也가 쓰이고 그 이후의 판본에서는 전부 삭제되어 있는 경우가 14회(가령 예1), 곽점본과 백서본에만 也가 쓰이고 북대본 이후에서는 전부 삭제되어 있는 경우가 35회(예2), 곽점본·백서을·왕필본에는 모두 쓰이지만 돈황본에만 안 쓰이는 경우가 2회(예15)였다. 즉 후대 판본에서는 문미어기사 也가 거의 대부분 삭제되어 있었다.

(1) 道恒亡(無)爲<u>也</u>, 侯王能守之, 而萬物將自愿. (곽점갑13, 통행본37장) 도는 언제나 무위한다. 왕이 이를 지킬 수 있다면 만물은 스스로 행하려는 마음을 지니게 된다.

(2) 萬物作而弗始也, 爲而弗志也, 成而弗居__. 天唯弗居也, 是以弗去也. (곽점갑17-18, 통행본2장) 만물이 만들어내기 시작해도 (성인은) 시작할 마음을 지니지 않으며, (만물이) 행하더라도 (성인은) 뜻을 두지 않으며 (만물이) 이룬다 하더라도 (성인은) 머무르지 않는다. 무릇 머무르지 않는다면 떠날 필요도 없다.

(3) 揣而群之, 不可長保也. 金玉盈室, 莫能守也. 貴富驕, 自遺咎也. 功遂身退, 天之道也. (곽점갑38-39, 통행본9장) 쥐고 모으는 것을 오랫동안 지킬 수는 없다. 금과 옥이 온 집에 넘쳐나도 이를 지킬 수는 없다. 귀함과 부유함과 교만함은 재앙을 남긴다. 성과를 이루면 몸은 물러나는 것이 하늘의 이치이다.

(4) 何謂寵辱? 寵爲下也. (곽점을5-6, 통행본13장) '모욕을 귀히 여긴다'는 것은 무엇인가? '낮게 여겨짐(멸시)'을 귀히 여긴다는 것이다.

(5) 吾所以有大患者, 爲吾有身__. (곽점을7, 통행본13장) 내가 큰 우환이 있는 이유는 내 몸이 있기 때문이다.

(6) 至虛, 恒也; 守中, 篤也. 萬物方作, 居以顧復也. 天道員員, 各復其根. (곽점갑24, 통행본16장) 비어있음에 이르면 오래 유지할 수 있고 비어있음을 지키면 한결같을 수 있다. 만물은 무릇 만들어지기 시작하면 되돌아감을 염두에 두면서 거한다. 하늘의 도는 빙빙 돌고 돌며 (만물은) 각자 그 뿌리로 되돌아간다.

(7) 猶乎其貴言也. 成事遂功, 而百姓曰我自然也. (곽점병2, 왕필본17장) 아아, 그 귀한 말이여! 일이 이뤄지고 그 공이 생기면, 백성은 "내가 스스로 그렇게 한 것이다."라고 말한다.

(8) 未知其名__, 字之曰道, 吾强爲之名曰大. (곽점갑21-22, 통행본25장) 그 이름(名)은 모르는데 그 자(字)는 도(道)라고 했다. 나는 그것을 임의대로 큼(大)이라고 이름하겠다.

(9) 故曰兵者[非君子之器__. 不]得已而用之. 恬淡爲上, 弗美也. 美之, 是樂殺人__. (곽점병6-7, 통행본31장) 그러므로 '무기는 군자의 기물

이 아니다'라고 하는 것이다. 부득이 이것을 쓰는 경우에는 예리하게 적을 공격하는 것을 최상으로 삼되 이를 좋다고 여겨서는 안 된다. 만일 이를 좋다고 여긴다면 이는 살인을 즐기는 것이다.

(10) 是以偏將軍居左, 上將軍居右, 言以喪禮居之也. (곽점병8-9, 통행본31장) 그래서 편장군은 왼쪽에 자리를 잡고 상장군은 오른쪽에 자리를 잡는데 이는 상례를 따르는 것이다.

(11) 道恒亡(無)名, 樸雖姑, 天地弗敢臣__, 侯王如能守之, 萬物將自貞. 天地相合也, 以逾甘露. (곽점갑18-19, 통행본32장) 도에는 이름이 없다. 투박함은 비록 작고 약한 것이지만 천하에 이를 신하 삼을 수 있는 것은 없다. 왕이 만일 이런 투박함을 지킬 수만 있다면 만물은 장차 스스로 질서를 잡아갈 것이다. 천지 만물은 감로가 내릴 정도로 화합하게 된다.

(12) 故道[之出言], 淡呵其無味也. 視之不足見__, 聲之不足聞__, 而不可既也. (곽점병4-5, 통행본35장) 그러므로 도(道)를 말로 표현한다면 '담백하도다, 그 무미(無味)함이여. 보아도 보이지 않고 들어도 들리지 않지만 오히려 다 쓰지 못한다.'라고 할 수 있다.

(13) 返也者, 道動也. 弱也者, 道之用也. (곽점갑37, 통행본40장) 순환은 도의 운동이다. 유약(弱)은 도의 효용이다.

(14) 損之或損, 以至亡(無)爲也, 亡(無)爲而亡(無)不爲. (곽점을3-4, 통행본48장) 적어지고 또 적어짐으로써 무위에 이르게 된다. 무위하면 결국 무소불위 상태에 이른다.

(15) 未知牝牡之合, 朘怒, 精之至也. 終日嘷而不憂, 和之至也. (곽점갑34, 왕필본55장) (갓난아기가) 남녀의 교합을 모르지만 발기되는 것은 정기가 강하기 때문이다. (갓난아기가) 하루 종일 울어도 근심이 없는 것은 화합의 기운이 강하기 때문이다.

(16) 故不可得而親__, 亦不可得而疏. (곽점갑28, 통행본56장) 그러므로 가까이할 수도 없으나 멀리 할 수도 없다.

(17) 吾何以知其然也 ? (곽점갑30, 통행본57장) 나는 그러함을 어떻게 알

수 있는가?

(18) 我亡(無)爲而民自蝨__. (곽점갑32, 통행본57장) 나는 무위하는데 백성들은 스스로 하고자 한다.

(19) [是謂深根固柢], 長生久視之道也. (곽점을2-3, 통행본59장) 이를 뿌리가 견고한 장생구시(長生久視)의 도라고 부른다.

(20) 其安也, 易持也. 其未兆也, 易謀也. 其脆也, 易判也. 其幾也, 易散也. 爲之於其無有也. 治之於其未亂__. (곽점갑25-26, 통행본64장) 안일한 상태라면 장악하기가 쉽다. (나쁜) 조짐이 보이기 전이라면 대책을 마련하기가 쉽고, 무른 사물은 가르기가 쉽고, 미세한 것은 흩어버리기가 쉽다. (어떤 일이) 발생하기 전에 처리해야 하며, 혼란이 생기기 전에 다스려야 한다.

(21) 聖人無爲__, 故無敗也; 無執__, 故[無失也]. (곽점병11, 통행본64장) 성인은 무위하면 실패하지 않고 취하려고 하지 않으면 잃지 않는다.

(22) 是以聖人亡(無)爲__故亡(無)敗__; 亡(無)執__故亡(無)失__. (곽점갑11, 통행본64장) 그래서 성인은 무위하면 실패하지 않고, 잡으려고 하지 않으면 잃지 않는다.

(23) 江海所以爲百谷王, 以其能爲百谷下__, 是以能爲百谷王. (곽점갑2-3, 통행본66장) 강과 바다가 여러 계곡물의 왕이 되는 것은 그가 여러 계곡물보다 낮은 곳에 있기 때문이다. 이 때문에 여러 계곡물의 왕이 될 수 있는 것이다.

이러한 현상은 각 판본별 也 사용 비율을 살펴봐도 비슷하게 드러난다. 즉 곽점본은 也가 총 52회 사용되는데 비해 백서을은 총 37회, 왕필본은 총 2회 사용되는 등 후대 판본에서의 문미어기사 也의 사용은 급감하였다.

예문	전국	진	서한		동한	위진	당
	곽점본	백서갑	백서을	북대본	하상공	왕필본	돈황본

(1)	也	ー	ー	ー	ー	ー	ー
(2)	也 也 ー 也 也	也 也 也 ー ー	ー 也 也 ー ー	ー ー ー ー ー	ー ー ー ー ー	ー ー ー ー ー	ー ー ー ー ー
(3)	也 也 也 也	ー 也 也 □	也 也 也 也	ー ー ー ー	ー ー ー ー	ー ー ー ー	ー ー ー ー
(4)	也	ー	也	ー	ー	ー	ー
(5)	ー	也	也	ー	ー	ー	ー
(6)	也 也 也	也 也 也	也 也 也	ー ー ー	ー ー ー	ー ー ー	ー ー ー
(7)	也 也	也 ー	也 ー	ー ー	ー ー	ー ー	ー ー
(8)	ー	ー	也	ー	ー	ー	ー
(9)	□ 也 ー	也 也 也	ー 也 也	也 ー ー	ー ー ー	ー ー ー	ー ー ー
(10)	也	也	也	ー	ー	ー	ー
(11)	ー 也	ー ー	ー ー	ー ー	ー ー	也 ー	ー ー
(12)	也 ー ー 也	也 也 也 也	也 也 也 也	ー ー ー 也	ー ー ー ー	ー ー ー ー	ー ー ー ー
(13)	也 也	也 也	也 也	也 也	ー ー	ー ー	ー ー
(14)	也	□	□	□	ー	ー	ー
(15)	也	也	也	也	也	也	ー
(15)	也	也	□	也	也	也	ー
(16)	ー	ー	也	ー	ー	ー	ー
(17)	也	也	也	也	ー	ー	ー
(18)	ー	也	ー	ー	ー	ー	ー
(19)	也	也	也	也	ー	ー	ー

(20)	也	也	□	也	–	–	–
	也	□	□	也	–	–	–
	也	□	□	也	–	–	–
	也	□	□	也	–	–	–
	也	□	□	也	–	–	–
	–	□	□	也	–	–	–
(21)	–	也	□	–	–	–	–
	也	□	□	也	–	–	–
	–	也	□	–	–	–	–
	□	也	□	也	–	–	–
(22)	–	也	□	–	–	–	–
	–	□	□	也	–	–	–
	–	也	□	–	–	–	–
	–	也	□	–	–	–	–
(23)	–	–	也	也	–	–	–

3) 矣의 삭제

아래 예(1)-(4)는 조건복문 구조에 속하는데 문미에는 모두 矣를 수반하고 있다. 그렇지만 이 矣는 동한 이후의 판본에서는 기본적으로 삭제되어 있다. 필자는 이러한 현상이 서한 시기 당시의 矣의 [+문단종결] 기능과 관련된 현상이라고 보았다.(제3부 8.1.2 참고)

(1) [故貴爲身於]爲天下, 若可以託天下矣. 愛以身爲天下, 若可以寄天下矣. (곽점을7-8, 통행본13장) 그러므로 천하를 위해 무언가를 할 때 내 몸을 위하듯 귀하게 여기면 (그 사람에게) 천하를 맡길 수 있을 것이다. 내 몸을 사랑하는 마음으로 천하를 위한다면 (그 사람에게) 천하를 위탁할 수 있을 것이다.

(2) 弗大笑不足以爲道矣. (곽점을9-10, 통행본41장) 크게 비웃지 않으면 도라고 여김에 부족하다고 생각한다.

(3) a. 臨事之紀, 愼終如始, 此亡敗事矣. (곽점갑11, 통행본64장) 일에

임할 때, 마무리도 첫 시작 때처럼 삼간다면 실패하지 않을 것이다.

　　b. 愼終若始, 則無敗事喜(矣). (곽점병12, 통행본64장) 마무리도 첫 시작 때처럼 삼간다면 실패하지 않을 것이다.

　(4) 知足之爲足, 此恒足矣. (곽점갑5-6, 통행본46장) 만족 자체가 만족함이 된다는 것을 안다면 항상 만족하게 된다.

　(5) 天下皆知美之爲美也, 惡已; 皆知善, 此其不善已. (곽점갑15, 통행본2장) 천하의 모두가 미를 아름답다고 여길 줄 안다면 이는 추함이 있기 때문이다. 천하의 모두가 선이 무엇인지 안다면 이는 불선이 있기 때문이다.

예(5)의 어기사 己는 총 2회 출현하는데, 이 중 두 번째 己가 백서본과 북대본에서 矣로 바뀌어 적혀 있다. 즉 진한 시기의 판본에서 조건복문이 병렬된 구조의 문미에 矣로 바뀌어 적혀 있는 것이다.

예문	전국	진	서한		동한	위진	당
	곽점본	백서갑	백서을	북대본	하상공	왕필본	돈황본
(1)	矣 矣	矣 -	□ 矣	-	-	-	-
(2)	矣	□	-	-	-	-	-
(3)	a. 矣 b. 喜	□	矣	矣	-	-	-
(4)	矣	矣	矣	矣	-	矣	-
(5)	己 己	己 矣	己 矣	己 矣	己 己	己 己	己 己

4) 而已와 而已矣의 교체 사용

곽점본에서의 而已는 진한 시기에 而已矣로 사용되다가 다시 而已로 회귀한다.

(1) 善者果而已, 毋以取强. (곽점갑7, 통행본30장) 일을 잘하는 자는 성과를 중시할 뿐이지 '강함'을 취하지는 않는다.

예문	전국	진	서한		동한	위진	당
	곽점본	백서갑	백서을	북대본	하상공	왕필본	돈황본
(1)	而已	而已矣	而已矣	而已	而已	而已	而已

5) 虖(乎)에서 兮로의 교체[7)

곽점본의 '乎'는 虖로 적혀 있다. 이 자형이 후대 판본에서 교체나 감소가 이뤄지고 있는 경우는 총 7회에 달하였는데 백서을에서는 모두 '呵'로, 왕필본에서는 '兮'(6회)나 '焉'(1회)으로 적혀 있었지만 돈황본에는 이에 상응하는 글자가 모두 삭제되어 있었다.

(1) 豫虖(乎)如冬涉川, 猶虖(乎)其如悷四鄰, 嚴虖(乎)其如客, 渙虖(乎)其如釋, 沌虖(乎)其如樸, 混虖(乎)其如濁. (곽점갑8-9, 통행본15장) 겨울에 개울을 건너듯 조심스럽고, 사방의 이웃을 두려워하듯 신중하다. 손님인 듯 의젓하면서도, 얼음이 녹듯 흩어져 버린다. 질박한 통나무처럼 엉겨 있으면서도, 탁한 것처럼 섞여 있다.
(2) 猶虖(乎)其貴言也. (곽점병2, 통행본17장) 아아, 그 귀한 말이여!
(3) 故道[之出言], 淡可(呵)其無味也. (곽점병4, 통행본35장) 그러므로 도를 말로 표현한다면 '담백하도다! 그 무미함이여.'라 할 수 있다.

예(3)은 백서갑에서는 '故道之出言也, 曰: 淡呵其无味也.'라 적혀 있다. 淡은 '담백하다'는 뜻으로 형용사이다. '淡可'는 'V+可' 구조로 '其無味'

---

7) 본 부분의 내용과 예문 일부는 조은정(2014a)의 예문 (14a)-(17a), (19a)-(20a)까지를 재정리한 후 돈황본 내용을 보충, 수정한 것이다. 조은정(2015)에서도 발췌 및 수정.

의 술어로 쓰이고 있다. 可는 여기에서 兮에 해당하는 어기사로 쓰였는데 이는 2011년에 출판된 상해박물관 죽간본(上博簡)[8]의 4편의 초사(楚辭) 작품에서 可가 兮를 대신하는 어기사로 사용되고 있는 것과 같은 맥락이다.

예문	전국	진	서한		동한	위진	당
	곽점본	백서갑	백서을	북대본	하상공	왕필본	돈황본
(1)	虖	呵	呵	虖	兮	焉	-
	虖	□	呵	虖	兮	兮	-
	虖	□	呵	乎	兮	兮	-
	虖	呵	呵	虖	兮	兮	-
	虖	□	呵	虖	兮	兮	-
	虖	□	呵	虖	兮	兮	-
(2)	虖	□	呵	虖	兮	兮	-
(3)	可	呵	呵	旖	乎	乎	- 乎

6) 也에서 與/邪로의 교체

魏培泉(2003)에서는 也, 邪, 與는 선진시기에 모두 판단을 나타내는 조사였지만 也는 서술을, 邪와 與는 의문을 나타냈었는데 중고중국어 시기에 也의 사용이 급감하면서 邪와 與 역시 같이 그 사용이 급감하게 되었다고 주장했다. 곽점본 『노자』에서는 문미 也가 후대 판본에서 邪와 與로 바뀌어 적혀 있는 경우가 1회 발견되었다.

(1) 天下樂進而弗厭, 以其不爭也, 故天下莫能與之爭. (곽점갑4-5,

---

8) 馬承源 主編 『上海博物館藏戰國楚竹書(八)』(上海古籍出版社, 2011) 참조. 상해박물관 죽간본(上博簡)이란 『上海博物館藏戰國楚竹書』에 수록된 죽간 자료를 약칭하는 것으로 1990년대에 상해박물관이 홍콩 문물시장에서 구매한 죽간을 일컫는다. 학계에서는 이 자료가 곽점본과 비슷한 시기에 필사된 것으로 추정하고 있다. 이상 조은정(2014a) 각주 19 재인용.

통행본66장) 천하 만물은 즐겁게 앞으로 나아가면서도 그를 미워하지 않기에 그와 경쟁하지 않는다. 그러므로 천하에 그와 다툴 수 있는 것은 아무것도 없게 된다.

예문	전국	진	서한		동한	위진	당
	곽점본	백서갑	백서을	북대본	하상공	왕필본	돈황본
(1)	也	與	與	邪	-	-	-

예(1)의 문미 也는 백서을에서는 與로 교체되다가 왕필본과 돈황본에서는 삭제되어 있었다.[9] 與는 也에 대응하는 의문어기사로 사용된다. 이 也는 북대본에서는 邪로 교체되었다. 與와 邪의 관계에 대해 魏培泉(2010)은 전국 시기 문헌인 『장자』에서 두 글자가 같은 편명에 동시에 사용되고 있는 경우가 드물다는 점을 들어 邪와 與는 기능은 같지만 시기별, 지역별로 사용 차이가 존재하는 어기사라 지적하였다.[10]

7) 與에서 乎로의 교체

곽점본의 문미어기사 與가 북대본 이후의 판본에서 乎로 교체되는 용례는 총 1회 출현한다.

(1) 天地之間, 其猶橐籥與？(곽점갑23, 통행본5장) 하늘과 땅 사이의 공간은 풀무의 공간 같은 것인가?

---

9) 조은정(2015)에서 발췌 및 수정.
10) 魏培泉(1982)『莊子語法研究』, 國立台灣師範大學中國文學研究所碩士論文.(巫雪如, 「上古語氣詞"與""邪"新探—以出土文獻爲主的論述」『臺大中文學報』第三十二期, 2010, 9쪽에서 재인용)

예문	전국	진	서한		동한	위진	당
	곽점본	백서갑	백서을	북대본	하상공	왕필본	돈황본
(1)	與	輿	輿	虖	乎	乎	乎

5.1.7 명사표지

명사표지의 변화는 主之謂 구조에서 之의 삭제, 문중에 사용된 也의 삭제, 者의 삭제, 也者의 者로의 교체 등의 현상에서 발견되었다.

1) 主之謂 구조에서 之의 삭제

主之謂 구조에서 之의 삭제는 동한 이후의 판본인 하상공본 이후에서 발생한다. 이러한 변화는 명사표지 之의 소멸 현상과 관련되어 있었다.(제3부 8.1.3 참고)

(1) 有亡(無)之相生也, 難恩之相成也, 長短之相形也, 高下之相涅也, 音聲之相和也, 先後之相隨也. (곽점갑15-17, 통행본2장) 유무는 상생하고, 어려움과 쉬움은 같이 이뤄지고, 길고 짧음은 서로 형태를 이루며, 높고 낮음은 서로 통하고, 운율과 소리는 조화를 이루며, 앞과 뒤는 서로 따른다.

(2) 聖人之在民前也, 以身後之; 其在民上也, 以言下之. (곽점갑3-4, 통행본66장) 성인이 백성의 앞에 있을 때 그 몸은 뒤로 하고, 백성의 위에 있을 때 그 말은 낮춘다.

예문	전국	진	서한		동한	위진	당
	곽점본	백서갑	백서을	북대본	하상공	왕필본	돈황본
(1)	之 之	之 之	之 之	之 之	– –	– –	– –

(1)	之 之 之 之	之 之 之 之	之 之 之 之	之 之 之 之	- - - -	- - - -	- - - -
(2)	之	之	之	之	-	-	-

2) 也(문중)의 삭제

곽점본 『노자』에는 문미가 아닌 문중에 사용된 也가 18회 출현하는데 이들은 모두 '主之謂+也' 구조나 그 생략 구조인 '其謂+也' 구조에 사용된다. 이 也자는 한대 이후의 판본에서 거의 삭제되어 있다. 이러한 변화는 명사 표지 也의 소멸 현상과 관련되어 있었다.(제3부 8.1.3 참고)

(1) 天下皆知美之爲美也, 惡已. (곽점갑15, 통행본2장) 천하의 모두가 미를 아름답다고 여길 줄 안다면 이는 추함이 있기 때문이다.

(2) 有亡(無)之相生也, 難恳之相成也, 長短之相形也, 高下之相涅也, 音聲之相和也, 先後之相隨也. 是以聖人居亡(無)爲之事, 行不言之敎. (곽점갑15-17, 통행본2장) 유무는 상생하고, 어려움과 쉬움은 공존하고, 길고 짧음은 서로 형태를 이루며, 높고 낮음은 서로 통하고, 운율과 소리는 조화를 이루며, 앞과 뒤 서로 따른다. 그러므로 성인은 무위의 일에 머무르고, 불언의 가르침을 행하면 된다.

(3) 譬道之在天下也, 猷小谷之與江海__. (곽점갑20, 통행본32장) 도가 천하에 존재한다는 것은 작은 계곡물들이 강과 바다와 한데 섞여 어우러지는 것과 같은 이치이다.

(4) 其安也, 易持也. 其未兆也, 易謀也. 其脆也, 易判也. 其幾也, 易散也. (곽점갑25, 통행본64장) 안일한 상태라면 장악하기가 쉽다. (나쁜) 조짐이 보이기 전이라면 대책을 마련하기가 쉽고, 무른 사물은 가르기가 쉽고, 미세한 것은 흩어버리기가 쉽다.

(5) 人之敗也, 恒於其且成也敗之. (곽점병12, 통행본64장) 사람이 실패하는 것은 항상 그것이 곧 이뤄지려고 할 때 실패한다.

(6) 聖人之在民前也, 以身後之; 其在民上也, 以言下之. 其在民上也, 民弗厚也; 其在民前也, 民弗害也. (곽점갑3-4, 통행본66장) 성인은 백성의 앞에 있는 존재이니 그 몸은 뒤로 하고, 백성의 위에 있는 존재이니 그 말은 낮춰야 한다. (이렇게 하면) 성인이 백성의 위에 있더라도 백성들은 그를 특별하게 여기지 않으며 성인이 백성의 앞에 있더라도 백성들은 그를 해하지 않는다.

예문	전국	진	서한		동한	위진	당
	곽점본	백서갑	백서을	북대본	하상공	왕필본	돈황본
(1)	也	—	—	—	—	—	—
(2)	也 也 也 也 也 也	也 也 也 也 也 —	也 也 也 也 也 —	— — — — — —	— — — — — —	— — — — — —	— — — — — —
(3)	也 —	□ 也	也 也	— —	— —	— —	— —
(4)	也 也 也 也	也 也 □ □	□ □ □ □	— — — —	— — — —	— — — —	— — — —
(5)	也 也	也 —	也 —	也 —	— —	— —	— —
(6)	也 也 也 也	也 □ — —	也 也 — —	也 也 — —	— — — —	— — — —	— — — —

선진 시기에 문중에 놓인 也는 지속 감소되어 왔는데 동한 이후에는 급감한다. 즉『시경』,『논어』,『맹자』에서의 也의 사용현황을 보면 문중의 也는

38.9%에서 23.0%까지 줄어들고 있었으며 『논형』에서는 사용비율이 6.2%로 급감한다. 문중 也의 감소는 언어 변화 현상을 반영하고 있었다.[11]

3) 者의 삭제

곽점본 『노자』에는 者가 후대 판본에서 삭제된 용례가 2회 출현한다.

(1) 學者日益, 爲道者日損. (곽점을3, 통행본48장) 배우는 자는 (가진 것이) 나날이 더해질 것이며, 도를 행하는 자는 (가진 것이) 나날이 적어질 것이다.

(2) 含德之厚者, 比于赤子. (곽점갑33, 통행본55장) 덕이 충만한 자는 갓난아기에 비유할 수 있다.

예문	전국	진	서한		동한	위진	당
	곽점본	백서갑	백서을	북대본	하상공	왕필본	돈황본
(1)	者	□	者	者	–	–	–
	者	□	者	者	–	–	–
(2)	者	□	者	者	–	–	–

4) 也者에서 者로의 교체

也者도 者처럼 명사표지이다. 也者는 총 2회 사용되는데 북대본 이후의 판본에서 모두 者로 교체되어 있었다.

(1) 返也者, 道動也. 弱也者, 道之用也. (곽점갑37, 통행본40장) 순환은 도의 운동이다. 유약(弱)은 도의 효용이다.

---

11) 조은정(2012:제2장) 참고.

예문	전국	진	서한		동한	위진	당
	곽점본	백서갑	백서을	북대본	하상공	왕필본	돈황본
(1)	也者 也者	□□ 也者	也者 □□	者 者	者 者	者 者	者 者

조은정(2016a)에서는 也者에 대해 다음과 같이 언급하였다.

　기존 연구에서는 'NP/VP也者'에서의 者에 대해 어기사 혹은 지시대사로, 也者에 대해서는 어기사 연용으로 보거나 '어기사+지시대사'로 보았다. 그렇지만 朱德熙의「自指和轉指」에 따르면 者는 명사화표지(名詞化標記)이다. 朱德熙는『論語·先進』의 '異乎三子者之撰'와 '夫三子者之言何如'의 '三子者'는 모두 수식어의 위치에 놓여 있으므로 "이 者자를 어기사로 풀이할 수는 없다."라 하였다. 그는 자기지시(自指)를 나타내는 'VP也者'는 명사성 구조이기에 여기에서의 者도 어기사로 볼 수 없다고 주장하였다.

　필자가 판단하기에 也者 연용 구조에서 者가 명사화표지라면 也 역시 명사표지로 봐야 한다. 也를 어기사로 본다면 그 뒤에 휴지를 허용해야 하기 때문이다.

5.1.8 기타

이 외에도 동사 與의 개사 於로의 변화가 발견되었는데 왕필본에서만 바뀌어 사용되었다는 특징이 있었다.

　(1) 譬道之在天下也, 猶小谷之与(與)江海. (곽점갑20, 통행본32장) 도가 천하에 존재한다는 것은 작은 계곡물들이 강과 바다와 한데 섞여 어우러

지는 것과 같은 이치이다.

예문	전국	진	서한		동한	위진	당
	곽점본	백서갑	백서을	북대본	하상공	왕필본	돈황본
(1)	与	與	與	與	與	於	與

5.2 통사구조의 차이

통사구조의 변화는 주제문의 주술구조로의 변화, 是謂에서 謂之 구조로의 변화 등이 존재했다.

5.2.1 주제문에서 주술구조로

곽점본『노자』의 주제문 '善者果' 구조는 동한 이후의 판본인 하상공본과 왕필본에서 주술구조인 '善有果'로 변화하였다.

(1) 善者果而已, 毋以取强. (곽점갑7, 통행본30장) 일을 잘하는 자는 성과를 중시할 뿐이지 '강함'을 취하지는 않는다.

예문	전국	진	서한		동한	위진	당
	곽점본	백서갑	백서을	북대본	하상공	왕필본	돈황본
(1)	善者果	善者果	善者果	善者果	善有果	善有果	善者果

주제문은 상고중국어 중기까지 활발하게 사용되던 통사구조였다. 梅廣(2015)에 따르면 춘추시기부터 전국 후기 이전까지는 판단을 나타낼 때 판단 계사가 아닌 주제문을 주로 사용했다.

판단을 나타낼 때 현대중국어에서는 계사문을 사용하지만 상고중국어에서는 주제문을 사용한다. …… 계사와 주제문은 밀접한 관련이 있다. 삼대(三代) 이전에는 주제문이 없었다. 주제문은 계사「惟」의 쇠락과 더불어 흥기한 것이다.「惟」는 상고중국어 전기의 계사로 판단과 어구의 정보초점을 표시하는 각종 용법으로 사용되었다. 부정 형식인「非」는「不」와「惟」의 합음이다. 선진 시기의 기나긴 특정 기간 동안 긍정문에는 겉으로 드러나는 현성계사가 없었는데 이 시기가 바로 주제문이 발달한 시기이다. 춘추전국 시기의「是」는 지시사로 사용되었으며 전국 후기가 되어서야 통용 계사로 발전되기 시작한다. 5천여년 동안 중국어의 계사는 유에서 무로, 다시 무에서 유로의 발전 과정을 거쳤다.

주제문은 동한 시기에 是의 계사로의 활용 등의 변화를 거치면서 쇠퇴하기 시작한다. 이러한 변화의 흔적이 『노자』제 판본에 남아 있는 것이다.

5.2.2 是謂에서 謂之 구조로

주술구조인 '是謂'에서 술목구조인 '謂之'로의 변화는 동한 이후의 판본에서 발생한다. 謂자는 곽점본에서는 胃 자형으로 사용되는데 이는 謂의 통가자이다.

(1) 夫唯嗇, 是以早服, 是胃(謂)[重積德]. (곽점을1, 통행본59장) 무릇 다 쓰지 않기 때문에 예비할 수 있다. 이를 일러 '쌓아둔다(重積德)'라 한다.

예문	전국	진	서한		동한	위진	당
	곽점본	백서갑	백서을	북대본	하상공	왕필본	돈황본
(1)	是胃	□□	是胃	是謂	謂之	謂之	謂之

제6장 제 판본의 어휘적 차이

제 판본의 어휘적 차이는 체언성 어휘와 용언성 어휘의 변화, 어휘 추가 및 어휘순서의 교체 등에서 발견되었다.

6.1 체언성 어휘의 변화

체언성 어휘 차이는 주로 단음절 어휘의 변화, 하늘 혹은 인간과 관련된 어휘의 교체, 철학 개념 관련 어휘의 교체 등의 현상이 발견되었다.

6.1.1 단음절의 이음절로의 변화

1) 邦에서 邦家로

곽점본『노자』의 邦은 백서갑 이후에는 邦家 혹은 國家 등의 이음절어로 변화되어 있었는데 이러한 현상은 단음절에서 다음절로의 변화와 연관되어 있었다.(제3부 8.2.1 참고) 邦이 國으로 바뀌어 적혀 있는 이유는, 기존 연구에서 다수의 학자들이 지적했듯이 한(漢) 고조(高祖)의 이름인 邦을 피휘하기 위해서이다.(제3부 9.3 참고)

(1) 民多利器, 而邦滋昏. (곽점갑30-31, 통행본57장) 백성들이 예리한 기구를 많이 지니면 국가는 혼란이 가중된다.

예문	전국	진	서한		동한	위진	당
	곽점본	백서갑	백서을	북대본	하상공	왕필본	돈황본
(1)	邦	邦家	□□	國家	國家	國家	國家

2) 復에서 復歸로

아래 復은 진한 이후의 판본에서 대부분 復歸라는 이음절로 바뀌어 있었다.

(1) 天道員員, 各復其根. (곽점갑24, 통행본16장) 하늘의 도는 빙빙 돌고 돌며 (만물은) 각자 그 뿌리로 되돌아간다.

예문	전국	진	서한		동한	위진	당
	곽점본	백서갑	백서을	북대본	하상공	왕필본	돈황본
(1)	返(復)	復歸	復歸	復歸	復歸	復歸	歸

6.1.2 하늘과 관련된 어휘

곽점본 『노자』에는 하늘 관련된 어휘가 天 외에도 天象, 天道, 天地, 天下 등으로 사용되는데 후대 판본에서 大象, 天物 혹은 物, 天下 등으로 바뀌어 적혀 있었다.(예1-6) 이 외에도 萬物이 天地와 天下로 변화되는 경우도 존재했다.(예7) 이 중 天下 관련 변화는 어휘 의미 확대와 연관되어 있었다.(제3부 8.2.2 참고)

(1) 大器曼(免)成, 大音希聲, 天象亡形. (곽점을12, 통행본41장) 큰 그릇은 이뤄지기를 면하며, 큰 운율은 소리가 희박하고, 큰 형상은 형태가 없다.

(2) <u>天道</u>員員, 各復其根(곽점갑24, 통행본16장) 하늘의 도는 윙윙 돌고 돌며 (만물은) 각자 그 뿌리로 되돌아간다.

(3) 夫<u>天</u>多期違, 而民彌貧. (곽점갑30, 통행본57장) 무릇 하늘이 때를 자꾸 어기면 백성들은 빈곤함이 늘어난다.[1]

(4) 道恒亡(無)名, 樸雖小, <u>天地</u>弗敢臣, 侯王如能守之, 萬物將自貞. (곽점갑18-19, 통행본32장) 도는 언제나 이름이 없다. 투박함은 비록 작은 것이지만 천지는 감히 이를 신하삼지 못한다. 왕이 만일 이를 지킬 수만 있다면 만물은 장차 스스로 질서를 잡아갈 것이다.

(5) 有狀混成, 先天地生, 寂寥, 獨立不改, 可以爲<u>天下</u>母. (곽점갑21, 통행본25장) 섞여서 만들어진 어떤 형태가 있었는데 천지보다 먼저 생겨났다. 고요하게 스스로 존재했으며 자기의 본성을 잃지 않았기에 천하의 어머니가 될 수 있었다.

(6) 返也者, 道動也. 弱也者, 道之用也. <u>天下之物</u>生于有, [有]生于亡. (곽점갑, 통행본40장) 순환은 도의 운동이다. 유약은 도의 효용이다. 천하 만물은 유(有)에서 생기며, (유는) 무에서 생긴다.

(7) 夫亦將知足以靜, <u>萬物</u>將自定(正). (곽점갑13-14, 통행본37장) 다시 말해, (성인이) 장차 정적인 것으로 만족할 수 있다면 만물은 장차 스스로 (질서를) 바로 잡는다.

예문	전국	진	서한		동한	위진	당
	곽점본	백서갑	백서을	북대본	하상공	왕필본	돈황본
(1)	天象	□	天象	天象	大象	大象	大象
(2)	天道	天物	天物	天物	夫物	夫物	夫物

---

[1] 『노자』에서 언급하는 天과 天地는 모두 자연과 관련된 개념이다. 張海英·張松輝(2013)에서는 『노자』에서 말하는 天이라는 개념은 기존에는 통상 자연신을 의미하였지만 인격신 역시 의미한다고 주장하였다. 그렇지만 그들이 天이 인격신을 의미한다고 제시한 『노자』의 장절은 4장, 5장, 73장, 79장 등으로 이는 곽점본에는 모두 존재하지 않는 장절이다. 즉 곽점본 『노자』에서의 天을 인격신으로 풀이할만한 증거는 충분치 않다.

(3)	天	天下	天下	天	天下	天下	天下
(4)	天地	□	天下	天下	天下	天下	天下
(5)	天下	天地	天地	天地	天下	天下	天下
(6)	天下 之物	天□ □□	天下 之物	天下 之物	天下 萬物	天下 萬物	天下 之物
(7)	萬物	天地	天地	天地	天下	天下	天地 天下

6.1.3 인간과 관련된 어휘

侯王은 돈황본에서 王侯로, 士는 백서본에서는 道로, 人은 백서본 이후로 民으로 변화한다.

(1) 道恒亡(無)名, 樸雖小, 天地弗敢臣, 侯王如能守之, 萬物將自貞. (곽점갑18-19, 통행본32장) 도는 언제나 이름이 없다. 투박함은 비록 작은 것이지만 천지는 감히 이를 신하삼지 못한다. 왕이 만일 이를 지킬 수만 있다면 만물은 장차 스스로 질서를 잡아갈 것이다.

(2) 古之善爲士者, 必微妙玄達, 深不可識. (곽점갑8, 통행본15장) 예전에 보좌진(士) 노릇을 잘하는 자는 반드시 그 속이 미묘한 듯 현달한 듯 깊어서 그 속을 잘 알 수가 없었다. 이 때문에 다음과 같이 노래하였다.

(3) 人之敗也, 恒於其且成也敗之. (곽점병12, 통행본64장) 사람이 실패하는 것은 항상 그것이 곧 이뤄지려고 할 때 실패한다.

그 중 예(2)의 사(士)는 곽점본에서는 왕을 보좌하는 보좌진의 의미로 사용되는데 백서본에서 도(道)로 바뀌어 사용되어 있다. 예(3)의 인(人)은 곽점본 『노자』에서는 백성이 아닌 일반적인 사람의 의미를 지닌다. 그렇지만 이러한 인(人) 역시 민(民)으로 바뀌는 등 그 개념이 좁아진다.

예문	전국	진	서한		동한	위진	당
	곽점본	백서갑	백서을	북대본	하상공	왕필본	돈황본
(1)	侯王	□王	侯王	侯王	侯王	侯王	王侯
(2)	士	□	道	士	士	士	士
(3)	人	民	民	民	民	民	民

6.1.4 철학 개념 관련 어휘

후대 판본에서의 체언성 어휘 교체 현상은 愚慮, 美惡, 正臣, 無爲 등의 仁義, 善惡, 忠臣, 無名 등 철학 관련 개념의 변화에서도 발견되었다.(제3부 9.2.1 참고)

(1) 絕愚弃慮, 民复季子. (곽점갑1, 통행본19장) 행위하려는 마음과 사사로운 걱정을 버리면 백성들은 아이처럼 순수한 상태로 돌아간다.

(2) 美與惡, 相去何若? (곽점을4, 통행본20장) 아름다움과 추함이 과연 얼마나 차이가 있는가?

(3) 邦家昏亂, 焉有正臣. (곽점병3, 통행본18장) 국가가 혼란해야만 올바른 신하가 생겨난다.

(4) 道恒亡(無)爲也, 侯王能守之, 而萬物將自愚. (곽점갑13, 통행본37장) 도는 항상 무위한다. 왕이 이를 지킬 수 있다면 만물은 장차 스스로 행위하려는 마음을 지니게 된다.

예문	전국	진	서한		동한	위진	당
	곽점본	백서갑	백서을	북대본	하상공	왕필본	돈황본
(1)	愚慮	仁義	仁義	仁義	仁義	仁義	仁義
(2)	美惡	美惡	美惡	美惡	善惡	善惡	美惡
(3)	正臣	貞臣	貞臣	貞臣	忠臣	忠臣	忠臣
(4)	亡爲	无名	无名	無為	無為	無為	无為 無爲

6.1.5 기타 어휘

그 외에도 法物, 先後, 喪事, 小谷 등에서도 변화가 발견되었다. 이 어휘는 주로 동한 이후의 판본에서 法令, 前後, 凶事, 川谷 등으로 바뀌어 적혀 있었다.

(1) <u>灋物</u>滋章, 盜賊多有. (곽점갑31, 통행본57장) 법령이 많이 늘어날수록 도적들은 많아진다.
(2) 音聲之相和也, <u>先後</u>之相隨也. (곽점갑16, 통행본2장) 운율과 소리는 서로 조화를 이루며 선과 후는 서로 따른다.
(3) 故吉事上左, <u>喪事</u>上右. (곽점병8, 통행본31장) 그러므로 길한 일은 왼쪽을 중시하고 불길한 일에는 오른쪽을 중시한다.
(4) 譬道之在天下也, <u>猷小浴(谷)</u>之与江海. (곽점갑20, 통행본32장) 도가 천하에 존재한다는 것은 작은 계곡물들이 강과 바다와 한데 섞여 어우러지는 것과 같은 이치이다.

예문	전국	진	서한		동한	위진	당
	곽점본	백서갑	백서을	북대본	하상공	왕필본	돈황본
(1)	灋勿	□□	□物	灋物	法令	法令	法物
(2)	先後	先後	先後	先後	前後	前後	先後
(3)	喪事	喪事	□□	喪事	凶事	凶事	喪事
(4)	少浴	□浴	小浴	小谷	川谷	川谷	川谷

6.2 용언성 어휘의 변화

용어성 어휘의 변화는 동사성과 형용사성으로 나누어 살펴보았는데 전자는 曰→謂, 達→通, 居→處, 啟→開 등에서, 후자는 恒→極, 厚→重 등에서 그 변화가 관찰되었다.

6.2.1 동사성 어휘

1) 曰 → 謂

곽점본 『노자』에 사용된 曰이 후대 판본에서 謂로 바뀐 경우는 1회 출현한다. 曰은 통상 VO 구조에 사용되고 謂는 이중목적어 구문에 사용되는 동사이다. 아래 구문은 我가 백성을 가리키는지 성인을 가리키는지 여부 때문에 쟁점이 되었다. 필자는 自라는 글자가 곽점본 『노자』에서 통상 만물이나 백성과 같이 쓰이는 점을 근거로 我는 백성으로 보는 것이 옳다고 여겼다.(제3부 9.1.2 참고)

(1) 成事遂功, 而百姓曰: "我自然也". (곽점병2, 통행본17장) 일이 이뤄지고 그 공이 생기면, 백성은 "내가 스스로 그렇게 한 것이다."라고 말한다.

예문	전국	진	서한		동한	위진	당
	곽점본	백서갑	백서을	북대본	하상공	왕필본	돈황본
(1)	曰	胃	胃	曰	謂	謂	謂

2) 達 → 通

곽점본 『노자』에 사용된 達이 하상공본 이후에서 通으로 바뀐 경우는 1회 출현한다.

(1) 古之善爲士者, 必微妙玄達, 深不可識. (곽점갑8, 왕필본15장) 예전에 보좌진 노릇을 잘하는 자는 반드시 그 속이 미묘한 듯 현달한 듯 깊어서 그 속을 잘 알 수가 없었다.

예문	전국	진	서한		동한	위진	당
	곽점본	백서갑	백서을	북대본	하상공	왕필본	돈황본
(1)	達	達	達	達	通	通	通

3) 居 → 處

곽점본 『노자』에 사용된 居가 하상공본 이후에서 處으로 바뀐 경우는 1회 출현한다.

(1) 是以聖人居亡爲之事, 行不言之教. (곽점갑16-17, 통행본2장) 이 때문에 성인은 무위의 일에 머무르고, 불언의 가르침을 행한다.

이러한 변화는 곽점본에서만의 변화는 아니다. 곽점본에는 그 원형 구문이 존재하지 않지만, 백서본 이후에 추가되는 구문들 중 총 2회의 居가 하상공본 이후에 모두 處로 바뀌어 적혀 있다.

(2) 其在道也, 曰餘食贅行. 物或惡之, 故有道者不處. (왕필본24장) 그 것들은 도에 있어서 먹다남은 밥이나 쓸모없는 행동과 같다. 만물은 이를 싫어하므로 도를 지닌 자는 그곳에 머물지 않는다.

(3) 夫佳兵者不祥之器, 物或惡之, 故有道者不處. (왕필본31장) 좋은 병기는 상서롭지 못한 기물이다. 만물은 이를 싫어하기에 도를 지닌 자는 그곳에 머물지 않는다.

예문	전국	진	서한		동한	위진
	곽점본	백서갑	백서을	북대본	하상공	왕필본
(1)	居	居	居	居	處	處
(2)	구문없음	居	居	居	處	處

| (3) | 구문없음 | 居 | 居 | 居 | 處 | 處 |

4) 啟 → 開

啟가 開로 바뀐 것은 하상공본 이후의 일이다.

    (1) 啓其兌, 賽其事, 終身不勑. (곽점을13, 통행본52장) 그 말을 열고 그 일을 다투면 평생토록 순조롭지 않다.

이러한 변화는 상기 곽점본에서만의 변화는 아니다. 곽점본에는 그 원형 구문이 존재하지 않지만, 백서본 이후에 추가된 구문들 중 동일한 현상이 발견되었다.(총 2회)

    (2) 天門開闔, 能無雌乎. (왕필본10장) 하늘의 문의 열리고 닫힘에 자(雌) 없이 할 수 있겠는가?
    (3) 善閉無關楗而不可開. (왕필본10장) 문단속을 잘 한다면 빗장이 없으면 열지 못한다.

예문	전국	진	서한		동한	위진
	곽점본	백서갑	백서을	북대본	하상공	왕필본
(1)	啟	啟	啟	啟	開	開
(2)	구문없음	啟	啟	啟	開	開
(3)	구문없음	啟	啟	啟	開	開

6.2.2 형용사성 어휘

1) 恒 → 極

곽점본『노자』에는 후대 판본에서 極으로 바뀌어 적힌 恒자가 총 3회 출현한다. 『곽점초묘죽간』 주석서(116쪽 주57, 119쪽 주3)에서는 상기 예문에서의 恒자가 후대 판본에서 모두 極으로 적혀 있는 것을 근거로 恒자의 자형이 極자와 비슷하기에 잘못 쓴 것이라 주장하였다.

(1) 至虛, 恒也; 守中, 篤也. 萬物方作, 居以須復也. (곽점갑24, 통행본 16장) 비어있음에 이르면 오래 유지할 수 있고 비어있음을 지키면 한결같을 수 있다. 만물은 무릇 만들어지기 시작하면 되돌아감을 염두에 두면서 거한다.

(2) 是胃(謂)[重積德, 重積德則無]不克, 無不克則莫智(知)其恒〈亟(極)〉, 莫智(知)其恒〈亟(極)〉可以有邨(國). (곽점을1-2, 통행본59장) 이를 일러 '쌓아둔다(重積德)'라 한다. 쌓아두면 하지 못하는 일이 없다. 하지 못하는 일이 없으니 그 끝을 알 필요가 없다. 그 끝을 알 필요가 없으니 국가를 존치시킬 수 있다.

예문	전국	진	서한		동한	위진	당
	곽점본	백서갑	백서을	북대본	하상공	왕필본	돈황본
(1)	恒	極	極	極	極	極	極
(2)	恒 恒	□ □	□ □	極 極	極 極	極 極	極 極

2) 厚 → 重

곽점본『노자』에는 厚가 총 1회 출현한다. 곽점본에서 厚는 石을 의부로, 毛를 성부로 삼고, 重은 石을 의부로 主를 성부로 삼는다. 즉 厚와 重은 성부가 구분되어 있다. 하지만 상기 구문에서의 厚는 후대 판본에서 모두 重자로 바뀌어 적혀 있다.

(1) 聖人之在民前也, 以身後之; 其在民上也, 以言下之. 其在民上也, 民弗厚也; 其在民前也, 民弗害也. (곽점갑4, 통행본66장) 성인은 백성의 앞에 있는 존재이니 그 몸은 뒤로 하고, 백성의 위에 있는 존재이니 그 말은 낮춰야 한다. (이렇게 하면) 성인이 백성의 위에 있더라도 백성들은 그를 특별하게 여기지 않으며 성인이 백성의 앞에 있더라도 백성들은 그를 해하지 않는다.

예문	전국	진	서한		동한	위진	당
	곽점본	백서갑	백서을	북대본	하상공	왕필본	돈황본
(1)	厚	重	重	重	重	重	重

6.3 기타 변화

어휘의 추가 및 삭제, 어휘순서의 교체가 야기하는 변화 역시 존재했다.

6.3.1 어휘의 추가 및 삭제

1) 爲의 추가 및 삭제

곽점본에서의 일부 善과 學은 후대 판본에서 爲가 추가되어 적혀 있는 경우가 있었다.

(1) 天下皆知美之爲美也, 惡已; 皆知善, 此其不善已. (곽점갑15, 통행본2장) 천하의 모두가 미를 아름답다고 여길 줄 안다면 이는 추함이 있기 때문이다. 천하의 모두가 선이 무엇인지 안다면 이는 불선이 있기 때문이다.

(2) 學者日益, 爲道者日損. (곽점을3, 통행본48장) 배우는 자는 (가진 것이) 나날이 더해질 것이며, 도를 행하는 자는 (가진 것이) 나날이 적어질 것이다.

예문	전국	진	서한		동한	위진	당
	곽점본	백서갑	백서을	북대본	하상공	왕필본	돈황본
(1)	善	善	善	善之為善	善之為善	善之為善	善之為善
(2)	學者	□□□	為學者	為學者	為學	為學	為學

그러나 반대로 爲가 삭제되어 있는 경우도 발견되었다. 아래 예(3)은 조건복문의 종속절에 사용된 '足之爲足'가 북대본 이후의 판본에서 爲가 삭제되어 있는 경우이다.

(3) 知足之爲足, 此恒足矣. (곽점갑6, 통행본46장) 만족 자체가 만족함이 된다는 것을 안다면 항상 만족하게 된다.

예문	전국	진	서한		동한	위진	당
	곽점본	백서갑	백서을	북대본	하상공	왕필본	돈황본
(3)	知足之爲足	□□□□□	□□□□□	智足之足	知足之足	知足之足	知足之足

2) 名의 추가

아래 구문의 '攻述(遂)身退'는 하상공본에서는 '功成名遂身退'으로 사용된다. 名의 추가 현상은 동한 이후의 하상공본과 돈황본에서 발견되었다.

(1) 功述(遂)身退, 天之道也. (곽점갑39, 통행본9장) 성과를 이루면 몸은 물러나는 것이 하늘의 이치이다.

예문	전국	진	서한		동한	위진	당
	곽점본	백서갑	백서을	북대본	하상공	왕필본	돈황본

| (1) | 攻述 | 功述 | 功遂 | 功遂 | 功成名遂 | 功遂 | 名成功遂 功成名遂 |

6.3.2 어휘순서의 교체

아래 용례에서 成功은 하상공본과 왕필본에서 功成으로, 哀悲는 왕필본에서 悲哀로 바뀌어 적혀 있음을 확인할 수 있었다.

(1) 萬物作而弗始也, 爲而弗志也, 成而弗居. (곽점갑17, 통행본2장) 만물이 만들기 시작해도 (성인은) 시작할 마음을 지니지 않으며, (만물이) 행위하더라도 (성인은) 뜻을 두지 않으며 (만물이) 이룬다 하더라도 (성인은) 머무르지 않는다.

(2) 故殺[人衆], 則以衾(哀)悲莅之; 戰勝則以喪禮居之. (곽점병9-10, 통행본31장) 그러므로 살인을 많이 했다면 비통한 마음으로 이를 슬퍼하고 전쟁에서 승리했다면 상례를 따라야 한다.

예문	전국	진	서한		동한	위진	당
	곽점본	백서갑	백서을	북대본	하상공	왕필본	돈황본
(1)	成	成功	成功	成功	功成	功成	成功 功成
(2)	衾悲	悲依	□□	悲哀	悲哀	哀悲	悲哀

제7장 제 판본의 문자학적 차이

제 판본의 문자학적인 차이는 분화자와 피휘자로 나누어 살펴보겠다.

7.1 분화자

魏培泉(2003)에서는 상고중국어 시기에 하나의 어휘가 명사와 동사로 사용될 경우 통사적 수단이나 어음적 수단을 통해 구분하기도 했다고 지적했었다.[1] 그러나 곽점본에서는 자형에 의부를 추가하는 방식으로 그 의미를 구분한 흔적이 존재한다. 하나의 글자에서 분화되어 사용되는 글자를 우리는 분화자(分化字)라 한다. 곽점본에 출현하는 분화자는 그 이후 시기와는 다르게 의부(意符)가 의미를 구체화시키는 경우가 많았다.[2] 아래에서는 心부, 貝부, 示부, 水부를 중심으로 하여 관련 논의를 진행해 보겠다.[3]

---

1) 그는 다음과 같이 언급했다. "선진 시기에는 명사가 '술어'(즉 VP의 중심사)로 사용되거나 동사가 명사로 사용될 경우 통상 소리를 달리해서 구분하였다. 그렇지만 소리로 구별하지 않고 명사가 동사로, 혹은 동사가 명사로 사용되는 경우도 많았다. 상고중국어 시기에는 하나의 자형이 각기 다른 어휘를 나타내는 경우가 많았다. 하나의 자형이 각기 다른 어휘 기능을 지닐 경우 그들은 통사적인 수단으로 기능의 차이를 구별하기도 했다."
2) 의부(意符) 관련 개념은 裘錫圭 『文字學槪要』 제2장 한자의 특성(漢字的性質) 참조.
3) 이 분화자들은 후대에 대부분 삭제되었다. 이와 관련한 자세한 논의는 제3부 8.3 참고.

7.1.1 心부 추가

1) 愄(畏)

아래 예(1)과 (2)의 畏는 心부를 덧붙여 愄로 사용되지만 후대 판본에서는 모두 畏로 바꾸어 적혀 있다.

(1) 豫乎如冬涉川, 猶乎其如愄四鄰. (곽점갑8-9, 통행본15장) 겨울에 개울을 건너듯 조심스럽고, 사방의 이웃을 두려워하듯 신중하다.

(2) 大(太)上, 下知有之 ; 其次, 親譽之 ; 其次, 愄之 ; 其次, 侮之. (곽점병1, 통행본17장) 최상의 존재는, 아래에서는 그가 존재한다는 사실만을 알 뿐이다. 그 다음의 존재는, (아래에서는) 그를 가까이 여기고 칭찬한다. 그 다음의 존재는, (아래에서는) 두려워한다. 그 다음의 존재는, (아래에서는) 업신여긴다.

예문	전국	진	서한		동한	위진	당
	곽점본	백서갑	백서을	북대본	하상공	왕필본	돈황본
(1)	愄	畏	畏	畏	畏	畏	畏
(2)	愄	畏	畏	畏	畏	畏	畏

2) 惥(易)

곽점본 『노자』에는 '쉽게 여겨진다'는 의미의 易이 총 2회 등장하는데 모두 心자를 의부로 삼고 있다. 아래 두 자형은 후대 판본에서 모두 心부가 삭제된 채로 易자로 바뀌어 적혀 있다.

(1) 多惥必多難. 是以聖人猷難之, 故終亡難. (곽점갑14-15, 통행본63장) 많이 쉽다고 여겨지는 것은 반드시 많이 어려운 법이다. 그러므로 성인은

그래도 어렵게 여긴다면 결국에는 어려움이 없을 것이다.

(2) 有亡(無)之相生也, 戁戁之相成也. (곽점갑15-16, 통행본2장) 유무는 상생하고 어려움과 쉬움은 같이 이뤄진다.

예문	전국	진	서한		동한	위진	당
	곽점본	백서갑	백서을	북대본	하상공	왕필본	돈황본
(1)	戁	易	易	易	易	易	易
(2)	戁	易	易	易	易	易	易

3) 戁(難)

곽점본 『노자』에는 어렵다는 의미의 難이 총 6회 등장하는데 土자를 수반하는 경우 3회, 心자를 의부로 삼고 있는 경우 2회, 그리고 難자 그대로 사용되는 경우 1회였다. 이 자형은 후대 판본에서 모두 難자로 적혀 있다. 아래는 心자를 의부로 수반한 경우의 용례이다.

(1) 有亡之相生也, 戁戁之相成也. (곽점갑15-16, 통행본2장) 유무는 상생하고 어려움과 쉬움은 같이 이뤄진다.

(2) 是以聖人欲不欲, 不貴戁得之貨; 學不學, 復衆之所過. (곽점병 12-13, 통행본64장) 그래서 성인이 불욕하고자 하면 구하기 힘든 물건을 귀하게 여기지 않게 되고, 불학하고자 하면 많은 잘못된 일들은 원래 자리로 되돌아가게 될 것이다.

예문	전국	진	서한		동한	위진	당
	곽점본	백서갑	백서을	북대본	하상공	왕필본	돈황본
(1)	戁	難	難	難	難	難	難
(2)	戁	難	難	難	難	難	難

4) 㦲(哀)

곽점본『노자』에는 哀라는 의미의 한자가 총 1회 등장하는데 心부를 수반하여 㦲로 적혀 있다. 이 자형은 후대 판본에서 모두 哀자로 적혀 있다.

(1) 故殺[人衆], 則以㦲悲泣之; 戰勝則以喪禮居之. (곽점병9-10, 통행본31장) 그러므로 살인을 많이 했다면 비통한 마음으로 이를 슬퍼하고 전쟁에서 승리했다면 상례를 따라야 한다.

예문	전국	진	서한		동한	위진	당
	곽점본	백서갑	백서을	북대본	하상공	왕필본	돈황본
(1)	㦲	哀	哀	哀	哀	哀	哀

5) 愚(爲)

곽점본『노자』에는 爲자 외에도 心부를 수반한 愚자가 출현한다. 즉 곽점본에서는 爲 자형과 心부가 추가된 愚 자형, 蚰부가 추가된 蠶 자형 등 세 자형으로 나뉘어져 있다.

(1) 絕知棄辯, 民利百倍. 絕巧棄利, 盜賊無有. 絕愚棄慮, 民復季子. (곽점갑1, 통행본19장) 앎과 말재주를 버리면 백성의 이익이 백배가 된다. 술수와 이익을 버리면 도적은 사라진다. 행하려는 마음과 사사로운 걱정을 버리면 백성들은 아이처럼 순수한 상태로 돌아간다.

(2) 道恒亡(無)爲也, 侯王能守之, 而萬物將自愚. 愚而欲作, 將貞之以亡(無)名之樸. (곽점갑13, 통행본37장) 도는 언제나 무위하기에 왕이 이를 지킬 수 있다면 만물은 장차 스스로 행하려는 마음을 지니게 된다. (만물이) 행하려는 마음을 지닌 후에는 행동하려 하며, 이 행동은 결국 무명의 투박함으로 바로잡는다.

(3) 我亡爲而民自蠹. (곽점갑32, 통행본57장) 나는 무위하는데 백성들은 스스로 하고자 한다.

그러나 이러한 차이는 후대 판본에서는 모두 사라진다. 愚와 蠹는 후대 판본에서 모두 다른 자형으로 바뀌어 적혀 있는데 명사성 성분으로 사용된 愚는 仁으로(예1), 동사성 성분으로 사용된 愚와 蠹는 化로 바뀐다.(예2, 예3)

예문	전국	진	서한		동한	위진	당
	곽점본	백서갑	백서을	북대본	하상공	왕필본	돈황본
(1)	愚	仁	仁	仁	仁	仁	仁
(2)	愚 愚	愚 愚	化 化	化 化	化 化	化 化	化 化
(3)	蠹	化	化	化	化	化	化

7.1.2 貝부 추가

곽점본 『노자』에는 '재물을 얻는다'와 '재물을 잃는다'라는 의미가 각각 貢과 頁 자형으로 사용된다. 이 자형은 후대 판본에서 각각 得과 亡자로 적혀 있다.[4] 또한 재물을 나타내는 費와 藏 의미의 글자도 貝부를 수반하여 사용된다.

(1) 名與身孰親? 身與貨孰多? 貢(得)與頁(亡)孰病? 愛必大賢(費), 厚賢(藏)必多頁(亡). (곽점갑35-36, 통행본44장) 이름과 몸 중 어떤 것이 더 친근한가? 몸과 재물 중 어떤 것이 더 많은가? (재물을) 얻고 잃음 중 어떤

---

[4] 곽점본 『노자』에는 得을 나타내는 자형이 㝵과 貢 두 자형이 사용되는데 전자는 일반적인 '얻다'는 의미이고 후자는 '재물을 얻다'의 의미로 구분되어 사용된다.

것이 더 근심인가? (재물은) 아끼면 반드시 크게 잃는다. (재물은) 깊이 감춰 둘수록 반드시 더 많이 잃는다.

예문	전국	진	서한		동한	위진	당
	곽점본	백서갑	백서을	북대본	하상공	왕필본	돈황본
(1)	貢 貢 賀 賢 貢	得 亡 □ 藏 亡	□ □ □ 藏 □	得 亡 費 藏 亡	得 亡 費 藏 亡	得 亡 費 藏 亡	得 亡 費 藏 亡

7.1.3 示부 추가

곽점본『노자』에는 畏를 나타내는 자형이 心부를 수반한 자형 외에도 示부를 수반한 禔 자형도 존재한다. 이 자형도 후대 판본에서는 畏자로 바뀌어 적혀 있다.

　(1) 人之所禔, 亦不可以不禔人. (곽점을5, 통행본20장) 사람들이 경외하는 자는 그 또한 사람들을 경외하지 않을 수 없다.

예문	전국	진	서한		동한	위진	당
	곽점본	백서갑	백서을	북대본	하상공	왕필본	돈황본
(1)	禔 禔	畏 畏	畏 畏	畏 畏	畏 畏	畏 畏	畏 畏

7.1.4 水부 추가

곽점본에는 총 5회의 浴자가 출현하는데 모두 계곡물을 나타내고 있다. 이 자형은 동한 이후의 판본에서 모두 谷자로 바뀌어 있다.

(1) 江海所以爲百浴王, 以其能爲百浴下, 是以能爲百浴王. (곽점갑 2-3, 통행본66장) 강과 바다는 여러 계곡물의 왕이 되는데 이는 여러 계곡물보다 낮은 곳에 있음으로 인해서이다. 이 때문에 여러 계곡물의 왕이 될 수 있는 것이다.

(2) 譬道之在天下也, 猷小浴之与江海. (곽점갑20, 통행본32장) 도가 천하에 존재한다는 것은 작은 계곡물들이 강과 바다와 한데 섞여 어우러지는 것과 같은 이치이다.

(3) 上德如浴, 大白如辱. (곽점을11, 통행본41장) 위는 계곡 아래와 유사하고, 아주 희다는 것은 더러운 것과 유사하다.

예문	전국 곽점본	진 백서갑	서한 백서을	서한 북대본	동한 하상공	위진 왕필본	당 돈황본
(1)	浴 浴 浴	浴 - 浴	浴 - 浴	谷 - 谷	谷 - 谷	谷 - 谷	谷 - 谷
(2)	浴	浴	浴	谷	谷	谷	谷
(3)	浴	□	浴	谷	谷	谷	浴

곽점본『노자』, 특히 갑본에는 谷부를 수반하는 자형이 浴, 谷, 欲이 출현하는데, 이는 후대에서의 자형과 다르므로 주의를 요한다. 즉 浴자는 후대에 谷(계곡)으로 바뀌었고, 谷/雒자는 후대에 欲(조동사/동사)으로, 欲자는 후대에 慾(명사)로 바뀌었다. 즉, 곽점본에서는 조동사나 동사로 쓰이는 欲과 명사로 사용되는 慾(욕심)의 자형을 구분해서 사용한다는 특징이 있다.

7.2 피휘자

1) 恒에서 常으로

곽점본에는 恒이 후대 판본에서 常으로 바뀌어 적혀 있는 경우가 총 4회 출현한다.

(1) 道恒亡(無)名, 樸雖小, 天地弗敢臣, 侯王如能守之, 萬物將自貞. (곽점갑18-19, 통행본32장) 도는 언제나 이름이 없다. 투박함은 비록 작은 것이지만 천지는 감히 이를 신하삼지 못한다. 왕이 만일 이를 지킬 수만 있다면 만물은 장차 스스로 질서를 잡아갈 것이다.

(2) 道恒亡(無)爲也, 侯王能守之, 而萬物將自愚. (곽점갑13, 통행본37장) 도는 항상 무위한다. 왕이 이를 지킬 수 있다면 만물은 장차 스스로 행하려는 마음을 지니게 된다.

(3) 罪莫厚乎甚慾, 咎莫險乎欲得, 禍莫大乎不知足. 知足之爲足, 此恒足矣. (곽점갑5-6, 통행본46장) 과한 욕심보다 더한 죄는 없고, 얻고자 하는 것보다 더 위험한 우환은 없으며, 만족을 모르는 것보다 더 큰 화는 없다. 만족 자체가 만족함이 된다는 것을 안다면 항상 만족하게 된다.

(4) 人之敗也, 恒於其且成也敗之. (곽점병12, 통행본64장) 사람이 실패하는 것은 항상 그것이 곧 이뤄지려고 할 때 실패한다.

상기 예문에서의 恒은 모두 부사로 사용되고 있다. 상기 恒자는 하상공본 이후로는 모두 常으로 바뀌어 있다. 이는 피휘 현상과 관련되어 있었다.(제3부 9.3 참고)

예문	전국	진	서한		동한	위진	당
	곽점본	백서갑	백서을	북대본	하상공	왕필본	돈황본
(1)	恒	恒	恒	恒	常	常	常
(2)	恒	恒	恒	恒	常	常	常
(3)	恒	恒	恒	恒	常	常	常
(4)	恒	恒	恒	恒	常	常	常

2) 邦에서 國으로

곽점본『노자』에는 총 6회의 邦이 출현한다.

(1) 以正治邦, 以奇用兵, 以亡事取天下. (곽점갑29-30, 통행본57장) 정도로써 하면 나라가 다스려지고, 묘책을 사용하면 군사를 부릴 수 있지만, 아무 일도 안하면 천하를 얻게 된다.

(2) 修之邦, 其德乃奉. (곽점을17, 통행본54장) 잘 닦인 국가는 풍성하다.

(3) [以家觀]家, 以鄕觀鄕, 以邦觀邦, 以天下觀天下. (곽점을17-18, 통행본54장) 잘 닦인 집의 모습으로 집을 다스리고, 잘 닦인 고을의 모습으로 고을을 다스리고, 잘 닦인 국가의 모습으로 국가를 다스리고, 잘 닦인 천하의 모습으로 천하를 다스린다.

(4) 邦家昏[亂], 焉有正臣. (곽점병3, 통행본18장) 국가가 혼란해야만 올바른 신하가 생겨난다.

(5) 夫天多期違, 而民彌貧. 民多利器, 而邦滋昏. (곽점갑30-31, 통행본57장) 무릇 하늘이 때를 자꾸 어기면 백성들은 빈곤함이 늘어난다. 백성들이 예리한 기구를 많이 지니면 국가는 혼란이 가중된다.

상기 예문에서의 邦은 서한 이후의 판본에서 모두 國으로 바뀌어 있다. 邦이 國으로 바뀌어 적혀 있는 이유는, 기존 연구에서 다수의 학자들이 지적했듯이 한(漢) 고조(高祖)의 이름인 邦을 피휘하기 위해서이다.(제3부 9.3 참고)

예문	전국	진	서한		동한	위진	당
	곽점본	백서갑	백서을	북대본	하상공	왕필본	돈황본
(1)	邦	邦	國	國	國	國	國
(2)	邦	□	國	國	國	國	國

(3)	邦邦	邦邦	□國	國國	國國	國國	國國
(4)	邦	邦	國	國	國	國	國
(5)	邦	邦家	□□	國家	國家	國家	國家

제3부

곽점본 『노자』 원문의 후대에서의 변화 양상

[내용 요약]

제3부에서는 제2부에서 도출한 『노자』 제 판본 간 언어문자 차이에 대한 원인을 살펴보았다.[1] 제 판본 간 차이에는 중국어 변천 현상이 반영되어 있는 경우도 있었고 그 이외의 변화가 반영되어 있는 경우도 있었다.

그 중 언어학적인 차이는 병렬구조에서 수식구조로 언어유형의 변화, 일부 허사 어법기능의 변화, 명사표지의 소멸, 접속사의 교체, 단음절에서 다음절로의 변화, 어휘 의미 확대, 의부의 소멸 등의 변화가 반영되어 있었다.

언어학 외적인 변화는 노자라는 저자의 출현, '백성'에서 '성인'으로 자발성 주체에 대한 인식의 변화, 일부 어휘의 유가 개념으로의 변화, 피휘제도 등의 현상이 반영되어 있었다.

---

1) 그러나 제2부에서 묘사한 언어문자학적 차이에 대한 원인을 제3부에서 전부 다 밝혀내지는 못했다. 향후 이에 대한 보완이 지속적으로 이뤄질 수 있기를 희망한다.

제8장 언어학적 변화 양상

언어학적 변화는 통사, 어휘, 문자학적인 변화로 나누어 살펴볼 수 있었다.

8.1 통사적 차이에 반영된 변화

통사적 차이에는 병렬구조에서 수식구조로 언어유형의 변화, 명사표지의 소멸, 일부 허사의 기능 변화 등 현상이 반영되어 있었다.

8.1.1 통사구조의 변화: 병렬구조에서 수식구조로[1]

중국어는 병렬구조에서 수식구조로의 변천을 겪는데[2] 『노자』제 판본에도 이러한 변화의 흔적이 반영되어 있었다.

1) 병렬접속사 而의 삭제

선진 시기에 而자는 접속사 용법으로 활발하게 사용되지만 동한 이후에 접어들면 사용량이 대폭 감소한다. 梅廣(2015:제5장)에서는 병렬접속사

---

1) 이 장절의 일부 내용은 조은정(2019) 참고.
2) 梅廣(2015:제5장)은 이에 대해 "중국어사적인 관점에서 본다면 중국어 통사는 병렬에서 수식으로 발전하는 추이를 지닌다. 상고중국어는 병렬구조를 위주로 삼는 언어이지만 중고 이후의 중국어는 수식구조를 위주로 삼는 언어로 변한다."라고 언급한 바 있다.

而의 변천에 대해 다음과 같이 언급한 바 있다.

　　상고중국어는 의미무표(語義無標, semantically unmarked)적인 병렬접속사 而를 발전시키는데 이는 병렬구조를 위주로 삼는 언어의 특징을 상당히 잘 설명해주고 있는 현상이다. …… 접속사 而는 춘추시기에서 서한시기까지 700년간 전성기를 맞는데 이 시기의 중국어는 병렬을 위주로 하는 구조적인 특징이 상당히 명확하게 드러난다. 그 이후 而는 쇠락하기 시작한다.

　　魏培泉(2003)에서도 'V+而+V' 구조에서의 병렬접속사 而이 중고중국어 시기에 그 사용량이 대폭 감소한다는 점을 지적하였으며 楊榮祥(2010)에서는 통계를 통해 而자는 동한 시기부터 쇠퇴의 길에 접어드는데 실제 구어에서는 이미 거의 사용되지 않았을 것이라 추측하였다. 이러한 현상은 『노자』제 판본에서도 확인된다. 아래 용례를 보자.

　　(1) 視之不足見, 聲之不足聞, 而不可既也. (곽점병5, 통행본35장) 보아도 보이지 않고 들어도 들리지 않지만 오히려 다 쓰지 못한다.
　　(2) 道恒亡(無)爲也, 侯王能守之, 而萬物將自愨. (곽점갑13, 통행본37장) 도는 언제나 무위하기에 왕이 이를 지킬 수 있다면 만물은 스스로 행하려는 마음을 지니게 된다.
　　(3) 民多利器, 而邦滋昏. (곽점갑30-31, 통행본57장) 백성들이 예리한 기구를 많이 지니면 국가는 혼란이 가중된다.
　　(4) 人多知而奇物滋起. (곽점갑31, 통행본57장) 사람들이 지혜를 많이 사용할수록 기이한 사물이 많이 생긴다.
　　(5) 成事遂功, 而百姓曰我自然也. (곽점병2, 통행본17장) 일이 이뤄지고 그 공이 생기면, 백성은 "내가 스스로 그렇게 한 것이다."라고 말한다.

예(1)-(5)는 전부 접속사 而자가 두 문장 이상의 구문을 연결하는 기능으로 사용된 용례이다. 접속사 용법의 而자는 진한 이후, 특히 동한 이후의 판본에서 대부분 삭제되어 있었다. 이러한 삭제 현상은 병렬구조에서 수식구조로의 통사구조의 전환을 일정정도 반영하고 있다고 볼 수 있다.

예문	전국	진	서한		동한	위진	당
	곽점본	백서갑	백서을	북대본	하상공	왕필본	돈황본
(1)	而	-	-	-	-	-	-
(2)	而	-	-	-	-	-	-
(3)	而	而	□	而	-	-	-
(4)	〈而〉	而	□	而	-	-	-
	-		□	而	而		
(5)	而	而	而	-	-	-	-

상기 현상은 아래 조건복문 구조의 변화에서도 일정 부분 드러난다. 조건복문도 병렬구조에서 수식구조로의 변화를 겪는데 이러한 변화의 흔적이 『노자』제 판본에서도 확인된다.

2) 此의 조건복문에서의 삭제

此는 춘추전국 시기에 근칭을 나타내던 지시사로, 주어와 관형어, 목적어 등의 성분으로 사용되었다. 조은정(2017)에 따르면 곽점본『노자』에는 총 4회의 此가 등장하는데 그 중 관형어로 사용된 1회를 제외하면 나머지 3회는 조건복문의 주절에 사용된다.[3]

---

3) 예(1)-(3)의 용례는 조은정(2017)의 예(11)-(13)을 재인용한 것이며 번역 내용은 일부 수정되었다.

(1) a. 臨事之紀, 愼終如始, 此亡(無)敗事矣. (곽점갑11, 통행본64장) 일에 임할 때, 마무리도 첫 시작 때처럼 삼간다면 실패하지 않을 것이다.

b. 愼終若始, 則無敗事矣. (곽점병12, 통행본64장) 마무리도 첫 시작 때처럼 삼간다면 실패하지 않을 것이다.

(2) 知足之爲足, 此恒足矣. (곽점갑6, 통행본46장) 만족 자체가 만족함이 된다는 것을 안다면 항상 만족하게 된다.

곽점본에 사용된 상기 구문은 모두 조건복문 구조이다. 예(1)의 '愼終如始, 此無敗事矣', 예(2)의 '知足之爲足, 此恒足矣'는 각각 '마무리도 첫 시작 때처럼 삼간다면', '만족 자체가 만족함이 된다는 사실을 안다면'이라는 조건종속절에 대한 각각의 결과인 일을 함에 있어 실패가 없을 것이며, 항상 만족하게 될 것이라는 내용을 서술하고 있다.

상기 용례들은 모두 동일한 통사적 조건을 지니고 있다. 즉 此는 모두 조건복문 주절의 주어 위치에 놓여 있다. 그러나 이 자리에 놓인 此는 진한 이후의 판본에서는 삭제되거나 타 품사로 교체되어 있다.

예문	전국	진	서한		동한	위진	당
	곽점본	백서갑	백서을	북대본	하상공	왕필본	돈황본
(1)	a. 此 b. 則	則	則	則	則	則	則
(2)	此	—	□	—	—	—	—

조은정(2017)에서도 밝혔듯이 이러한 此의 통사 위치는 주어 외에도 부사, 접속사 등이 놓일 수 있는 자리이다.[4] 조건복문 주절의 주어 자리에 此

---

[4] 武振玉(2007)에 따르면 則이 조건복문에서 조건절과 결과절을 이어주는 순접 접속사로 활용되기 시작한 것은 서주 시기 청동기 명문에서부터 그 흔적이 발견된다 한다.

가 사용된 이런 용례는 『노자』 이외의 여타 곽점본 문헌에도 간혹 보인다. 이 때문에 일부 학자는 此를 접속사로 여기기도 하였다.[5] 그러나 此의 접속사 용법은 출토문헌에서도 일반적인 용법은 아니며 그 수량도 제한적이다. 이 때문에 이 此를 접속사로 보기에는 무리가 있다. 본서에서는 이 此는 접속사가 아닌 주어로 사용된 것이며 조건복문 주절에서의 이러한 특수 용법은 병렬구조를 주유형으로 삼았던 선진 시기 언어의 특징과 연관되어 있다고 여긴다. 徐式婧(2017)에 따르면 조건복문도 병렬구조에서 수식구조로의 변천을 겪는다.[6] 이 此가 후대 판본에서 사라진 원인은 바로 조건복문 구조의 변천과 연관되어 있다. 즉 『노자』 제 판본에 반영된 상기 此의 후대 판본에서의 삭제 현상은 조건복문의 통사구조가 병렬구조에서 수식구조로 변화하면서 주절의 주어가 삭제되는 언어 변화의 흐름을 반영한 결과였으며[7] 이러한 변천의 결과가 바로 『노자』 제 판본에 반영되어 있던 것이다.

8.1.2 어법기능의 변화: 기능의 확대 및 통합

일부 품사의 어법기능 변화는 可以→可, 弗→不, 已→矣 등의 교체 현상과 개사 于/於 삭제를 통해 살펴볼 수 있었다.

---

5) 張鈺(2008)「郭店楚簡"斯""此""安"的連詞用法考察」, 『河北師範大學學報』 第5期 참고.
6) 徐式婧(2017)의 연구결과를 살펴보면 조건복문도 서주 시기에는 표지를 수반하지 않는 병렬구조(Parataxis, 并列構式)가 상용되지만 춘추전국 이후에 주절에 접속사를 사용하는 병렬-수식구조(Sub-Parataxis, 次級并列構式)가 증가하고 다시 동한 이후에 접어들면서 병렬구조는 쇠퇴하고 수식구조(Hypotaxis, 主從構式)에게 그 자리를 내어주고 있음을 알 수 있다.
7) 이러한 경향은 『노자』 제 판본 이외에 다른 곳에서도 드러나는데 조은정(2017)에서의 관찰에 따르면 此는 서한 이후의 출토문헌에서는 주로 NP술어의 주어로만 사용되지, 조건문의 주절에서 VP술어의 주어로 사용된 경우는 드물다.

1) 可以에서 可로의 교체: 可 기능의 확대

可以와 可는 선진 시기에 조동사로 사용되었는데[8] 기존 연구에 따르면 선진 시기에 可는 피동의 의미를 지닌 문장에, 可以는 주동문에 사용되었다.[9] 魏培泉(2003)에서는 선진 시기의 可는 통상 'NP+可V' 구조에 사용되며 NP는 V의 수령자(受事)라고 지적하였다. 池昌海(2004)에서는 이 외에도 可以 뒤의 동사는 주로 목적어를 수반하지만 可는 그렇지 못하며, 可는 단일동사나 가정복문에서의 종속절, 혹은 의문을 나타낼 때에도 사용 가능하지만 可以는 그렇지 못하다고도 지적하였다.

곽점본『노자』에 출현하는 총 9회의 可는 전부 '不可+V' 형식으로 사용되었는데 이때 V는 전부 단일동사의 형식을 취하고 있었다. 可以는 총 7회 출현하는데 '(不)可以+VP' 형식에만 사용되는 등 VP는 전부 목적어를 수반하고 있었다.[10] 즉 곽점본에서의 可以와 可는 기존 연구에서의 지적처럼 그 기능이 명확히 구분되어 있었다. 그러나 이 중 아래에 제시된 총 4회의 可以가 왕필본에서 可로 바뀐다.

---

8) 可는 이 외에도 학자별로 동사와 형용사로도 사용 가능하다고 여기는 경우,(劉利「先秦助動詞"可"的句法語義功能考察」『四川大學學報』第4期, 1996) 부사와 명사로도 사용 가능하다고 여기는 경우,(杜新艷「『韓非子』中的"可"」『殷都學刊』第4期, 2000) 등이 있다. 선진 시기의 可以는 以개사구가 목적어를 수반하는 '可+以' 구조와 조동사 '可以'로 나뉘는데 기존 연구는 선진 시기에 조동사 可以가 존재했었는지, 조동사 可以와 '可+以'의 관계는 어떠한지 등에 집중되어 있는 편이다.(楊世勤「古漢語助動詞研究綜述」『菏澤學院學報』第6期, 2007)
9) 大西克也(2008)에 서술된 기존 연구 참조.
10) 可以는 단 1회만 '不可以+VP' 형식으로 사용되었으며 6회는 '可以+VP' 형식을 취하고 있었다. 이 외에도 앞뒤 죽간이 손상되어 그 정확한 문자를 파악하기는 힘들지만 후대의 용례로 추측해 보건대 '不可以'로 사용된 용례가 1회 더 존재하기는 한다. 가령 상기 용례에서 '夫樂[殺人, 不可以得志於天下」(곽점병7-8) 무릇 살인을 즐긴다면 천하에서 그 뜻을 얻지 못할 것이다.'는 왕필본에서 '夫樂殺人者, 則不可得志於天下矣. (왕필본31장)'라 적혀 있다. 즉 곽점본『노자』에서 可는 不可 형식으로만 사용되지만 可以는 不可以와 可以 형식 모두에 사용된다.

(1) [故貴爲身於]爲天下, 若可以託天下矣. (곽점을7-8, 통행본13장) 그러므로 천하를 위해 무언가를 할 때 내 몸을 위하듯 귀하게 여기면 (그 사람에게) 천하를 맡길 수 있을 것이다.

(2) 愛以身爲天下, 若可以寄天下矣. (곽점을8, 통행본13장) 내 몸을 사랑하는 마음으로 천하를 위한다면 (그 사람에게) 천하를 위탁할 수 있을 것이다.

(3) 人之所猥, 亦不可以不猥人. (곽점을5, 통행본20장) 사람들이 경외하는 자는 그 또한 사람들을 경외하지 않을 수 없다.

(4) 夫樂[殺人, 不]可以得志於天下. (곽점병7-8, 통행본31장) 무릇 살인을 즐긴다면 천하에서 그 뜻을 얻지 못할 것이다.

앞서 언급했듯이 선진 시기 可 뒤에는 피동동사와 단일동사가, 可以 뒤에는 주동동사와 목적어를 수반한 VP구조가 수반된다고 여겨진다. 그렇지만 상기 용례에서의 可以는 왕필본에서는 전부 可로 바뀌어 적혀 있다. 즉 왕필본에서는 可 뒤에 VP가 수반되어 있고 주요동사는 주동의 의미를 그대로 지니는 형태로 바뀌어 있는 것이다. 다시 말해, 可는 선진 시기에는 可以와 구분되어 사용되었지만 왕필본 이후에는 可以의 용법으로도 사용되었던 것이다.

그렇다면 이러한 변화는 언제 발생한 것일까? 아래 『노자』제 판본을 살펴보면 可以가 可로 교체 사용된 시기는 동한 이후의 판본에서부터이다.

예문	전국	진	서한		동한	위진	당
	곽점본	백서갑	백서을	북대본	하상공	왕필본	돈황본
(1)	可以	可以	可以	可以	可	可	可
(2)	可以	何以	可以	可以	可	可	可
(3)	可以	□□	可以	可以	可	可	可
(4)	□以	可以	可以	可以	可	可	可

이를 통해 적어도 동한 이후에는 可가 可以의 용법으로도 사용되었음을 알 수 있다. 그렇지만 이러한 변화의 시작은 좀 더 이른 시기에 발생한 듯하다. 魏培泉(2003)에서는 전국 후기부터 시작해 '可V' 구조 뒤에 또 다른 목적어가 수반 가능해지며 可의 용법은 可以와 혼용되기 시작한다고 지적한다. 大西克也(2008)가 제시한 용례에 따르면 可以는 진대(秦代)의 수호지진간(睡虎地秦簡)과 『사기』에서 이미 可로 생략 사용되기 시작한다. 즉 전국 후기부터 可자는 可가 원래 지닌 기능뿐만 아니라 可以의 기능 역시 흡수하게 된 것이다.[11] 이러한 흐름은 동한 이후까지 이어진다. 丁建川(2007:100-1)의 고찰에 따르면『세설신어』에서는 조동사 可가 147회, 可以가 11회 사용되는데 그 중 可는 수령자 주어와 행위자 주어 모두를 수반 가능하지만 可以는 수령자 주어를 수반 불가능하다 하였다. 동한 이후에는 可가 원래의 기능에서 확장되어 可以의 기능까지 흡수하여 이 시기의 주요 조동사로 사용되고 있었던 것이다. 그리고 이러한 可 기능의 변천 결과는 『노자』제 판본에 반영되어 있었던 것이다.

2) 개사 '于/於' 삭제[12]: 于 기능의 소멸

'于/於'는 뒤에 장소나 대상 등을 수반하는 선진 시기의 대표적인 개사이다. 곽점본에 쓰인 於자가 후대 판본에서 삭제되어 있는 경우는 2회였다.

(1) 以道佐人主者, 不欲以兵强於天下. (곽점갑6-7, 통행본30장) 도로

---

11) 그러나 魏培泉(2003)에서는 그 원인을 可의 기능의 확대가 아닌 다음절화의 증가, 可以의 용법이 可보다 훨씬 더 광범위해서 可以 용법이 증가한 것이라고 여겼다. 이 점이 본고의 관점과는 다르다.
12) 조은정(2015)에서 발췌 및 수정.

왕을 보좌하는 자는 천하 만물에 군사로 강제하지 않는다.

(2) 上士聞道, 僅能行於其中. (곽점을9, 통행본41장) 유능한 사는 도를 들으면 그 중에서 행할 수 있는 것을 근근이 행한다.

아래 표를 보면 알 수 있지만 예(1)의 於는 동한 이후에, 예(2)의 於는 백서본 이후에 삭제되어 있다.

예문	전국	진	서한		동한	위진	당
	곽점본	백서갑	백서을	북대본	하상공	왕필본	돈황본
(1)	於	□	於	於	-	-	-
(2)	於	□	-	-	-	-	-

'于/於'의 후대 판본에서의 삭제는 중국어사적인 관점에서 보면 방위사의 사용, 다른 개사의 출현, 개사 '于/於'의 어법기능 상실, 개사구의 전치 현상 등과 맞물려 있다. 李崇興(1992)에 따르면 '于/於+처소명사' 구조는 서한 이후에 '처소명사+방위사' 구조로 변하게 된다. 그는 방위사가 수반된 이후 '于/於'를 쓰지 않은 이유는 於에 더 이상 의존할 필요가 없어졌기 때문이라 설명하였다.[13] 張赬(2002) 역시 통시적인 시각에서 개사구 어순의 변천 과정을 논한 후 선진 시기에 '于/於' 개사구는 술어 뒤로 후치되는 것이 전형적인 어순이었으나 동한 이후 술어 앞으로 전치되기 시작하였고 위진남북조 시기에 접어들면 다른 개사의 출현으로 점점 무대에서 사라지게 되었다고 언급하였다.[14] 梅廣(2015:제8장)에서는 여기에서 한걸음 더 나아가 '于

---

13) 李崇興(1992)「處所詞發展歷史的初步考察」『近代漢語研究』, 商務印書館.
14) 張赬(2002)『漢語介詞短語詞序的歷史演變』, 北京語言文化大學出版社. 이러한 선진 시기 '于+처소' 구조의 후치 어순에 대해 蔣紹愚(1999)에서는 중국어의 기본어순은 도상성을 따르고 있지만 선진 시기 '于' 개사구에 한해서 자의성 원칙을 준수하고 있기 때문이라고 설명했다.

/於'가 표현했던 각종 기능을 더 이상 개사 '于/於'가 표현하지 않게 되면서 동한 이후에 소멸하게 된 것이라 지적하였다. 즉 곽점본에서의 '於'가 후대 판본에서 점진 감소된 이유는 중국어사 변천이 반영되어 있던 결과였던 것이다.

3) 弗에서 不로의 교체[15]: 弗 기능의 변화

弗은 선진 시기의 부정부사로 不보다는 좀 더 심도 있는 어기를 나타낸다고 여겨져 왔다. 그러나 丁聲樹(1935) 이후 弗의 어법 기능이 '不+之'에 해당한다는 견해가 광범위하게 받아들여지고 있다. 부정부사 弗은 곽점본에는 총 20차례 사용된다.

(1) 下士聞道, 大笑之. 弗大笑不足以爲道矣. (곽점을9-10, 통행본41장) 유능하지 않은 사는 도를 들으면 이를 크게 비웃는다. 크게 비웃지 않으면 도라고 여김에 부족하다고 생각한다.

(2) 蜂蠆虺蛇弗螫, 攫鳥猛獸弗扣. (곽점갑33, 통행본55장) (갓난아기는) 벌, 전갈, 벌레, 뱀들이 물지 않고, 사나운 새나 맹수도 덤벼들지 않는다.

(3) 知之者弗言, 言之者弗知. (곽점갑27, 통행본56장) 아는 것이 전부 말로 표현되지는 못한다. 말로 표현되더라도 전부 다 아는 것은 아니다.

(4) 其在民上也, 民弗厚也; 其在民前也, 民弗害也. 天下樂進而弗厭. (곽점갑3-4, 통행본66장) 성인이 백성의 위에 있더라도 백성들은 그를 특별하게 여기지 않으며 성인이 백성의 앞에 있더라도 백성들은 그를 해하지 않는다. (이렇게 되면) 천하 만물은 즐겁게 앞으로 나아가면서도 그를 미워하지 않는다.

(蔣紹愚,「抽象原則和臨摹原則在漢語語法史中的體現」『古漢語研究』第4期, 1999)
15) 본 부분의 내용과 예문은 조은정(2014b)의 예문 (1)-(10)까지를 재정리한 후 북대본 내용을 보충, 수정한 것이다. 또한 조은정(2015)에서도 발췌 및 수정하였다.

(5) 萬物作而弗始也, 爲而弗志也, 成而弗居. 天唯弗居也, 是以弗去也. (곽점갑17-18, 통행본2장) 만물이 만들어내기 시작해도 (성인은) 시작할 마음을 지니지 않으며, (만물이) 행하더라도 (성인은) 뜻을 두지 않으며 (만물이) 이룬다 하더라도 (성인은) 머무르지 않는다. 무릇 머무르지 않는다면 떠날 필요도 없다.

(6) 是故聖人能輔萬物之自然, 而弗能爲. (곽점갑12-13, 통행본64장) 그러므로 성인은 만물이 스스로 자립하는 것을 도울 수 있을 뿐이지, 억지로 행하려고 하지 않는다.

(7) 是以能輔萬物之自然, 而弗敢爲. (곽점병13-14, 통행본64장) 그러므로 성인은 만물의 자연을 보조할 수 있을 뿐이지, 감히 (인위적으로) 행하려고 하지 않는다.

(8) 道恒亡(無)名, 樸雖姑, 天地弗敢臣. (곽점갑18, 통행본32장) 도에는 이름이 없다. 투박함은 비록 작고 약한 것이지만 천하에 이를 신하 삼을 수 있는 것은 없다.

상기 弗은 후대 판본에서 거의 대부분 不로 바뀌어 있었다. 그 교체 이유에 대해 기존에는 한(漢) 소제(昭帝)의 이름인 유불릉(劉弗陵)의 '弗'자를 피휘하기 위해 문헌 중의 '弗'을 '不'로 수정했다는 피휘설이 설득력 있게 받아들여져 왔다.[16]

예문	전국	진	서한		동한	위진	당
	곽점본	백서갑	백서을	북대본	하상공	왕필본	돈황본
(1)	弗	□	弗	弗	不	不	不
(2)	弗 弗	弗 弗	弗 弗	弗 弗	不 不	不 不	不 不

---

16) 이러한 주장은 大西克也(1988), 魏培泉(2001), 何樂士(2004) 등 참고.

(3)	弗 弗	弗 弗	弗 弗	弗 弗	不 不	不 不	不 不
(4)	弗 弗 弗	弗 弗 弗	弗 弗 弗	弗 弗 弗	不 不 不	不 不 不	不 不 不
(5)	弗 弗 弗 弗 弗	□ 弗 弗 - 弗	弗 弗 弗 弗 弗	弗 不 弗 弗 弗	不 不 弗 弗 不	不 不 弗 弗 不	不 不 不 不 不
(6)	弗	弗	弗	弗	不	不	不
(7)	弗	弗	弗	弗	不	不	不
(8)	弗	□	弗	弗	不	莫	不

그러나 필자는 다음과 같은 의구심을 가지지 않을 수 없었다. 동한 이후의 '弗→不' 교체 현상이 단순히 피휘 때문이었을까? 弗의 기능이 '不＋之'였다면 동한 이후의 판본에서 피휘의 필요로 수정해야 했을 때 弗은 '不＋之'가 아니라 왜 不로 수정되었을까? 필자는 弗의 기능이 그 당시 이미 不과 비슷하게 변천했고 기능이 변한 弗이 동한 이후 구어에서 퇴출되었기에 이러한 수정이 가능했던 것이라 판단한다.[17]

실제로 아래 [표]를 보면 우리는 『노자』 제 판본에서 부정부사 弗이 동한 시기를 기점으로 하여 그 이후 시기의 판본에서는 거의 쓰이지 않고 있으며 당대(唐代)에는 한 글자도 쓰이지 않게 됨을 알 수 있다.[18]

---

17) 그렇다면 弗의 어떤 기능이 不로 바뀐 것일까? 조은정(2014b)에서의 고찰 결과, 갑골문에서는 弗이 주어의 주관적 의지를 나타내는 경우 행위 주체인 주어가 수혜 대상인 목적어보다 지위가 높은 경우가 대부분이었다. 금문(金文)에서 역시 이러한 특징이 분명한 편이었다. 그러나 전국 시기에 들어서면서 행위 주체와 수혜 대상의 상하관계가 불분명해지기 시작했으며 弗의 주관적 의지를 나타내는 이러한 기능은 서한 이후에는 점차 소멸한다.
18) 弗의 소멸 현상은 전래문헌에도 드러나 있었는데 필자의 고찰에 따르면 弗은 『新序』에 4회, 『說苑』에 23회, 『列女傳』에 2회, 『鹽鐵論』에 1회, 『法言』에는 한 차례도 사용되지 않았다.

시기별	판본별	弗		不		출처
		횟수	백분율	횟수	백분율	
전국	곽점본	20	27.0%	54	73.0%	『郭店楚墓竹簡「老子』
서한	백서갑	26	15.3%	144	84.7%	『帛書老子校注』
	백서을	38	18.7%	165	81.3%	『帛書老子校注』
동한	하상공	2	0.8%	244	99.2%	『宋本老子道德經』
위진	왕필본	2	0.8%	244	99.2%	『諸子集成(三)』華亭張氏本
당	돈황본	0	0%	237	100%	『敦煌寶藏』

즉 '弗→不'의 교체 현상은 비단 피휘(避諱)때문만은 아니었으며 그 당시의 弗의 기능 변천 현상을 반영하고 있었던 것이다. 즉 동한 이후 弗은 구어에서 기본적으로 퇴출되었다고 해도 과언이 아니다. 그리고 동한 이후의 『노자』판본에 이러한 현상이 반영되어 있었던 것이다.

4) 已에서 矣로의 교체: 矣 기능의 변화

조은정(2016b)에서는 矣가 서한 시기에 [+문장/문단종결] 기능을 획득하고 이러한 기능이 확장되어 당대 이후에는 다시 [+담화종결] 기능을 지니게 되는 과정에 대해 토론한 바 있다. 또한 이러한 기능이 사실상 矣의 기본기능인 [+완성/실현]에서 비롯된 것이라는 점을 논한 바 있다.

곽점본『노자』의 矣의 타 판본에서의 교체 현황을 통해서도 이러한 점을 일정 부분 증명할 수 있다. 우선 아래 예문을 보자.

(1) 天下皆知美之爲美也, 惡已; 皆知善, 此其不善已. (곽점갑15, 통행본2장) 천하의 모두가 미를 아름답다고 여길 줄 안다면 이는 추함이 있기 때문이다. 천하의 모두가 선이 무엇인지 안다면 이는 불선이 있기 때문이다.

예(1)의 두 번째 已는 백서본과 북대본에서 矣로 바뀌어 적혀 있다. 조은정(2016b)에서는 이러한 현상이 矣가 서한 이후에 획득한 [+문단종결] 기능과 관련되어 있다고 보았다.

예문	전국	진	서한		동한	위진	당
	곽점본	백서갑	백서을	북대본	하상공	왕필본	돈황본
(1)	已 已	已 矣	已 矣	已 矣	已 已	已 已	已 已

아래 예문은 『사기』에 출현하는 고사로 범수(范雎)가 상대방의 세 가지 죄를 조목조목 따지는 대목이다. 여기에서 이 세 가지의 죄목은 也, 也, 矣로 끝맺는다.[19]

(2) 今雎之先人丘墓亦在魏, 公前以雎為有外心於齊而惡雎於魏齊, 公之罪一也. 當魏齊辱我於廁中, 公不止, 罪二也. 更醉而溺我, 公其何忍乎？罪三矣. 然公之所以得無死者, 以綈袍戀戀, 有故人之意, 故釋公." (『史記·范雎蔡澤列傳』) 지금 내 선조의 묘가 위나라에도 있는데 당신은 예전에 내가 제나라와 내통했다고 여겨 위제가 나를 싫어하게끔 했다. 이것이 첫 번째 죄다. 위제가 변소에서 나를 욕보일 때 당신은 말리지 않았다. 이것이 두 번째 죄다. 사람들이 취해 나에게 오줌을 쌀 때 당신은 모른 척 했다. 이것이 세 번째 죄다. 그러나 내가 그대를 죽이지 않는 것은 나에게 솜옷을 주며 옛정을 잊지 않았기 때문이다. 이 때문에 그대를 풀어 준다.

---

19) 이 예문은 劉承慧(2007)에서 제시한 것이다. 그녀는 『사기』에 출현하는 이러한 현상에 대해 주목하며 이는 해당 시기에 矣와 也가 기능이 혼용되어 사용되고 있는 대표적인 증거라고 판단하였다.

상기 문단은 주제문이 병렬되어 사용되고 있는 대표적인 문단병렬 구조로 矣로 완성되고 있다. 필자는 상기 예문에 사용된 矣가 한 문단의 완성을 나타내는 [+문단종결]의 기능을 지닌다고 본다. 이러한 기능은 서한 이후에 출현한 것으로 보인다. 아래 용례도 서한 이후의 용례인데 矣로 끝맺음된다.

(3) '聖之思也輕', 思也者, 思天也; 輕者, 尚矣. (馬王堆帛書『五行·說』) '聖之思也輕'이라는 구문에서 思라는 것은 도에 뜻을 둔다는 것이고 輕은 尚을 의미한다.

(4) 有天下之美聲色于此, 不義則不聽弗視也; 有天下之美臭味于此, 不義則弗求弗食也; 居而不間尊長者, 不義則弗爲之矣. (馬王堆帛書『五行·說』) 세상의 아름다운 소리와 아름다운 색이 이곳에 있다 하더라도 의롭지 않으면 보지도 않고 듣지도 않으며, 세상의 아름다운 향과 아름다운 맛이 이곳에 있다 하더라도 의롭지 않으면 구하지도 않고 먹지도 않으며, 어딘가에 머무를 때에는 연장자에게 거리를 두지 않더라도 의롭지 않으면 그를 위하지 않는다.[20]

[+문단종결] 기능을 지닌 矣는 해당 시기에 '也/矣'나 '也/也/矣' 등의 형식으로 문단의 끝에만 사용되지 절대로 '矣/也'의 형식으로는 사용되지 않는다. 이 점 역시 矣가 [+문단종결] 기능을 나타낸다는 증거 중 하나이다.

8.1.3. 기타 변화

---

[20] 현존하는 『오행(五行)』 필사본에는 곽점본과 서한 시기의 마왕퇴백서(馬王堆帛書)가 존재하는데 전자에는 경문(經文)만 수록되어 있고 후자에는 경문 외에 해설도 수록되어 있다. 본문의 용례는 『오행』의 풀이서인 龐樸(2000)에서 발췌하였다.

1) 主之謂 구조에서 之의 삭제: 명사화표지 之의 소멸

主之謂 구조는 선진 시기의 상용구조 중 하나로 여기에서의 之는 명사화 표지이다.[21] 아래 곽점갑에서의 예(1)을 보면 '聖人之'라는 표현은 동일 구문 내에서 '其'로 대체되어 있다. 主之謂 구조의 其謂 구조로의 교체 사용은 선진 시기에 상용되는 용법이다.[22] 아래 예(1)에서의 其는 '주어+之', 즉 '主之' 구조를 대체하는 성분으로 사용되고 있다.

(1) 聖人之在民前也, 以身後之; 其在民上也, 以言下之. (곽점갑3-4, 통행본66장) 성인은 백성의 앞에 있는 존재이니 그 몸은 뒤로 하고, 백성의 위에 있는 존재이니 그 말은 낮춰야 한다.

이 '聖人之'는 후대 판본에서 聖人으로 변하고, 其는 아예 삭제된다. 즉 후대 판본에서는 명사화표지가 삭제된 구조를 사용한다. 아래 표를 보면 알 수 있지만 主之謂 구조에서 主謂 구조로의 이러한 변화는 동한 이후의 판본인 하상공본 이후에 발생한다. 아래 표를 보면 곽점본에서의 '聖人之在民前'이라는 성분이 백서본과 북대본에서 '其(=聖人之)欲先民'로 사용되어 모두 主之謂 구조로 사용되고 있지만 하상공본에 이르면 其가 삭제되어 '(聖人)欲先民'이라는 主謂 구조로 변했음을 알 수 있다. 이와 마찬가지로 곽점본에서의 '其(=聖人之)在民上'이라는 구조가 백서본에서는 '聖人之欲上民', 북대본에서는 '聖人之欲高民'으로 사용되는 등 모두 主之謂 구조로 사용되다가 동한 이후의 하상공본과 왕필본에서는 모두 '聖人欲上

---

21) 朱德熙(1983)도 이 구조에서의 之를 명사화표지로 보았다.
22) 其의 용법에 대해 呂叔湘(2002:156-7)에서는 속격(領屬)을 나타내는 부가어(加語)로만 사용된다 하였고, 王力(1981:353)에서는 관형어(定語)로만 사용된다 한 바 있다.

民'이라는 主謂 구조로 바뀌어 있음을 알 수 있다.

예문	전국 곽점본	진 백서갑	서한 백서을	서한 북대본	동한 하상공	위진 왕필본	당 돈황본
(1)	聖人之在民前	其欲先□	其欲先民	其欲先民	欲先民	欲先民	欲先民
	其在民上	聖人之欲上民	聖人之欲上民	聖人之欲高民	聖人欲上民	聖人欲上民	聖人欲上民

이러한 현상은 사실상 중국어의 변천과 연관되어 있다. 主之謂' 구조에서의 명사화표지 之에 대해 王洪君(1987)에서는 서한 초기에 "이미 크게 쇠락했으며" 남북조(南北朝) 초기에 "이미 대중의 구어에서 소실되었다"고 지적하였다. 魏培泉(2003)에서도 主之謂 구조는 선진시기에 종속절로 사용되었지만 서한 초기부터 이 구조에서 之가 대량 탈락하기 시작하였고 동한 후기부터는 主之謂 구조는 더 이상 사용되지 않는다는 사실을 증명하였다.[23] 즉 기존 연구에 따르면 主之謂 구조는 동한 후기 이후에는 더 이상 사용되지 않는 언어 현상이었으며『노자』제 판본의 교체 현황에도 이러한 점이 반영되어 있는 것이다.

'主之' 용법으로 사용된 其의 삭제는 아래 용례를 통해서도 관찰된다. 이 其는 동한 이후의 판본에서 모두 삭제되었다.

(2) 善建者不拔, 善保者不脫, 子孫以其祭祀不輟. (곽점을15-16, 통행

---

23) 魏培泉(2003)에서는 선진 시기에 主之謂 구조가 존재하는 것이 종속절 주어와 술어의 상호 의존성, 격표지의 존재(主之의 대응 형식인 其는 속격 지시사이므로 之도 속격표지로 봐야 함) 등을 말해주고 있는 것이라 보았다. 중고중국어 시기의 主之謂 소멸은 이러한 구법적인 특징이 이 시기에 소멸되었음을 뜻한다고 주장하였다.

본54장) 잘 세워진 것은 뽑히지 않으며 잘 유지된 것은 벗어나지 않으니 자손은 제사 때문에 고달프지 않게 된다.

  (3) 爲之於其亡(無)有也. 治之於其未亂. (곽점갑26, 통행본64장) (어떤 일이) 발생하기 전에 처리해야 하며, 혼란이 생기기 전에 다스려야 한다.

예문	전국	진	서한		동한	위진	당
	곽점본	백서갑	백서을	북대본	하상공	왕필본	돈황본
(2)	其	-	-	-	-	-	-
(3)	其 其	□ □	□ □	其 其	- -	- -	- -

즉 중국어사 변천의 관점에서 보았을 때 동한 이후 '主之謂'의 '之'는 구어에서 퇴출되었다. 그리고 이러한 언어의 변화는 『노자』의 제 판본에 반영되어 있었다.

2) 문중 也의 삭제[24] : 명사표지 也의 소멸

학계에서는 통상 문중에 놓인 也가 휴지 어기를 나타낸다고 본다. 그러나 문중에 놓인 也는 문미에 놓인 也와는 달리 어기를 나타내지 않는 경우도 많다. 이에 조은정(2016a)에서는 문중의 也가 명사나 명사구 뒤에 놓일 경우 '명사표지(Nominal marker)' 역할을 하고 있음을 밝혀냈다. 바꿔 말하면 문중의 也는 그 앞에 출현한 성분이 명사나 명사구, 혹은 명사화된 단어/구문이라는 것을 알려주는 표지였다. 또한 이러한 '명사성분+也' 구조는 문장 내에서 각종 문장성분으로 사용되고 있었다. 저자는 '人名+也', '(此/是+) 보통명사+也', 'NP/VP也者', '主之謂+也', '시간사+也'가 주어, 겸어, 목

---

[24] 조은정(2016a) 발췌 및 수정.

적어, 부사어 등으로 쓰이면서 한정지시(定指)를 나타내거나 특정사물이나 특정사건을 나타낼 경우 이 也를 명사표지로 본다.

곽점본『노자』에도 이러한 문중 也가 18회 출현하는데 북대본 이후의 판본에는 거의 삭제되어 있었다. 이들은 모두 '主之謂+也' 구조나 그 대체 구조인 '其謂+也' 구조에 사용된다.

(1) 天下皆知美之爲美也, 惡已. (곽점갑15, 통행본2장) 천하의 모두가 미를 아름답다고 여길 줄 안다면 이는 추함이 있기 때문이다.

(2) 有亡(無)之相生也, 難惡之相成也, 長短之相形也, 高下之相涅也, 音聲之相和也, 先後之相隨也. 是以聖人居亡(無)爲之事, 行不言之敎. (곽점갑15-17, 통행본2장) 유무는 상생하고, 어려움과 쉬움은 공존하고, 길고 짧음은 서로 형태를 이루며, 높고 낮음은 서로 통하고, 운율과 소리는 조화를 이루며, 앞과 뒤는 서로 따르는데, 이 때문에 성인은 무위의 일에 머무르고, 불언의 가르침을 행한다.

(3) 譬道之在天下也, 猷小谷之与(與)江海. (곽점갑20, 통행본32장) 도가 천하에 존재한다는 것은 작은 계곡물들이 강과 바다와 한데 섞여 어우러지는 것과 같은 이치이다.

(4) 其安也, 易持也. 其未兆也, 易謀也. 其脆也, 易判也. 其幾也, 易散也. (곽점갑25, 통행본64장) 형세가 안정되어 있는 때에는 장악하기가 쉽다. (나쁜) 조짐이 보이기 전에는 대책을 마련하기가 쉽고, 무른 사물은 나누기가 쉽고, 미세한 것은 흩어버리기가 쉽다.

(5) 人之敗也, 恒於其且成也敗之. (곽점병12, 통행본64장) 사람이 실패하는 것은 항상 그것이 곧 이뤄지려고 할 때 실패한다.

(6) 聖人之在民前也, 以身後之; 其在民上也, 以言下之. 其在民上也, 民弗厚也; 其在民前也, 民弗害也. (곽점갑3-4, 통행본66장) 성인은 백성의 앞에 있는 존재이니 그 몸은 뒤로 하고, 백성의 위에 있는 존재이니

그 말은 낮춰야 한다. (이렇게 하면) 성인이 백성의 위에 있더라도 백성들은 그를 특별하게 여기지 않으며 성인이 백성의 앞에 있더라도 백성들은 그를 해하지 않는다.

이러한 구조에 대해 조은정(2016a)에서는 "'主之謂+也' 구조가 주어로 쓰인 경우로 也는 명사표지이며 어기를 나타내지 않는다. 그러나 이러한 구문은 대비문으로 也 뒤에 휴지가 있을 수 있으며 이 때문에 '[+대비]' 어기를 나타낼 수 있는데 이는 구문 자체가 주는 어기로 也와는 무관하다."고 언급하였다.

예문	전국 곽점본	진 백서갑	서한 백서을	서한 북대본	동한 하상공	위진 왕필본	당 돈황본
(1)	也	–	–	–	–	–	–
(2)	也 也 也 也 也 也	也 也 也 也 也 –	也 也 也 也 也 –	– – – – – –	– – – – – –	– – – – – –	– – – – – –
(3)	也	□	也	–	–	–	–
(4)	也 也 也 也	也 也 □ □	□ □ □ □	– – – –	– – – –	– – – –	– – – –
(5)	也 也	也 –	也 –	也 –	– –	– –	– –
(6)	也 也 也 也	也 □ – –	也 也 – –	也 也 – –	– – – –	– – – –	– – – –

상기 표를 보고 알 수 있지만 명사표지의 급감은 북대본 이후에 일어난다. 이러한 명사표지의 급감은 也者의 사용에서도 드러난다. 조은정(2016a)에서는 "이러한 也의 명사표지 기능은 서한 시기에 쇠락하기 시작해 동한 이후에는 거의 쓰이지 않고 있다."고 지적하며 동한 이후에는 명사표지 也와 也者 사용이 급감하였음을 증명하였다.

즉 명사표지 也와 也者, 그리고 명사화표지 之는 서한 시기의 과도기를 거쳐 동한 이후에 소멸되었다. 그리고 이러한 변화의 흐름은 『노자』제 판본에도 반영되어 있었다.

3) 是以에서 故로의 교체: 접속사의 교체

是以와 故는 선진 시기에 접속사로 활용되었다. 梅廣(2015)에서는 선진 시기에 이 둘은 문단과 문단을 잇는 기능을 지닌 접속사로 사용되었는데 故는 是以와는 다르게 단문과 단문도 연결 가능하다고 지적한 바 있다. 곽점본『노자』에는 접속사 是以가 후대 판본에서 故로 교체 사용되는 현상이 4회 출현한다.[25]

(1) 江海所以爲百谷王, 以其能爲百谷下, 是以能爲百谷王. (곽점갑 2-3, 통행본66장) 강과 바다는 여러 계곡물의 왕이 되는데 이는 여러 계곡물보다 낮은 곳에 있음으로 인해서이다. 이 때문에 여러 계곡물의 왕이 될 수 있는 것이다.

(2) 古之善爲士者, 必微妙玄達, 深不可識. 是以爲之頌. 豫乎如冬涉川, 猶乎其如悢四鄰. 嚴乎其如客, 渙乎其如釋. 沌乎其如樸, 混乎其

---

25) 본 절의 예문은 조은정(2017) 예(14)-(18) 중 일부를 발췌 후 수정한 것이다.

如濁. (곽점갑8-9, 통행본15장) 예전에 보좌진(士) 노릇을 잘하는 자는 반드시 그 속이 미묘한 듯 현달한 듯 깊어서 그 속을 잘 알 수가 없었다. 이 때문에 다음과 같이 노래하였다. 겨울에 개울을 건너듯 조심스럽고, 사방의 이웃을 두려워하듯 신중하다. 손님인 듯 의젓하면서도, 얼음이 녹듯 흩어져 버린다. 질박한 통나무처럼 엉겨 있으면서도, 탁한 것처럼 섞여 있다.

(3) 夫天多期違, 而民彌貧. 民多利器, 而邦滋昏. 人多知而奇物滋起. 灋物滋章, 盜賊多有. 是以聖人之言曰: 我無事而民自富. 我無爲而民自蝕. 我好靜而民自正. 我欲不欲而民自樸. (곽점갑30-32, 통행본57장) 무릇 하늘이 때를 자주 어기면 백성들은 빈곤함이 늘어난다. 백성들이 예리한 기구를 많이 지니면 국가는 혼란이 가중된다. 사람들이 지혜를 많이 사용할수록 기이한 사물이 많이 생긴다. 법령이 많이 늘어날수록 도적들은 많아진다. 그래서 성인은 다음과 같이 말했다. '나는 아무 일도 하지 않는데 백성들은 스스로 부유해진다. 나는 무위하는데 백성들은 스스로 하고자 한다. 나는 고요함을 좋아하는데 백성들이 스스로 질서를 찾아간다. 나는 아무 것도 하려 하지 않는데 백성들은 스스로 투박해진다.'

(4) 上士聞道, 僅能行於其中. 中士聞道, 若聞若忘. 下士聞道, 大笑之. 弗大笑不足以爲道矣. 是以建言有之. 明道如費, 夷道[若纇, 進]道若退. (곽점을9-11, 통행본41장) 유능한 사는 도를 들으면 그 중에서 행할 수 있는 것을 근근이 행하고, 평범한 사는 도를 들으면 들은 듯 안들은 듯하고, 유능하지 않은 사는 도를 들으면 이를 크게 비웃는다. 크게 비웃지 않으면 도라고 여김에 부족하다고 생각한다. 그래서 예전에 다음과 같은 말이 있었다. '밝은 도는 어두운 듯하고, 평탄한 도는 울퉁불퉁한 듯하고, 나아가는 도는 물러나는 듯하다.'

접속사 故는 선진 시기에 주로 단문과 단문 사이에 놓여, 뒤에 결과 구문을 수반해 인과관계를 나타낸다. 張赬(2014)에서는 故는 1) '단문-단문',

2) '문단-단문', 3) '문단-문단' 구조에 사용 가능하다고 지적하였다. 이 중 상기 제시된『노자』용례는 2)와 3)의 경우에 속한다. 예(1)에서 결과절에 놓인 '能爲百谷王(여러 계곡물의 왕이 될 수 있는 것이다)'의 주어는 앞 문단에 출현한 '江海(강과 바다)'이다. 여기에서 是以는 결과를 나타내는 단문을 수반하는데, 그 앞에는 단문이 아닌 문단이 출현하므로 이는 '문단-단문'에 속하는 용례이다. 예(2)-(4)는 '문단-문단' 구조에 속하는 용례인데 是以 뒤에 서술되는 문단의 내용이 전부 그 앞에 나온 문단의 내용과 인과관계를 지니고 있다.

즉 곽점본에서 是以가 후대 판본에서 故로 바뀐 현황을 보면 '문단-단문' 구조이거나 '문단-문단' 구조로 사용되었으며 이 둘은 모두 인과관계를 나타내고 있었다는 특징이 있었다. 아래 표를 보면 이 是以는 진한 이후에 故로 교체된다.

예문	전국	진	서한		동한	위진	당
	곽점본	백서갑	백서을	북대본	하상공	왕필본	돈황본
(1)	是以	是以	是以	故	故	故	故
(2)	是以	故	故	故	故	故	故
(3)	是以	□□	是以	故	故	故	故
(4)	是以	□□	是以	是以	故	故	是以

이러한 是以의 故로의 교체는 언어 변천의 흐름을 반영한 결과로 보인다. 조은정(2018)에 따르면 是以는『좌전』에서 연결기능으로 상용되는데 이 시기에 이미 접속사 용법으로도 사용된다. 하지만 아래 전체적인 사용 비율을 살펴보면 是以의 접속사 용법은 전국 이후 사용량이 대폭 감소한다. 그

렇지만 故의 접속사 용법은 이에 비례해 증가한다.[26]

시기	문헌	是以		故	
		횟수	백분율	횟수	백분율
춘추	『左傳』	160	30.4%	367	69.6%
전국	『孟子』	11	11.3%	86	88.7%
	『莊子』	32	10.8%	263	89.2%
	『孫子』	38	6.0%	592	94.0%
서한	『史記』	119	10.4%	1023	89.6%
위진 남북조	『世說新語』	6	10.7%	50	89.3%
	『百喩經』	3	11.5%	23	88.5%

[표] 是以와 故의 접속사 용법 사용현황 비교

그렇다면 곽점본『노자』에서 故는 어떤 용법으로 사용될까? 곽점본에는 총 14회의 故가 출현하는데 張賾(2014)에서 제시한 상기 세 유형의 언어환경에 모두 사용된다.

(5) 聖人亡(無)爲古(故)亡(無)敗; 亡(無)執古(故)亡(無)失. (곽점갑11, 통행본64장) 성인이 무위하면 실패하지 않고 취하려고 하지 않으면 잃지 않는다.

(6) 知之者弗言, 言之者弗知. 閉其兌, 塞其門, 和其光, 同其塵, 挫其銳, 解其紛, 是謂玄同. 古(故)不可得而親, 亦不可得而疏; 不可得而利, 亦不可得而害; 不可得而貴, 亦可不可得而賤. 古(故)爲天下貴. (곽점갑27-28, 통행본56장) 아는 것이 전부 말로 표현되지는 못한다. 말로 표현되더라도 전부 다 아는 것은 아니다. 함구하고, 문을 닫고, 빛을 조화롭

---

26) 是以와 故의 접속사 용법의 사용 추이를 살펴보기 위해 중앙연구원의 상고중국어와 중고중국어 코퍼스를 활용하였다.(본서의 참고문헌 참조)

게 하고, 먼지와 같게 하고, 칼끝을 무디게 하고, 갈등을 삭히는 것, 이것을 현동이라고 한다. 그러므로 가까이할 수 없으나 멀리 할 수도 없으며, 이롭게 할 수 없으나 해롭게 할 수도 없으며, 귀하게 할 수 없으나 천하게 할 수도 없다. 그러므로 천하의 귀함이 된다.

(7) 名與身孰親？身與貨孰多？得與亡孰病？愛必大費, 厚藏必多亡. 古(故)知足不辱, 知止不殆, 可以長久. (곽점갑35-37, 통행본44장)
이름과 몸 중 어떤 것이 더 친근한가? 몸과 재물 중 어떤 것이 더 많은가? (재물을) 얻고 잃음 중 어떤 것이 더 근심인가? (재물은) 아끼면 반드시 크게 잃는다. (재물은) 깊이 감춰둘수록 반드시 더 많이 잃는다. 그러므로 만족을 알면 모욕되지 않고, 그만둘 줄 알면 위험하지 않게 되며, 오래 유지될 수 있다.

예(5)은 故가 '단문-단문' 구조에 사용된 경우이다. 예(6)의 경우 첫 번째 故는 '문단-문단' 구조에, 두 번째 故는 '문단-단문' 구조에 사용되었다. 예(7)은 '문단-문단' 구조에 사용된 용례이다. 예(5)처럼 '단문-단문' 구조에 故가 사용된 경우는 곽점본에 총 6회 등장하는데 후대 판본에서 전부 삭제되지 않았다. 예(6)의 첫 번째 용례처럼 '문단-단문'에 속하는 경우는 곽점본에 1회 출현하는데 이 또한 후대 판본에서 삭제되지 않았다. 그렇지만 예(6)의 두 번째 용례와 예(7)처럼 '문단-문단' 구조에 사용된 경우에는 삭제되기도, 삭제되지 않기도 하였는데 총 6회 중 5회가 한대 이후의 판본에서 삭제되었다. 즉, '단문-단문' 구조와 '문단-단문' 구조에 사용된 故는 그대로 유지되었지만 '문단-문단' 구조에 사용된 故는 삭제되기도, 안 되기도 하였던 것이다.

예문	전국	진	서한		동한	위진
	곽점본	백서갑	백서을	북대본	하상공	왕필본

(5)	古(故) 古(故)	故 故	故 故	故 故	故 故	故 故
(6)	古(故) 古(故)	故 故	故 故	故 故	故 故	故 故
(7)	古(故)	故	故	—	—	—

그렇다면 '문단-문단' 구조에서의 삭제와 비삭제는 어떤 원인에 의한 것일까? 본고에서는 삭제 여부가 故의 인과관계 기능의 발휘 여부와 관련되어 있다고 본다. 앞서 우리는 예(1)-(4)에서의 是以가 후대 판본에서 故로 교체된 경우를 살펴보았는데 전부 '문단-문단' 구조에 사용되어 인과관계를 나타냈었다. 張賴(2014)에서는 故는 인과의 의미를 나타내기도 하지만 인과 의미가 약화되면 '화제전환' 기능으로도 사용되어 발어사 기능을 지닌 '夫'처럼 담화 연결기능을 발휘한다고 주장하였다.[27] 故가 화제전환 기능으로 사용될 경우 허화의 정도는 매우 높다. 본고에서는 곽점본『노자』에서 '문단-문단'을 연결하는 기능으로 사용된 故가 허화의 정도가 매우 높아 인과관계를 나타내는 기능이 약화되었을 경우 故의 후대 판본에서의 삭제 가능성이 높다고 여긴다. 실제로 곽점본『노자』에는 아래와 같은 구문이 존재하는데 이 故는 통행본 18장에 해당하는 장절의 문두에 출현하여 앞 단락과의 연관성을 전혀 지니지 않는다.

(8) a. <u>故</u>大道廢, 焉有仁義. 六親不和, 焉有孝慈. 邦家昏[亂], 焉有正臣. (곽점병2-3) 대도가 무너져야만 인의라는 개념이 생겨난다. 가족과 친척이 불화해야만 효와 자애라는 개념이 생겨난다. 국가가 혼란해야만 올바른

---

27) 그녀는 이러한 담화 연결기능은『순자』에서 상당히 보편적으로 사용되고 있는 기능이라고 언급하였다.

신하가 생겨난다.

    b. 大道廢, 有仁義; 慧智出, 有大僞; 六親不和, 有孝慈; 國家昏亂, 有忠臣. (왕필본18장) 대도가 무너지자 인의가 생겨났다. 지혜가 생겨나자 큰 거짓이 생겨났다. 가족과 친척이 불화하자 효도와 자애가 생겨났다. 국가가 혼란해지자 충신이 생겨났다.

이 용례에서의 故는 張頲(2014)에서 언급한 화제전환 기능을 발휘한다. 그리고 이 故는 동한 이후의 하상공본에서부터는 삭제되어 있다.(예8b)

종합하면, 故가 '단문-단문' 구조에 사용되었을 경우에는 후대 판본에서도 그대로 그 원형이 유지되었지만 '문단-단문' 구조에 사용되었을 경우에는 故로 그대로 유지되거나 是以가 故로 바뀌어 적혀 있었으며 '문단-문단' 구조에 사용되었을 경우에는 '화제전환'의 기능으로 사용되어 인과관계가 명확히 드러나지 않는 경우에 후대 판본에서 삭제되어 있었다.

8.2 어휘적 차이에 반영된 변화

제 판본의 어휘적 차이에 반영된 언어 변화로는 단음절에서 다음절로의 변화, 어휘 의미의 확대 등이 관찰되었다.

8.2.1 단음절에서 다음절로의 변화

단음절에서 다음절로의 변화는 상고중국어에서 중고중국어로 넘어가는 대표적인 어휘 특징 중 하나이다. 魏培泉(2003)에서는 단음절에서 다음절로의 변화 이유를 다음 세 가지로 제시하고 있다. 첫째 문명의 발전으로 인해 더 많은 어휘가 필요하게 되었고, 둘째 중고중국어 시기 어음이 간략화

되면서 동음사가 다량 증가하였기 때문에 복합사로 이를 구별할 필요가 있었으며, 셋째 상고중국어 시기에 하나의 어휘가 여러 의미를 지니는 경우가 있었기에 좀 더 정확하게 구별하기 위해서였다고 언급하였다.

이러한 변화의 흐름은 邦에서 邦家로의 변화에서도 드러난다. 곽점본 『노자』에는 후대의 '국가'를 의미하는 어휘가 邦 혹은 邦家로 적혀 있다. 출현 빈도수를 놓고 보자면 전체 곽점본 『노자』에 邦은 총 5회, 邦家는 총 1회 사용되는 등 단음절의 사용빈도가 높은 편이다.

(1) 民多利器, 而邦滋昏. (곽점갑30-31, 통행본57장) 백성들이 예리한 기구를 많이 지니면 국가는 혼란이 가중된다.

예문	전국	진	서한		동한	위진	당
	곽점본	백서갑	백서을	북대본	하상공	왕필본	돈황본
(1)	邦	邦家	□□	國家	國家	國家	國家

그러나 이 邦은 진한 이후의 판본에서 邦家로, 다시 國家로 바뀌어 적혀 있다.[28] 일부 연구에 따르면 이음절인 國家라는 어휘는 서주 시기에도 소량 사용되기는 하지만 이 당시의 國家라는 어휘는 제후가 다스리는 國과 사대부가 다스리는 家라는 두 의미를 모두 지닌다. 이 國家가 하나의 의미로 어휘화가 이루어진 시기는 춘추전국 시기 이후이다. 그러나 춘추전국 시기에는 國家보다는 國이 상용어에 속하며 서한 이후가 되어서야 하나의 어휘로 정착된다 한다.[29] 이러한 변화의 흐름이 『노자』 제 판본에도 반영되어 있었

---

[28] 邦이 國으로 바뀌어 적혀 있는 이유는, 기존 연구에서 다수의 학자들이 지적했듯이 한 고조(高祖)의 이름인 邦을 피휘하기 위해서이다.
[29] 姜禮立(2013) 「"國家"詞匯化的動因及相關問題」, 『洛陽師範學院學報』 第12期 참고.

던 것이다.

8.2.2. 어휘 의미의 확장: 天下의 의미 확대

곽점본『노자』에는 天地라는 어휘가 총 4회 등장한다. 이 어휘는 하늘과 땅의 의미를 모두 지니고 있다.

(1) 道恒亡(無)名. 樸雖姑, 天地弗敢臣, 侯王如能守之, 萬物將自貞. (곽점갑18-19, 통행본32장) 도에는 이름이 없다. 투박함은 비록 작고 약한 것이지만 천지에 이를 신하 삼을 수 있는 것은 없다. 왕이 만일 이런 투박함을 지킬 수만 있다면 만물은 장차 스스로 질서를 잡아갈 것이다.

(2) 有狀混成, 先天地生, 寂寥, 獨立不改, 可以爲天下母. (곽점갑21, 통행본25장) 섞여있는 어떤 형태가 있었는데 하늘과 땅보다 먼저 생겨났다. 고요하게 의존하지 않고 스스로 존재했기에 천하의 어머니가 될 수 있었다.

(3) 天地相合也, 以逾甘露. 民莫之命而自均焉. (곽점갑19, 통행본32장) 하늘과 땅은 감로가 내릴 정도로 화합하게 되고 백성들은 시키지 않아도 스스로 균형을 이루게 된다.

(4) 天地之間, 其猶橐籥與? 虛而不屈, 動而愈出. (곽점갑23, 통행본5장) 하늘과 땅 사이의 공간은 풀무의 공간 같은 것인가? 텅 비어 있지만 끝없이 사용할 수 있고, 움직이면 움직일수록 더 많이 나온다.

예(2)의 天과 地는 우주론에서 논하는 자연의 일부이며 각각의 의미를 모두 나타낸다. 곽점본『노자』에는 천(天), 지(地), 도(道), 왕(王), 인(人)의 관계를 묘사한 구문이 출현한다.

(5) 有狀混成, 先天地生, 寂寥, 獨立不改, 可以爲天下母. 未知其名,

字之曰道, 吾强爲之名曰大. 大曰衍, 衍曰遠, 遠曰返. 天大, 地大, 道大, 王亦大. 國中有四大焉, 王居一焉. 人灋地, 地灋天, 天灋道, 道灋自然. (곽점갑21-23, 통행본25장) 섞여서 만들어진 어떤 형태가 있었는데 천지보다 먼저 생겨났다. 고요하게 스스로 존재했으며 자기의 본성을 잃지 않았기에 천하의 어머니가 될 수 있었다. 그 이름(名)은 모르지만 자(字)는 도(道)라고 불렸다. 나는 그것을 임의대로 큼(大)이라고 부르겠다. 크면 넘치고, 넘치면 멀리 가고, 멀리 가면 돌아온다. 하늘은 크고, 땅도 크고, 도도 크고, 왕도 역시 크다. 이곳에는 이 네 가지 큼이 존재하는데 왕은 그 중 하나이다. 사람들은 땅을 따르고, 땅은 하늘을 따르며, 하늘은 도를 따르고, 도는 자연을 따른다.

상기 구문에서는 하늘과 땅보다 더 먼저 '섞여서 만들어진 어떤 형태'를 도(道)라고 하는데 하늘과 땅, 왕은 도와 더불어 모두 '큼'이라는 속성을 지니고 있고, 사람은 땅을, 땅은 하늘을, 하늘은 도를, 도는 '自然(스스로 그러해짐)'을 따른다는 의미를 전달하고 있다. 우리는 상기 구문을 통해 곽점본『노자』에서 하늘과 땅이라는 개념이 각각 그 역할을 하는 개별적인 존재임을 알 수 있는데, 이러한 개념은 사실상 곽점본『노자』구문 곳곳에서도 발견된다. 하지만 이러한 구분되어졌던 개념인 天地는 한대 이후의 판본에서 天下로 바뀌어 있다.(상기 예(1))

예문	전국	진	서한		동한	위진	당
	곽점본	백서갑	백서을	북대본	하상공	왕필본	돈황본
(1)	天地	□	天下	天下	天下	天下	天下

천지(天地)와 천하(天下)는 다른 개념이다.[30] 천지는 우주론과 자연현상에서 논하는 하늘과 땅을 의미하며 천하는 국가의 통치관할구역을 나타낸다. 곽점본에는 '天下'가 총 19회 사용된다. 곽점본『노자』내에서는 천하를 집(家), 마을(鄕), 국가(邦)와 연관된 개념으로 본다.

(6) 修之身, 其德乃貞. 修之家, 其德有余. 修之鄕, 其德乃長. 修之邦, 其德乃奉. 修之天下. [其德乃普]. (곽점을16-17, 통행본54장) 잘 닦인 몸은 올곧게 질서가 잡혀 있다. 잘 닦인 집은 여유가 있다. 잘 닦인 고을은 오래갈 수 있다. 잘 닦인 국가는 풍성하다. 잘 닦인 천하는 널리 퍼져나간다.

곽점본『노자』에서 천하는 '본인 국가와 주변국을 포함하는 지역'을 의미한다. 그러나 天下라는 어휘에도 의미 확장이 일어나 하늘과 땅, 그리고 하늘과 땅이 생산해내는 사물이라는 의미를 포함하게 된다. 이러한 결과가 상기 용례(1)에 반영되어 있는 것이다. 이러한 의미 확장의 근거는 곽점본에서의 萬物이 후대 판본에서 天地로, 그리고 天地가 다시 天下로 바뀌는 아래 용례에서도 확인된다.

(7) 夫亦將知足以靜, 萬物將自定. (곽점갑13-14, 통행본37장) 무릇 (성인이) 정적인 것으로 만족할 수 있다면 만물은 스스로 (질서를) 바로 잡게 된다.

예문	전국	진	서한		동한	위진	당
	곽점본	백서갑	백서을	북대본	하상공	왕필본	돈황본

---

30) 宋德剛(2018)에서는 이 두 개념을 각기 다른 개념으로 인식하였다. 宋德剛(2018)「辨析『老子』之"物"」,『中州學刊』第12期.

| (7) | 萬物 | 天地 | 天地 | 天地 | 天下 | 天下 | 天地
天下 |

만물(萬物)은 곽점본『노자』에서는 백성을 의미하는 '民'과 더불어 자발성을 지닌 주체로 묘사된다. 만물과 천지는 밀접한 연관성을 지닌다. 宋德剛(2018)에서는 도, 천지, 만물을『노자』에서 가장 주목하는 존재로 보았다. 그에 따르면 우주생성론의 관점에서 보자면 도에서 시작된 것은 천지를 거쳐 만물에 이르게 된다.[31]

즉 곽점본에서 천지와 천하는 각기 다른 개념으로 사용되었다. 그러나 후대에 천하의 개념이 천지를 포함하는 등 의미 변화를 일으킨다. 그리고 이러한 변화의 흐름은『노자』제 판본에 반영되어 있었던 것이다.

8.3 문자학적 차이에 반영된 변화: 의부(意符)의 삭제

곽점본『노자』에는 의부(意符)가 유의미한 기능을 하는 현상이 종종 발견된다. 곽점본에서 貝부는 재물의 의미를 추가할 경우, 心부는 심리를 나타내는 글자에 덧붙여서, 示부는 신적인 존재의 의미를 더할 경우 추가되어 있다. 그러나 후대 판본에는 이러한 의부(意符)의 상당수가 삭제되어 있었다.

8.3.1 貝부의 삭제

곽점본『노자』에는 貞자와 亡자가 모두 사용되는데 이 두 자형은 후대 판본에서 모두 亡으로 적혀 있다. 또한 곽점본에는 得, 藏 등 재물과 관련된

---

[31] 이 때문에 그는 천지와 만물을 자연현상에서의 물(物)로 보았다.

의미를 나타내는 자형이 모두 貝부를 수반하고 있다.[32]

(1) 名與身孰親？身與貨孰多？貢(得)與貟(亡)孰病？愛必大賹(費), 厚賏(藏)必多貟(亡). (곽점갑35-36, 통행본44장) 이름과 몸 중 어떤 것이 더 친근한가? 몸과 재물 중 어떤 것이 더 많은가? (재물을) 얻고 잃음 중 어떤 것이 더 근심인가? (재물은) 아끼면 반드시 크게 잃는다. (재물은) 깊이 감춰 둘수록 반드시 더 많이 잃는다.

예문	전국	진	서한		동한	위진	당
	곽점본	백서갑	백서을	북대본	하상공	왕필본	돈황본
(1)	貢	得	□	得	得	得	得
	貟	亡	□	亡	亡	亡	亡
	賹	□	□	費	費	費	費
	賏	藏	藏	藏	藏	藏	藏
	貟	亡	□	亡	亡	亡	亡

학계에서는 상기 글자의 자형들이 貝부를 따르는 현상에 대해 그리 주목하지 않았다. 가령 貟 자형은 亡의 이체로 간주하여 '잃다'의 의미로 해석하는 것이 일반적이었다.[33] 그러나 陳偉(2003:22)에서는 亡과 得이 貝를 따르고 있는 것은 재부(財富)의 득실과 관련되어 있기 때문이라고 주장하였는데[34] 이는 상당히 일리 있는 견해이다. 그러나 陳偉(2003:22)에서는 자

---

32) 곽점본 『노자』에는 得을 나타내는 자형이 㝵과 貢 두 자형이 사용되는데 전자는 일반적인 '얻다'는 의미이고 후자는 '재물을 얻다'의 의미로 구분되어 사용된다. 劉釗(2003:25)에서는 賏 자형이 臧자를 나타내며 『玉篇·貝部』: '臧, 藏也.'를 인용해 藏자와도 통용된다고 보았다. 그는 賹에 대해서는 弼과 弗이 각각 並紐物部와 幫紐物部로 통가가 가능하다며 費의 이체자로 보았다.
33) 가령 丁四新(2010:242)에서는 '貟, 亡字異體'라 하였고 聶中慶(2004:242)에서는 '貟, 從亡從貝, 失去'라 풀이하며 '잃다'의 의미로만 풀이하고 있다. 한편 劉釗(2003:25)에서는 得이 貝 자형을 따라 貢으로 사용되는 것의 유화(類化) 현상이라 주장하였다.
34) 그러나 그가 得을 持로 본 것은 잘못된 견해이다.

신의 견해에 대한 고증은 진행하지 않았다. 본서에서는 貝부를 따르는 것은 의부(意符)가 그 기능을 나타내고 있는 현상이라고 보는데 그 이유는 다음과 같다. 첫째, 의부를 추가해 글자 의미를 구분하는 방법은 곽점본 『노자』 내에서 상용되는 현상이기 때문이다. 가령 심리적으로 쉽게 여겨진다는 의미를 나타낼 때는 易이 아닌 心부가 추가된 '惕' 자형을 사용한다. 悲哀의 哀자에도 心부가 추가되어 있다. 心부가 추가된 慇는 爲와는 달리 '행하고자 하는 마음'이라는 의미를 나타낸다. 그러나 이러한 구분은 후대 판본에서는 사라진다. 둘째, 곽점본 『노자』에서는 亡과 貟이 구분되어 사용되는 경우가 이 외에도 발견된다. 아래 용례를 보면 亡이 부정 의미를 지니는 동사나 부사로 사용될 경우에는 자형의 변화 없이 '亡'자 그대로 사용되고 있다.

(2) 是以聖人亡(無)爲故亡(無)敗; 亡(無)執故亡(無)失. (곽점갑11, 통행본64장) 그래서 성인은 무위하면 실패하지 않고, 잡으려고 하지 않으면 잃지 않는다.

그러나 '재물을 잃다'라는 동사로 사용될 경우에는 貝부가 추가되어 '貟'자로 사용된다. 상기 예(1)는 名과 身, 貨를 각각 비교하면서 재물(貨)이라는 것이 쓸모없는 것임을 나타내는 구문이다. 이 구문에서는 얻고 잃는 것 중에 어느 것이 더 근심인지를 물으며, 많이 소장할수록 많이 잃게 된다는 교훈을 주고 있다. 그 중 얻고, 잃고, 소장하는 것 모두에 貝부를 추가하여 재물을 얻고, 잃고, 소장하는 것에 대한 의미를 강조하고 있다. 그러나 후대 판본에서 貟자가 모두 亡자로 바뀌어 적히면서 후대 주석가들은 이에 대해 오독(誤讀)하게 되었다.

8.3.2 心부와 示부의 삭제

곽점본『노자』에는 畏가 총 4회 출현하는데 心을 부수로 하는 悞(2회)와 示를 부수로 하는 禩(2회) 등 두 자형으로 나뉜다. 일반적인 두려움을 나타낼 경우에는 畏자에 心부가 추가되어 사용되지만 그 두려움이 신적인 존재에 대한 두려움이나 경외심일 경우 示부가 추가된다.

(1) 豫乎如冬涉川, 猶乎其如悞四鄰. (곽점갑8-9, 통행본15장) 겨울에 개울을 건너듯 조심스럽고, 사방의 이웃을 두려워하듯 신중하다.

(2) 太上, 下知有之; 其次, 親譽之; 其次, 悞之; 其次, 侮之. (곽점병1, 통행본17장) 최상의 존재는, 아래에서는 그가 존재한다는 사실만을 알 뿐이다. 그 다음의 존재는, (아래에서는) 그를 가까이 여기고 칭찬한다. 그 다음의 존재는, (아래에서는) 두려워한다. 그 다음의 존재는, (아래에서는) 업신여긴다.

(3) 人之所禩, 亦不可以不禩人. (곽점을5, 통행본20장) 사람들이 경외하는 자는 그 또한 사람들을 경외하지 않을 수 없다.[35]

畏자는 예(1)-(2)에서는 心부를 추가하여 ⿰(곽점병1) 형태로, 예(3)에서는 示부를 추가하여 ⿰(곽점을5) 형태로 사용된다.[36] 이는 동일 시기 초 죽

---

35) 人之所禩에 대한 풀이는 두 가지로 나뉘는데 하나는 '다른 사람이 두려워하는 것/일'이고,(古棣·周英) 다른 하나는 '다른 사람이 두려워하는 사람', 즉 왕이다.(劉殿爵, 張舜徽, 許抗生) 이 두 해석은 전혀 다른 해석이다. 본서에서는 왕으로 보아야 한다고 판단하는데 그 이유는 示라는 의부 때문에 그러하다. 示는 통상 신이나 삼황오제 등의 조상들에게 부가하는 의부(意符)로 사용되기 때문이다.(본서의 제1부 2.3 참고)
36) 示부를 사용해 그 의부의 기능을 강화한 자형은 곽점본 稷자에도 드러나 있다. 곽점본『당우지도(唐虞之道)』10호간을 보면 중국 전설 속의 농업의 신으로 알려진 후직(后稷)의 직(稷)자가 示부가 사용된 禝 자형으로 적혀 있다.

간에서의 일반적인 자형과는 다르다.[37] 그러나 예(1)-(3)의 세 자형은 진한 이후의 판본에서 모두 畏자로 통일되어 있다.

예문	전국	진	서한		동한	위진	당
	곽점본	백서갑	백서을	북대본	하상공	왕필본	돈황본
(1)	愄	畏	畏	畏	畏	畏	畏
(2)	愄	畏	畏	畏	畏	畏	畏
(3)	禩禩	畏畏	畏畏	畏畏	畏畏	畏畏	畏畏

示부가 추가된 禩는 '두려워하다'라는 의미보다는 '공경하다, 경외하다'로 풀이해야 옳다. 즉 일반적인 심리적인 두려움은 心부가 추가되어 愄로 사용되었지만 신적인 누군가에 대한 경외심 등을 나타낼 때는 示부가 추가된 것이다. 즉, 예(3)의 의미는 '왕도 다른 사람을 경외해야 한다.'는 뜻이다.

의부를 추가해서 의미를 세분하는 이러한 현상은 곽점본 『노자』의 문자적 특징이었다. 그러나 후대 판본에서는 이러한 특징이 사라지게 된 것이다.

---

37) 조은정(2011)에 따르면 '畏'의 자형이 갑골문에서는 ▨, ▨, ▨ 등으로, 금문에서는 ▨ 등으로 쓰여 '鬼'에 'ㅏ'을 덧붙인 형태를 지니고 있지만 전국시기 죽간 문자에서는 ▨(곽점본 『五行』 36, '嚴而畏之'할 때의 '畏') 등으로 주로 '鬼'에 '止'를 덧붙이는 형태로 사용된다. '止'는 'ㅏ'에서 변형된 자형으로 판단된다.

제9장 언어학 외적 변화 양상

본 장절에서는 노자라는 저자의 출현, '백성'에서 '성인'으로의 자발성을 나타내는 주체의 변화, 유가 개념으로의 변화, 도 개념의 확대, 피휘제도 등을 논했다.

9.1 통사적 차이에 반영된 변화

본 절에서는 곽점본에는 원래 수록되지 않았던 吾라는 글자의 진한 이후의 추가 현상을 통해 노자라는 저자의 후대 출현을 논했으며 曰이 謂로 변화되어 있는 현상을 통해 자발성을 지니는 존재가 '백성'에서 '성인'으로 변화되었음을 논하였다.

9.1.1 노자라는 저자의 출현: 吾의 추가와 교체[1]

곽점본『노자』에는 吾가 총 6회 출현하며 모두 虐 자형으로 사용되고 있었다. 후대 판본에서 吾자로 바뀌어 있던 용례는 다음과 같았다.

(1) 愚而欲作, ＿將貞之以亡(無)名之樸. (곽점갑13, 통행본37장) (만물

---

1) 조은정(2015)에서 발췌 및 수정.

이) 행하려는 마음을 지닌 후에는 행동하려 하며, 이 행동은 결국 무명의 투박함으로 바로잡힌다.

(2) __ 未知其名, 字之曰道, 吾强爲之名曰大. (곽점갑21-22, 통행본25장) 그 이름(名)은 모르는데 그 자(字)는 도(道)라고 했다. 나는 그것을 임의대로 큼(大)이라고 부르겠다.

(3) 萬物方作, 居以顧復也. (곽점갑24, 통행본16장) 만물은 무릇 만들어지기 시작하면 되돌아감을 염두에 두면서 거한다.

예(1)-(2)는 곽점본에는 吾자가 없다가 진한 이후의 판본에서 추가된 경우이고 예(3)은 곽점본의 居자가 진한 이후의 판본에서 吾로 교체된 경우이다.

예문	전국	진	서한		동한	위진	당
	곽점본	백서갑	백서을	북대본	하상공	왕필본	돈황본
(1)	-	□	吾	吾	吾	吾	吾
(2)	-	吾	吾	吾	吾	吾	吾
(3)	居	吾	吾	吾	吾	吾	吾

곽점본에는 적혀 있지 않은 吾의 백서본 이후에서의 추가 현상에 대해 메이광(梅廣)은 전국 후기 도가학파의 의도와 관련되어 있다고 주장하였다. 도가학파가 도가집단에 권위를 부여하기 위해 원래 편집자만 존재했던 초(楚)나라의 격언집인 곽점본『노자』에 노자(老子)라는 저자를 부가시켰다는 것이 그 내용이다. 그는 다음과 같이 언급하였다.

곽점본과 통행본의 '吾'와 '我'를 비교해보면 매우 재미있는 현상을 발견하게 됩니다. 통행본의 일부 구절에 사용되는 '吾'나 '我'가 곽점본에서는 대부분 삭제되어 있습니다. 곽점본에는 '吾'를 사용한 곳이 매우 적은데 설사 사용했다 하더라도 이 '吾'는 저자가 아니라 범칭을 나타낼 뿐입니다. 곽점본에는 '吾'자가 없지만 통행본에는 '吾'자가 적혀 있는 경우는 두 군데 있는데 바로 통행본의 16장과 37장이 그러합니다. 또한 저자의 그림자가 존재하는 수많은 장절들이 곽점본 자체에는 존재하지 않습니다. 가령 통행본의 4장, 20장, 21장, 29장, 42장, 43장, 49장, 53장, 67장, 69장, 70장, 74장이 그렇습니다. 이것은 매우 확실한 근거입니다. 그러나 후대 『노자』에는 저자의 그림자가 입혀집니다. 이것은 한 명의 저자를 일부러 그곳에 출현시켜 한 부의 저작으로 만들기 위함이었습니다.[2]

곽점본에는 吾가 6회, 我가 5회 사용되었는데 특정 저자를 가리키는 경우는 거의 없다. 상기 예(2)가 저자의 색채를 지니는 것을 제외하고 당시의 관용어에 사용되어 범칭을 나타내거나(吾 2회) 일반사람들을 가리키거나(吾 3회) 왕 자신을 나타내거나(我 4회) 백성을 가리켰을(我 1회) 뿐이었다. 그러나 후대 판본에서 吾나 我는 저자를 가리키는 횟수가 급증한다.([부록 1] 표 『노자』에서의 吾와 我' 참고) 후대 판본에서는 吾나 我의 사용횟수도 증가하는데 가령 곽점본에 6회 사용되던 吾자는 백서갑 17회, 백서을 15회, 왕필본 22회, 돈황본 21회로 증가하며 곽점본에 5회 사용되던 我자는 백서갑 12회, 백서을 15회, 왕필본 19회, 돈황본에는 20회로 증가한다.

9.1.2 자발성 주체에 대한 인식의 변화: '백성'에서 '성인'으로

곽점본 『노자』에는 曰이 후대 판본에서 謂로 바뀌는 용례가 1회 출현한다.

(1) 成事遂功, 而百姓曰: "我自然也". (곽점병2, 통행본17장) 일이 이뤄

---

[2] 이상 메이광(梅廣)의 견해는 본서 [부록1]의 번역내용 참고.

지고 그 공이 생기면, 백성은 "내가 스스로 그렇게 한 것이다."라고 말한다.

이 曰은 진한 이후의 판본에서 대부분 謂자로 적혀 있다. 이 때문에 곽점본이 출토되기 이전에는 我를 성인(聖人), 즉 왕으로 보는 견해가 우세했다. 가령 高亨(1956:62)에서는 『노자』에는 '我'가 총 10여 곳 출현하는데 이는 모두 왕후(侯王)가 스스로를 칭하는 것이지 평민이 스스로를 칭하는 것이 아니라고 하였다.[3]

예문	전국	진	서한		동한	위진	당
	곽점본	백서갑	백서을	북대본	하상공	왕필본	돈황본
(1)	曰	胃(謂)	胃(謂)	曰	謂	謂	謂

그러나 곽점본이 출토된 이후 이 견해는 두 가지로 나뉘게 된다. 하나는 曰을 謂의 오자로 여기는 경우이고 다른 하나는 曰을 글자 그대로 풀이하는 경우이다. 曰은 VO 구조에 사용되고 謂는 이중목적어 구문에 사용되기에 그 구조가 다르다. 謂자로 볼 경우 '百姓謂我自然也(V+O1+O2)'라는 이중목적어 구조의 특성상 我는 바로 앞에 나오는 주어인 '백성'을 가리킬 수는 없으므로 발화자인 '성인', 즉 왕을 의미하게 된다. 그러나 曰로 볼 경우 '曰+我自然也(V+O)' 구조에서 我는 바로 앞에 나오는 주어인 백성을 가리킬 수도, 발화자인 성인을 가리킬 수도 있다.

곽점본 출토 후 일부 학자는 후대 판본의 謂는 曰의 오자이며, 我는 백성을 가리킨다고 주장하기도 했지만[4] 안타깝게도 구체적인 근거를 제시하지

---

3) 高亨(1956)『老子正詁』古籍出版社.(王博(2010:46) 재인용)
4) 가령 丁四新(2010:380)이 그러하다.

는 못했다. 본서에서는 我는 '백성'을 나타내기에 '我自然也' 앞에 놓이는 술어는 謂가 아니라 曰자 그대로 봐야 하며 이 구문에서의 '自然'은 백성이나 만물이 '스스로 그렇게 됨'을 말하는 것이라고 주장한다. 그 이유는 곽점본『노자』에서 '自+V' 구조는 백성(民)과 만물(萬物)만을 주어로 삼기 때문이다. 아래 논증을 보자.

곽점본『노자』내에서 유의미하게 다뤄지는 주체로는 도 외에도 성인(왕), 보좌진, 만물, 백성이 있다. 이에 대해 어떤 학자는『노자』는 권력을 지닌 집정자인 천자(天子)나 왕후(侯王)를 서술대상으로 삼는다고 여겼고[5] 어떤 학자는『노자』는 집정자인 성인(聖人)과 그 대상인 '백성·만물(民·萬物)'이 주인공이라고 여겼으며[6] 어떤 학자는 집정자인 '성인·왕후(聖人·侯王)'와 보좌진인 사(士)가 바로 곽점본『노자』의 주요 서술대상이라고 여겼다.[7]

본 연구의 고찰 결과, 주어의 자리에는 집정자인 '성인/왕후(聖人/侯王)', 그리고 보좌진인 '사(士)'뿐만 아니라 이들의 영향을 받는 대상인 '백성(民/百姓)', '만물(萬物)' 등이 출현했다. 또한 이들은 모두 특정 술어와 공기관계를 지니고 있었는데 왕은 무위(無爲) 개념과, 보좌진은 심장불로(深藏不露) 개념과, '만물(萬物)'과 백성(民)은 자연(自然) 개념과 함께 출현되었다.

왕을 나타내는 '성인(聖人)'과 '후왕(侯王)'이라는 어휘는 통상 '무위(無爲)' 개념인 무위(無爲), 무사(無事), 무집(無執), 불언(不言), 불욕(不欲),

---

5) 高亨(1956)의 견해.(王博(2010:46) 재인용) 하지만 그는『노자』라는 저서를 여전히 노자라는 저자의 저작으로 보고 있다. 이는 본 저서의 견해와는 다른 점이다.
6) 池田知久(2014)『老子』的形而上學與"自然"思想──以北大簡爲中心」,『文史哲』第3期 참고. 그는『노자』에서는 성인과 백성을 각각 무위와 자연을 행하는 주체로 보고 있다고 지적하였다.
7) 본서의 [부록1] 참고. 메이꽝(梅廣) 교수는 곽점본『노자』는 사실상 왕의 도리와 신하의 도리를 각각 구분하여 이야기를 하고 있는 서적이라고 지적하였다.

불교(不敎), 호정(好靜), 지족(知足), 보자연(輔自然) 등의 술어와 공기되었다. 즉 성인은 백성의 위나 앞에 위치하긴 하지만, 무언가 하려고 하지도, 잡으려고 하지도, 말하려고 하지도, 시작하려 하지도, 머무르려 하지도, 가르치려 하지도 말 것이며 정(靜)을 좋아하고 자족하며 만물이 그렇게 됨을 보좌하기만 하면 된다는 뜻을 전달한다. 이러한 서술은 우리에게 '집정자의 무위'가 무엇인지를 구체적으로 알려주고 있다.[8]

보좌진이나 신하를 나타내는 개념은 '위사자(爲士者), 상사(上士), 중사(中士), 하사(下士)' 등 '사(士)'의 형식으로 사용되었는데 이러한 주어는 중간관리자로서의 역할을 나타내는 내용인 미묘현달(微妙玄達), 심부가식(深不可識), 근능행(僅能行), 불벌(弗伐), 불교(弗驕), 불긍(弗矜), 무이취강(毋以取强) 등의 술어와 공기되었다. 즉 보좌진은 왕의 명을 받아 그 도를 세상에 펼치지만, 군사나 강함을 우위로 삼지 말고, 오직 행하는데 집중하되 그 과정에서 '성과가 있더라도 이를 자랑하거나 다 드러내지 않고 자신을 감추라'는 '심장불로(深藏不露)' 상태를 추구하라는 메시지를 전달하고 있었다.

백성을 나타내는 어휘는 백성(百姓)과 민(民), 만물을 나타내는 어휘는 만물(萬物)을 사용하였는데[9] 이들은 통상 '自○' 구조로 사용되어 자연(自然) 관련 술어하고만 공기되어 자발성을 나타내고 있었던 점이 특징적이었다. 백성은 자균(自均), 자부(自富), 자정(自正), 자박(自樸), 자연(自然)

---

8) 池田知久(2014)에서도 무위라는 개념이 성인의 구체적인 행위를 총괄한다고 하였지만 구체적으로 어떤 술어들인지에 대해서는 언급하지 않았다. 하지만 그는 무위의 대상은 왕, 자연의 대상은 만물이라고 주장했는데 이 견해는 본서에서 주장하는 견해와도 일치한다.
9) 곽점본 『노자』에 민(民)은 총 15회, 백성(百姓)은 총 1회 사용되는데 이들은 피통치자를 나타낸다.(통행본 32장, 57장, 17장, 66장, 19장에 출현) 만물(萬物)은 통행본 64장, 37장, 32장, 2장, 16장에 총 7회 출현한다.

등 어휘와, 만물은 자정(自定), 자정(自貞) 등의 어휘 혹은 위(爲), 작(作), 성(成) 등과 공기되어 스스로 변화되고 저절로 그러해진다는 개념을 나타내고 있었다. 즉 곽점본에서 백성이나 만물은 왕이 제 역할을 잘하면 스스로 변화되는, 자발성을 지닌 존재로 묘사되어 있었는데 이들은 보좌진이 아닌 왕, 즉 성인(聖人)이나 후왕(侯王)이라는 어휘와만 대비되어졌다는 점도 기억할 만한 사실이다.

곽점본 『노자』에서의 이러한 특정 주어와 특정 술어의 공기현상은 우리에게 술어를 통해 서술되는 어떤 개념들이 대상성을 지닌다는 사실을 알게 해준다. 이에 필자는 自라는 글자가 곽점본『노자』에서 통상 만물(萬物) 혹은 백성(民)과 같이 쓰이는 점을 근거로 상기 구문을 曰로 보고, 我는 백성으로 보는 것이 옳다고 판단한다.

아래 표는 곽점본 『노자』에서의 관련 용례를 모두 수집한 결과인데 이 표를 보면 주체별로 수반하는 술어 성분이 각기 다르다는 사실을 알 수 있다.

聖人/王侯

(1) 是以聖人之言曰: 我無事而民自富. 我亡(無)爲而民自蠡. 我好靜而民自正. 我欲不欲而民自樸. (곽점갑31-32, 통행본57장) 그래서 성인은 다음과 같이 말했다. '나는 아무 일도 하지 않는데 백성들은 스스로 부유해진다. 나는 무위하는데 백성들은 스스로 하고자 한다. 나는 고요함을 좋아하는데 백성들이 스스로 질서를 찾아간다. 나는 불욕하고자 하는데 백성들은 스스로 투박해진다.'

(2) 是以聖人亡(無)爲故亡(無)敗; 亡(無)執故亡(無)失. (곽점갑11, 통행본64장) 그래서 성인은 무위하면 실패하지 않으며 잡으려고 하지 않으면 잃지 않는다.

⑶ 聖人無爲, 故無敗也; 無執, 故[無失也]. (곽점병11, 통행본64장) 성인은 무위하면 실패하지 않으며 취하려고 하지 않으면 잃지 않는다.

⑷ 是以聖人居亡(無)爲之事, 行不言之敎. 萬物作而弗始也, 爲而弗志也, 成而弗居. 夫唯弗居也, 是以弗去也. (곽점갑16-18, 통행본2장) 그러므로 성인은 무위의 일에 머무르고, 불언의 가르침을 행하면 된다. 만물이 만들어내기 시작해도 (성인은) 시작할 마음을 지니지 않으며, (만물이) 행하더라도 (성인은) 뜻을 두지 않으며 (만물이) 이룬다 하더라도 (성인은) 머무르지 않는다. 무릇 머무르지 않는다면 떠날 필요도 없다.

⑸ 道恒亡(無)爲也, 侯王能守之, 而萬物將自愚. 愚而欲作, 將貞之以亡(無)名之樸. 夫亦將知足以靜, 萬物將自定. (곽점갑13-14, 통행본37장) 도는 언제나 무위하기에 왕이 이를 지킬 수 있다면 만물은 스스로 행하려는 마음을 지니게 된다. (만물이) 행하려는 마음을 지닌 후에는 행동하려 하며, 이 행동은 결국 무명의 투박함으로 바로잡힌다. 무릇 (성인이) 정적인 것으로 만족할 수 있다면 만물은 스스로 (질서를) 바로 잡게 된다.

⑹ 道恒亡(無)名, 樸雖妬, 天地弗敢臣, 侯王如能守之, 萬物將自貞. (곽점갑18-19, 통행본32장) 도에는 이름이 없다. 투박함은 비록 작고 약한 것이지만 천하에 이를 신하 삼을 수 있는 것은 없다. 왕이 만일 이런 투박함을 지킬 수만 있다면 만물은 장차 스스로 질서를 잡아갈 것이다.

⑺ 聖人欲不欲, 不貴難得之貨; 敎不敎, 復衆之所過. 是故聖人能輔萬物之自然, 而弗能爲. (곽점갑11-13, 통행본64장) 성인이 억지로 무언가 하고자 하지 않는다면 구하기 힘든 물건을 귀하게 여기지 않게 되고, 억지로 무언가 가르치려고 하지 않는다면 많은 잘못된 일들은 원래 자리로 되돌아가게 될 것이다. 그러므로 성인은 만물이 스스로 자립하는 것을 도울 수 있을 뿐이지, 억지로 행하려고 할 수는 없다.

⑻ 是以聖人欲不欲, 不貴難得之貨; 學不學, 復衆之所過. 是以能輔萬物之自然, 而弗敢爲. (곽점병12-14, 통행본64장) 그래서 성인이 불욕하고자 하면 구하기 힘든 물건을 귀하게 여기지 않게 되고, 불학하고 불학하고

자 하면 많은 잘못된 일들은 원래 자리로 되돌아가게 될 것이다. 그러므로 성인은 만물이 스스로 자립하는 것을 보조할 수 있을 뿐이지, 감히 인위적으로 행하려고 하지 못한다.

(9) <u>多惥必多難</u>. 是以<u>聖人猷難之</u>, 故終亡(無)難. (곽점갑14-15, 통행본63장) 많이 쉽다고 여겨지는 것은 반드시 많이 어려운 법이다. 그러므로 성인이 어려워한다면 결국에는 어려움이 없을 것이다.

(10) <u>聖人之在民前也, 以身後之</u>; <u>其在民上也, 以言下之</u>. 其在民上也, 民弗厚也; <u>其在民前也</u>, 民弗害也. (곽점갑3-4, 통행본66장) 성인은 백성의 앞에 있는 존재이니 그 몸은 뒤로 하고, 백성의 위에 있는 존재이니 그 말은 낮춰야 한다. (이렇게 하면) 성인이 백성의 위에 있더라도 백성들은 그를 특별하게 여기지 않으며 성인이 백성의 앞에 있더라도 백성들은 그를 해하지 않는다.

士

(11) 古之<u>善爲士者, 必微妙玄達, 深不可識</u>. (곽점갑8, 통행본15장) 예전에 보좌진(士) 노릇을 잘하는 자는 반드시 그 속이 미묘한 듯 현달한 듯 깊어서 그 속을 잘 알 수가 없었다. 이 때문에 다음과 같이 노래하였다.

(12) 以道<u>佐人主者, 不欲以兵强於天下</u>. 善者果而已, 毋以取强. 果而<u>弗伐</u>, 果而弗驕, 果而弗矜, 是謂果而<u>不强</u>. (곽점갑6-7, 통행본30장) 도로 왕을 보좌하는 자는 천하 만물에 군사로 강제하지 않는다. 일을 잘하는 자는 성과를 중시할 뿐이지 '강제성'을 취하지는 않는다. 성과가 있으면서도 공로를 드러내지 않고, 성과가 있으면서도 교만하지 않으며, 성과가 있으면서도 자랑하지 않는 것, 이것을 '성과가 있지만 억지스럽지 않다.'라 한다. (이렇게 하면) 그 일은 오래 유지될 수 있다.

(13) <u>上士</u>聞道, 僅能行於其中. <u>中士</u>聞道, 若聞若忘. <u>下士</u>聞道, 大笑之. 弗大笑不足以爲道矣. (곽점을9-10, 통행본41장) 유능한 士는 도를

들으면 그 중에서 행할 수 있는 것을 근근이 행하고, 평범한 士는 도를 들으면 들은 듯 안들은 듯하고, 유능하지 않은 士는 도를 들으면 이를 크게 비웃는다. 크게 비웃지 않으면 도라고 여김에 부족하다고 생각한다.

民/百姓

(14) 民莫之命而自均焉. (곽점갑19, 통행본32장) 백성들은 시키지 않아도 스스로 균형을 이루게 된다.

(15) 是以聖人之言曰: 我無事而民自富. 我亡爲而民自蠚. 我好靜而民自正. 我欲不欲而民自樸. (곽점갑31-32, 통행본57장) 그래서 성인은 다음과 같이 말했다. '나는 아무 일도 하지 않는데 백성들은 스스로 부유해진다. 나는 무위하는데 백성들은 스스로 하고자 한다. 나는 고요함을 좋아하는데 백성들이 스스로 질서를 찾아간다. 나는 아무것도 하려 하지 않는데 백성들은 스스로 투박해진다.'

(16) 成事遂功, 而百姓曰我自然也. (곽점병2, 통행본17장) 일이 이뤄지고 그 공이 생기면, 백성은 "내가 스스로 그렇게 한 것이다."라고 말한다.

(17) 夫天多期違, 而民彌貧. 民多利器, 而邦滋昏. (곽점갑30-31, 통행본57장) 무릇 하늘이 때를 자꾸 어기면 백성들은 빈곤함이 늘어난다. 백성들이 예리한 기구를 많이 지니면 국가는 혼란이 가중된다.

(18) 聖人之在民前也, 以身後之; 其在民上也, 以言下之. 其在民上也, 民弗厚也; 其在民前也, 民弗害也. (곽점갑3-4, 통행본66장) 성인은 백성의 앞에 있는 존재이니 그 몸은 뒤로 하고, 백성의 위에 있는 존재이니 그 말은 낮춰야 한다. (이렇게 하면) 성인이 백성의 위에 있더라도 백성들은 그를 특별하게 여기지 않으며 성인이 백성의 앞에 있더라도 백성들은 그를 해하지 않는다.

(19) 絶知弃辨, 民利百倍. (곽점갑1, 통행본19장) 앎과 말재주를 버리면 백성의 이익이 백배가 된다.

(20) 絶愚弃弃慮, <u>民復季子</u>. (곽점갑1, 통행본19장) 행하려는 마음과 사사로운 걱정을 버리면 백성들은 아이처럼 순수한 상태로 돌아간다.

萬物

(21) 聖人能輔<u>萬物之自然</u>, 而弗能爲. (곽점갑12-13, 통행본64장) 그러므로 성인은 만물이 스스로 자립하는 것을 도울 수 있을 뿐이지, 억지로 행하려고 할 수는 없다.

(22) 是以能輔<u>萬物之自然</u>, 而弗敢爲. (곽점병13-14, 통행본64장) 그러므로 성인은 만물의 자연을 보조할 수 있을 뿐이지, 감히 (인위적으로) 행하려 고 하지 못한다.

(23) 夫亦將知足以靜, <u>萬物將自定</u>. (곽점갑14, 통행본37장) 무릇 (성인이) 정적인 것으로 만족할 수 있다면 만물은 스스로 (질서를) 바로 잡게 된다.

(24) 道恒亡(無)名, 樸雖姑, 天地弗敢臣, 侯王如能守之, <u>萬物將自貞</u>. (곽점갑18-19, 통행본32장) 도에는 이름이 없다. 투박함은 비록 작고 약한 것이지만 천하에 이를 신하 삼을 수 있는 것은 없다. 왕이 만일 이런 투박함을 지킬 수만 있다면 만물은 장차 스스로 질서를 잡아갈 것이다.

(25) 道恒亡(無)爲也, 侯王能守之, 而<u>萬物將自爲</u>. <u>爲而欲作</u>, 將貞之以亡(無)名 之樸. 夫亦將知足以靜, <u>萬物將自定</u>. (곽점갑13-14, 통행본37장) 도는 언제나 무위하기에 왕이 이를 지킬 수 있다면 만물은 스스로 행하려는 마음을 지니게 된다. (만물이) 행하려는 마음을 지닌 후에는 행동하려 하며, 이 행동은 결국 무명의 투박함으로 바로잡힌다. 무릇 (성인이) 정적인 것으로 만족할 수 있다면 만물은 스스로 (질서를) 바로 잡게 된다.

(26) <u>萬物作而弗始也</u>, <u>爲而弗志也</u>, <u>成而弗居</u>. (곽점갑17, 통행본2장) 만물이 만들어내기 시작해도 (성인은) 시작할 마음을 지니지 않으며, (만물이) 행하더라도 (성인은) 뜻을 두지 않으며 (만물이) 이룬다 하더라도 (성인은) 머무르지 않는다.

(27) 萬物方作, 居以顧復也. (곽점갑24, 통행본16장) 만물은 무릇 움직이기 시작하면(作) 어딘가에 머무르게 됨으로써 되돌아온다.

9.2 어휘적 차이에 반영된 변화

어휘 차이를 통해서는 유가 개념으로의 변화, 도 개념의 확대 등의 양상을 엿볼 수 있었다. 그 중 유가 개념으로의 변화는 곽점본 위(愚)와 려(慮)의 진한 이후 인(仁)과 의(義)로의 변화, 미악(美惡)의 동한 이후 선악(善惡)으로의 변화, 정신(正臣)의 동한 이후 충신(忠臣)으로의 변화 등이 발견되었다.

9.2.1 유가 개념으로의 변화[10]

곽점본 『노자』의 愚慮는 후대 판본에서 仁義로, 正臣이 후대 판본에서 忠臣으로, 美惡이 후대 판본에서 善惡으로 변화하게 된다.

(1) 絕愚弃慮, 民復季子. (곽점갑1, 통행본19장) 행하려는 마음과 사사로운 걱정을 버리면 백성들은 아이처럼 순수한 상태로 돌아간다.
(2) 邦家昏亂, 焉有正臣. (곽점병3, 통행본18장) 국가가 혼란해야만 올바른 신하가 생겨난다.
(3) 美與惡, 相去何若？(곽점을4, 통행본20장) 아름다움과 추함이 과연 얼마나 차이가 있는가?

이 중 '인의'로의 변화는 진한 이후의 판본에서, '충신'과 '선악'으로의 변화는 동한 이후의 판본에서 발생한다.

---

10) 忠臣 관련 일부 내용은 조은정(2015)에서 발췌 및 수정.

예문	전국	진	서한		동한	위진	당
	곽점본	백서갑	백서을	북대본	하상공	왕필본	돈황본
(1)	愚慮	仁義	仁義	仁義	仁義	仁義	仁義
(2)	正臣	貞臣	貞臣	貞臣	忠臣	忠臣	忠臣
(3)	美惡	美惡	美惡	美惡	善惡	善惡	美惡

예(1)을 먼저 살펴보자. 곽점본『노자』에서의 爲는 心부가 추가된 愚와 그렇지 않은 爲, 그리고 虫부가 추가된 爲 등 3자형으로 나뉜다. 그 중 '爲'자가 제일 많이 사용되지만 愚 역시 3회 사용된다. 상기 예(1)의 愚는 명사로 사용된 경우인데 이 자형에 대해 학계에서는 僞의 통가자로 보는 경우(『郭店楚墓竹簡』, 裘錫圭)[11], 化의 통가자로 보는 경우(陳斯鵬, 池田知久)[12], 爲의 분화자(分化字)로 마음의 작용을 나타낸다고 보는 경우(龐樸, 季旭昇)[13] 등의 견해가 존재한다.

곽점본『노자』에는 愚가 동사로 사용되는 용례도 출현한다.(아래 예4)

(4) 道恒亡(無)爲也, 侯王能守之, 而萬物將自愚. 愚而欲作, 將貞(正)之以亡(無)名之樸. (곽점갑13, 통행본37장) 도는 언제나 무위하기에 왕이 이를 지킬 수 있다면 만물은 장차 스스로 행하려는 마음을 지니게 된다. 행하

---

11) 裘錫圭(2000:28)에서는 "爲로 보아도, 僞로 보아도 된다. 그러나 자연에 위배되는 인위(人爲)이기 때문에 僞로 보는 것이 더 낫다. 그러나 이는 일반적인 爲와는 다르며 작위적이라는 의미의 僞로 봐서도 안 된다."라 주장하였다. 裘錫圭(2000)「糾正我在郭店「老子」簡釋讀中的一個錯誤」, 『郭店楚簡國際學術研討會論文集』, 湖北人民出版社.
12) 陳斯鵬(2000:83)「郭店楚墓竹簡考釋補正」, 『華學』제4輯, 紫金城出版社.
13) 龐樸는 "愚는 일종의 심리상태를 나타내기에 행위(行爲)가 아니라 마음의 작용(心爲) 으로 봐야 한다."고 하였고 季旭昇은 "爲의 分化字로 마음의 작용(心之作爲)을 나타낸다."고 하였다. 龐樸(1998)「古墓新知──漫談郭店楚簡」, 『讀書』1998(9); 『郭店楚簡研究』, 『中國哲學』제20輯), 11쪽. 季旭昇(1998)「讀郭店楚墓竹簡札記: 絕爲棄詐、民復季子」, 『中國文字』新24期, 131쪽, 台北: 藝文印書館.

고자 하면 시작되고 이 행동은 장차 무명의 투박함으로 바로잡히게 된다.

예(4)에 대해서는 통상 후대 판본에서 化로 바뀌어 있는 것을 근거로 化의 통가자로 본다.

본서에서는 곽점본에서의 惥의 의미는 爲와 관련되어 있다고 판단한다. 곽점본에는 기존 자형에 의부를 추가해 의미를 세분화하는 현상이 존재하는데 가령 畏는 愄와 褽로 구분되어 각각 '심리적인 두려움'과 '경외심'을 나타내고 亡은 亡과 貢로 구분되어 '없음'과 '재물이 없음'으로 의미가 세분된다.(제2부 7.1 참고) 상기 예(4)의 '惥'자도 心부를 수반하여 바로 앞 구문에 나오는 '무위'의 '爲'자와 구분되어 사용되므로 '행위'의 의미와 연관된 '행하려는 마음'으로 의미를 세분해서 보아야 한다. 이렇게 이 구문의 의미는 '도는 언제나 무위하므로 왕이 이것을 지키기만 한다면 만물은 향후 스스로 행하려는 마음을 지닐 것이고, 이러한 마음을 지니고 행동한다면(作), 무명의 투박함으로 이 행동은 바로잡히게 될 것'이라는 내용을 서술한다.[14] 즉 心부가 추가된 '惥'자는 龐樸와 季旭昇의 주장처럼 '행하려는 마음을 지니다'로 풀이해야 옳다. 그런데 이 글자가 후대 판본에서는 전혀 다른 글자인 仁으로 변화한 것이다.

그 다음으로 예(2)와 (3)을 보자. 예(2)의 '정신(正臣)'은 왕필본 18장에는 '충신(忠臣)'으로 적혀 있으므로 '나라의 정치가 혼란해지고 나서야 충신이 나타난다.'는 의미로 풀이되며 이는 통상 인의가 숭상되는 시대가 오면 사회는 더 이상 순수하지 않게 된다는 의미를 강조한 것으로 본다. 즉 '충신'이라는 유가적인 의미의 어휘를 노자가 반대한 것이라 보는 것이다. 그렇지만

---

14) 여기에서 만물의 행위는 爲가 아니라 作으로 표현되고 있다.

곽점본의 '정신'은 '나라가 혼란한 상태에 이르지 않으면 올바른 신하는 필요 없다.'는 뜻으로 왕필본의 충신이 지니는 유가적인 의미는 지니지 않는다. 예(3) 역시 아름다움에 대비되는 추함이라는 개념을 서술하며 미악(美惡)이라는 어휘를 사용하고 있지만 이는 후대 판본에서 선악(善惡)이라는 어휘로 변경되었다.

그렇다면 곽점본에서 일반적인 개념으로 사용되었던 위려(愚慮), 정신(正臣), 미악(美惡)이 어째서 후대 판본에서는 유가적인 개념인 인의(仁義), 충신(忠臣), 선악(善惡)으로 변화하게 된 것일까? 이를 논하기 위해서 우리는 곽점본『노자』의 출토가 갖는 여러 의미를 언급하지 않을 수 없다. 철학사상사적인 시각에서 보았을 때 곽점본『노자』의 출토는 역사적인 사건이었다. 왜냐하면 기존에 통행본『노자』를 연구하던 학자들은『노자』의 '저자'가 유가를 배격하고 있다고 여겼기 때문이다. 그러나 곽점본『노자』의 출토로 사실상『노자』는 유가를 배격하는 것이 아니라는 사실이 드러났다. 김백희(2001)에서는 이에 대해 다음과 같이 설명하고 있다.

> 흔히 유가와 도가의 대립이나 변별성을 강조하는 입장의 논거로 인용되는 것이『노자』의 19장이다. 즉 도가는 유가에서 중요하게 여기는 聖과 仁, 孝와 慈 등을 철저하게 부정했다는 것이 그 요지이다.

사실상 통행본 19장의 인의(仁義)가 앞서 예(1)에서 논한 것처럼 곽점본에서 다른 글자로 적혀 있었던 사실 외에도 통행본 19장의 성(聖), 효와 자애(孝慈)도 곽점본에서는 각각 변(辯), 계자(季子)로 적혀 있는 등 유가의 개념과는 관련 없는 어휘로 적혀있었다. 그러나 진한 이후의 판본에서는 이러한 어휘들이 유가개념으로 변화하기 시작하는데 '인의'로의 변화는 백서 갑에서부터 시작되며, '충신'과 '선악'으로의 변화는 동한 이후의 판본에서 시작되는 것이다.

9.2.2 도 개념의 확대[15]

일부 구문에서는 도 개념의 변화가 엿보였다. 가령 곽점본의 아래 예문은 '天→地→道→王'의 순서로 되어 있다. 그러나 백서을과 왕필본, 돈황본에서는 '道'가 '天' 앞에 놓여 '道→天→地→王'의 순서를 따르고 있었다.

(1) 天大, 地大, 道大, 王亦大. (곽점갑22, 통행본25장) 하늘은 크고, 땅도 크고, 도도 크고, 왕도 역시 크다.

즉 곽점본에서는 도가 하늘(天)의 뒤에 놓이는데 진한 이후의 판본에서는 대부분 도가 하늘(天)의 앞에 놓인다.

예문	전국	진	서한		동한	위진	당
	곽점본	백서갑	백서을	북대본	하상공	왕필본	돈황본
(1)	天 地 道 王	□ 天 地 王	道 天 地 王	天 地 道 王	道 天 地 王	道 天 地 王	道 天 地 王

곽점본 『노자』에서 도(道)는 두 가지 의미를 지니는데 '우주의 창조 근원'으로서의 도와 '무위자연의 이치'로서의 도가 그것이다. 천지창조과 무위자

---

15) 조은정(2014b)에서 발췌.

연은 명확히 구분되는 현상이다. 곽점본에 수록된 다른 편인 『태일생수(太一生水)』에 따르면 陰陽(음양), 四時(사계절), 寒熱(날씨), 濕燥(습도) 등의 자연의 이치는 천지(天地)가 창조된 이후에 나타나는 현상이다.[16)]

그렇다면 도(道)가 곽점본에서는 천지(天地)의 뒤에 위치하다가 다른 판본에서는 그 앞에 놓인 이유는 무엇일까? 이 해답에는 두 가지 가능성이 존재하는 듯하다. 첫째, 천지(天地)의 의미에 변화가 일어났을 가능성. 상기 예(1)에서의 '天'과 '地'는 우주 창조와 관련된 개념이고 '道'는 자연의 이치를 나타내고 있다. 그러나 서한 이후의 판본에서 천지가 도의 뒤로 물러난 것은 천지가 우주의 창조를 나타내는 개념이 아니라 천하(天下)나 만물(萬物)과 연관된 의미를 지니게 된 것 때문으로 볼 수 있다. 이에 그 순서가 변했을 가능성이 있다. 둘째, 도(道)의 의미에 변화가 일어났을 가능성. 곽점본에서의 도는 천지창조나 무위자연의 의미 등 자연주의적인 의미를 나타내다가 전국 후기나 서한 초기에 이 도의 개념이 현학화(玄學化)되면서 확대되었을 가능성이 있다. 물론 이에 대한 더 구체적인 연구는 추가 진행되어야 할 것이다.

9.3 문자학적 차이에 반영된 변화: 피휘 현상

피휘와 연관된 어휘 변화는 邦의 國으로의 피휘, 恒의 常으로의 피휘, 弗의 不로의 피휘 등 현상이 발견되었다. 이러한 제 판본에 반영된 피휘 현상

---

16) 본서의 [부록1] 참고. 메이광 교수는 우주론(宇宙論)과 자연의 이치에 대해 『노자』 사상의 근원이 되는 곽점본 『태일생수(太一生水)』편에도 드러나 있는 초(楚)나라의 사상인데 『태일생수(太一生水)』와 『노자』가 다른 점이 있다면 전자는 우주론을 언급할 때는 '道'라는 글자를 사용하지 않은 반면, 후자는 '道'라는 글자를 사용한 것이라고 지적했다.

을 통해 우리는 당시 피휘제도의 엄격성을 엿볼 수 있었다.

1) 邦을 國으로[17]

곽점본에서 '邦'이라고 적힌 부분이 서한 이후의 판본에서 모두 '國'자로 적혀 있었다.

(1) 以正治邦, 以奇用兵, 以亡(無)事取天下. (곽점갑29-30, 통행본57장) 정도로써 하면 나라가 다스려지고, 묘책을 사용하면 군사를 부릴 수 있지만, 아무 일도 안하면 천하를 얻게 된다.

(2) 民多利器, 而邦滋昏. (곽점갑30-31, 통행본57장) 백성들이 예리한 기구를 많이 지니면 국가는 혼란이 가중된다.

(3) 修之邦, 其德乃奉. (곽점을17, 통행본54장) 잘 닦인 국가는 풍성하다.

(4) [以家觀]家, 以向觀向, 以邦觀邦, 以天下觀天下. (곽점을17-18, 통행본54장) 잘 닦인 집의 모습으로 집을 다스리고, 잘 닦인 고을의 모습으로 고을을 다스리고, 잘 닦인 국가의 모습으로 국가를 다스리고, 잘 닦인 천하의 모습으로 천하를 다스린다.

(5) 邦家昏[亂], 焉有正臣. (곽점병3, 통행본18장) 국가가 혼란해야만 올바른 신하가 생겨난다.

곽점본의 '邦'이 서한 이후 다른 판본에서는 '國'이라 사용되고 있었던 이유는 서한 고조(高祖)인 유방(劉邦)의 자(字)를 피휘하기 위한 것이었으므로 이는 피휘자(避諱字)와 연관되어 있다.

---

17) 조은정(2014b)에서 발췌.

예문	전국	진	서한		동한	위진	당
	곽점본	백서갑	백서을	북대본	하상공	왕필본	돈황본
(1)	邦	邦	國	國	國	國	國
(2)	邦	邦	□	國	國	國	國
(3)	邦	□	國	國	國	國	國
(4)	邦 邦	邦 邦	□ 國	國 國	國 國	國 國	國 國
(5)	邦	邦	國	國	國	國	國

2) 恒을 常으로

아래 예문에서의 恒은 모두 부사로 사용되고 있다. 이 恒자는 동한 이후에 모두 常으로 바뀌어 있다.

(1) 道恒亡(無)名. (곽점갑18, 통행본32장) 도에는 이름이 없다.

(2) 道恒無爲也, 侯王能守之, 而萬物將自愚. (곽점갑13, 통행본37장) 도는 언제나 무위하기에 왕이 이를 지킬 수 있다면 만물은 장차 스스로 행하려는 마음을 지니게 된다.

(3) 知足之爲足, 此恒足矣. (곽점갑6, 통행본46장) 만족 자체가 만족함이 된다는 것을 안다면 항상 만족하게 된다.

(4) 人之敗也, 恒於其且成也敗之. (곽점병12, 통행본64장) 사람이 실패하는 것은 항상 그것이 곧 이뤄지려고 할 때 실패한다.

항(恒)은 서한 시기 문제(文帝)의 이름이다. 문제의 생존년이 기원전 203—157년이고 경제(景帝)가 그 뒤를 계승했으니 서한 중기 이후에는 항(恒)자를 피휘했을 것으로 판단된다.

예문	전국	진	서한		동한	위진	당
	곽점본	백서갑	백서을	북대본	하상공	왕필본	돈황본
(1)	恒	恒	恒	恒	常	常	常
(2)	恒	恒	恒	恒	常	常	常
(3)	恒	恒	恒	恒	常	常	常
(4)	恒	恒	恒	恒	常	常	常

3) 弗을 不로

弗은 곽점본에는 총 20차례 사용된다.

(1) 下士聞道, 大笑之. 弗大笑不足以爲道矣. (곽점을9-10, 통행본41장) 유능하지 않은 士는 도를 들으면 이를 크게 비웃는다. 크게 비웃지 않으면 도라고 여김에 부족하다고 생각한다.

(2) 蜂蠆虺蛇弗螫, 攫鳥猛獸弗扣. (곽점갑33, 통행본55장) (갓난아기는 독성을 지닌) 벌, 전갈, 벌레, 뱀들이 물지 않고, 사나운 새나 맹수도 덤벼들지 않는다.

(3) 知之者弗言, 言之者弗知. (곽점갑27, 통행본56장) 아는 것이 전부 말로 표현되지는 못한다. 말로 표현되더라도 전부 다 아는 것은 아니다.

(4) 其在民上也, 民弗厚也; 其在民前也, 民弗害也. 天下樂進而弗厭. (곽점갑3-4, 통행본66장) 성인이 백성의 위에 있더라도 백성들은 그를 특별하게 여기지 않으며 성인이 백성의 앞에 있더라도 백성들은 그를 해하지 않는다. (이렇게 되면) 천하 만물은 즐겁게 앞으로 나아가면서도 그를 미워하지 않는다.

(5) 萬物作而弗始也, 爲而弗志也, 成而弗居. 天唯弗居也, 是以弗去也. (곽점갑17-18, 통행본2장) 만물이 만들어내기 시작해도 (성인은) 시작할 마음을 지니지 않으며, (만물이) 행하더라도 (성인은) 뜻을 두지 않으며 (만물이) 이룬다 하더라도 (성인은) 머무르지 않는다. 무릇 머무르지 않는다면 떠

날 필요도 없다.

(6) 是故聖人能輔萬物之自然, 而弗能爲. (곽점갑12-13, 통행본64장) 그러므로 성인은 만물이 스스로 자립하는 것을 도울 수 있을 뿐이지, 억지로 행하려고 할 수는 없다.

(7) 是以能輔萬物之自然, 而弗敢爲. (곽점병13-14, 통행본64장) 그러므로 성인은 만물의 자연을 보조할 수 있을 뿐이지, 감히 (인위적으로) 행하려고 하지 못한다.

(8) 道恒亡(無)名, 樸雖姑, 天地弗敢臣. (곽점갑18, 통행본32장) 도에는 이름이 없다. 투박함은 비록 작고 약한 것이지만 천하에 이를 신하 삼을 수 있는 것은 없다.

상기 '弗'은 동한 이후의 판본에서 거의 대부분 '不'로 바뀌어 있었다. '弗'에서 '不'로의 교체 이유는 기존 연구에 따르면 피휘(避諱)와 관련되어 있다. 大西克也(1988), 魏培泉(2001), 何樂士(2004) 등에 따르면 한(漢) 무제(武帝)의 뒤를 잇는 소제(昭帝)의 이름이 劉弗陵(후에 劉弗이라 개명)이었는데 그가 죽은 후 '弗'자를 피휘하기 위해서 문헌 중의 '弗'을 '不'로 수정했다 한다. 소제(昭帝)는 서한 후기의 황제이다. 즉 피휘설은 상기 『노자』의 동한 이후의 판본에서 보여지는 '弗→不' 교체 현상에 대해 납득할 만한 근거를 제공해 주고 있다.[18]

---

[18] 이 변화에는 피휘설 외에도 '弗'의 의미 기능 변천도 반영되어 있었다. 관련 내용은 본서의 제3부 8.1.2의 3) 참고.

| 부록 1 |

노자와 『노자』 —— 메이광(梅廣) 교수 대담록[1)2)]

1. 도가와 선진 사상에 대한 관심

조은정 선생님께서는 선진 유가와 도가 사상 관련된 논문을 집필하신 적이 있습니다. 선진 유가와 도가 모두에 동일하게 관심을 지니고 계시는 건가요?

메이광 그렇습니다. 유가와 도가는 중국인의 지혜를 대변합니다. 이 두 문화적인 전통은 유럽의 그리스와 헤브라이 전통처럼 상호 보완 관계에 있습니다. 중국문화에서 이 둘은 동일하게 논의되어야 합니다.

저는 언어학 전공자이지만 사상에도 흥미를 지니고 있습니다. 제가 사상에 관심을 지니게 된 것은 타이중(台中)에 소재한 동해대학(東海大學)에 다닐 때 스승 몇 분이 저에게 큰 깨우침을 주신 것에서 비롯되었습니다. 그 당시 동해대학은 대만 신유가학파의 본거지였기에 강한 문화의식을 지니고 있었습니다. 신유가학파의 양대 지주는 쉬푸관(徐復觀) 선생님과 모종산(牟宗三) 선생님이었는데 이 두 분은 사상을 연구하셨습니다. 류슈셴(劉述先) 선생님은 당시에는 청년

---

1) [부록1]은 曹銀晶「老子其人及其書──梅廣先生訪談錄」『中國哲學與文化』第11輯, 鄭宗義 主編, 灕江出版社, 2014년 5월, 277-304쪽에 수록된 논문을 동의 하에 번역한 것입니다.
2) 이 대담록은 필자가 북경대학 중문과(국학원)에서 박사과정 재학 시 교환학생 신분으로 방문했던 대만에서 메이광 교수와 2011년 7-8월 진행했던 대담을 정리한 것이다. 필자는 주로 대담 녹음 정리와 『노자』 원문과 고석문 정리를 담당했다. 처음에는 메이 선생님께 『노자』를 배우기 위해 대담을 시작했지만 나중에 선생님의 건의로 내용을 정리하여 발표하게 되었다. 한편, 본 부분에서의 '통행본' 용례는 왕필본『老子注』,『諸子集成(三)』(北京:中華書局, 1954)을 참고하였다.

학자였지만 후에 신유가학파의 중견학자가 되십니다. 모종산(牟宗三), 쉬푸관(徐復觀), 장쥔리(張君勱), 탕쥔이(唐君毅) 네 분은 신유가학파에서 가장 중요하게 여겨지는 저서인 『爲中國文化敬告世界人士宣言(세계인에게 알리는 중국문화)』를 공동 편찬하셨습니다. 이 수 만자에 달하는 책이 바로 그 당시(1958년)에 출간된 것입니다. 사실 저는 학부 시절 여러 학문 분야에 관심을 지니고 있었습니다. 그런데 모종산 선생님과 쉬푸관 선생님 두 분의 新전통주의 영향을 받은 후 중국문화에 사명감을 지니게 되었습니다. 그렇지만 저는 결국에는 사상연구가 아니라 청대 주류 학문에 근접한 방식의 언어학의 길을 선택했습니다. 그 당시 저는 언어학이 장차 20세기 인문학에서 크게 발전할 것이라는 것을 어렴풋이나마 느끼고 있었습니다. 그리고 저를 학술적으로 훈련시킬 수 있는 분야도 언어학 말고는 없다고 생각했습니다. 하지만 학부 졸업논문으로는 사상사 관련 주제를 택했고 모종산 선생님의 지도하에서 곽상(郭象)의 장자주(莊子注) 관련 연구를 완성했습니다.

저는 기존에 다양한 장소에서 여러 번 쉬푸관 선생님에 대해 언급한 적이 있는데[3] 쉬 선생님이 아니었다면 선진 사상 연구의 길을 걷지 않았을 수도 있기 때문입니다. 저는 십여 년 동안 고문헌 해석 업무를 통해 사상연구를 진행해 왔습니다. 이는 쉬 선생님이 말씀하셨던 '문자를 통한 기초 다지기'에 해당합니다. 제가 했던 일은 건축업에 비유하자면 건물을 세우는 일이 아니라 땅을 다지는 일입니다. 저는 이런 기반을 다지는 일을 잘할 수 있도록 전공 훈련을 해 왔습니다. 땅을 잘 다져 놓기만 한다면 차후에 누군가는 그 위에 큰 건물을 세울 수 있을 것입니다. 어문학에서는 비교적 세세하고 자잘한 연구를 진행하지만 이것이 어문학

---

3) 가령 梅廣(2007)『徐復觀先生的學術風格』, 東海大學中文系編『緬懷與傳承學術硏討會論文集』, 文津出版社, 13-31쪽; 梅廣(2006)『我對古籍訓解的一點心得──試論中國詮釋學的前景』, 東海大學中文系編『2005年文史哲中西文化講座專刊』, 文津出版社, 87-106쪽.

이 거시적 사고와 관련 없다는 뜻은 결코 아닙니다.

저는 선진시기 여러 사상에 두루 관심을 가지고 있습니다. 명가(名家)의 경우에는 『공손용자(公孫龍子)』에 가장 흥미를 지니고 있습니다. 어떤 이는 중국에는 서양에서 흥기했던 철학사상이 존재하지 않는다고 하지만 제 생각에 『공손용자』의 사상적 체계는 서양의 사변(思辨)철학과 유사합니다. 공손용자는 철학적으로 심오한 의미를 지닌 주체성과 지향성에 주목했습니다. 서양철학에서는 19세기말에서 20세기 초가 되어야 Brentano, 특히 Husserl에 의해 지향성(意向性, intentionality)과 주체성(主體性, subjectivity)이라는 개념이 수립됩니다. 중국에서는 이천여 년 전의 인물인 공손용자가 인지적 주체 문제에 대해 깊이 토론한 바 있으며 맹자 역시 도덕의 주체 문제에 대해 심도 있게 논한 바 있습니다. 『공손용자』의 「명실론(名實論)」에서는 사변철학의 논증 방식으로 공자의 정명(正名)이 무슨 뜻인지를 풀이하고 있습니다. 그의 「백마론(白馬論)」 역시 궤변이 아닙니다. 「백마론」에서는 문장의 어휘항(詞項)이 두 가지 풀이를 허용한다는 것을 증명하고 있습니다. 이는 Frege가 구분했던 mention과 use의 차이이기도 합니다. 이는 궤변이 아닙니다. 하지만 오랫동안 궤변으로 여겨져 왔습니다. 저는 선진시기의 사상가 중 오해를 가장 많이 받아 온 사상가가 바로 공손용자라고 생각합니다. 저는 2008년 북경의 청화대학에 방문했을 때 공손용자라는 이 주제로만 3회 강연한 적이 있습니다.

또 다른 예로 법가사상이 있습니다. 법가의 경우 전제군주제를 공고히 하였습니다. 이것이 좋다는 것은 당연히 아니지만 적어도 한비자의 고민을 이해할 수는 있습니다. 그는 사실 군주의 권력을 제어하고자 했던 것입니다. 전제군주정치 체제 하에서 군주는 사실상 무소불위의 권력을 지닙니다. 하지만 한비자는 군주에게 가장 좋은 책략은 '무위'하는 것이지 '무소불위'하는 것이 아니라는 것을 알려주고자 했습니다. 이것은 『노자』에서 말하는 '무위하면 무불위한다(無爲

而無不爲)'는 의미이기도 합니다. 한비자는 『노자』로부터 큰 영향을 받았습니다.

　법가는 통치와 관리를 지나치게 강조합니다. 국가를 위해 거대 관료체제를 세우는데 백성의 입장은 조금도 고려하지 않습니다. 그렇지만 상앙(商鞅)의 관리방식 같은 것에도 긍정적인 면이 존재하기는 합니다. 법가사상에서는 도구(수단)만을 내재된 것으로 봅니다. 목적은 내재된 것으로 보지 않습니다. 법가에게 있어 법가의 관리제도는 도구 체제이기 때문에 어떤 목적을 위해서라도 행해질 수 있습니다. 통치자가 무언가를 행하려고 하면 법가에서는 이와 관련된 무언가를 제공합니다. 진나라는 부국강병을 원했고 상앙은 군국주의를 행하여 천하통일의 목적을 달성하게 합니다. 그렇지만 저는 법가사상과 군국주의가 필연적인 관계를 지닌다고 보지는 않습니다. 법가제도는 상당히 효율적이고 집행력이 강하다는 이점을 지니고 있습니다. 목표가 설정되면 그 목표를 달성하기 위해 전 국민을 동원해 계획을 집행할 수 있습니다. 만일 그 목표가 침략이라면 전 국민은 군대체계로 변합니다. 만일 그 목표가 경제발전이라면 이 제도는 국민을 동원해서 경제발전이라는 목표를 위해 나아가게 할 수 있습니다. 때문에 법가사상은 현대적으로도 그 의의를 지닙니다. 이와 관련된 가장 적합한 사례가 바로 싱가포르입니다. 싱가포르의 관료제는 영국을 본 딴 것으로 서양식입니다. 그렇지만 어떤 요인이 싱가포르로 하여금 세계에서 가장 효율적인 정부로 변하게 했을까요? 그것은 바로 법가정신입니다. 리콴유(李光耀)는 서양식 교육을 받기는 했지만 그의 몸속에는 법가의 피가 흐르고 있었습니다. 그는 중국의 전통적 가치를 이해하고 있었는데 이는 법가사회가 강조하는 것이기도 합니다. 싱가포르 정부의 관리들은 모두 걸출한 인재로 법가에서 주장하는 '관료를 스승으로 삼는다(以吏爲師)'라는 내용을 제대로 이행하였습니다. 싱가포르는 사회주의국가가 아니지만 자본가를 컨트롤하는 방법을 알고 있었고 집단이 과도하게 성장하는 것을 막았습니다. 지금 서양에서 로비활동을 하지 않는 나라가 한군데라도 있기는 합니까? 그러나 싱가포르는 어떠한 세력도 정부정책에 관여할 수 없게 하였습니다. 싱가포르는 법가의 이점을 최대한도로 발휘한 국가입니다. 이 때문에 세계에서 가장 우수한 국가가 되었습니다.

2. 왜 하필 『노자』인가?

조은정 도가사상, 특히 『노자』 사상의 가치는 무엇일까요?

메이광 『노자』는 초나라 문화의 지혜를 수록한 대표적인 저서입니다. 이 책에는 통치계층의 우매함을 일깨워 주려는 경고의 메시지가 실려 있습니다. 이 사상은 보편철학의 의의를 지니는데 인류 철학사상사 상 최초로 제기된 '반을 정으로 삼는' 이부위정(以負爲正)이라는 가치철학을 지닙니다.

그러나 『노자』를 읽다보면 일부 장절은 이해하기 쉽지 않습니다. 이 때문에 송대의 이학가들은 노자를 간사한 음모가로 취급하면서 『노자』를 매우 싫어했습니다. 『노자』의 일부 구문을 보면 확실히 그런 느낌을 지울 수가 없습니다. 가령 65장의 '예전에 도를 잘 행했던 사람은 백성을 깨우치려 하지 않았으므로 백성들을 우매하게 만들어야 한다.(古之善爲道者, 非以明民, 將以愚之.)'라던가, 3장의 '이 때문에 성인은 다스림을 통해 …… 백성을 무지무욕하게 만들어야 한다.(是以聖人之治, ……常使民無知無欲.)'라는 구문들이 그러합니다. 저는 이러한 내용들이 '백성의 마음을 자신의 마음처럼 여기는(以百姓心爲心)' 『노자』에 실린 구문이라고 믿기 힘듭니다. 또 36장에는 '쭈그리려면 우선 펴야 하고, 약하게 하려면 우선 강하게 해야 하며, 망하게 하려면 우선 흥하게 해야 하고, 빼앗으려면 우선 함께 해야 한다.(將欲歙之, 必固張之 ; 將欲弱之, 必固強之 ; 將欲廢之, 必固興之 ; 將欲奪之, 必固與之.)'라는 구문이 있는데 이 구문도

'올바름으로 나라를 다스린다(以正治國)'를 주장하는 『노자』와 무관해 보입니다. 게다가 이는 천하를 취하려는 야심가들에게 경고하여 경거망동하게 하지 못하는 『노자』의 책략인 '천하는 신묘한 기물이어서 인위적으로 무언가 행하려 하면 안 된다. 행하려 하면 실패하고 손아귀에 쥐려 하면 잃는다.(天下神器, 不可爲也, 爲者敗之, 執者失之.)'와도 관련 없어 보입니다. 우리는 도가사상이 도덕성(道德, morality)에 반대하는 입장을 지닌다는 사실을 알고 있습니다. 도가사상은 수단과 목적 사이에 도덕성을 결부시키지 않습니다. 장자는 정치적 의도를 지니지 않기 때문에 수단과 목적의 문제를 논하지 않습니다. 『노자』 사상은 정치적인 성향이 짙으며 전복성을 지닌 사상운동의 성격을 지닙니다. 책략적인 수단을 중요하게 생각하지 않는 운동은 없습니다. 이 때문에 저는 이러한 구문들이 후대에 추가된 것이 아닐까 하는 의구심을 품게 된 것입니다. 즉 이러한 구문들은 『노자』의 핵심 사상은 아닙니다. 초기 『노자』에는 정치적인 의도가 존재하기는 하지만 이는 기본적으로 철학에 속합니다. 책략적인 면을 논하기는 하지만 추상적인 내용을 논합니다.(가령 40장의 '약함은 도의 효용이다(弱者道之用)') 그러나 『노자』 사상이 정치적인 사조로 변한 이후에 어떤 이들은 모략을 갖다 붙이기 시작했습니다. 그들은 일부 책략적인 사상, 책략적인 구문, 병서의 구문 등을 『노자』에 갖다 붙여서 『노자』 사상의 일부가 되게끔 하였습니다. 이 때문에 저는 『노자』의 형성이 변천과정을 겪었을 것이라고 생각합니다. 굴리면 굴릴수록 점점 더 커지는 눈덩이처럼 말입니다.

    저는 좀 더 대담한 추측을 하였습니다. 노자라는 이 신비한 인물도 모략의 일부가 아닐까 의심한 것이 바로 그것입니다.

    이 화두는 사실 새로운 내용이 아닙니다. 저는 선행연구를 거의 다 참고했었지만 영국의 한학자인 그레이엄(葛瑞漢, A. C. Graham)의 논문을 읽고 나서야 확실한 신념을 가지게 되었습니다.[4] 저는 사실 30여 년 전부터 이런 생각을 해왔었는데 처음 십 몇 년 동안은 이러한 생각이 제 마음 속에서 여무는 기간이었습니다. 그렇지만 저는 이러한 생각을 논문으로 발표하지는 않았는데 그 이유는 분량이 턱없이 부족하다고 생각했기 때문입니다. 그 후 곽점본 죽간을 접하고 제 의견을 공개해도 좋겠다는 생각에 확신을 가지게 되었습니다. 이렇게 또 12-13년이 지났습니다. 과거 20-30년 간 선진시기 문헌연구는 엄청난 발전을 이룩했습니다. 이는 긍정적으로 평가할 만한 일입니다. 그러나 이러한 흐름에는 어느 정도 한계가 존재합니다. 어째서 모두들 출토문헌이 전통적이고 정통적인 주장을 뒷받침해주고 지지해 줄 것이라고만 여기는지 모르겠습니다. 이러한 보수적인 전통주의 관점은 새로운 시대에 큰 형국을 창조해 내는데 도움을 주지 못합니다. 학술사는 단 하나의 단순한 관점만으로 연구하면 안 됩니다. 그것이 의고(擬古)이든 신고(信古)이든 말입니다. 의고나 신고는 고정된 분위기가 되어서는 안 됩니다. 의심할만하면 의심하고 믿을만하면 믿어야 합니다. 여기에 확고한 신념의 문제는 존재하지 않습니다. 신고가 만일 신념으로 변한다면 의고에 못지않게 학술연구의 발전을 방해할 것입니다.

조은정 곽점에서 출토된 자료는 『노자』에 대한 기존의 전통적인 관점을 지지해주지는 않는 건가요?

메이광 『노자』라는 저서에 저자가 한 명이라는 관점을 지지해주지 않는 것입니다. 또한 곽점본의 출토는 『노자』라는 서적이 변천되어 온 것이라는 저의 관점에 매우 유리합니다. 우선 곽점본에서부터 논해보도록 하지요.

---

4) A. C. Graham, "The Origins of the Legend of Lao Tan", 中央研究院國際漢學會議論文集編輯委員會編: 『中央研究院國際漢學會議論文集(思想與哲學組)』(中央研究院, 1981), 59-71쪽; 그 후에 A. C. Graham, Studies in Chinese Philosophy and Philosophical Literature (Singapore: Institute of East Asian Philosophies, National University of Singapore, 1986), 111-124쪽에도 수록되었다.

3. 곽점본 『노자』로부터의 깨달음(啓發)

조은정 선생님께서는 『노자』사상은 정치적인 성격이 농후하다고 하셨습니다. 그렇다면 곽점본 『노자』는 누구를 대상으로 하는 것일까요?

메이광 곽점본 『노자』의 내용은 대부분 통치계급인 군주(國君), 그리고 사(士)라 불리는 관료 등 정치인을 대상으로 합니다. 곽점본 『노자』 중 일부 장절의 내용은 군주를 대상으로, 일부 장절은 신하를 대상으로 하고 있으며 이는 구분 가능합니다. 『한서·예문지』에는 '군주의 통치술(君人南面之術)'이라는 표현이 사용되는데 이는 『노자』라는 서적의 정치적 성격을 논한 말로 매우 정확한 표현입니다. 그러나 이 표현은 절반은 맞지만 절반은 틀립니다. 『노자』는 군주뿐만 아니라 신하 역시 서술대상으로 삼기 때문입니다.

곽점 『노자』와 『태일생수(太一生水)』에 기록된 '성인(聖人)'은 도가에서 말하는 성인이 아니라 군주와 통치자를 의미합니다. 그 시기는 도가에서 논하는 성인의 이미지가 아직 형상화되지 않았던 때입니다.

성인은 "나는 일을 하지 않을 뿐인데 백성은 스스로 복되고, 나는 무위할 뿐인데 백성은 스스로 하고자 한다. 나는 고요함을 좋아할 뿐인데 백성들은 스스로 바로잡히며, 나는 불욕을 행하고자 할 뿐인데 백성은 스스로 투박해진다."고 말했다.(是以聖人之言曰: 我無事而民自福. 我無爲而民自化. 我好靑(靜)而民自正. 我欲不欲而民自樸.)(곽점『노자갑』31-32호간, 통행본 57장)

성인은 백성 앞에 있지만 그 몸을 뒤로 해야 하고 성인은 백성 위에 있지만 그 말은 낮춰야 한다.(聖人之在民前也, 以身後之 ; 其在民上也, 以言下之.)(곽점『노자갑』3-4호간, 통행본 66장)

상기 두 구절에서는 성인(聖人)과 백성(民)이 대응되고 있습니다.

성인은 무위의 일에 머무르고, 불언의 가르침을 행한다.(是以聖人居無爲之事, 行不言之敎.)'(곽점『노자갑』16-17호간, 통행본 2장)
성인은 불욕하고자 하고 얻기 어려운 재화를 귀하게 여기지 않으며 가르치지 않음을 가르치고 대중의 잘못된 점을 되돌린다.(聖人欲不欲, 不貴難得之貨, 敎不敎, 復衆之所過.)(곽점『노자갑』11-12호간, 통행본 64장)

상기 첫 구절도 무위하면 백성들은 스스로 변화한다는 의미입니다. 두 번째 구절에서의 얻기 어려운 재화는 통치계층만이 가질 수 있기 때문에 이 구문은 통치자에게 하는 말이라고 할 수 있습니다.

'후왕(侯王)'이라는 단어는『노자』에만 사용되는데『노자』에서 '후왕'과 관련된 구문은 전부 통치자를 서술대상으로 삼습니다.(통행본 32, 37, 39장, 곽점본 없음)

군주에 상대되는 개념으로는 '(上)下', '民', '百姓'이 있습니다. '상하(上下)'는 통치자와 피통치자를 가리키며 '민(民)'과 '백성(百姓)'은 피통치자를 가리킵니다. 이러한 문자가 등장하는 장절은 모두 정치적인 주장과 관련되어 있습니다.

이 외에도 20장(곽점『노자을』5호간)의 '사람들이 두려워하는 자도 사람을 두려워하지 않을 수 없다.(人之所畏, 亦不可以不畏人)', 13장(곽점『노자을』7-8호간)의 '그러므로 천하를 자기 몸처럼 귀히 여기는 자에게는 천하를 맡길 수 있고 천하를 자기 몸처럼 아끼는 자에게는 천하를 맡길 수 있다.(故貴以身爲天下者, 若可寄(托)天下, 愛以身爲天下, 若可(托)寄天下)'도 전부 군주에게 하는 말입니다.

군주 외에 신하도 서술대상이 되는데 15장, 30장, 64장이 이에 속합니다.

41장의 '유능한 사(士)는 도를 들으면 근근이 이를 행하고, 평범한 사(士)는 도를 들으면 들은 듯 잊은 듯한다. 유능하지 않은 사(士)는 도를 들으면 크게 비웃는데 크게 비웃지 않으면 도라고 여기기 족하지 않다고 생각한다.(上士聞道,

菫(勤(王弼,何上公)/僅(裘錫圭,許抗生,劉殿爵))能行於其中. 中士聞道, 若聞若亡(亡/忘). 下士聞道, 大笑之, 弗大笑不足以爲道矣.)'(곽점『노자을』9-10호간)에서의 '사'는 도가적인 색채를 지니지 않습니다. 여기에서의 '사'는 우리가 알고 있는 전국 시기나 선진 시기의 일반적인 '사'의 개념으로 일을 맡을 수 있는 사람을 가리킵니다. '사'는 군주를 도와 국가를 다스리는 역할을 합니다. 따라서 여기에서의 '상사(上士), 중사(中士), 하사(下士)'는 도가의 전용 어휘가 아닙니다. 도가에는 '중사, 하사'라는 개념이 없습니다. 여기에서의 '사'는 일반적인 의미의 '사'입니다. 상중하는 각각 '유능한, 일반적인, 유능하지 않은' 정도의 차이를 나타낼 뿐입니다.

15장 내용이 곽점본에는 '예전에 사 노릇을 잘하는 자는 반드시 미묘현달하였으며 그 뜻을 알 수 없을 정도로 깊이가 있었다.(古之善爲士者, 必微妙玄達, 深不可志.)'(『노자갑』8호간)라 적혀 있습니다. 곽점본에는 필(必)자가 있는데 백서와 후대 전래본에는 이 글자가 없습니다. '사'는 『노자』에서는 전부 '사'라는 계층을 나타냅니다. 68장에서는 '사 노릇을 잘하는 자는 자랑하지 않는다(善爲士者不武)'라는 구절이 있습니다. 그래서 15장의 '반드시 미묘현달하여 그 뜻을 알 수 없을 정도로 깊이가 있다(必微妙玄達, 深不可志)'는 도가에서 말하는 성인의 경계를 묘사하는 것이 아니라 '사 노릇 잘하는(善爲士)' 사람이 그의 마음속 사상을 명확하게 표현해내지 말아야 한다는 뜻입니다. 그 뜻을 예측하기 쉽지 않기 때문에 '미묘(微妙)'하다고 한 것입니다. '현(玄)'은 검음, 어두움, 투명하지 않음을 의미합니다. '반드시 미묘현달해야 한다(必微妙玄達)'는 것은 그 뜻을 명확하게 표현해내지 않아야 함을 의미하는데 이 말은 현학적인 색채를 띠지는 않습니다. 이 구문을 현학적이거나 형이상학적인 의미로 풀이한 것은 모두 후대의 오독입니다. 그렇다고 곽점본『노자』에 현학적인 요소가 아예 없는 것은 아닙니다. 그러나 현학적인 색채보다는 정치적인 이치나 처세 방법 등을 통해 경계할 것을 논하는 구문이 더 많습니다. 곽점본 『노자』는 험악한 정치 환경에서 어떻게 하면 자신을 보호하고 수신하여 자신의 건강을 지속적으로 유지하고 장생에 이를 수 있는지를 가르쳐줍니다. 그래서 양생(養生) 관련 내용도 등장합니다. 후대 사람들은 양생이 양주(楊朱)의 학설이라고 여깁니다. 그렇지만 노자사상에도 이런 부분들이 포함되어 있습니다. 이러한 내용은 심오한 이치라기보다는 실제적인 내용들입니다. 이 내용들은 철학적인 지혜로 '반을 정으로 삼는 이부위정(以負爲正)'이라는 최고 변증논리를 활용해 펼쳐집니다.

곽점본에 의하면 신하는 깊이 감추고 드러내지 않는 '심장불로(深藏不露)'를 배워야 합니다. 왜냐하면 정치는 항상 사방에 위기가 잠복해 있는 상황에 처해질 정도로 위험한 것이기 때문입니다. 신하는 겨울에 냇가를 건너듯, 사방의 이웃을 두려워하듯 신중하게 처신하고, 단정하고 엄숙한 태도를 지니고, 영민하게 순리에 따라야 합니다. 신하는 조각되지 않은 나무처럼 투박해야 하고 비어있는 계곡처럼 관대해야 하며 연못 안의 탁한 물처럼 삼가야 합니다.(高亨의 해설 참고[5]) 이것들은 전부 정치하는 자가 지녀야 할 품격입니다.

'탁하면 침전으로 구분해낼 수 있기에 서서히 맑아질 것이며, 안일함을 추구하다 보면 동적으로 변화되기에 서서히 살아날 것이다.(孰能濁以靜者? 將徐淸; 孰能安以動者? 將徐生.)'(『노자갑』9-10호간)에서는 일하는 방법을 논합니다. 이 구문은 '탁하면 침전되니 구분해낼 수 있고, 안일함을 꾀하다보면 동적으로 변화된다.(濁則以靜(沈澱)理之, 安(苟且)則以動活化之)'는 뜻입니다. '安'은 눈앞의 안일함을 꾀한다는 의미입니다. 『좌전』에는 '그리움과 안일함은 공명을 훼손한다.(懷與安, 實敗名)'라는 구문이 있습니다. 64장에 나오는 '안일한 상태라면 장악하기 쉽다(其安易持)'의 '안(安)'도 같은 의미로 봐야 합니다.

곽점본에는 이 장의 끝 부분에 '이 도를 유지하는 자는 넘치지 않는다.(保此道

---

5) 高亨 『老子注釋』 淸華大學出版社, 2000, 35쪽.

者不欲尙盈)'라는 구문이 등장합니다. 영(盈)은 넘치다는 뜻입니다. 『좌전』애공(哀公) 11년에 '넘치면 망가지는 것은 하늘의 이치이다.(盈必毁, 天之道也.)'라는 구절이 있습니다. 그래서 9장에서 말하고 있습니다. '가지고 있는 것이 넘친다면 차라리 멈추는 것이 낫다.(持而盈之, 不如其己.)' 그렇지만 위에 서술한 이 장의 마지막 구문은 원래 이 장에 속해 있었던 내용은 아닌 듯합니다. 이 구문은 사실 41장의 뒤에 놓여야 더 앞뒤가 맞습니다.

계속해서 30장을 보겠습니다. '군주를 도로 보좌하는 자는 군대로 천하에 우월함을 드러내려 하지 않는다. 일을 잘하는 자는 성과를 낼 뿐 우월함을 드러내지는 않는다. 성과가 있어도 자랑하지 않고 교만하지 않으며 잘난 체하지 않는 것, 이것을 '성과가 있지만 우월하지 않다'라고 한다. 그러면 그 일은 아름다우면서도 오래 유지된다.(以道佐人主者, 不欲以兵强於天下. 善者果而已, 不以取强. 果而弗發(伐), 果而弗驕, 果而弗矜, 是謂果而不强. 其事好長.(『노자갑』6-8호간))

조은정 이 단락은 통행본에서는 '군주를 도로 보좌하는 자는 군대로 천하에 우월함을 드러내려 하지 않는다. 그렇다면 그 일은 잘 돌아오게 된다. 군대가 머무는 곳에는 가시덤불이 솟아나고 큰 군대가 다녀간 뒤에는 반드시 흉년이 오기 때문이다. 일을 잘하는 자는 성과를 낼 뿐 우월함을 드러내지는 않는다. 성과가 있어도 잘난 체하지 않고 자랑하지 않으며 교만하지 않고 부득이하게 하고 우월함을 드러내려 하지 않는다. 사물이 커지면 쇠락하게 되는데 이를 불도(不道)라고 부른다. 불도하면 일찍 멈추게 된다.(以道佐人主者, 不以兵强天下. 其事好還. 師之所處, 荊棘生焉. 大軍之後, 必有凶年. 善有果而已, 不敢以取强. 果而勿矜, 果而勿伐, 果而勿驕, 果而不得已, 果而勿强. 物壯則老, 是謂不道, 不道早已.)'라고 적혀 있습니다. 통행본에서의 '기사호환(其事好還)'이 곽점본에서는 '기사호장(其事好長)'이라 적혀 있는 것인데 곽점본에서는 호(好)

자의 뒤에 표점부호가 찍혀 있어서 학계에서는 이 구문을 '기사호(其事好)'라고 단구하기도 합니다. 치우시꾸이(裘錫圭) 선생님은 호(好)자 다음의 표점부호에 대해 "교정자가 부가한 부호로 이 곳에 한 글자가 빠져 있음을 나타낸다."라고 주장하였습니다. 마치 '총욕약경(寵辱若驚)'이 곽점『노자을』에서 '寵辱__驚'으로 적혀 있는 것처럼 말입니다.

메이광 '기사호장(其事好長)'이라고 단구하는 것이 맞습니다. '호장(好長)'은 아름답고도 영원하다는 의미입니다. '果而弗伐, 果而弗驕, 果而弗矜, 是謂果而不强.'에서 과(果)는 일이 성공하는 것을 말합니다. 벌(伐)은 자신을 과시하는 것을 말합니다. 이러한 것들은 모두 신하가 지녀야할 태도와 연관되어 있습니다. 신하는 자신을 과시하지 말아야 하며 자신을 드러내는 것을 즐기면 안 됩니다. 이것이 바로 업무를 성공적으로 처리하더라도 자신의 우월함을 드러내지 않는 것입니다. 이렇게하면 신하의 성과는 아름답게 오래도록 유지될 수 있습니다. 22장의 '과시하지 않기 때문에 성과가 있고 잘난 체하지 않기 때문에 영원할 수 있다.(不自伐故有功, 不自矜故長.)'라는 구문이 바로 '기사호장'의 의미입니다. 그래서 '기사호장'은 뒤 쪽에 위치시키는 것이 옳습니다. 즉 곽점본에서의 위치가 후대에 변동된 위치보다 훨씬 좋습니다.

조은정 '기사호장'은 후대 판본에서 '기사호환(其事好還)'으로 바뀌어 적혀 있습니다.

메이광 후대에 구문이 변화된 이후에 그 뜻이 통하지 않게 되었습니다. 뜻이 통하지 않으므로 그 구문의 위치도 잘못 놓이게 된 것입니다. 64장은 더 재미있습니다.

　　안일한 상태라면 장악하기가 쉽다. (나쁜) 조짐이 보이기 전이라면 대책을 마련하기가 쉽고, 무른 사물은 가르기가 쉽고, 미세한 것은 흩어버리기가 쉽다. (어떤 일이) 발생하기 전에 처리해야 하며, 혼란이 생기기 전에 다스려야 한다. 아름드리나무도 아주 작은 싹이 트여 자라난 것이며, 아주 높은 누대도 한 삼태기의 흙을 쌓아 올린 것이며, 천리 길도 한걸음부터 시작된 것이다. 행하려는 자는 실패하고 장악하려는 자는 잃는다. 그래서 성인은 무위하면 실패하지 않으며 장악하려고 하지 않으면 잃지 않는다. 일을 처리함에 있어, 초심을 가지고 처음처럼 신중하게 마무리를 한다면 실패하지 않을 것이다. 성인이 불욕하고자 하면 얻기 힘든 물건을 귀히 여기지 않게 되며 가르치려 들지 않으면 많은 사람의 잘못된 일들이 제자리를 찾아갈 것이다. 그러므로 성인은 만물의 자연을 보조할 뿐이지, (인위적으로) 행하려고 하지는 않는다.

其安易持, 其未兆易謀. 其脆易泮, 其微易散. 爲之於未有, 治之於未亂. 合抱之木, 生於毫末. 九層之臺, 起於累土. 千里之行, 始於足下. 爲者敗之, 執者失之. 是以聖人無爲故無敗, 無執故無失. 民之從事, 常於幾成而敗之. 愼終如始, 則無敗事. 是以聖人欲不欲, 不貴難得之貨. 學不學, 復衆人之所過, 以輔萬物之自然, 而不敢爲.

64장 위 절반은 신하의 도리를, 아래 절반은 군주의 도리를 논하고 있습니다. 이들은 원래부터 두 개의 장절로 나뉘어야 하는 내용으로 그 의미가 매우 명확히 구분되어 있습니다. 그렇지만 나중의 판본을 보면 이 내용이 합쳐져 있습니다.

조은정 통행본 64장의 앞 부분은 곽점 『노자갑』 25-27호간에 수록되어 있는데 그 내용은 다음과 같습니다.

안일한 상태라면 장악하기가 쉽다. (나쁜) 조짐이 보이기 전이라면 대책을 마련하기가 쉽고, 무른 사물은 가르기가 쉽고, 미세한 것은 흩어버리기가 쉽다. (어떤 일이) 발생하기 전에 처리해야 하며, 혼란이 생기기 전에 다스려야 한다. (아름드리나무도 아주 작은 싹이 트여 자라난 것이며) 아주 높은 누대도 (한 삼태기의 흙을 쌓아 올린 것이며) 굉장한 높이도 발밑에서부터 시작된 것이다.

其安也, 易持也. 其未兆也, 易謀也. 其毳也, 易畔(判/泮)也. 其幾(微)也, 易散也. 爲之於其亡又(有)也. 治之於其未亂. 合□□□, □□□□, 九層之臺, 作□□□. □□□□, □□足下.

메이광 이것은 신하가 일을 처리하는 방식입니다. 작은 일로 큰일을 예측하고, 어떤 일의 조짐을 보고 앞으로 발생될 일을 파악하며, 어떤 일이 아직 발생하지 않았을 때 행동하고 아직 혼란이 일어나지 않았을 때 다스려야 합니다.(見微知著, 洞燭機先. 爲於其未有, 治於其未亂.) 이 단락은 원래 각기 달랐던 3개의 격언 구절들이 합쳐진 것으로 보입니다.

조은정 이것이 어째서 군주의 도리가 아닌 것인가요?

메이광 이것은 『노자』의 정치철학을 이해하는 관건적인 부분입니다. 『노자』에서의 군주는 무위무욕하는 성인입니다. 군주는 일을 하지 않으며 일을 하는 것을 배울 필요도 없습니다. 군주에게 있어 가장 큰 성과는 무위함으로써 백성을 변화시키는 것입니다. 그러나 군주는 실제 현실에서는 신하에 의지해 국가를 다스려야 합니다. 군주 스스로는 일을 하지 않지만 신하로 하여금 일을 하게 하는 것입니다. 이 때문에 신하는 일하는 법을 배워야만 합니다.

조은정 통행본 64장의 후반부분은 곽점 『노자갑』 10-13호간과 『노자병』 11-14호간 두 곳에서 중복 출현하고 있습니다.

『노자갑』의 내용은 다음과 같습니다.

행하려는 자는 실패하고, 잡으려는 자는 잃는다. 그래서 성인은 무위하면 실패하지 않고, 잡으려고 하지 않으면 잃지 않는다. 일에 임할 때, 처음 시작할 때처럼 끝까지 삼간다면 실패하지 않을 것이다. 성인이 불욕하고자 하면 얻기 힘든 물건을 귀히 여기지 않게 되며 가르치려 들지 않으면 많은 잘못된 일들이 제자리를 찾아갈 것이다. 성인은 만물이 스스로 자립하는 것을 도울 수 있을 뿐이지, 억지로 행하려고 할 수는 없다.

爲之者敗之, 執之者遠之. 是以聖人亡爲, 故亡敗; 亡執, 故亡失. 臨事之紀, 愼終如始, 此亡敗事矣. 聖人谷(欲)不谷(欲), 不貴難得之貨, 教不教, 復衆之所過. 是故聖人能輔萬物之自然, 而弗能爲.

『노자병』의 내용은 다음과 같습니다.

행하려는 자는 실패하고, 잡으려는 자는 잃는다. 성인이 무위하면 실패하지 않고 취하려고 하지 않으면 잃지 않는다. 사람이 실패하는 것은 항상 그것이 곧 이뤄지려고 할 때 실패한다. 처음 시작할 때처럼 끝까지 삼간다면 실패하지 않을 것이다. 성인이 불욕하고자 하면 얻기 힘든 물건을 귀히 여기지 않게 되고 배우려 들지 않으면 많은 잘못된 일들이 제자리를 찾아갈 것이다. 그러므로 성인은 만물의 자연을 보조할 뿐이지, (인위적으로) 행하려고 하지 않는다.
爲之者敗之, 執之者失之. 聖人無爲, 故無敗也; 無執, 故□□□. 慎終若始, 則無敗事矣. 人之敗也, 恒於其且成也敗之. 是以□人欲不欲, 不貴難得之貨; 學不學, 復衆之所過. 是以能輔萬物之自然, 而弗敢爲.

『노자갑』과 『노자병』의 문자 사용 현황은 완전히 동일하지는 않습니다.

메이광 29장에는 '천하는 신묘한 기물이라서 인위적으로 무언가를 행하려 할 수는 없다. 행하려 하면 실패하고 장악하려 하면 잃는다.(天下神器[天下是神器], 不可爲也. 爲者敗之, 執者失之.)'라는 구문이 있는데 곽점본에는 이 구문이 없습니다. 그렇지만 우리는 이를 곽점본의 내용과 비교해 볼 수 있습니다. 64장의 상기 내용도 천하를 취하는 내용과 관련되어 있다고 볼 수 있습니다. 『노자』는 통치자에게는 천하를 취하려는 야심을 절대 지녀서는 안 된다고, 신하에게는 군대로 천하에 우월함을 내비치려는 욕망을 지녀서는 안 된다고 경고하고 있습니다. 64장을 보면 군주에게 하는 말과 신하에게 하는 말이 명확히 구분되어 있지 않습니까?

조은정 곽점본 『노자』에서 군주의 도리와 신하의 도리를 논하는 말들은 각기 다른 장절에 분산되어 있습니다. 곽점 『노자』의 갑·을·병 세 파트는 각기 나름대로의 핵심사상을 지니고 있을까요?

메이광 『노자』가 세 파트로 나뉘어 있는 부분에 대해 '선집'되었기 때문이라는 견해가 있어 왔습니다. 그렇지만 저는 갑·을·병의 중심 주제가 무엇인지 파악할 수가 없습니다. 또한 이러한 내용을 저에게 알려준 사람도 없습니다.『노자』에는 주제가 없지 않습니다. 만일『노자』가 선집형태로 만들어진 책이라면 특정 주제를 가지고 각 파트를 나누는 근거로 삼아야 했을 것입니다.

그렇지만 곽점본은 이렇게 하지 않았습니다. 이 세 파트는 장절도 나뉘어 있지 않은 채로 섞여 있습니다. 만약 누군가가 선집을 했고 이를 세 파트로 나눈 것이라면 그 이유가 있어야 하지 않겠습니까? 만일 그렇다면 매 파트는 핵심주제나 중심사상이 있어야 마땅합니다. 또 다른 방향으로 생각해 봅시다. 이 세 파트를 내용으로 구분한 것이 아니라 분량을 근거로 나눴다고 말입니다. 그렇지만 만약 그렇다면 어째서 이 세 파트의 길이가 어째서 이렇게 일정치 않은 것일까요? 만일 이 세 파트가『노자』완정본에서 뽑아내서 선집된 것이라면 왜 중요한 내용을 수록한 어떤 장절은 전부 빼고 수록했을까요? 가령 16장 같은 장절은 전부 중요한 내용이 아닙니까? 어째서 곽점본에는 16장의 앞 세 구절만 수록하고 '귀근왈정(歸根曰靜)' 다음에 나오는 말들은 수록하지 않은 것일까요? 그 뒤에 나오는 말이 설마 중요하지 않다고 여기는 것은 아니겠지요? 이 때문에 저는 곽점본『노자』가 어떤 목적을 가지고 정리를 거친 내용은 아니라고 보는 것입니다.

게다가 묘주 자신이 이를 선집한 것이라면 묘주는 완정본『노자』도 가지고 있어야 마땅합니다. 어째서 완정본『노자』는 그가 묻힐 때 같이 묻히지 않았을까요? 완정본이 선집본보다 가치가 없지는 않았을 텐데 말입니다.

조은정 그렇지만 곽점본『노자』의 세 파트 역시 정리된 것이 아닌가요?

메이광 맞습니다. 누군가 정리한 것이 확실합니다. 그렇지만 완정본을 바탕으로 재정리된 것은 아닙니다. 저는 세 파트의『노자』가 각각 다른 기원을 지니고 있다고 가정합니다. 각기 다른 기원을 지닌『노자』가 함께 출토된 것은 이들이 편찬되었기 때문입니다. 당시 사회에 유행하던 격언구문들을 모았으니 당연히 중복된 내용들이 있는 것입니다. 그렇지만 어째서 중복이 그렇게 많지는 않은 것일까요? 이것은 편집을 통해서 중복된 내용을 삭제했기 때문입니다. 이 때문에 피차간에 너무 많은 중첩은 발견되지 않는 것입니다.

조은정 편집자는 누구일까요? 묘주인가요?

메이광 묘주는 아니라고 생각합니다. 묘주가 얻은 것은 복사본이었을 것입니다. 만일 묘주가 편집자라면 곽점본『노자』는 그 당시의 유일무이한 판본이어야 합니다. 그렇지만 이 판본이 유일무이한 것이었다면 이천년 후의 우리가 이 유일한 원본을 발견한 것이라는 말인데, 이것은 천운이 아니고는 불가능한 일입니다. 제 생각에는 이 세 파트의 복사본은 모두 각기 다른 시기에 필사된 것으로 상호보완적인 성격을 지녔던 듯합니다.『노자』사상은 곽점본 당시에 이미 초나라 지역에서 유행되기 시작했고 매우 인기가 있었을 것입니다. 필사된 복사본은 매우 '잘 팔렸고' 이 때문에 우리는 묘를 발굴할 때 이『노자』를 같이 발견할 기회가 있었던 것입니다.

조은정 곽점『노자갑』과『노자병』은 문자 사용 현황이 완전히 같지는 않습니다. 가령 통행본 64장의 동사 '무(無)'는『노자갑』에서는 '亡'자로 적혀 있지만『노자병』에서는 '無'자로 적혀 있습니다. 또 다른 예로 욕불욕(欲不欲)의 욕(欲)의 경우『노자갑』에서는 '谷'자로,『노자병』에서는 '欲'자로 적혀 있습니다. 병본이 조금 더 후대의 문자사용 특징을 반영하고 있습니다. 병본이 갑본보다 더 늦은 시기의 판본인 듯합니다.

메이광 아마도 이런 상황일 수 있습니다. 각기 다른 필사자가 각기 다른 시기에 필사했을 가능성 말이죠. 다만 이것들이 모두 편집된 것이기는 했을 것입니다. 마치 지금 편집된 책이 제1편, 속편, 3편 등으로 출판되는 것처럼 말이죠. 이 여러 필사본 간의 시간차는 어쩌면 매우 길 수도 있습니다.

조은정 그렇다면 선생님께서는 그 당시에 이미 이런 일을 하는 사람이 있었다고 생각하시는 건가요?

메이광 이런 일을 전문적으로 하는 사람이 있었을 것입니다. 좀 더 명확하게 말하자면 그 당시에 이미 출판업이 존재했을 것입니다. 전국 시기는 지식이 폭발하던 시대입니다. 사람들의 지식은 전해져야만 성장합니다. 이 지식은 출판업을 통해 전파되었을 것입니다. 그래서 저는 당시에 필사를 하는 사람이 있었을 뿐만 아니라 편찬자도 존재했을 것이라 생각하는 것입니다. 아마도 초기 형태의 출판업계가 존재했을 것입니다. 『장자·천하편』에 '혜시는 재주가 많았는데 수레 다섯 대에 실을 정도로 장서가 많았다(惠施多方, 其書五車)'이라는 구문이 나옵니다. 방(方)은 '재주(術)'의 뜻입니다. 혜시의 '재주'는 어디에서 온 것일까요? 혜시의 만물에 대한 풍부한 지식은 어디에서 얻은 것일까요? 당연히 독서를 통해서입니다. 그가 지녔던 많은 책들은 다 어디서 난 것일까요? 당연히 산 것입니다. 『노자』 갑본, 을본, 병본은 현대사회의 제1편, 속편, 3편처럼 하나하나 출판된 것입니다. 자료를 하나하나 수집하였을 것이고 편폭도 이에 따라 감소되었을 것입니다. 그 당시에도 관련자료(문헌 포함)를 최대한 수집한 후 꼼꼼하게 작업을 했을 것입니다.

지금 우리가 볼 수 있는 백서본이나 죽간본 모두 당시의 출판품인 듯합니다. 그 당시 여러 집안에서 이를 소장하였을 것이고 여러 묘에도 수장되었을 것입니다. 만일 극히 일부, 한 두 개의 묘에서만 책을 수장했었다면 지금 우리가 그것을 어떻게 이렇게 쉽게 발견할 수 있겠습니까? 발견 가능성은 매우 적었을 것입니다. 그런데 지금 땅 속에서는 동일한 문헌의 여러 필사본이 발견되었습니다.

조은정 『치의(緇衣)』의 경우 곽점본과 상해박물관본 두 필사본이 발견되었습니다.

메이광 그렇습니다. 그 당시에 출판업이 매우 활발했음을 알 수 있는 증거죠. 그 당시에 편찬자가 존재했고 그는 그 당시 사회에서 유행하던 격언구절들을 편집해서 책으로 만들었을 것입니다. 곽점본에 존재하는 몇 편의 『어총(語叢)』은 전부 이런 성격을 지닙니다. 편찬된 책 중에는 하나의 사상 범주에 들 만한 높은 수준의 것도 있었을 것입니다. 또한 오랜 기간 수집하여 완벽함을 추구한 것도 있었을 것입니다. 『노자』와 『태일생수』처럼 말입니다. 『노자』 자료는 초나라에서 새로 흥기된 사상을 반영하고 있었습니다. 매우 특색 있는 사상이죠. 이 사상은 나중에 도가사상이라고 불리게 됩니다.

조은정 그 당시에 그렇게나 많은 격언이 있었나요?

메이광 제 생각에 초나라 사람들은 격언이라는 방식을 사용해서 언어를 표현하는 것을 좋아했던 것 같습니다. 그 당시에 초나라에는 격언으로 예지와 깨우침을 나타내는 방식이 유행했습니다. 저는 티베트버마어(藏緬語)를 연구해왔는데 사천(四川) 지역의 량산이족(涼山彝族)이 바로 격언을 즐겨 사용하는 민족입니다. 량산이족의 격언은 그 사회 관습법의 기초가 됩니다. 제가 여기에서 말하는 격언구절이라는 것은 구어만을 의미하지는 않으며 일부 구절은 문헌에 적혀 있는 말이기도 합니다. 격언은 함축적이고 포괄적인 의미를 지니기 때문에 사회에서 폭넓게 암송되며 그 사회의 공동지혜의 기초가 됩니다. 우리는 지금 이러한 것을 '성어'라고 부릅니다. 그렇지만 고대에도 이런 것이 분명히 존재했습니다.

조은정 그렇다면 그 당시에 '출판사'가 지식수준이 비교적 높은 사람을 고용하여 그에게 책을 편찬하게끔 했다는 말씀인가요?

메이광 그렇습니다. 매우 가능성이 있는 상황입니다. 그래서 편찬자는 책을 편집할 때 동일한 사상범주의 내용을 수집해서 짧은 격언을 같이 엮어서 장절을 나눈 것입니다. 전국 중기 이후에 이러한 상업적인 행위가 존재했을 가능성은 매우 높습니다. 그 당시에는 학문적이고 사상적으로 뛰어난 사람이 적지 않았음이 틀림없습니다. 그렇지 않다면 도가의 현학적인 체계도 발생될 수 없었을 테니까요.

　곽점본의 『어총4(語叢四)』와 『노자』는 모두 편찬자가 윤색했을 가능성을 배제할 수 없습니다. 그렇지만 『태일생수』는 격언구절 모음이 아니라 한 편의 글로 봐야 합니다. 『노자』 내에서도 일부 장절은 격언구절과는 관계없는 하나의 단편으로 봐야 하는 장절들이 있습니다. 가령 25장은 격언구절의 모음이라고 보기에는 힘들고 저자가 존재하는 단편으로 봐야합니다. 이를 통해 우리는 수집된 자료 중 이미 한 편의 단문이 된 내용들이 존재하고 있었음을 추측할 수 있습니다. 즉 그 기원은 매우 복잡할 것입니다. 단편으로 존재하는 문장들은 필사된 시기를 확정하기가 매우 힘듭니다.

　통행본 41장에는 '옛말에 "밝음은 어두움과 같고 나아감은 물러남과 같으며 평탄함은 결함과 같다"라는 말이 있다.(故建言有之: 明道若昧, 進道若退, 夷道若纇.)'라는 구문이 있는데 이는 더 재미있는 경우에 속합니다. '건(建)'은 '세우다(立)'의 의미입니다. '건언(建言)'은 당연히 다른 사람이 했던 말을 가리킵니다. 그렇지만 이 인용된 문구 몇 마디는 『노자』 사상의 핵심이기도 합니다. 이 몇 마디의 구문은 '정은 반과 같다(正言若反)'는 변증법적 사상이 이 도가에 원래부터 존재하고 있었음을 잘 증명해주고 있습니다. 즉 '노자사상'은 『노자』라는 책이 발간되기 이전부터 존재했다는 것입니다. 곽점본 『노자』 안에 사용된 이 말은 곽점본 『노자』의 저자가 한 말이 아닙니다. 만일 노담(老聃)이 곽점본 『노자』의 저자라고 가정한다면 '建言(옛말)'이 노담의 말일 수는 없습니다. 그렇다면 노담은 도가사상의 아버지가 아니라는 뜻이 됩니다. 노담이라는 사람이 존재한다고 인정하더라도 그 역시 다른 사람의 말을 인용한 셈이 되는 것입니다. 저는 팩트는 다음과 같다고 생각합니다. 이러한 사상이 초나라에서 발생했고 점진적으로 발전되었는데 이 사상은 상당히 지혜롭고 정치적인 효과를 발휘하기에도 충분했기 때문에 어떤 사람이 이를 수집한 것입니다. 『어총(語叢)』처럼 말입니다. 이

『노자』도『어총』같은 성격을 지닌 것일 뿐입니다. 그렇지만『노자』는 철학의 범주에 포함되어 있었고 생성된 이후에는 학파를 양산해내기도 했다는 점이『어총』과는 달랐습니다. 이러한 자료들은 대체로 이러한 성격을 지녔을 것입니다.

『치의(緇衣)』가 각기 다른 필사본이 존재했다는 것은 그 당시에『치의』를 사는 사람들이 많았다는 것을 의미합니다. 이 책은 매우 잘 팔리는 책이었던 것입니다. 잘 팔리기만 하면 누군가는 출판을 했고 또 누군가는 필사를 했습니다.『노자』(그 당시에는 아직 이 용어가 없었습니다)는 그 당시의 베스트셀러였을 것입니다. 왜냐하면 이 책에서는 심오한 인생철학을 논하고 있었으며 정치적인 함의도 지니고 있었기에 사람들에게 중시를 받았을 것입니다. 그렇게 베스트셀러가 된 것이죠. 베스트셀러여야만 묘 안에서 발굴될 가능성이 있습니다.

조은정 출토문헌 중 일부는 내용은 같지만 필사본이 여러 개가 존재했던 경우가 있던 것으로 기억합니다. 가령『치의』의 경우 곽점본과 상해박물관본 두 필사본이 존재하고『성자명출(性自命出)』의 경우에도 곽점본과 상해박물관본 두 필사본이 존재합니다.(상해박물관본에서는『성정론(性情論)』이라고 칭함),『오행(五行)』의 경우 곽점본과 마왕퇴(馬王堆)본이 존재하고『주역(周易)』도 상해박물관본과 마왕퇴(馬王堆)본이 존재합니다. 또한『범물류형(凡物流形)』,『정자가상(鄭子家喪)』,『군인자하필안재(君人者何必安哉)』,『천자건주(天子建州)』 등도 각각 두 필사본이 존재하는데 그 내용은 기본적으로 비슷합니다.

메이광 그러한 사실은 그 당시에 여러 묘 안에 이런 책들이 수장되어 있었음을 증명해 줍니다. 그래서 우리가 지금 그 중 한두 개를 발굴할 수 있었던 것입니다.

조은정 그렇다면 그 당시에 저자가 있는 책을 출판하기도 했을까요?

메이광 물론 그렇습니다. 저자는 책을 쓴 후 '출판사'에 넘겨 발행토록 했습니다. 아니면 저자가 사망한 이후에 그가 속한 학파의 제자들이 그의 저서를 정리해 '출판사'에 넘겨 필사자로 하여금 필사케 했습니다.『맹자』관련 사례는 주목할 만합니다. 맹자는 어떤 학파에도 소속되어 있지 않았습니다. 그가 죽고 난 후에도 그의 사상을 발현하려는 제자들은 없었습니다. 그런데 그의 책은 어째서 전해져 내려오게 된 것일까요? 바로 출판계 덕분이었습니다. 우리는 개인저술이 전국 시기에 시작되었다는 것을 알고 있습니다. 춘추 이전에는 정부가 출판 전권을 쥐고 있었습니다. 출판이라는 조건이 없었다면 그 누가 책을 저술합니까? 출판 기회가 생긴 후에야 더 많은 사람들이 책을 저술하고 자신의 학설을 세우게 됩니다. 독자들이 생기기 때문입니다. 그렇지만 우리는 동시에 출판업이 가짜지식(위조)이 만연한 온상이기도 했다는 것에 주목해야 합니다.

조은정 그렇다면 두 가지 상황이 공존하는 것이겠네요. 편찬자가 있든가 저자가 있든가요.

메이광 맞습니다. 지식이 전파되려면 출판업이 존재해야 하는 것입니다.

조은정 곽점본과 상해박물관의 일부 문자는 제나라와 노나라의 문자 흔적을 동시에 지니고 있습니다.

메이광 그것이 바로 서적이 전파된 흔적을 나타내고 있는 것이죠. 매우 재미있는 현상입니다. 동시에 우리는 필사자가 지식계층이 아니었고 그냥 베끼기만 했다는 사실 역시 알아야 합니다. 필사자는 글씨를 잘 쓰기만 하면 되었습니다. 필사자는 학식이 높을 필요가 없었으며 심도 있는 사상을 지니지 않아도 되었습니다. 그래서 아마 종종 글자를 틀리게 베꼈을 것입니다. 가령 곽점본에는 오자가 적지 않습니다. 출판사에는 대량생산이라는 상황이 존재합니다. 필사자는 대량으로 필사했을 것인데 몇 십 권, 혹은 몇 백 권을 필사했을 수도 있습니다. 팔아야 했기 때문입니다. 만약 필사자를 고용한 사람이 개인이라면 수준 높은 필사자를 고용할 수도 있었을 테지만 말입니다.

조은정 맞습니다. 치우시꾸이(裘錫圭) 선생님은 상해박물관 죽간과 곽점 죽간의 오탈자 문제에 대해 "그 당시 필사자는 종종 오탈자를 적었는데 어떤 때는 글자가 완벽한 모양이 아닌 경우도 있었고 어떤 때는 모양이 비슷한 다른 글자를 적는 경우도 있었다."[6]라고 논한 적이 있습니다.

메이광 간백 연구는 고대지식의 유통와 관련된 많은 일을 우리에게 알려줄 수 있을 것이라 봅니다.

조은정 그렇다면 그 당시의 출판업은 독립적인 것이었을까요?

메이광 출판은 서적이 유통되는 주요 방식이었기 때문에 각 학파 역시 이러한 방식을 이용했을 것인데 이러한 관계는 매우 복잡하게 변했을 것입니다. 어떤 학파가 규모가 커지게 되면서 출판업을 주도했을 가능성이 있습니다. 유가학파 혹은 도가학파 모두 비슷했을 것인데 저는 이러한 전국 중기의 방대한 세력을 '집단'이라는 용어로 형용하고자 합니다. 그들은 유가와 도가의 경쟁인 유도논쟁(儒道鬥爭) 분위기 속에서 도가 측에 더 중요하게 작용했을 것입니다. 이 도가 집단은 『노자』와 『장자』라는 서적의 편찬에 관여했음이 틀림없습니다. (『장자』라는 책의 최종 편찬은 서한 이후였던 듯합니다.)

조은정 '집단'이 도가 서적의 편찬에 참여했다는 것을 어떻게 알 수 있나요?

메이광 매우 좋은 질문입니다. 이러한 주장에는 근거가 있어야 합니다. 우리는 여기에서 『장자』는 논하지 않겠으며 『노자』라는 책에 대해서만 집중 토론해보도록 하겠습니다.

4. 『노자』의 '吾'와 '我', 그리고 성인의 모습

메이광 『노자』의 구성만으로 살펴보면 도가학파가 이 책을 편집했다는 증거가 사실 그리 충분하지는 않습니다. 그러나 곽점본과 비교해서 본다면 백서본 『노

---

6) 裘錫圭(2004)「談談上博簡和郭店簡中的錯別字」, 『中國出土古文獻十講』, 復旦大學出版社, 308-316쪽.

자』는 상당히 산재되어 있으며 통행본 『노자』에도 전체 주지의 체계성이 드러나 있지 않습니다. 통행본 『노자』는 제1장에서는 '도'를 논하고 제38장에서는 '덕'을 논한다고 할 수 있지만 이 두 장을 제외하고는 전체 주지의 체계성을 전혀 찾아 볼 수 없습니다. 도덕경의 도경과 덕경은 논리적인 배열과는 거리가 멉니다. 제 1장과 38장은 도경과 덕경으로 나뉘지만 제1장부터 제37장(혹은 제38장부터 제 81장)까지의 내용은 연결되어 있지 않습니다. 즉 전체 주지의 체계적인 순서나 발전이 전혀 엿보이지 않습니다. 『노자』가 원래부터 '모음집'이었기 때문에 이렇게 내용이 산재되어 있는 것입니다.

산재되어 있기 때문에 수정이 일어나기는 쉽습니다. 곽점본에서 백서본까지는 내용의 증가 외에도 수정이 일어난 흔적이 매우 많습니다. 앞서 저는 30장과 64장의 예를 제시했는데 이 두 장절을 곽점본과 비교해 보더라도 수정된 흔적이 매우 명확하게 드러납니다. 이 두 장은 아무런 근거도 없이 수정되었습니다. 30장의 경우에는 한 구절을 잘못 배치시킨데다('其事好長') 오자마저 존재합니다.('長'을 통행본에서는 '還'이라 수정) 64장에서는 합치면 안 되는 두 문단을 하나로 합쳐버렸습니다.

조은정 백서본의 편찬자는 곽점본 『노자』의 세 파트에 주요사상이 없다고 생각했기 때문에 원래 곽점본의 모습을 해체시킨 것 같습니다. 저는 곽점본과 통행본, 그리고 백서본의 각 장절의 순서에 대해 대조작업을 진행한 적이 있습니다.(본서의 [부록2] 표 '각 판본 장절 순서 비교 대조표' 참고)

메이광 각 장절의 순서 재배열과 정리만을 놓고 이를 전국 시기의 도가집단이 『노자』라는 책의 편찬에 적극적으로 참여한 증거로 제시하기는 쉽지 않습니다. 그렇지만 내용적인 부분을 가지고 비교해 본다면 곽점본은 우리가 접할 수 있는 최초의 『노자』이지만 저자의 그림자가 이 안에 존재한다고 여기기는 쉽지 않습니다.

조은정 그렇다면 그 이후의 판본에서는 저자의 그림자를 확인할 수 있는 것인가요?

메이광 후대의 『노자』에는 저자가 존재합니다. 그렇지만 곽점본의 경우에는 저자가 존재하지 않습니다. 아니, 저자의 그림자가 존재하지 않거나, 적어도 명확하게 드러나지는 않습니다. 일부 격언구절들을 수집해서 이를 편집했을 뿐입니다. 격언에는 당연히 저자가 드러나지 않습니다. 그렇지만 완정본『노자』는 다릅니다. 완정본『노자』는 저자가 원래부터 있던 것처럼 변했고 하나의 저서로 바뀌었습니다.

곽점본과 통행본의 '吾'와 '我'를 비교해보면 매우 재미있는 현상을 발견하게 됩니다. (본서의 [부록1] 표『노자』에서의 吾와 我' 참고) 통행본의 일부 구절에 사용되는 '吾'나 '我'가 곽점본에서는 대부분 삭제되어 있습니다. 곽점본에는 '吾'를 사용한 곳이 매우 적은데 설사 사용했다 하더라도 이 '吾'는 저자가 아니라 범칭을 나타낼 뿐입니다. 곽점본에는 '吾'자가 없지만 통행본에는 '吾'자가 적혀 있는 경우는 두 군데 있는데 바로 통행본의 16장과 37장이 그러합니다. 또한 저자의 그림자가 존재하는 수많은 장절들이 곽점본 자체에는 존재하지 않습니다. 가령 통행본의 4장, 20장, 21장, 29장, 42장, 43장, 49장, 53장, 67장, 69장, 70장, 74장이 그렇습니다. 이것은 매우 확실한 근거입니다. 그러나 후대『노자』에는 저자의 그림자가 입혀집니다. 이것은 한 명의 저자를 일부러 그곳에 출현시켜 한 부의 저작으로 만들기 위함이었습니다. 그렇지만 곽점본에는 저자의 그림자가 존재하지 않습니다. 그 당시에는 격언구절들을 수집해서 편집했을 뿐입니다. 이것들을 엮어서 일부러 한 부의 저작으로 만들어내지는 않았습니다.

조은정 말씀을 듣고 보니 부자연스럽게 조작한 흔적이 매우 명확해 보입니다.

메이광 아무런 근거 없이 저자를 한 명 만들어낸 것입니다. 동시에 도가의 성인 역시 출현시킵니다. 앞서 말했듯이 곽점에서의 '성인'은 전부 예외 없이 통치자를 의미합니다. 그 당시에는 노자라는 철학가, 노자라는 성인의 형상은 아직 출현하지 않았습니다. 도가에서의 성인의 개념은 후대 판본이 되어서야 등장하기 시작합니다. 제47장, 70장, 71장, 78장, 79장, 81장에서 논하는 '성인'은 전부 도가에서의 성인인데 곽점본에는 이 장절이 전부 존재하지 않습니다. 70장에 출현하는 '我'와 20장에 사용되는 '我'는 모두 저자 신분인데 이들은 도가에서의 성인 형상, 즉 노자를 가리킵니다.

조은정 『노자』라는 저서에서 도가성인의 형상을 수립한 것인가요?

메이광 『장자·천하』편에는 '하늘을 대종(大宗)으로 삼고, 덕을 근본으로 삼으며, 도를 문으로 삼아 출입한다. 우주 만물의 변화 조짐을 미리 안다. 이런 사람을 성인이라 한다.(以天爲宗, 以德爲本, 以道爲門, 兆於變化, 謂之聖人.)'라는 구절이 있는데 여기에서의 성인은 도가성인을 나타냅니다. 첫 구절인 '이천위종(以天爲宗)'부터 세 구절은 『노자』를 근거로 한 것이고 네 번째 구절은 『장자』를 근거로 한 것입니다.

5. 『노자』의 현학화와 반유가(反儒)

메이광 저는 앞서 곽점본은 정치적인 성향을 강하게 지니고 있다고 언급했습니다. 이 점은 매우 쉽게 드러납니다. 그러나 후대의 판본은 내용이 비교적 복잡하고 정치적인 성향 역시 부각되지 않는 편인데 이는 이러한 성격이 약화된 것이 아니라 다른 색채가 더 덧붙여져서 부각되지 않았기 때문입니다. 가령 후대 판본에서 현학적인 색채가 더 심화된 장절로는 제1장, 14장, 21장, 38장이 있는데 이들은 곽점본에는 존재하지 않는 장절입니다. 이들 중 문자적인 해석이 불가능한 곳도 존재합니다.

제1장에는 '故常無欲以觀其妙, 常有欲以觀其徼. 此兩者同出而異名, 同

謂之玄. 玄之又玄, 衆妙之門.'라는 구절이 있는데, 상유(常有)와 상무(常無)로 봐야 할까요, 상유욕(常有欲)과 상무욕(常無欲)으로 봐야 할까요? 결론을 내릴 수 없는 문제입니다. 이 두 독법 모두 통하지 않기 때문입니다. 우리는 '항상 유욕(常有欲)'할 수는 없습니다. 그렇지 않습니까? 『노자』에서는 '무욕(無欲)'과 '과욕(寡欲)'을 중시합니다. 도를 체득(體道)하려고 하는데 어째서 '항상 유욕'할 수 있겠습니까? 당연히 앞뒤가 맞지 않습니다. 그렇지만 상유(常有)와 상무(常無)로 봐도 말이 안 됩니다. '상도(常道)'라고 말하는 것은 가능합니다. 그렇지만 소위 '상유'나 '상무'라는 것은 존재하지 않습니다. 설사 '유무'가 '체득의 유무(體有體無)'를 의미한다고 하더라도 우리는 '항상 체득하고 항상 체득하지 않는다(常體有常體無)'라고는 표현할 수 없습니다. 이 상(常)자는 이 곳에 덧붙일 수 없는 글자입니다. 이러한 것이 바로 문자를 현학화한 부분입니다. 이 구절의 앞쪽 구문에 '상'자가 사용되었기 때문에 여기에서도 '상'자를 덧붙인 것입니다. 문자적인 해석이 불가능한 이러한 것을 바로 현학이라고 합니다! 그래서 제1장에는 문제가 매우 많습니다. 그 다음 구문인 '同謂之玄', '玄之又玄, 衆妙之門' 등의 구절은 무엇을 말하고자 하는지 모르겠습니다. 그렇지만 현묘할수록 풀이하기가 더 힘들고, 사람들은 그럴수록 더 심오한 의미가 존재한다고 여깁니다. 그런데 어째서 이런 심오한 말들이 곽점본에는 전부 없을까요? 그 당시에 이미 이러한 내용들이 사실은 심오한 의미를 지니는 것이 아니라고 생각하는 사람이 있었습니다. 서한 시기 경제(景帝) 때 원고생(轅固生) 박사는 두태후(竇太后) 면전에서 『노자』를 비판하며 이렇게 말했습니다. "이것은 일상어일 뿐입니다.(此是家人言耳.)"(『사기·유림열전』)

조은정 '일상어'는 무엇을 의미하나요?

메이광 일반 백성들의 언어입니다. 원고생(轅固生)은 『노자』가 원래 고등문화(高等文化, high culture)의 산물이 아니라고 언급하고 있습니다. 두태후(竇太

后)는 이 말을 듣고 불같이 화를 내며 말했습니다. "당신은 백성들의 것을 좋아하지 않는 군요! 당신은 정부 관아의 것을 좋아하는군요! 그렇죠? 진나라의 형서(刑書)가 지금 어디에 있던가요? 한번 찾아서 제게 가져와 보시죠!" 좋은 교육을 받았던 한 사람에게 있어『노자』라는 저서 안의 일부 생리적인 내용들은 겉으로 표현하기에 거북하다고 느꼈던 것이 확실합니다.

조은정 21장과 38장에서는 '덕(德)'을 논하고 있는데 이 역시 현학적인 색채가 가미된 것인가요?

메이광 그렇습니다. 곽점본에서 '덕(德)'자는 모두 철학적인 용법이 아니라 일반적인 용법을 지니고 있습니다. 그러나 통행본 21장, 38장, 51장이 되면 '덕(德)'은 '도(道)'의 층차로 격상됩니다. 21장의 '성대한 덕의 모습은 오직 도를 따르는 것뿐이다.(孔德之容, 惟道是從.)'와 38장의 '상덕은 부덕하므로 덕이 있는 것이다. 하덕은 덕을 잃지 않으려고 하므로 덕이 없는 것이다.(上德不德, 是以有德. 下德不失德, 是以無德.)'는 철학적인 서술인데 이는 곽점본에는 모두 존재하지 않는 구절입니다. 부덕(不德)하므로 유덕(有德)하다는 것은 변증적인 표현입니다. 51장 '도는 낳고 덕은 기른다.(道生之, 德蓄之)'의 경우 덕(德)과 도(道)가 병렬되어 있는데 이는 만물이 발육할 때 의지하는 바를 나타냅니다. 『노자』에서 창조론(創生思想)을 논할 때 곽점본에는 원래 도 개념만이 존재했습니다. 그런데 여기에서는 덕의 개념을 덧붙여 덕으로 만물을 모으고 기른다고 여깁니다. 그렇지만 이러한 사상은 개념적으로 어려움이 존재하기 때문에 『노자』 저서에서도 제대로 발휘되지 못합니다.

조은정 곽점본 '덕'에는 상하의 개념이 없는 듯합니다. 그렇지만 백서본에는 '상덕(上德)', '하덕(下德)'이라는 개념이 존재합니다. 곽점본에는 '덕'과 관련된 자료가 총 4회 출현하는데 통행본의 41장, 54장, 55장, 59장이 그러합니다.

메이광 이러한 '덕'자는 일반적인 의미로 풀이할 수 있습니다. 곽점본의 '덕

(德)'자에는 상하의 개념이 존재하지 않습니다. 41장의 상덕약곡(上德若谷)은 '골짜기 위는 아래와 같다'는 말이며 광덕약부족(廣德若不足)은 '넓음은 부족함과 같다'는 말입니다. '덕(德)'은 물질의 성질을 나타내며 '위(上)'와 '넓음(廣)'은 공간적인 성격을 띤 것입니다. 그래서 '덕(德)'자를 덧붙일 수 있으며 각각의 의미는 '위(上)'의 특성, '넓음(廣)'의 특성이 됩니다.

또 다른 현학적인 개념으로 일(一)이 있습니다. 통행본의 10장, 22장, 39장, 42장에서는 이 개념이 발휘되고 있는데 이 장절들은 곽점본에는 전부 존재하지 않습니다.

조은정 그렇다면 이러한 도가적인 개념이 곽점본 당시에 이미 존재하기는 했지만 편찬 과정에서 수록되지 않았을 가능성은 없을까요?

메이광 수록되지 않았을 가능성도 당연히 배제할 수 없습니다. 그렇지만 저는 이것이 후대에 추가된 것이라고 여기는 편입니다. 일(一)이라는 사상은 대략 전국 중기에 흥기되었습니다. 『장자·제물론』에는 장자와 변사들이 이 주제로 논변을 펼친 기록이 있습니다. 이것은 그 당시 많은 사람들이 흥미롭게 여기던 주제였습니다. 곽점본의 사상은 이보다 더 이릅니다.

조은정 곽점본의 도가사상은 대략 어느 시기의 것인가요?

메이광 기원전 5세기보다 이르지는 않다고 봅니다. 아마도 묵자와 비슷한 시기일 것입니다. 변천 과정이 존재합니다. 『태일생수』의 사상이 가장 이른 것입니다.

조은정 기록된 시간이 그렇게 이르지는 않을까요?

메이광 그렇게 이르지는 않습니다. 아마도 기원전 350에서 300년 사이일 것입니다. 그렇지만 『태일생수』가 편찬된 시간은 확정 짓기 어렵습니다.

기원전 5세기에는 유학(儒學)과 묵학(墨學) 세력이 성장 중이었는데 분열 상태를 나타내지 않았습니까? 이때 도가의 '노자' 사상이 초나라 지역에서 유행하기 시작했습니다. 그 당시에는 유가와 도가의 유도논쟁이 아직 서막을 열지 않았던 때입니다. 곽점본『노자』는 유가에 대해 정면 공격을 감행하지 않았는데 그 이유는 쌍방이 정면으로 충돌한 시기가 아직 도래하지 않았기 때문이죠.

조은정 유학 세력도 기원전 4세기 전국 중기가 되어서야 강대해졌지요?

메이광 그렇습니다. 저는 맹자가 바로 그 관건적인 인물이라고 봅니다.

조은정 곽점『노자갑』1호간에는 '행하고자 하는 마음과 고민을 버리면 백성들은 아이와 같은 상태로 되돌아간다.(絕愚棄慮, 民復季子)'라는 구절이 있는데 이 구절이 나중에 '인의를 버리면 백성들은 효도하고 자애로와진다.(絕仁棄義, 民復孝慈)'(통행본 19장)로 변하게 됩니다. 공격성이 매우 강해집니다.

메이광 곽점본 당시에는 반유가적인 성향만이 존재했을 뿐(18장) 유가학설에 대해 정면 공격하지는 않았습니다. 그렇지만 나중에는 유가학설에 대해 공격하게 됩니다.(38장)

곽점본에는 38장이 존재하지 않습니다. '도를 잃은 후에 덕이 있고, 덕을 잃은 후에 인이 있고, 인을 잃은 후에 의가 있고, 의를 잃은 후에 예가 있다.(故失道而後德, 失德而後仁, 失仁而後義, 失義而後禮.)'는 도를 잃고 덕을 잃어야만 인의예가 있다는 의미입니다. 상기 구문에서 잃음의 순차적인 순서에는 의미가 없습니다. 이는 문장을 만들기 위해 형식을 갖춘 것일 뿐입니다. 『노자』에는 별 내용 없이 구문을 만들기 위해 만들어진 문장들이 종종 발견됩니다. 다른 예를 보죠. '무릇 예라는 것은 충성과 믿음이 희박해진 것이고 혼란의 시작이다. 옛 지식은 도의 화려함이면서 어리석음의 시작이다.(夫禮者, 忠信之薄, 而亂之首. 前識者, 道之華, 而愚之始.)'라는 이 구절은 유학(儒學)을 비판한 말입니다. '도의 화려함은 어리석음의 시작이다(道之華, 而愚之始)'라는 말은 이런 것들이 화려하지만 실리는 없고 마치 신묘한 것처럼 보이는데 사실상은 사람들을 속이는 것으로, 한 사회의 우매함과 무지함은 바로 여기에서 시작된다고 지적하고 있습니다. 비평의 대상은 바로 '전식자(前識者)'입니다. '전식자', 즉 '옛 지식'

은 무엇을 가리키는 것일까요? 38장에서는 유가를 공격하고 있는데 그 의미는 매우 명확합니다. 여기에서의 '옛 지식'은 유가와 관계가 있음이 틀림없습니다. 앞서 '무릇 예라는 것은 충성과 믿음이 희박해진 것이고 혼란의 시작이다.(夫禮者, 忠信之薄, 而亂之首)'가 유가예교(儒家禮教)를 비평한다고 했었습니다. 이 '옛 지식'은 도대체 무엇을 가리키는 것일까요? 저는 '옛 지식'이『역경(易經)』을 가리킨다고 봅니다. 역도(易道)라는 것은 숫자로 미래를 점치는 것이기에 '옛 지식'이라고 한 것입니다.『주역(周易)』은 전국 시기에는 이미 유학의 경전으로 여겨졌습니다.『역전(易傳)』은 더더욱 유학의 저작입니다. 역학(易學)은 초나라에서도 성행했는데『노자』는 역학에는 반대했음을 이를 통해 알 수 있습니다. 이는 과거에 모두가 주목하지 않았던 사실입니다. 통상『주역』과『노자』를 함께 논하며 이 둘의 사상적인 근원이 관련되어 있다고 여겼습니다. 저는 이러한 기존의 관점을 지지해줄만한 어떤 근거도 찾지 못했습니다.『주역』은 원래 주나라 왕조의 강건문화(剛健文化)에 그 뿌리를 둡니다.『노자』는 '유약이 강건을 이긴다(柔弱勝剛強)'고 주장합니다. 이 둘은 기본적으로 큰 차이를 지닙니다.

권모술수와 병서 관련된 구절(36장, 65장, 69장)들은 모두 나중에 추가된 것으로 곽점본에는 존재하지 않습니다.

6. 소결: 곽점본은『노자』태초의 모습을 지니고 있다

메이광 앞서 논한 내용은 모두『노자』의 내용적인 측면에서의 근거들입니다. 내용적인 측면에서 본다면 도가집단이『노자』사상의 개조(변천도 포함)를 통해 『노자』라는 서적의 편집을 주도하였다고 여길 수 있습니다. 일부 개조는 고의적인 것이었는데 가령『노자』사상을 현학화, 신비화하여『노자』라는 저서의 저자를 만들어내고 도가의 성인형상을 만들어낸 것이 그렇습니다. 일부 권모술수 관련된 구문 등에 대한 개조는 자각적인 것은 아닌 듯합니다. 고의라고 볼 수 없는 내용도 있기 때문입니다. 이것은 모두 유도논쟁의 배경 하에서 이해해야만 합니다. 『노자』라는 서적의 유학에 대한 공격까지 포함해서 말입니다. 제가 이렇게 말하는 것은 노자사상의 가치를 폄하하거나 부정하기 위해서가 아닙니다. 저는 노자의 사상적인 가치를 재평가하려고 하는 것입니다. 『노자』의 사상적인 가치를 새롭게 긍정하려면 우선 기존 노자사상의 논쟁적 문제를 해결해야 합니다. 어째서 이 사상은 두 개의 극단적인 반응을 이끌어 냈었던 것일까요? 세계적으로 상당히 많은 사람들이 노자를 숭배합니다. 동양인뿐만 아니라 서양인들도 그렇습니다. 서양에서 번역본이 가장 많은 경전이 바로 『노자』입니다. 심지어 어떤 서양 사람들은 이를 밀교(秘宗, occult)로 보기도 합니다. 그렇지만 이와는 반대로 어떤 사람들은 매우 싫어하기도 하는데 이런 사람들도 그 나름대로의 합리적인 이유를 지니고 있습니다. 이 때문에 오늘날 이 문제를 토론하려고 한다면 정서적인 반응을 야기하지 않을 수가 없습니다. 노자사상은 우리의 마음속에 너무 깊이 들어와 있습니다. 저는 일부 사람들이 신앙적인 마음을 가지고 노자를 대하는 것을 알고 있습니다. 만약 그에게 노자라는 사람이 전혀 존재하지 않는 인물이라고 말한다면 이것은 그에게 상처를 줄 것이며 토론은 여기에서 바로 끝날 것이고 서로 다시는 보지 않을지도 모릅니다. 이 때문에 노자에 대해 의구심을 품은 학자들, 가령 류디엔줴(劉殿爵)나 그레이엄(葛瑞漢) 같은 학자들이 모두 상당히 좋은 견해를 제시했지만 중시를 받지 못했습니다. 그렇지만 제가 방금 말했듯이 이러한 논쟁적인 문제를 해결하기만 한다면 노자 사상은 다시 재평가 받을 수 있는 가능성이 존재하게 됩니다. 우리는 새로운 루트로 노자사상의 가치를 재인식하려는 것이지 결코 노자사상을 폄하하고자 하는 것이 아닙니다.

저는 우리가 절대적으로 객관적인 입장에서 이 문제를 토론할 수 있을 것이라 여기지는 않습니다. 저는 아무도 그렇게 하지는 못할 것이라 생각합니다. 그렇지만 각기 다른 판본을 비교하는 방법은 비교적 객관적인 방법일 것입니다. 최소한 일부 사실들을 파악할 수는 있습니다. 가설을 해야 하는 경우도 있겠습니다. 자구해석 관련한 어문 지식도 활용해야 할 것입니다. 이런 것들은 원래 연구의 보조 도구들입니다. 곽점본을 볼 수 있다는 것은 얼마나 큰 행운인지 모릅니다. 역사 속의 그 어느 시대도 우리처럼 『노자』에 대해 이렇게 많은 지식을 갖출 수 있게 하지는 못했습니다. 곽점본은 우리로 하여금 회색 안개를 걷어내고 푸른 하늘을 볼 수 있게끔 해주었습니다.

조은정 원래의 모습을 복원하는 것을 의미하시나요?

메이광 초기 모습을 복원하는 것입니다. 저는 곽점본『노자』가 바로『노자』최초의 모습이라고 믿습니다. 곽점본 1호묘는 도굴된 적이 있습니다. 그렇지만 죽간으로 된 서적이 보관되어 있던 상자는 사람들의 주의를 끌만큼 파괴를 당하지는 않았습니다. 그리고 죽간은 2300년 동안 예상을 뒤엎을 정도로 잘 보관되어 있었습니다. 만약 이 묘에서 정리되어 나온 18편의 문자들이 다수 손상되었었다면 출토된『노자』라는 자료의 완정성에 의구심을 가지게 되었을 것입니다. 그러나 제가 알고 있기로는 이 문제에 대해 발언 자격을 지닌 사람 중 단 한 사람도 곽점본의 진위에 의구심을 제기하지는 않았습니다.

조은정 그렇지만 곽점본『노자』에도 일부 누락이 존재하기는 합니다. 가령 '가장 좋은 것은 물과 같은 것이다'는 의미의 상선약수(上善若水)는 중요한 사상에 속하는데 곽점본『노자』에는 이 구절이 없습니다. '남는 것을 덜어서 부족한 것을 보충하다'는 의미의 손유여이보부족(損有餘而補不足)이라는 구절도 백서본 이후에야 등장합니다.

메이광 그래서 우리는 반드시『태일생수』와『노자』를 함께 논해야 합니다. 그래야만 비교적 완정한 사상을 논할 수 있습니다. 이제 우리는 다음 토론주제로 넘어가서 이 두 문헌의 관계에 대해 논해보도록 하겠습니다.

7. 『태일생수』와 『노자』의 변천 관계

조은정 선생님께서는 예전에 『태일생수』와 『노자』의 관계에 대해 논하신 적이 있습니다.

메이광 그렇습니다. 2007년 발표된 「從楚文化的特色試論老莊的自然哲學」라는 논문을 통해 『태일생수』와 『노자』의 관계를 변천의 관점에서 토론했습니다.[7] 그 때의 기본적인 생각에는 변함이 없습니다. 그래서 여기에서는 저의 관점을 더 명확히 밝히고 일부 증거를 보완할 것입니다. 물론 한두 군데는 수정이 될 수도 있겠습니다. 출토된 죽간은 원래 일부 손상된 부분을 포함하고 있었습니다. 그렇지만 학자들의 노력을 거쳐 문자가 거의 복구되었습니다. 저는 지금 출토문헌 정리본 중 리루이(李銳)의 정리본이 가장 원본에 근접하다고 봅니다.[8] 제가 「從楚文化的特色試論老莊的自然哲學」라는 학술논문을 발표할 당시에는 그들의 의견을 참고하지 못했었습니다.

형식적인 면에서 본다면 『태일생수』는 『노자병』의 일부입니다. 그렇지만 내용적인 면에서 본다면 『태일생수』는 두 부분으로 나뉩니다. 첫 부분에서는 '우주론'을, 두 번째 부분에서는 '자연의 이치'를 논하고 있습니다. 그러나 죽간의 중간에 단락이나 장절을 나누는 표지가 없는 것으로 보아 이 두 부분은 연결되어 있는 듯합니다. 과거 일부 학자들은 첫 번째 부분인 우주론에는 '도(道)'라는 글자가 사용되지 않지만 두 번째 부분에서 갑자기 '천도(天道)'라는 글자로 시작되고 있는 점이 너무 뜻밖의 현상이라고 지적한 바 있습니다. 저는 그 당시 깊이 생각하지 않은 채로 첫 번째 부분의 마지막 구문인 '君子知此之謂' 뒤에 '도기(道紀)'

---

7) 梅廣(2007) 「從楚文化的特色試論老莊的自然哲學」 『臺大文史哲學報』 第67期, 1-38쪽.
8) 李銳(2007) 「『太一生水』補疏」, 簡帛硏究網, 2007年5月26日. (http://www.jianbo.org/admin3/2007/lirui004.htm)

라는 글자가 **빠져있으므로** 이 글자를 덧붙이면 앞부분과 뒷부분이 연결될 수 있을 것이라고 제안하였습니다. 그렇지만 사실상 이렇게 하면 내용이 연결되지 않습니다. 지금 모두의 의견을 바탕으로 '성(聖)'자를 보완해서 제일 마지막 구문을 '君子知此之謂聖'라고 읽는다면 '군자는 이를 성이라 부른다는 사실을 안다.'는 뜻으로 그 의미가 매우 명확해집니다. 우리는 이를 통해 연구할 때 폭 넓게 생각하고 탐구하는 것이 매우 중요하다는 사실을 알 수 있습니다.

조은정 그렇지만 앞부분과 뒷부분은 그럼에도 불구하고 여전히 내용적으로 연결이 안 되지 않습니까?

메이광 만약 『노자』의 '도'의 관점에서 본다면 이 두 부분이 분리되어 있는 것이 명확합니다. 『노자』의 '도'는 창조(創生)와 자연(自然)을 포함합니다. 『태일생수』에서도 창조와 자연을 논하지만 이 '도'라는 어휘는 자연 혹은 자연의 이치를 논하는데 사용될 뿐이지 창조까지는 논하지 못합니다. 이 두 부분의 서술은 『노자』에서의 '도'와 연결해서 생각할 수는 없습니다.

조은정 그렇다면 다른 관점으로는 볼 수 있을까요?

메이광 저는 『태일생수』가 하나의 단편이라고 봅니다. 즉 두 단락의 의미는 연결되어 있는 것이죠. 이 단편을 제대로 된 시각으로 살펴보기만 한다면 이 두 단락의 의미는 연결될 수 있습니다.

『태일생수』가 도가사상에 속하는 것은 틀림없는 사실입니다. 저는 「從楚文化的特色試論老莊的自然哲學」라는 논문에서 이를 '선-도가사상(前道家思想)'이라고 불렀었는데 지금은 '선-노자사상(前老子思想)' 혹은 '선-노자도가사상(前老子道家思想)'이라고 칭하는 것이 더 적합하다고 생각됩니다. 도가사상은 대자연에서 영감을 획득합니다. 대자연은 사상의 원천입니다. 만일 우리가 대자연의 목소리를 경청한다면 대자연은 이 세상이 어떻게 발생된 것인지를 당신에게 설명해 줄 것입니다. 대자연은 그의 근원, 생성, 명암, 음양, 사계절, 추위와 더위, 습함과 건조함 등의 여러 변화의 생성에 대해서 당신에게 알려줄 것이며 그의 변천규칙과 도식을 당신에게 보여줄 것입니다. 이렇게 사람들은 하늘을 알게 되고 우주의 근원에 대해 알게 됩니다. 고대 사회에서는 하늘(우주)과 감응하는 능력을 '성(聖)'이라 칭했습니다. 『태일생수』의 첫 번째 부분(첫 단락)의 마지막 구문인 '君子知此之謂' 다음에 '聖'이라는 글자를 보완하는 것은 매우 타당해 보입니다.

대자연은 세상 사람들에게 우주의 비밀을 알려줄 뿐만 아니라 세상 사람들에게 지혜도 전수해줍니다. 세상 사람들이 하늘의 도를 염두에 두고 일을 한다면 잘 처리할 수 있게 되고 재난도 없게 되며 오랫동안 잘 살아갈 수 있게 됩니다. 이 때문에 도를 따르는 자와 성인은 도의 이름으로 일을 행하는 것입니다. 그래서 사람들은 하늘을 알려고 함과 동시에 본받으려고도 합니다. 하늘을 아는 것은 지식적인 측면의 일이고 하늘을 본받는 것은 행위적인 측면의 일입니다. 『태일생수』는 우리를 도가의 세계로 안내하고 있는데 여기에는 앞부분의 지식세계와 뒷부분의 행위(실천)세계가 포함되어 있습니다.

조은정 하늘을 알고 하늘을 본받는 지천법천(知天法天)을 할 수 있다면 이는 도가 성인이 아닙니까?

메이광 그런 사람은 당연히 도가성인이라 부를 수 있습니다. 그렇지만 그 당시에는 아직 '도가성인'을 명명화하지는 않았던 시기였으며 도가성인의 형상을 고의로 부각시키지도 않았던 시기입니다. 그 당시에는 이러한 인물을 '군자(君子)'라고 칭했습니다. 무엇이 '군자'일까요? 『장자·천하』편에는 '인으로 은혜를 베풀며, 의로 조리를 세우며, 예를 행위의 기준으로 삼으며, 음악으로 조화를 이루어 따뜻하고도 자애로운 사람을 군자라 한다.(以仁爲恩, 以義爲理, 以禮爲行, 以樂爲和, 薰然慈仁, 謂之君子.)' 구문이 있는데 이것은 유자(儒者)의 형상을 나타냅니다. '군자'라는 명칭은 도가 관련 전래문헌에서는 단 한 번도 도가 인물을 지칭한 적이 없습니다. 『장자』라는 서적에는 '군자'라는 어휘가 37회 사용되는데 절대다수는 긍정적인 의미로 사용됩니다. 하지만 도를 체득한 사람의 의미로 사용되지는 않습니다. 『태일생수』는 도가사상임에 틀림없습니다. 『천하(天下)』편에 수록된 관윤(關尹)과 노담(老聃) 관련 학설은 『태일생수』와 그 연원 관계가 있을 것입니다. 그렇지만 『태일생수』의 저자는 결코 일부러 유학(儒学)과 경계를 나누지는 않았습니다.

조은정 이러한 사실이 『태일생수』가 초기 도가문헌인 것과 연관성이 있을까요?

메이광 만약 『태일생수』를 초기의 도가문헌이라고 여긴다면 문제되지 않을 것입니다. 초기 도가는 하나의 학파가 되기 이전 시기이기에 유가와도 명확한 경계나 대립이 존재하지 않았습니다. 이 때문에 문자 사용 역시 그렇게 분명한 대립을 이루지는 않았습니다.

그러나 제가 『태일생수』를 '선-노자사상(前老子思想)'으로 보고 『노자』라는 저서와 변천관계를 지닌다고 주장하는 것은 이러한 작은 문제를 해결하기 위한 것은 아닙니다. 저는 이보다 더 오랫동안 저를 곤혹스럽게 해왔던 문제를 해결하고자 하는데 목적이 있습니다. 작은 문제가 중요하지 않다는 것이 결코 아닙니다. 『노자』를 연구하려면 작은 곳에서부터 시작해야 합니다. 기존 학자들의 관심을 끌지 못했던 작은 문제부터 시작해 제대로 연구해야 합니다. 작은 문제 하나는 아마도 증거력이 그렇게 충분하지 않을 수도 있겠지만 이것이 하나하나 모이게 된다면 그 증거력과 역량 역시 커질 것입니다. 하지만 저를 오랫동안 곤혹스럽게 했던 문제는 이론적인 문제였습니다. 이는 하나의 사상 내부의 통일성과 관련된 문제입니다. 『노자』는 사상적으로 통일되지 않은 곳이 한두 군데가 아닙니다. 가령 통행본 19장, 즉 곽점 『노자갑』의 첫 시작 부분에는 "투박함을 견지하고 사리사욕을 적게 한다(見素抱樸, 少私寡欲)"라는 구문이 적혀 있습니다. 도가 사상에서 '사(私)'라는 것은 부정적인 글자입니다. '사(私)'와 '욕(欲)'은 둘 다 사람들이 없애야만 하는 것들입니다. 그렇지만 통행본 7장에서는 오히려 '성인은 그 몸을 뒤로 하기에 되려 앞서고 그 몸을 밖에 두기에 되려 보존된다. 이것은 사사로움이 없기 때문이 아니겠는가? 그러므로 오히려 그 사사로움을 이루게 되는 것이다.(是以聖人後其身而身先; 外其身而身存. 非以其無私耶? 故能成其私.)'라고 말하고 있습니다. 사사로움이 없어야 사사로움을 이룰 수 있다는 이 말은 매우 노골적인 표현입니다. 노자사상이 결국에는 '사(私)'라는 글자를 벗어나지 못하며 설사 사사로움이 없더라도 사사로움을 이루는 수단으로 볼 수 있을 것이라는 말 같습니다. 이런 용의주도하고 노련한 듯 보이는 책략적인 언어는 후대의 『노자』주석가들을 고민에 빠지게 했습니다. 『노(老)』학 전문가들은 어떤 경우에는 그 문장의 의미를 도저히 회피할 수가 없어서 새로운 배경을 하나 만들어 낸 후 이 구문이 대상성을 지닌 구문이라고 주장했습니다. 36장의 '거두어들이고자 한다면(將欲歙之)'이 포함된 구절에 대해 왕필(王弼)은 횡포에 대항하고 폭동을 없애는 수단을 말하는 것이라 했습니다. 제가 보기에 이러한 논변들은 모두 불필요한 것들입니다. 팩트는 매우 간단합니다. 이런 장절(가령 7장, 36장)들은 후대에 추가시킨 것들이며 원래『노자』의 내용에는 속해 있지 않았던 것들이었습니다.

『노자』의 '도(道)'는 무위자화(無爲自化)하는 자연의 이치를 나타내기도 하고 우주 창조의 근원을 가리키기도 합니다. 개념적으로 이것은 모순인 것이며 조화가 불가능한 것입니다. 저는 앞서 언급한 저의 논문에서 "창조는 수직적인 인과관계이고 무위와 자화는 수평적인 개념이다."라고 언급한 바 있습니다. 도가의 자연이념은 우주론의 인과적인 사유를 통해서는 이해할 수 없습니다. 장자사상에는 자연만이 존재하며 우주론은 논하지 않습니다. 『노자』저서에는 우주론과 관련된 서술이 여러 차례 등장합니다.『노자』에서의 우주론 서술은 '도(道)'에 대한 서술이기도 합니다. 가령 '어지러이 뭉쳐있는 무언가가 천지보다 먼저 생겼는데, 적막하고 고요하며 독립적이면서도 고치지 않고, 두루 운행하면서도 위태롭지 않으니 천하의 모체가 될 수 있었다. 나는 그 이름을 모르니 그 자(字)는 도라고 하겠다.(有物混成, 先天地生, 寂兮寥兮, 獨立而不改, 周行而不殆. 可以爲天下母. 吾不知其名, 字之曰道.)'(25장), '천하에 시작됨이 있으니 이로써 천하의 모체로 삼는다.(天下有始, 以爲天下母.)'(52장), '도는 하나를 낳고, 하나는 둘을 낳고, 둘은 셋을 낳고, 셋은 만물을 낳는다.(道生一, 一生二, 二生三, 三生萬物.)'(42장), '도는 낳고 덕은 기르며 사물은 형체를 만들며 기세는 완성시킨다.(道道生之, 德畜之, 物形之, 勢成之.)'(51장) 등이 있습니다. 노자사상을 자세히 분석하기만 한다면『노자』의 '도'가 사실은 하나의 개념이 아니라 두 개의 개념이라는 사실을 발견할 수 있습니다.

조은정 현재 일부 학자들도『노자』저서의 이러한 문제를 발견한 것 같습니다.

메이광『태일생수』를 가지고 대조해보면 이 문제는 아주 쉽게 드러납니다. 이런 문제가 기왕 존재한다면 우리는 이를 이해하고 해석하기 위해 노력해야 합니다. 우리는 '이 문제는 어떻게 만들어진 것인가?'라고 물어야만 합니다. 이것은 작은 문제가 아닙니다. 이것은『노자』에서 매우 중요한 문제입니다. 즉 철학사상서 한 부가 내부적으로 그 사상이 통일되지 않는데다가 가장 기본적인 개념인 '도(道)'의 사상도 통일되어 있지 않은 문제와 연관되어 있기 때문입니다.

저는 앞서 언급한 학술논문에서 사상 내부적으로 통일되지 않거나 일치되지 않는 이러한 문제를 해석하기 위해 발전관점에서의 가설을 제기한 바 있습니다. 저의 해석은 다음과 같습니다. 즉『노자』저서에 우주론 서술이 포함되어 있는 것은『노자』라는 저서가 초나라 문화의 산물이기 때문이고 문화적인 집약이기 때문이고 우주론은 초나라 문화의 특색 중 하나이기 때문이라고 말입니다.『노자』의 우주론은 계승 관계를 지닙니다.『노자』는『태일생수』의 우주론과 변천관계를 지닙니다. 『태일생수』에서는 '물(水)'을 물질의 원시형태로 보고 모든 물질의 상위에 둔 후 천하에 물보다 유약한 것은 없기에 하늘의 도는 약함을 귀하게 여긴다(天道貴弱)고 말합니다. 『태일생수』가 도가사상임에는 틀림없으며 이러한 사실은 문제될 것이 없습니다. 『태일생수』에서는 '태일(太一)'을 절대적인 것으로 보고 절대적인 것은 물질도 아니기에 분화도 불가능하다 했습니다. '태일'이 '물(水)'을 생성해야만 우주의 물질 조건이 형성됩니다. 그렇지만 이 상태도 아직 분화된 것은 아닙니다. 분화는 '되돌아옴(反輔(反薄))'이라는 조작을 통해 만들어집니다. '반(反)'은 도가의 핵심적인 개념입니다. 『노자』에서는 '되돌아옴은 도의 동력(反者道之動)'이라고 말합니다. 우주의 운행 역시 '되돌아옴'입니다. 『태일생수』에는 '태일은 물에 숨겨져 있다가 때에 맞춰 운행하고 돌다가 또 시작되며 자신을 만물의 모체로 삼는다.(是故太一藏於水, 行於時, 周而又始, 以己爲萬物母.)'라는 구절이 있는데 '두루 운행하다가 또 시작되다(周而又始)'가 바로 '되돌아옴(反)'의 의미입니다. 『노자』 25장에 '어지러이 뭉쳐있는 무언가가 천지보다 먼저 생겼다. …… 천하의 모체가 될 수 있었다. 나는 그 이름을 모르니 그 자(字)는 도라고 하겠다. 크다는 것은 간다는 것을 말하고 간다는 것은 멀어짐을 말하고 멀어진다는 것은 되돌아옴을 말한다.(有物混成, 先天地生. …… 可以爲天下母. 吾不知其名, 字之曰道. 大曰逝, 逝曰遠, 遠曰反.)'라는 구절이 있는데 왕필본 원문에는 이 단락에 '두루 운행하면서도 위태롭지 않다.(周行而不殆)'라는 구절이 포함되어 있습니다. 이는 '두루 운행하다가 또 시작된다(周而又始)'는 내용과 상응하는 내용입니다. '두루 운행하다가 또 시작된다(周而又始)'는 '되돌아옴(反)'입니다. '되돌아옴(反)'은 우주의 운행방식이거나 선우주(先宇宙)의 운행방식입니다. 『태일생수』가 그러하며 『노자』도 그러합니다.

조은정 선생님께서는 앞서 말씀하신 그 학술논문에서 '태일(太一)'이 '달신(月神)'이라고 말씀하셨습니다.

메이광 『태일생수』의 이 단락은 달에 대한 묘사인 듯합니다. '태일은 물에 숨겨져 있다(太一藏于水)', 고서에서는 달과 물의 관계가 매우 밀접하게 묘사됩니다. '때에 맞춰 운행한다(行于時)', 시간의 규칙에 따라 운행한다는 뜻입니다. '두루 운행하다가 또 시작된다(周而又始)'는 순환방식의 일종입니다. '스스로를 만물의 모체로 삼는다(以己爲萬物母)'에서 '모체(母)'는 창조주를 가리킵니다. 중국의 전통문화에서 달은 여성을 상징했습니다. '이지러지다가 차오르면서 스스로를 만물의 상도로 삼는다.(一缺一盈, 以己爲萬物經)'는 달을 의미합니다. 경(經)은 항상됨을 의미하므로 '상도(常道)'를 나타냅니다. '이지러지다가 차오른다(一缺一盈)'는 것은 영원불변하는 것으로 만물도 가득 차오르다가 다시 시작되고는 합니다. 그래서 스스로를 만물의 상도로 삼는 것입니다.

그래서 저는 그 학술논문에서 『태일생수』의 우주론이 신화적인 배경을 지니고 있다고 추측한 것입니다. 이 신화는 바로 『초사·구가(九歌)』에 나오는 '동황태일(東皇太一)'입니다. 「구가」에서 동황태일은 달신(月神)을 의미합니다.

'동황태일'이 '달신'이라는 것은 제 추측일 뿐입니다. 하지만 『태일생수』에서 묘사하는 것이 달이 분명하다는 것에 대해서는 다른 방증도 찾을 수 있습니다. 『上海博物館藏戰國楚竹書(7)』에 수록된 『범물류형(凡物流形)』에는 매우 주목할 만한 구절이 하나 등장합니다. '옛 것은 새것이 되고, 사람이 죽으면 다시 사람이 되며, 물은 다시 하늘로 되돌아가는 등 모든 사물은 죽지 않는다. 이는 마치 달이 나오면 들어가고 끝나면 시작되고 끝에 도달하면 되돌아가는 것과 같다. 이 말을 한쪽 끝에서 시작된다는 뜻이다.(是故陳爲新, 人死復爲人, 水復於天, 咸百物不死, 如月, 出惻(則)或入, 終則或始, 至則或反. 識此言__, 起於一端.)'[9] '陳爲新'은 옛 것이 새로운 것으로 바뀌는 것이고 '人死復爲人'은 사람

---

9) 李銳(2008) 『凡物流形』釋文新編』, 簡帛研究網, 2008年12月31日, (http://www.confucius2000.com/qhjb/fwlx1.htm), 혹은 李銳(2009) 『凡物流形』釋文新編(稿)』, 簡帛研究網, 2009年1月2日.

은 죽어도 다시 사람이 된다는 말이며 '水復於天'는 물은 여전히 하늘로 되돌아 간다는 뜻입니다. 이러한 것들은 『태일생수』에서 말한 되돌아간다(反輔)는 의미가 아니던가요? 사람이 죽어도 다시 사람이 되고 모든 사물들도 이와 동일하기 때문에 모든 사물은 죽지 않는다는 것입니다. 어째서 모든 사물들은 죽지 않는 것일까요? 우리는 어떻게 죽지 않는다는 것을 아는 것일까요? 우리는 어떻게 사람이 죽으면 다시 살아나서 사람이 된다는 사실을 아는 것일까요? 왜냐하면 우리는 달이 바로 그런 습성을 지니고 있다는 것을 알기 때문입니다. 그래서 저는 달이라는 것이 가장 원시적인 창조의 상징이라고 말하는 것입니다. 만물은 달처럼 전부 죽지 않습니다. '나오면 들어가다(出惻(則)或入)'는 것은 나오면 여전히 지속되고, '끝나면 시작되고 도달하면 되돌아가는 것(終則或始, 至則或反)'은 바로 달의 천체변화 도식을 가리킵니다. 달은 이렇게 회전하고 만물도 이렇게 회전됩니다. 그래서 이 단락은 바로 『태일생수』의 의미를 지닙니다. 다만 『태일생수』는 달이라는 것을 언급하지 않았고 『범물류형』에서는 달이라는 것을 명확히 밝혔다는 차이가 있을 뿐입니다.

조은정 그렇다면 『범물류형』 역시 도가의 작품인가요?

메이광 차오펑(曹峰)은 본질적으로는 황로사상(黃老思想)이라고 여기며 이것이 『관자(管子)』의 「내업(內業)」, 「심술(心術)」 등 4편과 가장 가깝다고 주장했습니다.[10] 저는 전국 후기의 것들은 사상적인 내용이 그리 풍부하지 않으며 사상적인 가치도 그리 크지 않다고 봅니다. 그렇지만 『범물류형』은 『태일생수』와 관련된 사상을 지니고 있습니다. 『범물류형』에서는 '되돌아감(反薄)'과 '물(水)'을 논하며 우주의 운행모형을 다루는데 이는 모두 『태일생수』에서 논하는 것과 같

(http://www.jianbo.org/admin3/2008/lirui006.htm)
10) 曹峰(2009)「上博楚簡「凡物流形」的文本結構與思想特徵」, 國立台灣大學中國文學系主辦 第一屆文字文本文獻國際學術研討會, 2009年10月 수록 논문.

습니다. 이를 통해 우리는 『태일생수』가 달과 관련되어 있다는 것을 알 수 있는데 이는 매우 좋은 방증이라고 생각됩니다.

『범물류형』에서도 당시의 격언을 기록하고 있습니다. '듣자하니 높은 곳에 오르려면 낮은 곳부터 시작하고 멀리 가려면 가까운 곳부터 시작한다고 한다.(聞之曰: 升(登)高從卑, 致遠從邇.)'라는 구문은 『중용(中庸)』의 구문과 비슷합니다. 『중용』에서는 '멀리 가려면 반드시 가까운 곳에서 시작하고 높은 곳에 오르려면 반드시 낮은 곳에서 시작해야 한다.(行遠必自邇, 登高必自卑)'고 적혀 있습니다. '아름드리나무는 작은 싹에서 시작하고, 천리 길을 가려면 반드시 한 걸음부터 시작해야 한다.(十圍之木, 其始生如蘖. 足將至千里(之), 必從寸始(之)＿.)'라는 구문은 『노자』 저서에도 나옵니다. 통행본 『노자』 64장에는 '아름드리나무는 자그마한 싹이 트는 것에서 시작된다. …… 천리 길은 발끝에서 시작된다.(合抱之木, 生於毫末. ……千里之行, 始於足下.)'라는 구절이 있습니다. 이런 말들은 모두 당시의 격언입니다. 닭이 먼저냐 달걀이 먼저냐 하는 문제로 보기는 힘듭니다.

조은정 태일(太一)이라는 명칭에 여러 가지 해석이 있는 것으로 알고 있습니다.

메이광 그렇습니다. 그렇지만 제가 이상하게 여기는 것은 어째서 학자들은 『초사』의 '동황태일'과 연관 짓지 못하느냐는 것입니다. 초나라 문화를 이해하려면 초문화의 아름답고 상상력이 풍부한 신화를 소홀히 하면 절대로 안 됩니다.

발전의 관점에서 본다면 신화는 도가사상의 원류입니다. 『태일생수』에서 논하는 우주론의 배후에는 달신(月神)의 신화세계가 존재합니다. 『노자』 사상은 『태일생수』와 계승관계를 지닙니다. 『노자』는 『태일생수』에서 논하는 지식세계와 행위세계를 계승한 후 철학적인 색채를 가미해서 개조한 것입니다. 『노자』에서는 신화적인 원류를 없애고 우주론에 현학적인 색채를 가미했습니다. 『노자』는 자연철학을 생활 속으로 확장시켜 내용이 풍부하고 지혜가 충만한 인생철학으로 만들었습니다.『노자』는 이러한 사상에 정치적인 의의를 부가해 사회개혁의 사상동력이 되게 하였습니다. 동시에 이론적인 필요에 의해 '도(道)'는 창조의 근원으로 전환되어야만 했는데 왜냐하면 '태일(太一)'이라는 이 신화적인 원류가 이미『노자』에서 잘라내어져 우주론의 몸과 꼬리만 남겨졌기 때문입니다. 그래서『노자』는 우주론의 개념을 계승하였지만 신화적인 색채는 없앤 후에 우주론에 대해 현학화를 진행할 수밖에 없었고 '도'에게 창조의 근원을 담당하게 할 수 밖에 없었습니다. 그렇지만 '도'가 창조의 근원이 된 이후로 그것은 자연의 본의를 벗어났기에 자연에서의 도와는 모순관계가 됩니다. 이 때문에 우주론은 노자사상의 역사적인 부담이 되었습니다. 이것이 바로 노자사상의 애로점입니다.

조은정 학자들 대다수가『태일생수』의 사상이『노자』보다 이르다고 생각하지는 않는 것 같습니다.

메이광 그렇습니다. 여기에는 두 가지 견해가 존재합니다. 하나는『태일생수』가 도가사상에 속하지 않는다고 여기는 학파인데 이들에 대해서 저는 평론하지 않겠습니다. 왜냐하면『장자·천하』편에서 관윤과 노담이 '태일로 주관한다.(主之以太一)'라는 말을 명백히 했었기 때문입니다. 또 다른 견해는『태일생수』와『노자』가 둘 다 도가사상의 범주에 속하지만 각기 다른 체계에 속한다는 의견입니다. 저는 일본학자인 아사노 유이치(淺野裕一) 교수의 견해를 예로 들겠습니다.[11] 아사노 교수는 전국 중기 이전에 노자의 '도'와 대항하려는 어떤 학설이 하나 있었는데 태일(太一)과 물(水)을 최고사상의 위치에 두고 '도' 혹은 '천도(天道)'는 천지와 동등한 관계로 격하시켜 태일의 아래에 속하도록 시도했다고 주장했습니다. 제가 보기에 아사노 교수가 언급한 이『태일생수』학설은 매우 이상한 학설입니다. 그에 따르면 이 도가학설은 '도'의 사상적인 지위를 고의로 폄하

---

11) 淺野裕一 (2004)『戰國楚簡硏究』, 第二章:『太一生水,與老子之道』, 萬卷樓.

하려고 하는 것입니다. 이것은 매우 우스운 학설이 아닙니까? '도'의 사상적 지위를 폄하하면서 또 무슨 도가사상이 되려 한다는 말입니까? 서양에는 이런 속담이 있습니다. Putting the cart before the horse. 마차를 말 앞에 놓으면 말이 어떻게 마차를 끌고 갑니까? 순서가 잘못되면 이치가 뒤집어지는 것은 명백한 사실입니다.

조은정 그래서 발전관을 가지고 연구하려고 하시는군요.

메이광 저는 확실히 그렇게 생각합니다. 저는 발전관 선진 시기 노자사상 연구에 시도해볼만한 가치가 큰 관점이라고 봅니다. 이것은 풍부한 수확을 가져다 줄 것입니다. 물론 이것이 『노자』 연구의 전부를 의미하지는 않습니다. 노자사상 자체를 연구할 수도 있고 그것의 철학, 문화, 상징적인 의미, 영향, 후대의 종교적 발전, 역대의 고석서와 재고석서 등등을 연구할 수 있습니다. 『노자』는 중국의 문화유산입니다. 우리는 다양한 관점에서 이것을 연구할 수 있습니다. 그렇지만 어떤 연구를 하든지 간에 우선 연구하려는 문제를 제대로 파악해야 합니다. 즉 그것의 Problematik를 제대로 파악한 후 해결 루트를 선택해야만 할 것입니다.

조은정 발전관은 사상의 문화적인 측면을 중시하는 편이 아니던가요?

메이광 확실히 그렇습니다. 만일 노자사상이 신화적인 원류를 지닌다고 말한다면 이 사상의 문화적인 배경을 강조하는 것이 될 것입니다. 만약 노자사상이 집체적인 공헌이라고 주장한다면 사상이 하나의 특수한 문화 분위기 속에서 만들어지고 성숙되어 나오는 것이라는 것을 강조하는 것일 것입니다. 우리는 습관적으로 하나의 사상은 반드시 어떤 창시자를 지니고 있다고 생각합니다. 가령 유가의 공자, 묵가의 묵자, 장학(莊學)의 장자 등이 그렇습니다. 그들은 사상가입니다. 그들은 그들의 학설을 수립했으며 그 학파의 시조가 되었습니다. 그렇지만 모든 사상이 전부 창시자가 존재하는 것은 아닙니다. 가령 법가사상의 창시자는 누구입니까? 법가학파에 시조가 존재합니까? 저는 존재하지 않는다고 생각합니다. 법가사상은 변천되어 온 것입니다. 정치적인 환경 하에서 성숙되어 나온 것입니다. 변천 과정 중 몇 명의 관건적인 인물이 존재하는데 그들은 각자 자신의 학설을 지니고 있습니다. 그렇지만 전체적으로 보았을 때 법가사상에는 창시자가 없습니다. 법가학파에는 시조가 없습니다. 집대성을 한 한비자가 존재할 뿐입니다. 발전관으로 『노자』를 본다면 노자사상에도 창시자가 없습니다. 우선 사상이 있고난 후에야 학파가 생성됩니다. 이것은 불가능한 것이 아닙니다. 만약 '노자사상은 노자라는 사람의 사상'이라는 이 만고불변의 관점을 포기할 수 있다면 전통적인 부담이 제거될 것이므로 관념적인 해방을 맛볼 수 있습니다. 이렇게 우리는 새로운 관점으로 『노자』를 볼 수 있습니다. 이렇게 본다면 『노자』의 모습이 현저히 다르다는 것을 알 수 있습니다.

그러나 이는 매우 어려운 일입니다. 가령 임계유(任繼愈)는 『노자』저서는 노자가 지은 것은 아니라고 주장했지만 그 주요사상은 노담(老聃)의 기본사상이라고 했습니다. 그는 노자학파의 시조는 노담이며 통행본 『노자』는 노담의 후학들이 편집한 것이라고 가정했습니다. 만고불변해 왔던 전통적인 개념을 포기한다는 것은 확실히 매우 어려운 일임에 틀림없습니다.

조은정 저는 선생님의 발전관으로 연구하는 방식이 흥미롭게 느껴집니다.

메이광 탐정소설 같은 느낌을 약간 지니고 있지요. 탐정소설이라고 말하고 나니 노자 연구에서 반드시 처리해야 할 하나의 사건이 있습니다. 바로 『노자』의 저자라는 이 신비한 인물에 관한 것입니다.

조은정 이것은 다음 토론 주제이지요?

메이광 그렇습니다. 이제 다음 토론주제로 넘어가겠습니다.

8. 『노자』의 저자

메이광 학계에서는 노담(老聃)을 『노자』의 저자로 여겨 왔습니다. 노담은 주나라의 수장사(守藏史)로 주 왕조에서 문물전적을 책임지는 관리였습니다. 공자가 주나라를 지날 때 그에게 예에 대해 물어본 적이 있습니다. 『예기·증자문(曾子問)』편에 공자가 노담에게 직접 상례(喪禮)에 대해 묻는 고사가 수록되어 있습니다.

조은정 그렇다면 노담이라는 사람은 실제로 존재하는 사람인가요?

메이광 『증자문』의 기록을 보면 관련 기록이 총 4군데 출현하는데 그 중 한 곳에서 일식을 논하는 것으로 보아 거짓 기록 같지는 않습니다. 노담이 실제로 역사적인 인물이었는지 여부에 대해서는 대답하기가 쉽지 않습니다. 그렇지만 『노자』라는 서적이 노담이라고 불리는 사람의 저서인지를 묻는다면 명확하게 대답할 수 있습니다. 노담은 『노자』의 저자가 아닙니다. 왜냐하면 『노자』에는 저자가 존재하기 않기 때문입니다. 『노자』의 저자는 도가집단이 만들어낸 것입니다.

조은정 『노자』가 늦게 완성되었다고 주장하는 학자 중에도 노담이 『노자』의 저자라는 사실을 부정하는 분들이 있습니다. 『고사변(古史辨)』에 보면 량치차오(梁啟超), 펑유란(馮友蘭), 첸무(錢穆), 구제강(顧頡剛)같은 학자들이 『노자』관련 몇 가지 의혹을 제기했었습니다.

메이광 량치차오는 『노자』의 문자 사용 현황을 통해 『노자』가 늦게 완성되었다고 주장했는데 이는 작은 사실에서 착안해 연구성과를 얻어낸 경우입니다. 그는 『노자』의 일부 용어는 전국 이후에 출현한 용어인데 (1) 제32장과 37장, 39장의 '후왕(侯王)', (2) 제42장의 '만승지주(萬乘之主)', (3) 제31장의 '편장군(偏將軍)'과 '상장군(上將軍)' 등이 그렇다고 지적했습니다. 저는 이렇게 문자 사용 현황으로 시대성을 고찰하는 방식이 논쟁이 가장 적은 방식이자 비교적 믿을 만한 방식이라고 생각합니다. 춘추시대의 저자가 어떻게 전국시대의 용어를 사용할 수 있었겠습니까? 이는 매우 설득력이 있는 증거입니다.

조은정 그렇다면 선생님께서는 노자의 이야기가 어떻게 만들어졌다고 여기시는 건가요?

메이광 저는 이 문제에 대해서 심도 있는 연구를 진행하지는 않았습니다. 그렇지만 이것은 어떤 사건의 진상을 밝히는 것처럼 매우 흥미로운 문제입니다. 제가 이러한 연구를 진행하지 않은 이유는 그레이엄이 저보다 먼저 연구했기 때문입니다. 그레이엄의 논문은 30년 전에 대만에서 발표되었지만 적어도 제가 알고 있기로 지금까지 대만에서는 아직 그의 논문에 주목한 사람이 없습니다. 노학(老學) 관련 이렇게 중요한 논문이 단 한 번도 인용되지 못했던 것입니다. 학술계는 간혹 매우 폐쇄적입니다. 그렇지 않나요? 그레이엄은 『노자』의 저자 관련된 이야기의 형성은 사상이나 철학과는 무관하고 정치적인 성격과 관련되어 있다고 주장합니다. 저는 이러한 주장에 전격 동의합니다. 노자사상은 당연히 철학과 연관되어 있습니다. 그렇지만 이 사상의 발전과정에는 정치적인 계산이 들어있음을 소홀히 여겨서는 안 됩니다. 노자라는 인물에 관련된 이야기는 전국시기에 한번 출현하고 후대에도 출현했습니다. 이 스토리는 줄곧 도가전통의 정치적인 모략의 일환이 되어 왔습니다.

그레이엄은 논문에서 굉장히 세세하게 분석합니다. 기존 학자들은 노자라는 이 도가적인 인물에 대해 논할 때 통상 사마천(司馬遷)의 『사기·노자열전』에서 시작합니다. 그렇지만 그레이엄은 이렇게 지적합니다. 우리가 「노자열전」에 나오는 여러 복잡한 문제에만 주의를 기울인다면 매우 중요한 실마리를 하나 놓칠 수 있게 되는데 그것은 바로 각기 다른 시기의 여러 노자 관련된 기록들 중 불변하지 않는 하나의 핵심내용인, 공자가 노담이라는 사람에게 배웠다는 내용이 그렇습니다. 만일 정말 그렇다면 우리는 어째서 이러한 내용이 어디에서 비롯된 것인지 추적하지 않는 것일까요? 문헌 기록은 이 스토리가 도가에 속하는 단순한 이야기가 아니라 유가 이야기에 속할지도 모른다는 것을 우리에게 알려줍니다. 그렇지 않습니까?

조은정 『증자문(曾子問)』편에는 유가이야기가 수록되어 있습니다. 『여씨춘추·당염(當染)』(기원전240)에는 '공자가 노담에게 배우다(孔子學于老聃)'라는 기록이 존재하는데 이는 예를 배우는 것을 가리키는 것이지 도를 배우는 것을 나타낼 리가 없습니다. 『한시외전(韓詩外傳)』(기원전150)에도 '중니가 노담에게 배우다(仲尼學乎老聃)'라는 기록이 존재합니다.

메이광 그래서 우리는 질문해야 합니다. 이 이야기가 도가가 유가에 대항하기 위해서 만들어낸 홍보용 이야기에서 비롯된 것인지, 아니면 유가가 스스로 공자라는 인물이 학파 관계없이 허심탄회하게 배움을 추구하는 사람이라는 것을 칭송하는 이야기에서 비롯된 것인지 말입니다. 그레이엄의 이런 의문은 연구의 성격을 변화시켰습니다. 역사적인 사실을 발굴하는 증거수집 연구가 아니라 추리소설에서 하는 탐정조사로 말입니다. 사실상 역사적으로 어떤 이들은 노자라는 인물에 대해 의구심을 지녀왔는데 어떤 경우에는 심지어 동기(動機)의 관점에서 의구심을 제기했습니다. 그레이엄이 그들과 다른 점은 그는 이것을 하나의 사건으로 보고 조사했다는 것입니다. 사건이 해결되려면 모든 의구심을 명확하게 풀이해 내야만 합니다.

그는 우선 도가는 적을 자신의 대변인으로 빌려 쓸 정도로 조작에 능하다고 알려져 있다고 지적합니다. 기원전 3세기 전후, 도가는 유가의 가장 강력한 상대가 됩니다. 도가집단이 창시자를 급박하게 만들어내야 할 필요가 있었을 때 노담에게 예를 물어보는, 공자에게는 아주 사소한 이러한 스토리 중 하나가 이용가치가 매우 컸을 것입니다. 다시 말해 도가집단은 사건을 조작할──유가스토리를 도가스토리로 바꿀──동기가 존재했던 것입니다.

그레이엄은 모든 증거가 이 스토리의 원류가 유가라는 것을 나타내고 있다고 언급합니다. 이에 대해 간단하게 소개해 줄 수 있을까요?

조은정 그는 8가지 증거를 제시합니다. 1) 선진시기 초기 문헌에는 공자와 관련된 기록은 역사적인 맥락 속에서 확정지을 수 있는 내용이 많지만 노자 관련된 기록은 모두 독립적이거나 공자의 기록 중 일부에 속합니다. 그러나 이것마저도 도가에 속하는 이야기인지 확정지을 수 없는 내용들이 존재합니다. 어떤 학파의 창시자에 관련된 기록이 그의 적수인 공자의 생애 기록 중 일부 내용으로만 잔존하고 있는 것입니다. 그레이엄은 이에 의구심을 품습니다. 2) 만약 이 이야기가 유가에서 기원되었다면 도가가 주인공이 아닌 대리인으로 등장하는 것이 이해됩니다. 만약 도가에서 기원된 이야기라면 유가는 자처해서 노자에게 허리를 숙이고 있다는 사실을 인정해야 합니다. 그레이엄은 유가에게 그럴 이유는 없다고 말합니다. 『논어』에 기록된 공자를 보면 은자들은 거들떠보지도 않으며 심지어 책망하고 있는 등 그 태도가 이와는 상당히 다르기 때문입니다. 3) 『장자』와 『예기·증자문』에서는 노담이 공자를 칭할 때 그의 이름인 구(丘)라고 부르고 있습니다. 어째서 유가는 이렇게 스스로를 낮추는 것일까요? 그렇지만 이 이야기가 만약 원래부터 유가에 속하는 이야기라면, 그리고 그 당시에 이 이야기가 도가에 의해 이용당하지 않았다면 전혀 문제될 것이 없어 보인다고 주장합니다. 4) 공자가 노담이라는 스승에게 가르침을 청하는 이러한 이야기를 도가에서 불순한 의도로 만들어낸 것이라면 유가 진영이 이를 그대로 받아들였다 하더라도 유가 진영에서도 노담이 가르친 것은 사실상 유가의 이치와 통하는 것이라고 반격할 수 있었을 것입니다. 그레이엄은 유가진영에서는 어째서 이 인물을 장례전문가로 만들 생각을 한 것인지 반문합니다. 5) 도가 학설에 따르면 노자는 주나라의 수장사입니다. 주 왕실의 문화 파트에서 도가사상가가 배출되었다니 무언가 이상하지 않느냐고 그레이엄은 묻습니다. 게다가 노담은 공자에게 이렇게 말하기도 합니다. "당신이 언급한 그 사람은 뼈가 이미 모두 없어졌고 그 말만 남았을 뿐입니다.(子所言者, 其人與骨皆已朽矣, 獨其言在耳.)" 주나라의 수장사는 사관입니다. 그레이엄은 한나라의 사관이 이런 말을 했다는 것이 이상하지 않느냐고 반문합니다. 6)『사기』이전에 노담에게는 성이 없었습니다. 유가에서 그를 '노(老)'로 존칭하였지만 그 성을 사용하지 않은 것은 유가 이야기 속에서는 가능한 일입니다.『논어』에는 '노팽(老彭)'이라는 공자의 존경을 받았던 인물이 또 한 명 등장하는데 그 역시 주나라 문화의 전통을 수호하는 사람이었을 것입니다. 그렇지만 만약 노담이 도가의 창시자이고 어떤 신분을 지닌 사람이었다면 도가에서는 어째서 그의 성씨를 모르거나 혹은 숨긴 것인지, 그레이엄은 묻습니다. 7) 노자 이야기 관련해서 초기의 문헌에서는 거의 대부분 그 주인공을 노담으로 봅니다. 노자사상을 대표하는 '노자'라는 이 명칭은 굉장히 적게 사용되는 용어입니다. 게다가 '노담'이라는 이 명칭은 그 당시에 사상적인 인물을 통상 자(子)라고 칭했던 것과는 또 다릅니다. 이를 통해 이 주인공의 최초 신분은 겨우 공자의 선생님이었을 것이며 나중이 되어서야 사상가의 신분으로 출현했음을 알 수 있습니다. 8)『장자·내편』에 출현하는 노담이라는 인물에 대해 장자는 공자 생애 속의 인물 한 명으로만 보았을 뿐 그를 특별히 중시하지는 않았습니다. 가령『양생주(養生主)』에 보면 진실(秦失)은 이 장례전문가인 노담이 생사를 알지 못함에 대해 속으로 비웃습니다. 만약 노담이 도가의 창시자였다면 장자가 그를 비웃지는 않았겠지요. 이 모든 사실들은 노담이 최초에는 공자에게 장례의 예법을 가르친 선생님이었을 뿐, 도가사상에서의 중요한 인물은 결코 아니었음을 증명해주고 있다고 그레이엄은 말합니다.

메이광 내용을 좀 더 보충해보겠습니다. 만일 이것이 도가 이야기라면 이 이야기의 앞뒤는 모순됩니다.『장자』책에서 노담은 죽은 걸로 서술됩니다. 그렇지만 나중이 되면 노담이 서쪽으로 떠났다가 진나라에 도착한 후 '어떻게 되었는지 그 끝을 모르겠다(莫知其所終)'는 전설이 또 출현합니다.

이 장례 예절을 잘 아는 선생님이 도가사상가로 변했다면 그것은 아마도 완정본『노자』의 편집이 완성되었던 시기였을 것입니다.

조은정 그레이엄 선생님께서는 노담이 철학가로 처음 출현하는 시기가 기원전 3세기였다고 말씀하셨습니다. 그는 유약함이 강함을 이긴다(柔弱勝剛強)는 학설을 주지로 삼습니다. 노담이 가르친 유약함과 물러남의 사상(柔弱退讓思想)은『노자』책 외에 다른 곳에서 기원된 적이 결코 없습니다. 이 때문에 그레이엄 선생께서는 노담이 독립된 사상가로 이 세상에 등장한 것이『노자』라는 서적의 편집 완성과 연관되어 있는 것 같다고 여기셨습니다.『노자』의 편찬자가 노담을 주인공으로 삼는 동기는 장자와도 동일합니다. 즉 그를 빌려서 언어적으로 공자의 권위를 누르려고 했던 것입니다.

메이광 '절성기지(絕聖棄智)'는『노자』에 나오는 말(통행본19장)입니다. 이 구절은『장자』외편의「거협(胠篋)」과「재유(在宥)」에서 풀이하고 있습니다. 재미있는 사실은「재유」편의 발화자는 노담인데, 그는 마지막에 종합하면서 '그러므로 "절성기지하면 천하는 크게 다스려진다"고 말하는 것이다.(故曰: 絕聖棄知而天下大治.)'라고 언급하고 있다는 것입니다. 노담이 노자의 말을 인용한 것입니다. 노담과 노자는 분명 어떤 과정을 거쳐 합쳐진 것으로 보입니다.

계속해서 도가집단이 어떻게 노자사상을 진나라의 고사 속에 집어넣으려고 노력했는지에 대한 내용을 논할 텐데 여기에는 희극적인 요소가 있습니다. 사실상 한비자도 이 작업을 하고 있었습니다. 한비자의 정치적인 이념은 노자에서 비롯되었습니다. 한비자도 진나라에 노자를 적극 추천하던 사람입니다. 그는 진나라 사람들이 실제적인 것을 추구하고 현학적인 것을 싫어한다는 것을 알았기에 가볍고 쉬운 이치와 고사로 노자를 풀이했습니다.『한비자』의「해로(解老)」와「유로(喻老)」를 보면 그의 노자에 대한 이해가 너무도 얕아서 이상하게 느껴집니다. 그렇지만 이것은 한비자의 사상이 얕아서 그런 것이 아니라 진나라 백성들이 이 정도의 수용 능력만을 지녔었기 때문이었습니다. 「해로」와 「유로」는 노자사상이 진나라 시장에 진입할 수 있도록 하는 판촉상품의 샘플이었던 것입니다.

조은정 그레이엄 선생님께서는 다음과 같은 주장도 하셨습니다. 즉 노담이라는 이름은 유가와 맞서기에 상당히 유리한 이름이었습니다. 하지만 기원전 250년 즈음 『노자』 사상을 널리 알리기 위해서는 반드시 염두에 두어야 하는 현실이 하나 있었는데, 바로 모든 사상에 대해 적대적인 태도를 지니고 있던 환경, 바로 곧 천하를 통일하게 되는 진나라가 장악하고 있던 패권이 그것입니다. 노담 관련된 전설은 바로 이 시기에 진나라와 연관성을 수립하는 새로운 국면으로 진입하게 됩니다. 『장자』에는 노담이 서쪽으로 가다가 진나라에 이른다는 기록이 존재합니다. 이러한 스토리는 주나라의 사서인 노담을 주나라의 태사담(太史儋)이라는 또 다른 인물과 연결시키는 결과를 낳았습니다. 태사담(太史儋)은 바로 진(秦)나라 헌공(獻公)을 알현한 후 '진나라가 주나라 천자와 합해지고 다시 분리된 후 70년 후에 반드시 패자가 될 것'이라고 예언했던 대예언가입니다. 도가 집단에게 있어 노담을 태사담에 견준다는 것은 자신을 보호하고 크게 발전하게 하는 책략이 아닐 수 없습니다. 다만 공자의 사망 시기와 태사담이 진나라를 방문한 시기가 백여년의 시간차를 지닌다는 문제가 존재합니다. 이렇게 되면 노담은 반드시 160세 이상이거나 200살이 넘는 수명을 지녀야만 합니다. 그런데 노자는 원래부터 양생을 논합니다. 장생불로의 꿈을 지녔던 진시황에게는 이러한 사실이 매우 유리한 판촉이 되지 않을 수 없습니다. 이때부터 도가사상에 선가사상(仙家思想)이 침투합니다. 진나라를 위해서 노자는 예전부터 견지해오던 저서를 경멸하던 태도를 버리고 관윤(關尹)의 요구 하에서 5천자짜리 저술을 남겼고 진나라에 이를 선물로 바칩니다. 이러한 고사는 노담이 어째서 진나라에 잔류하지 않는지에 대한 의혹을 해결해 주었을 뿐만 아니라 살해범죄 스토리에서처럼 시신 처리 문제도 말끔하게 해결해주었습니다.

이제 다시 노담 전설 연구의 기점인 사마천이 기록한 전기를 이야기해 보겠습니다. 사마천은 노담 관련하여, 공자가 가르침을 청한 사람, 서쪽으로 유람간 사람, 태사담과 그 신분이 동등한 사람, 아니면 별로 중요하지 않아서 생략 가능한 노래자(老萊子)라는 또 다른 사람 등을 언급한 것 외에도 노담의 자손계보를 나열했습니다. 계보를 윗대로 추적해간다면 노담과 공자는 결코 동일한 시대의 사람이 아닙니다. 그렇지만 만약 태사담의 각도에서 본다면 문제는 쉽게 해결됩니다. 우리는 진나라 당시 태사담의 후예가 예언능력이 탁월했던 조상에 대해 매우 자부심을 느꼈을 것이고 심지어 이 때문에 우대를 받았을 것이라고 추측해 볼 수 있습니다. 시대가 한나라로 바뀌면 이러한 사실은 가점 요인이 아니라 감점 요인이 되었을 수 있습니다. 그렇지만 『노자』 저자의 신분은 점점 더 큰 영향력을 지니게 되었을 것입니다. 이때 그들은 조상인 태사담의 담(儋)자를 노담의 담(聃)자로 고쳤을 가능성이 있습니다. 이 때문에 사마천이 전기를 작성할 때 여러 다양한 자료들 때문에 혼란을 겪은 것입니다.

종합하면 그레이엄 선생의 견해를 근거로 한다면 노담 전설의 발전은 다음과 같은 다섯 시기를 거쳤을 수 있습니다.

첫째, 공자가 노담에게 장례에 대해 물었던 고사입니다. 이 이야기는 유자(儒者)가 기록한 고사로 기원전 4세기에 이미 세상에 널리 전해지고 있었습니다.

둘째, 『장자·내편』에서 공자 생활 속의 노담을 빌려서 대변인으로 삼은 내용입니다. 노담의 도가화가 시작된 이 시기는 기원전 300년 즈음입니다.

셋째, 노담의 이름을 내건 『노자』라는 저서의 출현입니다. 노담은 공자의 스승이라는 권위를 빌어 사상학파의 시조가 되었습니다.

넷째, 노담의 신분이 기원전 374년에 진나라가 승리할 것이라고 예언한 태사담으로 인정되었고 또한 이 때문에 서쪽으로 가서 진나라를 방문하고 관윤이 책을 써달라고 요청한 고사가 탄생했습니다. 그 동기는 도가집단이 생존과 발전을 추구했던 것과 관련이 있습니다. 세 번째와 네 번째 단계는 기원전 240년 전후로 완성되었습니다.

다섯째, 마지막으로 태사담의 후예가 본인들의 이익을 위해서 기원전 206년 이후에 조상의 이름에 손을 댔고 이때부터 노담은 계보가 생겼습니다. 이 당시는 육가(六家)의 분류가 확립된 시기인데 노학(老學)과 장학(莊學)이 도가의 범주 안으로 귀속되었습니다. 장자보다 이른 시기에 속했던 노담은 이 때문에 도가의 창시자로 여겨지게 되었습니다.

메이광 아주 좋습니다. 그레이엄의 논점이 바로 그것입니다. 매우 뛰어나지 않습니까? 그런데 이 고사에는 속편이 하나 더 존재한다는 점을 보완해야 할 듯합니다. 바로 『노자화호경(老子化胡經)』과 관련된 고사가 그렇습니다. 이 문제는 구제강(顧頡剛)이 가장 먼저 지적한 사실입니다. 『노자화호경』에 수록된 이 고사는 동한 말에 세상에 알려지기 시작합니다. 대강의 의미는 다음과 같습니다. 노자가 함곡관(函谷關)을 지나 서쪽으로 간 이후에 서역(西域)에 도착해서 그의 가르침을 석가모니에게 전달했다는 내용으로 소위 인도의 불교라는 것이 노자로부터 비롯되었으며 노자가 불교 창시자(佛祖)의 스승이라는 이야기입니다. 이 고사는 서진(西晋) 시기 도사였던 왕부(王浮)에 의해 『노자화호경』이라는 책에 적히게 되며 이 책은 도교(道教)의 경전이 됩니다. 이 고사는 불도논쟁(佛道闘爭) 초기에 도교도가 불교세력의 침투에 대응하기 위해 생각해낸 선전도구였는데 이것은 공자가 노담에게 가르침을 청하는 고사의 복제품으로 도가 전통이 되풀이한 상투적인 낡은 수법이었습니다.

한편 저는 다음과 같은 점을 지적하지 않을 수 없습니다. 그레이엄의 견해에 따르면 노자 전설의 형성은 『노자』라는 저서의 편찬이 완성된 이후라고 하였는데 이 때문에 노자 전설은 책의 내용과는 분리될 수 있다고 했습니다. 다시 말해,

노자 전설은 노자학설을 널리 퍼뜨리는데 사용된 도구나 책략으로 노자사상 본연과는 관련 없다는 이야기입니다. 그레이엄은 『노자』라는 서적의 내용에 대해서는 견해를 제시하지 않았습니다. 그는 또한 『노자』라는 저서에 저자가 있을 가능성도 배제하지 않았습니다. 그는 다만 이 저자가 노담은 아니라고 여겼을 뿐입니다. 그래서 그의 견해는 우리의 발전관과는 구분됩니다. 저는 도가의 책략사상이 『노자』라는 저서의 성장에 항상 함께 해왔다고 여깁니다. 이 때문에 도가의 책략 사상은 노자사상에 내재되어 있는 것이고 노자사상 성격의 일면이기도 합니다.

저는 저의 이러한 작업들이 노자사상의 가치를 더욱 명확하게 드러나게 한다고 생각합니다. 저는 저의 이러한 관점과 태도가 노자사상 전통에 대한 지적이 될 수 있다는 것을 당연히 알고 있습니다. 이것은 매우 중요한 일입니다. 이 때문에 제 논점의 정확성 여부에 대해서는 여러분들께서 함께 검증해주셔야 합니다. 노자라는 사람과 그 책에 관련된 주제에 대해 제가 제기할 수 있는 견해는 대체로 이 정도입니다. 이 대담록은 학술논문적인 성격보다는 형식에 구애받지 않는 일회성의 대담 형식이 짙기는 하지만 이 대담록에서 논한 문제는 제가 오랜 시간 동안 고민했던 것들입니다. 저는 여러분들께서 엄격한 학술적인 기준으로 저의 득실에 대해 점검해주시기를 진심으로 희망합니다.

통행본 장절	곽점본	통행본	吾와 我의 함의
4	-	吾不知誰之子, 象帝之先.	저자
13	吾所以有大患者, 為吾有身, 及吾亡身, 或何□？(을7)	吾所以有大患者, 為吾有身, 及吾無身, 吾有何患？	일반인, 범칭
16	萬物方作, 居以須復也. (갑24)	萬物並作, 吾以觀復.	저자
17	成事遂功, 而百姓曰我自然	功成事遂, 百姓皆謂我自然.	왕

17	也. (병2)		왕
20	-	我獨怕兮其未兆; 如嬰兒之未孩; 儽儽兮若無所歸. 衆人	저자
20	-	皆有餘, 而我獨若遺. 我愚人之心也哉! 沌沌兮, 俗人昭昭, 我獨若昏. 俗人察察, 我獨悶悶. 澹兮其若海, 飂兮若無止, 衆人皆有以, 而我獨頑似鄙. 我獨異於人, 而貴食母.	저자
21	-	吾何以知衆甫之狀哉? 以此.	저자 혹은 범칭 (관용어)
25	未知其名, 字之曰道. (갑21) 吾強爲之名曰大. (갑21-22)	吾不知其名, 字之曰道. 強爲之名曰大.	저자 저자
29	-	將欲取天下而爲之, 吾見其不得已.	저자
37	爲(化)而欲作, 將貞(鎭)之以亡名之樸. (갑13)	化而欲作, 吾將鎭之以無名之樸.	저자
42	-	人之所教, 我亦教之. 強梁者不得其死, 吾將以爲教父.	저자
43	-	無有入無閒, 吾是以知無爲之有益.	저자
49	-	善者, 吾善之; 不善者, 吾亦善之; 德善. 信者, 吾信之; 不信者, 吾亦信之; 德信.	왕
53	-	使我介然有知, 行於大道, 唯施是畏.	저자 혹은 왕
54	吾何以知天□□□(을18)	吾何以知天下然哉? 以此.	저자 혹은 범칭 (관용어)
	吾何以知其然也. (갑30)	吾何以知其然哉? 以此.	저자 혹은 범칭 (관용어)
57	是以聖人之言曰: 我無事而民自福. 我亡爲而民自化. 我好靜而民自正. 我谷(欲)不谷(欲)而民自樸. (갑31-32)	聖人云: 我無爲, 而民自化; 我好靜, 而民自正; 我無事, 而民自富; 我無欲, 而民自樸.	인칭

67	–	天下皆謂我道大, 似不肖.	저자
67	–	我有三寶, 持而保之.	저자
69	–	用兵有言: 吾不敢為主, 而為客; 不敢進寸, 而退尺.	인칭
70	–	吾言甚易知, 甚易行. 天下莫	저자
70	–	能知, 莫能行. 言有宗, 事有君. 夫唯無知, 是以不我知. 知我者希, 則我者貴. 是以聖人被褐懷玉.	저자
74	–	民不畏死, 奈何以死懼之? 若使民常畏死, 而為奇者, 吾得執而殺之, 孰敢? 常有司殺者殺.	범칭

[표] 『노자』에서의 吾와 我 ('–'는 곽점본에 없음을 나타냄)

| 부록 2 |

『노자』 7종 판본 원문 비교 대조

본서 제1부의 1-3장에서 다룬 제 판본의 원문은 곽점본을 기준으로 삼은 것이지만, 이[부록2]에 수록된 원문은 통행본 81장을 기준으로 삼은 것이다. 즉,[부록2]에 수록된 원문은 제1부에 수록된 원문에서 분량이 2배 이상 더 추가되어 있기에 후대 판본을 연구하고자 하는 연구자들에게는 의미가 있을 것이라 판단되어 별도 제공한다. 아래 자료는 저자가 2008년에 곽점본, 백서갑, 백서을, 하상공본, 왕필본, 돈황본을 입력한 후 2018년까지 순차적으로 추가 입력 및 수정한 자료이다. 어떤 문자에는 저자의 이해가 반영되어 있는 경우도 있으므로 사용 시 원문을 직접 대조하시길 권유드린다.[1]

- 인용 자료 및 약칭

郭店簡: 荊門市博物館編『郭店楚墓竹簡』, 文物出版社, 1998

帛書甲: 高明『帛书老子校注』, 中華書局, 1996

帛書乙: 高明『帛书老子校注』, 中華書局, 1996

北大簡:『北京大學藏西漢竹書(貳)』, 北京大學出土文獻研究所編, 上海古籍出版社, 2012

---

[1] 2012년 발간된 북대본을 수록한 저서인『북경대학장서한죽서(일)(北京大學藏西漢竹書(貳)』부록에는 총 9종의 원문이 수록되어 있다. 본서의[부록2] 자료는 이와는 별개로 필자가 2008년부터 직접 수집하고 입력한 자료이다. 또한 필자가 수집한 자료에는 돈황본도 수록되어 있다.

河上公: (漢)河上公章句『宋本老子道德經』(宋元閩刻精華), 福建人民
    出版社, 2008
王弼本: (魏晉)王弼『老子注』,『諸子集成(三)』, 中華書局
敦煌本: 黃永武主編『敦煌寶藏』, (台北)新文豐出版公司, 1983-1986

- 참고 문헌
朱大星『敦煌本「老子」研究』, 中華書局, 2007

- 부연설명

1) 첫번째 돈황본의 경우 제1장부터 7장까지는 P.2584를, 제8장부터 81장까지는 S.6453을 사용하였는데 둘 다 당(唐) 필사본이다.

2) 두번째 돈황본 P.3725는 당 현종의 『어주도덕진경(御注道德眞經)』인데 그 내용이 기본적으로 일치한다.

- 편장 순서

곽점본은 죽간 순서, 백서본과 돈황본은 열/항 순서이다.

章	郭店	帛书甲	帛书乙	北大簡	敦煌本	敦煌本2	河上公	王弼本
1	-	93-94	218上-218下	45	1	-	1	1
2	甲15-18	95-97	218下-220上	46	2	2	2	2
3	-	97-99	220上-221上	47	3	3	3	3
4	-	100-101	221上-221下	48	4	4	4	4
5	甲23	101-102	221下-222上	49	5	5	5	5
6		102-103	222上-222下	50	6	6	6	6
7		103-105	222下-223下	50	7	7	7	7
8	-	105-106	223下-224上	51	8	8	8	8
9	甲37-39	106-108	224上-224下	52	9	9	9	9

10	一	108−110	224下−225下	53	10	10	10	10
11	一	110−111	225下−226下	54	11	一	11	11
12	一	111−113	226下−227上	55	12	一	12	12
13	乙5−8	113−115	227下−228下	56	13	一	13	13
14	一	115−118	229上−230上	57	14	一	14	14
15	甲8−10	118−122	230上−231下	58	15	一	15	15
16	甲24	122−124	231下−232下	59	16	一	16	16
17	丙1−2	124−125	232下−233上	60	17	一	17	17
18	丙2−3	125−126	233上−233下	60	18	一	18	18
19	甲1−2	126−128	233下−234上	60	19	一	19	19
20	乙4−5	128−132	234上−236上	61	20	一	20	20
21	一	132−134	236上−237上	62	21	一	21	21
22	一	136−138	238上−238下	63	22	一	22	22
23	一	138−140	238下−239下	64	23	一	23	23
24	一	134−136	237上−237下	65	24	一	24	24
25	甲21−23	141−142	239下−240下	66	25	25	25	25
26	一	142−144	240下−241下	67	26	26	26	26
27	一	144−147	241下−242下	68	27	一	27	27
28	一	147−150	242下−244上	69	28	一	28	28
29	一	150−152	244上−244下	70	29	一	29	29
30	甲6−8	152−154	245上−245下	71	30	一	30	30
31	丙6−10	154−158	245下−247下	72	31	一	31	31
32	甲18−20	158−161	247下−248下	73	32	一	32	32
33	一	161−162	248下−249上	73	33	一	33	33
34	一	162−164	249上−250上	74	34	34	34	34
35	丙4−5	164−166	250上−251上	75	35	35	35	35
36	一	166−168	251上−251下	76	36	36	36	36
37	甲13−14	168−169	251下−252下	77	37	37	37	37
38	一	1−5	175上−176下	1	38	一	38	38
39	一	5−8	176下−178上	2	39	一	39	39
40	甲37	12	179下	3	40	一	40	40
41	乙9−12	9−12	178下−179下	4	41	一	41	41
42	一	12−14	180上−181上	5	42	一	42	42
43	一	14−16	181上−181下	6	43	一	43	43
44	甲35−37	16−17	181下−182上	7	44	一	44	44
45	乙13−15	17−18	182下−183上	8	45	一	45	45
46	甲5−6	18−20	183上−183下	9	46	一	46	46
47	一	20−21	183下−184上	10	47	一	47	47
48	乙3−4	21−22	184上−184下	11	48	一	48	48

49	—	22—24	184下—185下	12	49	—	49	49
50	—	24—27	185下—186下	13	50	—	50	50
51	—	27—29	186下—187下	14	51	—	51	51
52	乙13	29—31	187下—189上	15	52	—	52	52
53	—	31—33	189上—189下	16	53	—	53	53
54	乙15—18	33—35	189下—190下	17	54	—	54	54
55	甲33—35	36—38	190下—191下	18	55	—	55	55
56	甲27—29	38—40	191下—192下	19	56	—	56	56
57	甲29—32	40—43	193上—194上	20	57	—	57	57
58	—	43—45	194上—195上	21	58	—	58	58
59	乙1—3	45—46	195上—196上	22	59	—	59	59
60	—	46—48	196上—196下	23	60	—	60	60
61	—	48—50	196下—198上	24	61	—	61	61
62	—	50—53	198上—199	25	62	—	62	62
63	甲14—15	53—55	199上—200上	26	63	—	63	63
64	甲25—27 丙11—14 甲10—13	55—60	200上—202上	27	64	—	64	64
65	—	60—61	202上—203上	28	65	—	65	65
66	甲2—5	61—64	203上—205上	29	66	—	66	66
67	—	67—70	206上—208上	30	67	—	67	67
68	—	70—71	208上—208下	31	68	—	68	68
69	—	71—73	208下—209下	32	69	—	69	69
70	—	73—75	209下—210上	33	70	—	70	70
71	—	75—76	210上—210下	34	71	—	71	71
72	—	76—77	210下—211上	35	72	—	72	72
73	—	77—79	211上—212上	36	73	—	73	73
74	—	79—82	212上—213上	37	74	—	74	74
75	—	82—83	213上—213下	38	75	—	75	75
76	—	83—85	213下—214下	39	76	—	76	76
77	—	85—88	214下—215下	40	77	—	77	77
78	—	88—91	215下—217上	41	78	—	78	78
79	—	91—92	217上—217下	42	79	—	79	79
80	—	64—66	204下—205下	43	80	—	80	80
81	—	66—67	205下—206上	44	81	—	81	81

[표] 각 판본 장절 순서 비교 대조표(통행본 81장 장절 기준)

上篇

一章

郭店簡: 없음
帛書甲: 道, 可道也, 非恒道也. 名, 可名也, 非恒名也.
帛書乙: 道, 可道也, □□□□. □, □□□, □恒名也.
北大簡: 道可道, 非恒道殹. 名可命, 非恒名也.
河上公: 道可道, 非常道. 名可名, 非常名.
王弼本: 道可道, 非常道. 名可名, 非常名.
敦煌本: 道可道, 非常道. 名可名, 非常名.

郭店簡: 없음
帛書甲: 无名, 萬物之始也. 有名, 萬物之母也.
帛書乙: 无名, 萬物之始也. 有名, 萬物之母也.
北大簡: 無名, 萬物之始也. 有名, 萬物之母也.
河上公: 無名, 天地之始. 有名, 萬物之母.
王弼本: 無名, 天地之始. 有名, 萬物之母.
敦煌本: 无名, 天地始. 有名, 萬物母.

郭店簡: 없음
帛書甲: □恒无欲也, 以觀其眇; 恒有欲也, 以觀其所噭.
帛書乙: 故恒无欲也, □□□□; 恒又欲也, 以觀其所噭.
北大簡: 故恒無欲, 以觀其眇. 恒有欲, 以觀其所僥.
河上公: 故常無欲, 以觀其妙. 常有欲, 以觀其徼.
王弼本: 故常無欲, 以觀其妙. 常有欲, 以觀其徼.
敦煌本: 常无欲, 觀其妙. 常有欲, 觀所噭.

郭店簡: 없음
帛書甲: 兩者同出, 異名同胃. 玄之有玄, 衆眇之□.
帛書乙: 兩者同出, 異名同胃. 玄之又玄, 衆眇之門.
北大簡: 此兩者同出, 異名同謂. 玄之有玄之, 衆眇之門.

河上公：此兩者同出而異名，同謂之玄．玄之又玄，眾妙之門．
王弼本：此兩者同出而異名，同謂之元．元之又元，眾妙之門．
敦煌本：此兩者同出而異名，同謂之玄．玄之又玄，眾妙之門．

二章

郭店甲：天下皆智散之爲散也，亞已；皆智善，此丌不善已．[15]
帛書甲：天下皆知美為美，惡已；皆知善，訾不善矣．
帛書乙：天下皆知美之為美，亞已．皆知善，斯不善矣．
北大簡：天下皆智美之為美，亞已；皆智善之為善，斯不善矣．
河上公：天下皆知美之為美，斯惡已；皆知善之為善，斯不善已．
王弼本：天下皆知美之為美，斯惡已；皆知善之為善，斯不善已．
敦煌本：天下皆知美之為美，斯惡已；皆知善之為善，斯不善已．

郭店甲：又亡之相生也[15]，戁恳之相城也，長尚之相型也，[16]
帛書甲：有無之相生也，難易之相成也，長短之相刑也，
帛書乙：□□□生也，難易之相成也，長短之相刑也，
北大簡：故有無之相生，難易之相成，短長之相刑，
河上公：故有無相生，難易相成，長短相形，
王弼本：故有無相生，難易相成，長短相較，
敦煌本：有無相生，難易相成，長短相形，

郭店甲：高下之相涅也，音聖之相和也，先後之相墮也．[16]
帛書甲：高下之相盈也，意聲之相和也，先後之相隋，恒也．
帛書乙：高下之相盈也，音聲之相和也，先後之相隋，恒也．
北大簡：高下之相頃，言〈音〉聲之相和，先後之相隨．
河上公：高下相傾，音聲相和，前後相隨．
王弼本：高下相傾，音聲相和，前後相隨．
敦煌本：高下相傾，音聲相和，先後相隨．

郭店甲：是[16]以聖人居亡爲之事，行不言之季．[17]
帛書甲：是以聲人居无為之事，行□□□．

帛書乙: 是以耶人居无為之事, 行不言之教.
北大簡: 是以聖人居無為之事, 行不言之教.
河上公: 是以聖人處無為之事, 行不言之教.
王弼本: 是以聖人處無為之事, 行不言之教.
敦煌本: 是以聖人治, 雱无為之事, 行不言之教.

郭店甲: 萬勿雙而弗怨也, 爲而弗志也, 成而弗居. [17]
帛書甲: □□□□□也, 為而弗志也, 成功而弗居也.
帛書乙: 萬物昔而弗始, 為而弗侍也, 成功而弗居也.
北大簡: 萬物作而弗辝, 為而不侍, 成功而弗居.
河上公: 萬物作焉而不辭. 生而不有, 為而不恃, 功成而弗居.
王弼本: 萬物作焉而不辭. 生而不有, 為而不恃, 功成而弗居.
敦煌本: 萬物作焉而不為始. 為而不恃, 成功不雱.
敦煌本: 萬物作而不□. 生而不有, 為而不恃, 功成不居. (P3592)

郭店甲: 天唯[17]弗居也, 是以弗去也. [18]
帛書甲: 夫唯居, 是以弗去.
帛書乙: 夫唯弗居, 是以弗去.
北大簡: 夫唯弗居, 是以弗去.
河上公: 夫唯弗居, 是以不去.
王弼本: 夫唯弗居, 是以不去.
敦煌本: 夫唯不雱, 是以不去.
敦煌本: 夫唯不居, 是以不去. (P3592)

三章

郭店簡: 없음
帛書甲: 不上賢, □□□□. □□□□□□, □民不為□.
帛書乙: 不上賢, 使民不爭. 不貴難得之貨, 使民不為盜.
北大簡: 不上賢, 使民不爭. 不貴難得之貨, 使民不為盜.
河上公: 不尚賢, 使民不爭. 不貴難得之貨, 使民不為盜.
王弼本: 不尚賢, 使民不爭. 不貴難得之貨, 使民不為盜.

敦煌本: 不上寶，使民不爭. 不貴難得貨，使民不盜.
敦煌本: 不尚賢，使民不爭. 不貴難得之貨，使民不為盜.

郭店簡: 없음
帛書甲: □□□□，□民不亂.
帛書乙: 不見可欲，使民不亂.
北大簡: 不見可欲，使心不亂.
河上公: 不見可欲，使心不亂.
王弼本: 不見可欲，使民心不亂.
敦煌本: 不見可欲，使心不亂.
敦煌本: 不見可欲，使心不亂. (P3592)

郭店簡: 없음
帛書甲: 是以聲人之□□，□□□，□□□，□□□，強其骨.
帛書乙: 是以耴人之治也，虛其心，實其腹; 弱其志，強其骨.
北大簡: 是以聖人之治也. 虛其心，實其腹，弱其志，強其骨.
河上公: 是以聖人治. 虛其心，實其腹，弱其志，強其骨.
王弼本: 是以聖人之治. 虛其心，實其腹，弱其志，強其骨.
敦煌本: 聖人治. 虛其心，實其腹，弱其志，彊其骨.
敦煌本: 是以聖人之治. 虛其心，實其腹，弱其志，強其骨. (P3592)

郭店簡: 없음
帛書甲: □使民无知无欲也. 使□□□□，□□□□，□□□□□.
帛書乙: 恒使民无知无欲也. 使夫知不敢，弗為而已，則无不治矣.
北大簡: 恒使民無智無欲，使夫智不敢、弗為，則無不治矣.
河上公: 常使民無知無欲，使夫知者不敢為也. 為無為，則無不治.
王弼本: 常使民無知無欲，使夫智者不敢為也. 為無為，則無不治.
敦煌本: 常使民无知无欲，使知者不敢不為. 則无不治.
敦煌本: 常使民無知無欲，使夫知者不敢為也. 為無為，則無不治矣. (P3592)

四章

郭店簡: 없음
帛書甲: □□, □□□□□盈也. 瀟呵, 始萬物之宗.
帛書乙: 道沖, 而用之有弗盈也. 淵呵, 佁萬物之宗.
北大簡: 道沖而用之, 有弗盈. 淵旖佁萬物之宗.
河上公: 道沖而用之或不盈. 淵兮似萬物之宗.
王弼本: 道沖而用之或不盈. 淵乎似萬物之宗.
敦煌本: 道沖而用之又不盈. 淵似萬物之宗.
敦煌本: 道沖而用之或不盈. 淵乎似萬物之宗. (P3592)

郭店簡: 없음
帛書甲: 銼其, 解其紛, 和其光, 同□□. □□□或存.
帛書乙: 銼其兌, 解其芬; 和其光, 同其塵. 湛呵佁或存.
北大簡: 桂其脫, 解其紛; 和其光, 同其袗. 湛旖佁或存.
河上公: 挫其銳, 解其紛, 和其光, 同其塵, 湛兮似若存.
王弼本: 挫其銳, 解其紛, 和其光, 同其塵, 湛兮似或存.
敦煌本: 挫其銳, 解其忿, 和其光, 同其塵, 湛似常存.
敦煌本: 挫其銳, 解其紛, 和其光, 同其塵, 湛兮似或存. (P3592)

郭店簡: 없음
帛書甲: 吾不知□□□子也, 象帝之先.
帛書乙: 吾不知其誰之子也, 象帝之先.
北大簡: 吾不智其誰子, 象帝之先.
河上公: 吾不知誰之子, 象帝之先.
王弼本: 吾不知誰之子, 象帝之先.
敦煌本: 吾不知誰子, 象帝之先.
敦煌本: 吾不知其誰子, 象帝之先. (P3592)

五章

郭店簡: 없음
帛書甲: 天地不仁, 以萬物為芻狗. 聲人不仁, 以百省□□狗.
帛書乙: 天地不仁, 以萬物為芻狗. 耴人不仁, □百姓為芻狗.

北大簡: 天地不仁, 以萬物為芻狗. 聖人不仁, 以百姓為芻狗.
河上公: 天地不仁, 以萬物為芻狗. 聖人不仁, 以百姓為芻狗.
王弼本: 天地不仁, 以萬物為芻狗. 聖人不仁, 以百姓為芻狗.
敦煌本: 天地不仁, 以萬物為芻狗. 聖人不仁, 以百姓為芻狗.
敦煌本: 天地不仁, 以萬物為芻狗. 聖人不仁, 以百姓為芻狗. (P.3592)

郭店甲: 天堅之勿, 丌猷囗籥與？虛而不屈, 逪而愈出. ■[23]
帛書甲: 天地□□, □猶橐籥輿？虛而不淈, 踵而俞出.
帛書乙: 天地之間, 其猷橐籥輿？虛而不淈, 動而俞出.
北大簡: 天地之間, 其猶橐籥虖？虛而不屈, 動而揄出.
河上公: 天地之間, 其猶橐籥乎？虛而不屈, 動而愈出.
王弼本: 天地之間, 其猶橐籥乎？虛而不屈, 動而愈出.
敦煌本: 天地之間, 其猶橐籥？虛而不屈, 動而愈出.
敦煌本: 天地之間, 其猶橐籥乎？虛而不屈, 動而愈出. (P.3592)

郭店簡: 없음
帛書甲: 多聞數窮, 不若守於中.
帛書乙: 多聞數窮, 不若守於中.
北大簡: 多聞數窮, 不若守於中.
河上公: 多言數窮, 不如守中.
王弼本: 多言數窮, 不如守中.
敦煌本: 多聞數窮, 不如守中.
敦煌本: 多言數窮, 不如守中. (P.3592)

六章

郭店簡: 없음
帛書甲: 浴神□死, 是胃玄牝. 玄牝之門, 是胃□地之根.
帛書乙: 浴神不死, 是胃玄牝. 玄牝之門, 是胃天地之根.
北大簡: 谷神不死, 是謂玄牝. 玄牝之門, 是謂天地之根.
河上公: 谷神不死, 是謂玄牝. 玄牝之門, 是謂天地根.
王弼本: 谷神不死, 是謂元牝. 元牝之門, 是謂天地根.
敦煌本: 谷神不死, 是謂玄牝. 玄牝門, 天地根.

敦煌本: 谷神不死, 是謂玄牝. 玄牝門, 是謂天地根. (P3592)

郭店簡: 없음
帛書甲: 緜緜呵若存, 用之不堇.
帛書乙: 緜緜呵其若存, 用之不堇.
北大簡: 緜𧗳若存, 用之不墐.
河上公: 綿綿若存, 用之不勤.
王弼本: 緜緜若存, 用之不勤.
敦煌本: 綿綿若存, 用之不勤.
敦煌本: 緜緜若存, 用之不勤. (P. 3592)

七章

郭店簡: 없음
帛書甲: 天長地久. 天地之所以能□且久者, 以其不自生也, 故能長生.
帛書乙: 天長地久. 天地之所以能長且久者, 以其不自生也, 故能長生.
北大簡: 天長地久. 天地之所以能長且久者, 以其不自生也, 故能長生.
河上公: 天長地久. 天地所以能長且久者, 以其不自生, 故能長生.
王弼本: 天長地久. 天地所以能長且久者, 以其不自生, 故能長生.
敦煌本: 天長地久. 天地所以能長久者, 以其不自生, 故能長久.
敦煌本: 天長地久. 天地所以能長且久者, 以其不自生, 故能長生. (P3592)

郭店簡: 없음
帛書甲: 是以聲人芮其身而身先, 外其身而身存.
帛書乙: 是以耴人退其身而身先, 外其身而身先, 外其身而身存.
北大簡: 是以聖人後其身而身先, 外其身而身存.
河上公: 是以聖人後其身而身先, 外其身而身存.
王弼本: 是以聖人後其身而身先, 外其身而身存.
敦煌本: 是以聖人後其身而身先, 外其身而身存.
敦煌本: 是以聖人後其身先外其身而身存. (P3592)

郭店簡: 없음

帛書甲：不以其无口輿？故能成其私.
帛書乙：不以其无私輿？故能成其私.
北大簡：不以其無私虖？故能成其私.
河上公：非以其無私邪！故能成其私.
王弼本：非以其無私邪！故能成其私.
敦煌本：以其无尸！故能成其尸.
敦煌本：非以其無私耶！故能成其私.（P.3592）

八章

郭店簡：없음
帛書甲：上善治水. 水善利萬物而有靜. 居衆之所惡, 故幾於道矣.
帛書乙：上善如水. 水善利萬物而有爭, 居眾人之所亞, 故幾於道矣.
北大簡：上善如水. 水善利萬物而有爭. 衆人之所惡, 故幾於道矣.
河上公：上善若水. 水善利萬物而不爭, 處衆人之所惡, 故幾於道.
王弼本：上善若水. 水善利萬物而不爭, 處衆人之所惡, 故幾於道.
敦煌本：上善若水. 水善利萬□□□，□□□□惡, 故幾於道.
敦煌本：上善若水. 水善利萬物又不爭, 處衆人之所惡, 故幾於道.（P.3592）

郭店簡：없음
帛書甲：居善地, 心善瀟, 予善, 信, 正善治, 事善能, 蹱善時.
帛書乙：居善地, 心善淵, 予善天, 言善信, 正善治, 事善能, 動善時.
北大簡：居善地, 心善淵, 予善天, 言善信, 正善治, 事善能, 動善時.
河上公：居善地, 心善淵, 與善仁, 言善信, 正善治, 事善能, 動善時.
王弼本：居善地, 心善淵, 與善仁, 言善信, 正善治, 事善能, 動善時.
敦煌本：居善地, □□□, □□□, □□□, 政善治, 事善能, 動善□.
敦煌本：居善地, 心善淵, 與善仁, 言善信, 政善治, 事善能, 動善時.（P.3592）

郭店簡：없음
帛書甲：夫唯不靜, 故无尤.
帛書乙：夫唯不爭, 故无尤.
北大簡：夫唯不爭, 故無尤.

河上公: 夫唯不爭, 故無尤.
王弼本: 夫唯不爭, 故無尤.
敦煌本: □□不爭, 故無尤.
敦煌本: 夫唯不爭, 故無尤. (P.3592)

九章

郭店甲: 𥁕而涅[37]之, 不不若已. 湍而群之, 不可長保也. [38]
帛書甲: 椬而盈之, 不□□□. □□兌□之, □可長葆之.
帛書乙: 椬而盈之, 不若其已. 掬而兌之, 不可長葆也.
北大簡: 持而盈之, 不如其已; 桓而允之, 不可長葆;
河上公: 持而盈之, 不如其已; 揣而銳之, 不可長保;
王弼本: 持而盈之, 不如其已; 揣而梲之, 不可長保;
敦煌本: 持而滿之, 不若其巳; 揣□□之, 不可長寶;
敦煌本: 持而盈之, 不如其已; 揣而銳之, 不可長保; (P.3592)

郭店甲: 金玉涅室, 莫能獸也. 貴福喬, 自遺咎[38]也. [39]
帛書甲: 金玉盈室, 莫之守也. 貴富而驕, 自遺咎也.
帛書乙: 金玉□室, 莫之能守也. 貴富而驕, 自遺咎也.
北大簡: 金玉盈室, 莫能守. 富貴而驕, 自遺咎.
河上公: 金玉滿堂, 莫之能守; 富貴而驕, 自遺其咎.
王弼本: 金玉滿堂, 莫之能守; 富貴而驕, 自遺其咎.
敦煌本: 金玉滿堂, 莫之能守; 富貴而驕, 自遺其咎.
敦煌本: 金玉滿堂, 莫之能守; 富貴而驕, 自遺其咎. (P.3592)

郭店甲: 攻述身退, 天之道也. ■[39]
帛書甲: 功述身芮, 天□□□.
帛書乙: 功遂身退, 天之道也.
北大簡: 功遂身退, 天之道也.
河上公: 功成名遂身退, 天之道.
王弼本: 功遂身退, 天之道.
敦煌本: 名成功遂身退, 天之道.

敦煌本: 功成名遂身退, 天之道. (P.3592)

十章

郭店簡: 없음
帛書甲: □□□□, □□□□？□□□□, 能嬰兒乎？
帛書乙: 戴營柏抱一, 能毋离乎？槫氣至柔, 能嬰兒乎？
北大簡: 載熒魄抱一, 能毋離虖？槫〈搏〉氣致柔, 能嬰兒虖？
河上公: 載營魄, 抱一能無離. 專氣致柔, 能嬰兒.
王弼本: 載營魄抱一, 能無離乎. 專氣致柔, 能嬰兒乎.
敦煌本: 載營魄抱一能无離. 專氣致柔, 能嬰兒.
敦煌本: 載營魄, 抱一能無離乎. 專氣致柔, 能嬰兒乎. (P.3592)

郭店簡: 없음
帛書甲: 脩除玄藍, 能毋疵乎？□□□□, □□□□□？
帛書乙: 脩除玄監, 能毋有疵乎？愛民栝國, 能毋以知乎？
北大簡: 脩除玄鑑, 能毋有疵虖？愛民沽〈治〉國, 能毋以智虖？
河上公: 滌除玄覽, 能無疵. 愛民治國, 能無知.
王弼本: 滌除元覽, 能無疵乎. 愛民治國, 能無知乎.
敦煌本: 滌除玄覽, 能无疵. 愛民治國, 而无知.
敦煌本: 滌除玄覽, 能無疵乎. 愛民治國, 能無知乎. (P.3592)

郭店簡: 없음
帛書甲: □□□□, □□□□？□□□□, □□□□□？
帛書乙: 天門啟闔, 能為雌乎？明白四達, 能毋以知乎？
北大簡: 天門啟閉, 能為雌虖？明白四達, 能毋以智虖？
河上公: 天門開闔, 能無雌. 明白四達, 能無為.
王弼本: 天門開闔, 能無雌乎. 明白四達, 能無為乎.
敦煌本: 明白四達, 而无為. 天門開闔, 而爲雌.
敦煌本: 天門開闔, …… (P.3592)

郭店簡: 없음

帛書甲: 生之畜之, 生而弗□, □□□□, □□□德.
帛書乙: 生之畜之, 生而弗有, 長而弗宰也, 是胃玄德.
北大簡: 故生之畜之, 生而弗有, 長而弗宰, 是胃玄德.
河上公: 生之畜之, 生而不有, 為而不恃, 長而不宰, 是謂玄德.
王弼本: 生之, 畜之, 生而不有, 為而不恃, 長而不宰, 是謂元德.
敦煌本: 生之畜之, 生而不有, 為而不恃, 長而不宰, 是謂玄德.

十一章

郭店簡: 없음
帛書甲: 卅□□□, □其无, □□之用□.
帛書乙: 卅楅同一轂, 當其无, 有車之用也.
北大簡: 卅輻同一轂, 當其無, 有車之用也.
河上公: 三十輻共一轂, 當其無, 有車之用.
王弼本: 三十輻共一轂, 當其無, 有車之用.
敦煌本: 卅輻共一轂, 當其无, 有車之用.

郭店簡: 없음
帛書甲: 燃埴為器, 當其无, 有埴器□□□.
帛書乙: 燃埴而為器, 當其无, 有埴器之用也.
北大簡: 埏殖器, 當其無, 有殖器之用也.
河上公: 埏埴以為器, 當其無, 有器之用.
王弼本: 埏埴以為器, 當其無, 有器之用.
敦煌本: 埏殖以為器, 當其无, 有器之用.

郭店簡: 없음
帛書甲: □□□, 當其无, 有□□用也. 故有之以為利, 无之以為用.
帛書乙: 鑿戶牖, 當其无, 有室之用也. 故有之以為利, 无之以為用.
北大簡: 鑿戶牖, 當其無, 有室之用也. 故有之以為利, 無之以為用.
河上公: 鑿戶牖以為室, 當其無, 有室之用. 故有之以為利, 無之以為用.
王弼本: 鑿戶牖以為室, 當其無, 有室之用. 故有之以為利, 無之以為用.
敦煌本: 鑿戶牖以為室, 當其无, 有室之用. 有之以為利, 无之以為用.

十二章

郭店簡：없음
帛書甲：五色使人目明，馳騁田臘使人□□□，難得之貨使人之行方，
帛書乙：五色使人目盲，馳騁田臘使人心發狂，難得之貨使人之行仿.
北大簡：五色令人目盳；敺騁田獵令人心發狂，難得之貨令人行方，
河上公：五色，令人目盲；五音，令人耳聾；五味，令人口爽；
王弼本：五色，令人目盲；五音，令人耳聾；五味，令人口爽；
敦煌本：五色，令人目盲；五音，令人耳聾；五味，令人口爽；

郭店簡：없음
帛書甲：五味使人之口𤕷，五音使人之耳聾.
帛書乙：五味使人之口爽，五音使人耳□.
北大簡：五味令人之口爽，五音令人之耳聾.
河上公：馳騁田獵，令人心發狂；難得之貨，令人行妨.
王弼本：馳騁畋獵，令人心發狂；難得之貨，令人行妨.
敦煌本：馳騁田獵，令人心發狂；難得之貨，令人行妨.

郭店簡：없음
帛書甲：是以聲人之治也，為腹不□□. 故去罷耳此.
帛書乙：是以耶人之治也，為腹而不為目. 故去彼而取此.
北大簡：是以聖人為腹，不為目，故去被取此.
河上公：是以聖人為腹，不為目，故去彼取此.
王弼本：是以聖人為腹不為目，故去彼取此.
敦煌本：是以聖人為腹，不為目，故去彼取此.

十三章

郭店乙：䭾辱若纓. 貴大患若身. 可胃䭾[5]辱？䭾爲下也. [6]
帛書甲：龍辱若驚，貴大梡若身. 苟胃龍辱若驚？龍之為下，
帛書乙：弄辱若驚，貴大患若身. 何胃弄辱若驚？弄之為下也，
北大簡：寵辱若[䭾]，貴大患若身. 何謂寵辱？寵為下，是謂寵辱.
河上公：寵辱若驚，貴大患若身. 何謂寵辱？辱為下.

王弼本: 寵辱若驚, 貴大患若身. 何謂寵辱若驚？寵為下.
敦煌本: 寵辱若驚, 貴大患若身. 何謂寵辱？辱為下.

郭店乙: 旻之若纓, 遊之若纓, 是胃䨲辱―纓. [6]
帛書甲: 得之若驚, 失□若驚, 是胃龍辱若驚.
帛書乙: 得之若驚, 失之若驚, 是胃弄辱若驚.
北大簡: 得之若𩥇, 失之若𩥇, 是謂寵辱若𩥇.
河上公: 得之若驚, 失之若驚, 是謂寵辱若驚.
王弼本: 得之若驚, 失之若驚, 是謂寵辱若驚.
敦煌本: 得之若驚, 失之若驚, 是謂寵辱若驚.

郭店乙: □□□□[6]若身？坓所以又大患者, 爲坓又身. [7]
帛書甲: 何胃貴大梡若身？吾所以有大梡者, 為吾有身也.
帛書乙: 何胃貴大患若身？吾所以有大患者, 為吾有身也.
北大簡: 何謂貴大患若身？吾所以有大患者, 為吾有身；
河上公: 何謂貴大患若身？吾所以有大患者, 為吾有身,
王弼本: 何謂貴大患若身？吾所以有大患者, 為吾有身,
敦煌本: 何謂貴大患若身？吾所以有大患, 為我有身,

郭店乙: 返坓亡身, 或可□？[7]
帛書甲: 及吾无身, 有何梡？
帛書乙: 及吾無身, 有何患？
北大簡: 及吾無身, 吾有何患？
河上公: 及吾無身, 吾有何患？
王弼本: 及吾無身, 吾有何患？
敦煌本: 及我无身, 吾有何患？

郭店乙: □□□□□[7]爲天下, 若可以厇天下矣. [8]
帛書甲: 故貴為身於為天下, 若可以迂天下矣；
帛書乙: 故貴為身於為天下, 若可以橐天下□；
北大簡: 故貴以身為天下, 若可以橐天下.
河上公: 故貴以身為天下者, 則可寄於天下.

王弼本: 故貴以身為天下者, 若可寄天下.
敦煌本: 故貴以身於天下, 若可託天下.

郭店乙: 愛以身爲天下, 若可以迲天下矣. ■[8]
帛書甲: 愛以身為天下, 女何以寄天下.
帛書乙: 愛以身為天下, 女可以寄天下矣.
北大簡: 愛以身為天下, 若可以寄天下.
河上公: 愛以身為天下者, 乃可以託於天下.
王弼本: 愛以身為天下, 若可託天下.
敦煌本: 愛以身為天下, 若可寄天下.

十四章

郭店簡: 없음
帛書甲: 視之而弗見, 名之曰𣁽. 聽之而弗聞, 名之曰希.
帛書乙: 視之而弗見, □之曰微. 聽之而弗聞, 命之曰希.
北大簡: 視而弗見, 命之曰夷; 聽而弗聞, 命之曰希;
河上公: 視之不見名曰夷. 聽之不聞名曰希.
王弼本: 視之不見名曰夷. 聽之不聞名曰希.
敦煌本: 視之不見名曰夷. 聽之不聞名曰希.

郭店簡: 없음
帛書甲: 捪之而弗得, 名之曰夷. 三者不可至計, 故𣥏□□□.
帛書乙: 捪之而弗得, 命之曰夷. 三者不可至計, 故絪而為一.
北大簡: 搏而弗得, 命之曰微. 參也, 不可致計, 故運而為一.
河上公: 搏之不得名曰微. 此三者不可致詰, 故混而為一.
王弼本: 搏之不得名曰微. 此三者不可致詰, 故混而為一.
敦煌本: 搏之不得名曰微. 此三者不可致詰, 故混而為一.

郭店簡: 없음
帛書甲: 一者, 其上不攸, 其下不忽. 尋尋呵不可名也, 復歸於无物.
帛書乙: 一者, 其上不謬, 其下不忽. 尋尋呵不可命也, 復歸於无物.

北大簡: 參也, 其上不杲, 其下不沒. 台台微微, 不可命, 復歸於無物.
河上公: 其上不皦, 其下不昧, 繩繩不可名, 復歸於無物.
王弼本: 其上不皦, 其下不昧, 繩繩不可名, 復歸於無物.
敦煌本: 其上不皦, 其下不忽, 糸㫖糸㫖不可名, 復歸於无物.

郭店簡: 없음
帛書甲: 是胃无狀之狀, 无物之□. □□□□.
帛書乙: 是胃无狀之狀, 无物之象. 是胃沕望.
北大簡: 是謂無狀之狀, 無物之象, 是謂沒芒.
河上公: 是謂無狀之狀, 無物之象, 是謂忽恍.
王弼本: 是謂無狀之狀, 無物之象, 是謂惚恍.
敦煌本: 是无狀之狀, 无物之象, 是謂惚恍.

郭店簡: 없음
帛書甲: □□□□□, □而不見其首.
帛書乙: 隋而不見其後, 迎而不見其首.
北大簡: 隨而不見其後, 迎而不見其首.
河上公: 迎之不見其首, 隨之不見其後.
王弼本: 迎之不見其首, 隨之不見其後.
敦煌本: 迎不見其首, 隨不見其後.

郭店簡: 없음
帛書甲: 執今之道, 以御今之有, 以知古始, 是胃□□.
帛書乙: 執今之道, 以御今之有. 以知古始, 是胃道紀.
北大簡: 執古之道, 以御今之有. 以智古以, 是謂道紀.
河上公: 執古之道, 以御今之有. 以知古始, 是謂道紀.
王弼本: 執古之道, 以御今之有. 能知古始, 是謂道紀.
敦煌本: 執古之道, 以御今之有. 以知古始, 是謂道紀.

十五章

郭店甲: 古之善爲士者, 必非溺玄達, 深不可志, 是以爲之頌:[8]

帛書甲：□□□□□，□□□□，深不可志. 夫唯不可志，故強為之容，曰:
帛書乙：古之善為道者，微眇玄達，深不可志. 夫唯不可志，故強為之容，曰:
北大簡：古之為士者，微眇玄達，深不可識. 夫唯不可識，故強為之頌曰:
河上公：古之善為士者，微妙玄通，深不可識. 夫唯不可識，故強為之容.
王弼本：古之善為士者，微妙元通，深不可識. 夫唯不可識，故強為之容.
敦煌本：古之善為士者，微妙玄通，深不可識. 夫唯不可識，故強為之容.

郭店甲：夜虖奴各涉川，猷虖丌[8]奴悕四受. 敢虖丌奴客，[9]
帛書甲：與呵其若冬□□，□□□□畏四□，□□其若客，
帛書乙：與呵其若冬涉水，猷呵其若畏四受，嚴呵其若客，
北大簡：就(蹴)虖其如冬涉水，猶虖其如畏四鄰，嚴乎其如客，
河上公：與兮若冬涉川；猶兮若畏四鄰；儼兮其若客；
王弼本：豫焉若冬涉川；猶兮若畏四鄰；儼兮其若容；
敦煌本：豫若冬涉川；猶若畏四鄰；儼若客；

郭店甲：聽虖丌奴懌，屯虖丌奴樸，坉虖丌奴濁. [9]
帛書甲：渙呵其若淩澤，□呵其若楃，涽□□□，
帛書乙：渙呵其若淩澤，沌呵其若樸，涽呵其若濁，湷呵其若浴. 湷呵□若浴.
北大簡：渙虖其如冰之澤，杶虖其如樸，沌虖其如濁，曠虖其如浴.
河上公：渙兮若冰之將釋；敦兮其若朴；曠兮其若谷；渾兮其若濁.
王弼本：渙兮若冰之將釋；敦兮其若樸；曠兮其若谷；混兮其若濁.
敦煌本：散若冰將汋；混若樸；曠若谷；肫若濁.

郭店甲：竺能濁以束[9]者，將舍清. 竺能庀以迬者，將舍生. [10]
帛書甲：濁而情之，余清. 女以重之，余生.
帛書乙：濁而靜之，徐清. 女以重之，徐生.
北大簡：孰能濁以靜之？徐清. 孰能安以動之？徐生.
河上公：孰能濁以靜之徐清. 孰能安以久動之徐生.
王弼本：孰能濁以靜之徐清. 孰能安以動之徐生.
敦煌本：濁以靜之徐清. 安以動之徐生.

郭店甲：保此衍者，不谷叴呈. [10]

帛書甲: 葆此道不欲盈. 夫唯不欲□, □□□□□成.
帛書乙: 葆此道□欲盈. 是以能斃而不成.
北大簡: 抱此道者不欲盈. 夫唯不盈, 是以能敝不成.
河上公: 保此道者, 不欲盈. 夫唯不盈, 故能蔽不新成.
王弼本: 保此道者, 不欲盈. 夫唯不盈, 故能蔽不新成.
敦煌本: 保此道者, 不欲盈. 夫唯不盈, 能弊復成.

十六章

郭店甲: 至虛, 㮓也; 獸中, 篤也. 萬勿方作, 居以寡逡也. [24]
帛書甲: 至虛極也, 守情表也. 萬物旁作, 吾以觀其復也.
帛書乙: 至虛極也, 守靜督也. 萬物旁作, 吾以觀其復也.
北大簡: 至虛, 極; 積正, 督. 萬物竝作, 吾以觀其復.
河上公: 至虛極, 守靜篤. 萬物並作, 吾以觀其復.
王弼本: 致虛極, 守靜篤. 萬物並作, 吾以觀復.
敦煌本: 致虛極, 守靜篤. 萬物並作, 吾以觀其復.

郭店甲: 天道員員, 各遽丌堇. ■[24]
帛書甲: 天物雲雲, 各復歸於其□,
帛書乙: 天物𣶏𣶏, 各復歸於其根.
北大簡: 天物云云, 各復歸其根.
河上公: 夫物芸芸, 各復歸其根.
王弼本: 夫物芸芸, 各復歸其根.
敦煌本: 夫物云云, 各歸其根.

郭店簡: 없음
帛書甲: □□□□靜, 是胃復命.
帛書乙: 曰靜. 靜, 是胃復命.
北大簡: 曰靜, 靜曰復命.
河上公: 歸根曰靜, 是謂復命;
王弼本: 歸根曰靜, 是謂復命;
敦煌本: 歸根曰靜, 靜曰復命;

郭店簡：없음
帛書甲：復命常也. 知常明也. 不知常, 茖, 茖作, 兇.
帛書乙：復命, 常也. 知常, 明也. 不知常, 芒, 芒作, 凶.
北大簡：復命, 常也；智常, 明也. 不智常, 忘作, 兇.
河上公：復命曰常, 知常曰明. 不知常, 萎作凶.
王弼本：復命曰常, 知常曰明. 不知常, 妄作凶.
敦煌本：復命曰常, 知常明. 不知常, 忘作凶.

郭店簡：없음
帛書甲：知常容, 容乃公, 公乃王, 王乃天, 天乃道, □□□, 沕身不怠.
帛書乙：知常容, 容乃公, 公乃王, □□天, 天乃道, 道乃□. 沒身不殆.
北大簡：智常曰容, 容乃公, 公乃王, 王乃天, 天乃道, 道乃久, 沒而不殆.
河上公：知常容, 容乃公, 公乃王, 王乃天, 天乃道, 道乃久, 沒身不殆.
王弼本：知常容, 容乃公, 公乃王, 王乃天, 天乃道, 道乃久, 沒身不殆.
敦煌本：知常容, 容能公, 公能生, 生能天, 天能道, 道能久, 沒身不殆.

十七章

郭店丙：大上, 下智又之；丌即, 新譽之；丌既<即>, 愄之；丌即, 孞之. [1]
帛書甲：太上, 下知有之. 其次, 親譽之. 其次, 畏之. 其下, 母之.
帛書乙：太上, 下知又□, □□, 親譽之. 其次, 畏之. 其下, 母之.
北大簡：大上, 下智有之. 其次, 親譽之. 其次, 畏之. 其下, 母之.
河上公：太上, 下知有之. 其次親之譽. 其次畏之. 其次侮之.
王弼本：太上, 下知有之. 其次親之譽. 其次畏之. 其次侮之.
敦煌本：太上, 下知有之. 其次親之譽. 其次畏之侮之.

郭店丙：信不足, 安[1]又不信. 猷虖其貴言也. 成事述江, 而百眚曰我自肰也. [2]
帛書甲：信不足, 案有不信. □□其貴言也. 成功遂事, 而百省胃我自然.
帛書乙：信不足, 安有不信. 猷呵其貴言也. 成功遂事, 而百姓胃我自然.
北大簡：信不足, 安有不信. 猶虖其貴言. 成功遂事, 百姓曰我自然.
河上公：信不足焉, 猶兮其貴言, 功成事遂, 百姓皆謂我自然.
王弼本：信不足, 焉有不信焉. 悠兮其貴言, 功成事遂, 百姓皆謂我自然.

敦煌本: 信不足, 猶其貴言, 成功遂事, 百姓謂我自然.

十八章

郭店丙: 古大[2]道發, 焉有悥義. 六新不和, 焉有孝孳. [3]
帛書甲: 故大道廢, 案有仁義. 知快出, 案有大偽. 六親不和, 案有畜茲.
帛書乙: 故大道廢, 安有仁義. 知慧出, 安有□□. 六親不和, 安又孝茲.
北大簡: 故大道廢, 安有仁義; 智慧出, 安有大偽; 六親不和, 安有孝茲;
河上公: 大道廢, 有仁義; 智惠出, 有大偽; 六親不和, 有孝慈;
王弼本: 大道廢, 有仁義; 慧智出, 有大偽; 六親不和, 有孝慈;
敦煌本: 大道廢, 有仁義; 智慧出, 有大偽; 六親不和, 有孝慈;

郭店丙: 邦豙緍□, 焉又正臣. ■[3]
帛書甲: 邦家悶悶亂, 案有貞臣.
帛書乙: 國家悶亂, 安有貞臣.
北大簡: 國家掊亂, 安有貞臣.
河上公: 國家昏亂, 有忠臣.
王弼本: 國家昏亂, 有忠臣.
敦煌本: 國家昏亂, 有忠臣.

十九章

郭店甲: 㠯智弃卞, 民利百怀. [1]
帛書甲: 絕聲棄知, 民利百負.
帛書乙: 絕耶棄知, 而民利百倍.
北大簡: 絕聖棄智, 民利百倍;
河上公: 絕聖棄智, 民利百倍;
王弼本: 絕聖棄智, 民利百倍;
敦煌本: 絕聖棄智, 民利百倍;

郭店甲: 㠯攷弃利, 覜惻亡又. 㠯慮弃慮, 民复季子. [1]
帛書甲: 絕仁棄義, 民復畜茲. 絕巧棄利, 盜賊无有.
帛書乙: 絕仁棄義, 而民復孝茲. 絕巧棄利, 盜賊无有.

北大簡：絕仁棄義，民復孝茲；絕巧棄利，盜賊無有；
河上公：絕仁棄義，民復孝慈；絕巧棄利，盜賊無有；
王弼本：絕仁棄義，民復孝慈；絕巧棄利，盜賊無有；
敦煌本：絕仁棄義，民復孝慈；絕巧棄利，盜賊无有；

郭店甲：三言以[1]爲貞不足，或命之或虖豆．視索保僕，少厶須〈寡〉欲．[2]
帛書甲：此三言也，以為文未足，故令之有所屬．見素抱□，□□□□．
帛書乙：此三言也，以為文未足，故令之有所屬．見素抱樸，少私而寡欲．
北大簡：此參言以為文未足，故令之有所屬，見素抱樸，少私寡欲．
河上公：此三者，以為文不足，故令有所屬，見素抱朴，少私寡欲．
王弼本：此三者，以為文不足，故令有所屬，見素抱樸，少私寡欲．
敦煌本：此三言，為文未足，故令有所屬，見素抱朴，少私寡欲．

二十章

郭店乙：絕學亡惪．唯與可，相去幾可？㚔與亞，相去可若？[4]
帛書甲：□□□□．唯與訶，其相去幾何？美與惡，其相去何若？
帛書乙：絕學无憂．唯與呵，其相去幾何？美與亞，其相去何若？
北大簡：絕學無憂，唯與何，其相去幾何？美與惡，其相去何若？
河上公：絕學無憂，唯之與阿，相去幾何？善之與惡，相去若何？
王弼本：絕學無憂，唯之與阿，相去幾何？善之與惡，相去若何？
敦煌本：絕學无憂，唯之與何，相去幾何？美之與惡，相去何若？

郭店乙：人之所禔，亦不可以不禔■人．[5]
帛書甲：人之□□，亦不□□□□．
帛書乙：人之所畏，亦不可以不畏人．
北大簡：人之所畏，不可以不畏人．
河上公：人之所畏，不可不畏．
王弼本：人之所畏，不可不畏．
敦煌本：人之所畏，不可不畏．

郭店簡：없음

帛書甲: □□□□□. 衆人熙熙, 若鄉於大牢, 而春登臺.
帛書乙: 朢呵其未央才! 衆人熙熙, 若鄉於大牢, 而春登臺.
北大簡: 芒虖未央哉! 衆人熙熙, 若鄉大牢而如春登臺.
河上公: 荒兮其未央哉! 衆人熙熙, 如享太牢, 如春登臺.
王弼本: 荒兮其未央哉! 衆人熙熙, 如享太牢, 如春登臺.
敦煌本: 莽其未央! 衆人熙熙, 若享太牢, 如春登臺.

郭店簡: 없음
帛書甲: 我泊焉未佻, 若□□□□. 纍呵如□□□.
帛書乙: 我博焉未垗, 若嬰兒未咳. 纍呵, 佁无所歸.
北大簡: 我獨袙㩦未佻, 若嬰兒之未晐. 絫㩦佁無所歸.
河上公: 我獨怕兮其未兆, 如嬰兒之未孩; 乘乘兮若無所歸.
王弼本: 我獨泊兮其未兆, 如嬰兒之未孩; 儽儽兮若無所歸.
敦煌本: 我魄未兆, 若嬰兒未孩; 魁无所歸.

郭店簡: 없음
帛書甲: □□皆有餘, 我獨遺. 我禺人之心也, 惷惷呵.
帛書乙: 衆人皆又余. 我愚人之心也, 湷湷呵.
北大簡: 衆人皆有餘. 而我蜀遺. 我愚人之心也, 屯屯虖.
河上公: 衆人皆有餘, 而我獨若遺. 我愚人之心也哉! 沌沌兮.
王弼本: 衆人皆有餘, 而我獨若遺. 我愚人之心也哉! 沌沌兮.
敦煌本: 衆人皆有餘, 我獨若遺. 我愚人之心純純.

郭店簡: 없음
帛書甲: 鸞□□□, □□□䛖呵. 鸞人蔡蔡, 我獨𦧈𦧈呵.
帛書乙: 鸞人昭昭, 我獨若䛖呵. 鸞人察察, 我獨𦧈𦧈呵.
北大簡: 猶人昭昭, 我蜀若昏; 猶人計計, 我獨昏昏.
河上公: 俗人昭昭, 我獨若昏; 俗人察察, 我獨悶悶.
王弼本: 俗人昭昭, 我獨昏昏; 俗人察察, 我獨悶悶.
敦煌本: 俗人昭昭, 我獨若昏; 俗人察察, 我獨悶悶.

郭店簡: 없음

帛書甲: 忽呵其若□, 望呵, 其若无所止. □□□□, □□□以悝.
帛書乙: 沕呵其若海, 望呵若无所止. 衆人皆有以, 我獨閩以鄙.
北大簡: 沒旖其如晦, 芒旖其無所止. 衆人皆有以, 而我獨抏以鄙.
河上公: 忽兮若海, 漂兮若無所止. 衆人皆有以, 而我獨頑似鄙.
王弼本: 澹兮其若海, 飂兮若無止. 衆人皆有以, 而我獨頑似鄙.
敦煌本: 忽若晦, 漂若无所止. 衆人皆有已, 我獨頑似鄙.

郭店簡: 없음
帛書甲: 吾欲獨異於人, 而貴食母.
帛書乙: 吾欲獨異於人, 而貴食母.
北大簡: 我欲獨異於人, 而唯貴食母.
河上公: 我獨異於人, 而貴食母.
王弼本: 我獨異於人, 而貴食母.
敦煌本: 我欲異於人, 而貴食母.

二十一章

郭店簡: 없음
帛書甲: 孔德之容, 唯道是從. 道之物, 唯望唯忽.
帛書乙: 孔德之容, 唯道是從. 道之物, 唯望唯沕.
北大簡: 孔德之容, 唯道是從. 道之物, 唯訫唯沒.
河上公: 孔德之容, 唯道是從. 道之為物, 唯怳唯忽.
王弼本: 孔德之容, 惟道是從. 道之為物, 惟恍惟惚.
敦煌本: 孔德之容, 唯道是從. 道之為物, 唯恍唯惚.

郭店簡: 없음
帛書甲: □□□呵, 中有象呵. 望呵忽呵, 中有物呵.
帛書乙: 沕呵望呵, 中又象呵. 望呵沕呵, 中有物呵.
北大簡: 沒旖旖, 其中有象旖. 訫旖沒旖, 其中有物旖.
河上公: 忽兮怳兮, 其中有像. 怳兮忽兮, 其中有物.
王弼本: 惚兮恍兮, 其中有象. 恍兮惚兮, 其中有物.
敦煌本: 恍惚中有物. 恍惚中有像.

郭店簡: 없음
帛書甲: 㴾呵鳴呵, 中有請吔<呵>. 其請甚真, 其中□□.
帛書乙: 幼呵冥呵, 其中有請呵. 其請甚真, 其中有信.
北大簡: 幽旖冥旖, 其中有請(情)旖. 其請甚真, 其中有信.
河上公: 窈兮冥兮, 其中有精. 其精甚真, 其中有信.
王弼本: 窈兮冥兮, 其中有精. 其精甚真, 其中有信.
敦煌本: 窈冥中有精. 其精甚真, 其中有信.

郭店簡: 없음
帛書甲: 自今及古, 其名不去, 以順衆仪. 吾何以知衆仪之然? 以此.
帛書乙: 自今及古, 其名不去, 以順衆父. 吾何以知衆父之然也? 以此.
北大簡: 自今及古, 其名不去, 以說衆父. 吾何以知衆父之然哉? 以此.
河上公: 自古及今, 其名不去, 以閱衆甫. 吾何以知衆甫之然哉! 以此.
王弼本: 自古及今, 其名不去, 以閱衆甫. 吾何以知衆甫之狀哉! 以此.
敦煌本: 自古及今, 其名不去, 以閱終甫. 吾何以知終甫之然! 以此.

二十二章

郭店簡: 없음
帛書甲: 曲則金, 枉則定, 洼則盈, 敝則新. 少則得, 多則惑.
帛書乙: 曲則全, 汪則正, 洼則盈, 鏴則新. 少則得, 多則惑.
北大簡: 曲則全, 枉則正, 洼則盈, 敝則新, 少則得, 多則或.
河上公: 曲則全, 枉則直, 窪則盈, 弊則新, 少則得, 多則惑.
王弼本: 曲則全, 枉則直, 窪則盈, 敝則新, 少則得, 多則惑.
敦煌本: 曲則全, 枉則正, 窪則盈, 弊則新, 少則得, 多則惑.

郭店簡: 없음
帛書甲: 是以聲人執一, 以為天下牧.
帛書乙: 是以耶人執一, 以為天下牧.
北大簡: 是以聖人執一以為天下牧.
河上公: 是以聖人抱一為天下式.
王弼本: 是以聖人抱一為天下式.

敦煌本: 是以聖人抱一為天下式.

郭店簡: 歘唫
帛書甲: 不□視故明, 不自見故章, 不自伐故有功, 弗矜故能長.
帛書乙: 不自視故章, 不自見也故明, 不自伐故有功, 弗矜故能長.
北大簡: 不自見故明, 不自視故章, 不自發故有功, 弗矜故長.
河上公: 不自見故明, 不自是故彰, 不自伐故有功, 不自矜故長.
王弼本: 不自見故明, 不自是故彰, 不自伐故有功, 不自矜故長.
敦煌本: 不自是故章, 不自見故明, 不自伐故有功, 不自矜故長.

郭店簡: 歘唫
帛書甲: 夫唯不爭, 故莫能與之爭.
帛書乙: 夫唯不爭, 故莫能與之爭.
北大簡: 夫唯無爭, 故天下莫能與之爭.
河上公: 夫唯不爭, 故天下莫能與之爭.
王弼本: 夫唯不爭, 故天下莫能與之爭.
敦煌本: 夫唯不爭, 故莫能與爭.

郭店簡: 歘唫
帛書甲: 古□□□□□, □語才, 誠金歸之.
帛書乙: 古之所胃曲全者, 幾語才, 誠全歸之.
北大簡: 古之所謂曲全者, 幾語邪！誠全歸之也.
河上公: 古之所謂曲則全者, 豈虛言哉！誠全而歸之.
王弼本: 古之所謂曲則全者, 豈虛言哉！誠全而歸之.
敦煌本: 古之所謂曲則全, 豈虛語！故成全而歸之.

二十三章

郭店簡: 歘唫
帛書甲: 希言自然. 飄風不冬朝, 暴雨不冬日.
帛書乙: 希言自然. 蘄風不冬朝, 暴雨不冬日.
北大簡: 希言自然. 故剽風不終朝, 趣雨不終日.

河上公: 希言自然. 飄風不終朝, 驟雨不終日.
王弼本: 希言自然. 故飄風不終朝, 驟雨不終日.
敦煌本: 希言自然. 飄風不終朝, 趨雨不終日.

郭店簡: 없음
帛書甲: 孰為此？天地, □□□, □□□□？
帛書乙: 孰為此？天地, 而弗能久, 有兄於人乎？
北大簡: 孰為此？天地弗能久, 而兄於人虖？
河上公: 孰為此者？天地. 天地尚不能久, 而況於人乎？
王弼本: 孰為此者？天地. 天地尚不能久, 而況於人乎？
敦煌本: 孰為此？天地. 天地尚不能久, 而況於人？

郭店簡: 없음
帛書甲: 故從事而道者同於道, 德者同於德, 者〈失〉者同於失.
帛書乙: 故從事而道者同於道, 德者同於德, 失者同於失.
北大簡: 故從事而道者同於道, 得者同於德, 失者同於失.
河上公: 故從事於道者, 道者同於道, 德者同於德, 失者同於失.
王弼本: 故從事於道者, 道者同於道, 德者同於德, 失者同於失.
敦煌本: 故從事而道者, 道者同於道, 德者同於德, 失者同於失.

郭店簡: 없음
帛書甲: 同□□□, 道亦德之. 同於□者, 道亦失之.
帛書乙: 同於德者, 道亦德之；同於失者, 道亦失之.
北大簡: 故同於道者, 道亦得之；同於失者, 道亦失之.
河上公: 同於道者, 道亦樂得之；同於德者, 德亦樂得之；同於失者, 失於樂失之.
王弼本: 同於道者, 道亦樂得之；同於德者, 德亦樂得之；同於失者, 失於樂得之.
敦煌本: 道得之, 同於德者德得之, 同於失者道失之.

郭店簡: 없음
帛書甲: 없음
帛書乙: 없음
北大簡: 信不足, 安有不信.

河上公：信不足焉，有不信焉.
王弼本：信不足，焉有不信焉.
敦煌本：信不足，有不信.

二十四章

郭店簡：없음
帛書甲：炊者不立，自視不章，□見者不明，自伐者无功，
帛書乙：炊者不立. 自視者不章，自見者不明，自伐者无功，
北大簡：炊者不立. 自見者不明，自視者不章，自發者無功，
河上公：跂者不立，跨者不行. 自見者不明，自是者不彰. 自伐者無功，
王弼本：企者不立，跨者不行. 自見者不明，自是者不彰. 自伐者無功，
敦煌本：喘者不久，跨者不行. 自見不明，自是不彰. 自饒无功，

郭店簡：없음
帛書甲：自矜者不長. 其在道，曰粽食贅行. 物或惡之，故欲者□居.
帛書乙：自矜者不長. 其在道也，曰粽食贅行. 物或亞之，故有欲者弗居.
北大簡：矜者不長. 其在道也，斜食孜行. 物或惡之，故有欲者弗居.
河上公：自矜者不長. 其於道也，曰餘食贅行. 物或惡之，故有道者不處也.
王弼本：自矜者不長. 其在道也，曰餘食贅行. 物或惡之，故有道者不處.
敦煌本：自矜不長. 其在道，曰餘食餟行. 物有惡之，故有道不雯.

二十五章

郭店甲：又牆蟲城，先天陞生，敓纔，蜀立不亥，[21]
帛書甲：有物昆成，先天地生. 繡呵繆呵，獨立□□□，
帛書乙：有物昆成，先天地生. 蕭呵漻呵，獨立而不玹，
北大簡：有物綸成，先天地生. 肅覺，獨立而不孩，偏行而不殆，
河上公：有物混成，先天地生. 寂兮寥兮，獨立而不改，周行而不殆，
王弼本：有物混成，先天地生. 寂兮寥兮，獨立不改，周行而不殆，
敦煌本：有物混成，先天地生. 寂漠，獨立不改，周行不殆，

郭店甲: 可以爲天下母. 未智丌名, 孪之曰道, 虚[21]弱爲之名曰大. [22]
帛書甲: 可以為天地母. 吾未知其名, 字之曰道. 吾強為之名曰大.
帛書乙: 可以為天地母也, 吾未知其名也, 字之曰道. 吾強為之名曰大.
北大簡: 可以為天地母. 吾不智其名, 其字曰道. 吾強為之名曰大.
河上公: 可以為天下母. 吾不知其名, 字之曰道. 強為之名曰大.
王弼本: 可以為天下母. 吾不知其名, 字之曰道. 強為之名曰大.
敦煌本: 可以為天下母. 吾不知其名, 字之曰道. 吾強為之名曰大.

郭店甲: 大曰澨, 澨曰遠, 遠曰反. 天大, 地大, 道大, 王亦大. [22]
帛書甲: 大曰筮, 筮曰□, □□□. □□, 天大, 地大, 王亦大.
帛書乙: 大曰筮, 筮曰遠, 遠曰反. 道大, 天大, 地大, 王亦大.
北大簡: 大曰懲, 懲曰遠, 遠曰反. 天大, 地大, 道大, 王亦大.
河上公: 大曰逝, 逝曰遠, 遠曰反. 故道大、天大、地大、王亦大.
王弼本: 大曰逝, 逝曰遠, 遠曰反. 故道大、天大、地大、王亦大.
敦煌本: 大曰逝, 逝曰遠, 遠曰反. 道大、天大、地大、王大.

郭店甲: 囿中又四大焉, 王尻一焉. 人[22]濾陞, 陞濾天, 天濾道, 道濾自肰. [23]
帛書甲: 國中有四大, 而王居一焉. 人法地, 地法□, □□□, □□□□.
帛書乙: 國中有四大, 而王居一焉. 人法地, 地法天, 天法道, 道法自然.
北大簡: 或中有四大, 而王居一焉. 人濾地, 地濾天, 天濾道, 道濾自然.
河上公: 域中有四大, 而王居其一焉. 人法地, 地法天, 天法道, 道法自然.
王弼本: 域中有四大, 而王居其一焉. 人法地, 地法天, 天法道, 道法自然.
敦煌本: 域中有四大, 而王雾一. 人法地, 地法天, 天法道, 道法自然.
敦煌本: …… 道法自然. (P. 4365)

二十六章

郭店簡: 없음
帛書甲: □為巠根, 清為趮君. 是以君子眾日行, 不蘺其甾重,
帛書乙: 重為輕根, 靜為趮君. 是以君子冬日行, 不遠其甾重,
北大簡: 重為輕根, 靜為趮君. 是以君子冬日行, 而不遠其輜重.
河上公: 重為輕根, 靜為躁君. 是以聖人終日行不離輜重.

王弼本: 重為輕根, 靜為躁君. 是以君子終日行不離輜重.
敦煌本: 重為輕根, 靜為躁君. 是以君子終日行不離輜重.
敦煌本: 重為輕根, 靜為躁君. (P. 4365)

郭店簡: 없음
帛書甲: 唯有環官, 燕處□□若. 若何萬乘之王, 而以身巠於天下?
帛書乙: 雖有環官, 燕處則昭若. 若何萬乘之王, 而以身輕於天下?
北大簡: 唯有榮館, 燕處超若. 奈何萬乘之王, 而以身輕於天下?
河上公: 雖有榮觀, 燕處超然. 奈何萬乘之主, 而以身輕天下.
王弼本: 雖有榮觀, 燕處超然. 奈何萬乘之主, 而以身輕天下.
敦煌本: 雖有榮觀, 燕䖏超然. 如何萬乘之主, 以身輕天下.

郭店簡: 없음
帛書甲: 巠則失本, 趮則失君.
帛書乙: 輕則失本, 趮則失君.
北大簡: 輕則失本, 趮則失君.
河上公: 輕則失臣, 躁則失君.
王弼本: 輕則失本, 躁則失君.
敦煌本: 輕則失本, 躁則失君.

二十七章

郭店簡: 없음
帛書甲: 善行者无勶迹, □言者无瑕適, 善數者不以檮筴.
帛書乙: 善行者无達迹, 善言者无瑕適, 善數者不用檮筭.
北大簡: 善行者無勶迹, 善言者無瑕適, 善數者不用檮筴.
河上公: 善行無轍迹. 善言無瑕讁. 善計不用籌策.
王弼本: 善行無轍迹. 善言無瑕讁. 善數不用籌策.
敦煌本: 善行無徹迹. 善言無瑕適. 善計不用籌策.

郭店簡: 없음
帛書甲: 善閉者无闚籥而不可啟也, 善結者□□約而不可解也.

帛書乙: 善閉者无關籥而不可啟也, 善結者无繩約而不可解也.
北大簡: 善閉者無關鍵, 不可啟; 善結者無繩約, 不可解.
河上公: 善閉無關楗而不可開. 善結無繩約而不可解.
王弼本: 善閉無關楗而不可開. 善結無繩約而不可解.
敦煌本: 善閉无開楗不可開. 善結无繩約不可解.

郭店簡: 없음
帛書甲: 是以聲人恒善怵人, 而无棄人, 物无棄財, 是胃愧明.
帛書乙: 是以耶人恒善怵人, 而无棄人, 物无棄財, 是胃曳明.
北大簡: 故聖人恒善救人, 而無棄人, 物無棄財, 是謂欲明.
河上公: 是以聖人常善救人, 故無棄人. 常善救物, 故無棄物. 是謂襲明.
王弼本: 是以聖人常善救人, 故無棄人. 常善救物, 故無棄物. 是謂襲明.
敦煌本: 是以聖人常善救人, 而无棄人. 常善救物, 而无棄物. 是謂襲明.

郭店簡: 없음
帛書甲: 故善□, □□之師; 不善人, 善人之齎也.
帛書乙: 故善人, 善人之師; 不善人, 善人之資也.
北大簡: 善人, 善人之師也; 不善人, 善人之資也.
河上公: 故善人者不善人之師. 不善人者善人之資.
王弼本: 故善人者不善人之師. 不善人者善人之資.
敦煌本: 善人不善人之師. 不善人善人之資.

郭店簡: 없음
帛書甲: 不貴其師, 不愛其齎, 唯知乎大眯. 是胃眇要.
帛書乙: 不貴其師, 不愛其資, 雖知乎大迷. 是胃眇要.
北大簡: 不貴其師, 不愛其資, 唯智必大迷. 此謂眇要.
河上公: 不貴其師, 不愛其資, 雖智大迷, 是謂要妙.
王弼本: 不貴其師, 不愛其資, 雖智大迷, 是謂要妙.
敦煌本: 不貴其師, 不愛其資, 雖知大迷. 此謂要妙.

二十八章

郭店簡: 없음
帛書甲: 知其雄, 守其雌, 為天下溪.
帛書乙: 知其雄, 守其雌, 為天下雞.
北大簡: 智其雄, 守其雌, 為天下谿;
河上公: 知其雄, 守其雌, 為天下谿.
王弼本: 知其雄, 守其雌, 為天下谿.
敦煌本: 知其雄, 守其雌, 為天下奚.

郭店簡: 없음
帛書甲: 為天下溪, 恒德不雞<離>. 恒德不雞<離>, 復歸嬰兒.
帛書乙: 為天下雞, 恒德不离. 恒德不离, 復□□□.
北大簡: 為天下谿, 恒德不離, 復歸於嬰兒.
河上公: 為天下谿, 常德不離, 復歸於嬰兒.
王弼本: 為天下谿, 常德不離, 復歸於嬰兒.
敦煌本: 常德不離, 復歸於嬰兒.

郭店簡: 없음
帛書甲: 知其白, 守其辱, 為天下浴.
帛書乙: □其白, 守其辱, 為天下浴.
北大簡: 智其白, 守其辱, 為天下谷;
河上公: 知其白, 守其黑, 為天下式.
王弼本: 知其白, 守其黑, 為天下式.
敦煌本: 知其白, 守其黑, 為天下式.

郭店簡: 없음
帛書甲: 為天下浴, 恒德乃□. 恒德乃□, □□□□.
帛書乙: 為天下浴, 恒德乃足. 恒德乃足, 復歸於樸.
北大簡: 為天下谷, 恒德乃足, 復歸於樸.
河上公: 為天下式, 常德不忒, 復歸於無極.
王弼本: 為天下式, 常德不忒, 復歸於無極.
敦煌本: 常德不貳, 復歸於無極.

郭店簡: 없음
帛書甲: 知其白, 守其黑, 為天下式.
帛書乙: 知其白, 守其黑, 為天下式.
北大簡: 智其白, 守其黑, 為天下武〈式〉;
河上公: 知其榮, 守其辱, 為天下谷.
王弼本: 知其榮, 守其辱, 為天下谷.
敦煌本: 知其榮, 守其辱, 為天下谷.

郭店簡: 없음
帛書甲: 為天下式, 恒德不貣. 恒德不貣, 復歸於无極.
帛書乙: 為天下式, 恒德不貸. 恒德不貸, 復歸於无極.
北大簡: 為天下武〈式〉, 恒德不貣, 復歸於無極.
河上公: 為天下谷, 常德乃足, 復歸於朴.
王弼本: 為天下谷, 常德乃足, 復歸於樸.
敦煌本: 為天下谷, 常德乃足, 浸歸於樸.

郭店簡: 없음
帛書甲: 楃散□□□, □人用則為官長. 夫大制无割.
帛書乙: 樸散則為器, 聖人用則為官長. 夫大制无割.
北大簡: 樸散則為成器, 聖人用則為官長.
河上公: 朴散則為器, 聖人用之, 則為官長. 故大制不割.
王弼本: 樸散則為器, 聖人用之, 則為官長. 故大制不割.
敦煌本: 樸散為器, 聖人用為官長. 是以大制无割.

二十九章

郭店簡: 없음
帛書甲: 將欲取天下而為之, 吾見其弗□□. □□□, □器也, 非可為者也.
帛書乙: 將欲取□□□□□, □□□□得已. 夫天下神器也, 非可為者也.
北大簡: 大制無眅. 將欲取天下而為之, 吾見其不得已. 天下神器, 非可為,
河上公: 將欲取天下而為之, 吾見其不得已. 天下神器, 不可為也.
王弼本: 將欲取天下而為之, 吾見其不得已. 天下神器, 不可為也.

敦煌本: 將欲取天下而為之, 吾見其不得已. 天下神器, 不可為.

郭店簡: 없음
帛書甲: 為者敗之, 執者失之.
帛書乙: 為之者敗之, 執之者失之.
北大簡: 為之者敗之, 執之者失之.
河上公: 為者敗之, 執者失之.
王弼本: 為者敗之, 執者失之.
敦煌本: 為者敗之, 執者失之.

郭店簡: 없음
帛書甲: 物或行或隨, 或炅或□, □□□□, 或坏或撱.
帛書乙: 故物或行或隋, 或熱或硖, 或陪或墮.
北大簡: 物或行或隨, 或熱或炊, 或強或桎<挫>, 或怀或隋.
河上公: 故物或行或隨, 或呴或吹, 或強或羸, 或載或隳.
王弼本: 故物或行或隨, 或歔或吹, 或強或羸, 或挫或隳.
敦煌本: 夫物或行或隨, 或噓或吹, 或彊或羸, 或接或墮.

郭店簡: 없음
帛書甲: 是以聲人去甚, 去大, 去楮.
帛書乙: 是以耴人去甚, 去大, 去諸.
北大簡: 是以聖人去甚, 去奢, 去泰.
河上公: 是以聖人去甚去奢去泰.
王弼本: 是以聖人去甚去奢去泰.
敦煌本: 是以聖人人去甚去奢去泰.

三十章

郭店甲: 以衍差人宔者, 不谷以兵弜[6]於天下. [7]
帛書甲: 以道佐人主, 不以兵□□天下. □□□□, □□所居, 楚朸生之.
帛書乙: 以道佐人主, 不以兵強於天下. 其□□□, □□□□, □棘生之.
北大簡: 以道佐人主, 不以兵強於天下. 其事好還. 師之所居, 楚棘生之.

河上公: 以道佐人主者, 不以兵强天下. 其事好還. 師之所處, 荊棘生焉.
王弼本: 以道佐人主者, 不以兵强天下. 其事好還. 師之所處, 荊棘生焉.
敦煌本: 以道佐人主者, 不以兵彊天下. 其事好還. 師之所雺, 荊棘生.

郭店甲: 善者果而已, 毋以取䧹. [7]
帛書甲: 善者果而已矣, 毋以取强焉.
帛書乙: 善者果而已矣, 毋以取强焉.
北大簡: 善者果而已, 不以取强.
河上公: 大軍之後, 必有凶年. 善有果而已, 不敢以取强.
王弼本: 大軍之後, 必有凶年. 善有果而已, 不敢以取强.
敦煌本: 故善者果而已, 不以取彊.

郭店甲: 果而弗發, 果而弗喬, 果而弗矜, 是胃果而不䧹. 丌[7]事好長. [8]
帛書甲: 果而毋驕, 果而勿矜, 果而□□, 果而毋得已居, 是胃□而不强.
帛書乙: 果而毋驕, 果而勿矜, 果□□伐, 果而毋得已居, 是胃果而强.
北大簡: 故果而毋矜, 果而毋驕, 果而毋發, 果而毋不得已.
河上公: 果而勿矜, 果而勿伐, 果而勿驕, 果而不得已, 果而勿强.
王弼本: 果而勿矜, 果而勿伐, 果而勿驕, 果而不得已, 果而勿强.
敦煌本: 果而勿驕, 果而勿矜, 果而勿伐, 果而不得已, 是果而勿彊.

郭店簡: 없음
帛書甲: 物壯而老, 是胃之不道, 不道蚤已.
帛書乙: 物壯而老, 胃之不道, 不道蚤已.
北大簡: 物壯則老, 謂之不道, 不道蚤已矣.
河上公: 物壯則老, 是謂不道, 不道早已.
王弼本: 物壯則老, 是謂不道, 不道早已.
敦煌本: 物壯則老, 謂之非道, 非道早已.

三十一장

郭店簡: 없음
帛書甲: 夫兵者, 不祥之器□. 物或惡之, 故有欲者弗居.

帛書乙: 夫兵者, 不祥之器也. 物或亞□, □□□□□.
北大簡: 夫鮇美, 不羔之器也, 物或惡之, 故有欲者弗居也.
河上公: 夫佳兵不祥之器, 物或惡之, 故有道者不處.
王弼本: 夫佳兵者不祥之器, 物或惡之, 故有道者不處.
敦煌本: 夫佳兵者不祥之器, 物或惡之, 故有道不雩.

郭店丙: 君子居則貴左, 甬兵則貴右. [6]
帛書甲: 君子居則貴左, 用兵則貴右.
帛書乙: □□居則貴左, 用兵則貴右.
北大簡: 是以君子居則貴左, 用兵則貴右.
河上公: 君子居則貴左, 用兵則貴右.
王弼本: 君子居則貴左, 用兵則貴右.
敦煌本: 君子居則貴左, 用兵則貴右.

郭店丙: 古曰兵者□□□□□[6]旻己而甬之, [7]
帛書甲: 故兵者非君子之器也. □□不祥之器也, 不得已而用之,
帛書乙: 故兵者非君子之器. 兵者不祥□器也, 不得已而用之,
北大簡: 兵者, 非君子之器也, 不羔之器也, 不得已而用之,
河上公: 兵者不祥之器, 非君子之器, 不得已而用之,
王弼本: 兵者不祥之器, 非君子之器, 不得已而用之,
敦煌本: 兵者不祥器, 非君子之器, 不得已而用之,

郭店丙: 銛纏爲上, 弗敓也. 敓之, 是樂殺人. [7]
帛書甲: 銛襲為上. 勿美也, 若美之, 是樂殺人也.
帛書乙: 銛憷為上, 勿美也. 若美之, 是樂殺人也.
北大簡: 恬儥為上, 弗美. 若美之, 是樂之; 樂之, 是樂殺人,
河上公: 恬惔為上. 勝而不美, 而美之者, 是樂殺人.
王弼本: 恬淡為上. 勝而不美, 而美之者, 是樂殺人.
敦煌本: 恬惔為上. 故不美若美, 必樂之. 是樂煞人.

郭店丙: 夫樂□□□[7]以旻志於天下. [8]
帛書甲: 夫樂殺人, 不可以得志於天下矣.

帛書乙: 夫樂殺人, 不可以得志於天下矣.
北大簡: 是樂殺人, 不可以得志於天下.
河上公: 夫樂殺人者, 則不可得志於天下矣.
王弼本: 夫樂殺人者, 則不可得志於天下矣.
敦煌本: 夫樂煞者, 不可得意於天下.

郭店丙: 古吉事上左, 喪事上右. [8]
帛書甲: 是以吉事上左, 喪事上右;
帛書乙: 是以吉事□□, □□□□;
北大簡: 是以吉事上左, 喪事上右.
河上公: 吉事尚左, 凶事尚右.
王弼本: 吉事尚左, 凶事尚右.
敦煌本: 故吉事尚左, 喪事尚右.

郭店丙: 是以卞㮐[8]軍居左, 上㮐軍居右, 言以喪豊居之也. [9]
帛書甲: 是以便將軍居左, 上將軍居右, 言以喪禮居之也.
帛書乙: 是以偏將軍居左, 而上將軍居右, 言以喪禮居之也.
北大簡: 扁將軍居左, 上將軍居右. 言以喪禮居之.
河上公: 偏將軍居左, 上將軍居右. 言以喪禮處之.
王弼本: 偏將軍居左, 上將軍居右. 言以喪禮處之.
敦煌本: 是以偏將軍居左, 上將軍居右. 言以喪禮䒾之.

郭店丙: 古殺□□[9], 則以衣悲位之; 戰勑則以喪豊居之. ■[10]
帛書甲: 殺人衆, 以悲依立之; 戰勝, 以喪禮處之.
帛書乙: 殺□□, □□□立之; □朕而以喪禮處之.
北大簡: 殺人衆, 則以悲哀立之, 戰勝, 以喪禮居之.
河上公: 殺人之衆, 以悲哀泣之, 戰勝以喪禮處之.
王弼本: 殺人之衆, 以哀悲泣之, 戰勝以喪禮處之.
敦煌本: 煞人衆多, 以悲哀泣之, 戰勝以喪禮䒾之.

三十二章

郭店甲：道死亡名，僕唯姑，天陞弗敢臣，侯王女能[18]獸之，萬勿酒自宜.[19]
帛書甲：道恒無名，握唯□，□□□□□.□王若能守之，萬物將自賓.
帛書乙：道恒無名，樸唯小，而天下弗敢臣.侯王若能守之，萬物將自賓.
北大簡：道恒無名，樸雖小，天下弗敢臣.侯王若能守之，萬物將自賓.
河上公：道常無名.朴雖小，天下不敢臣.侯王若能守之，萬物將自賓.
王弼本：道常無名.樸雖小，天下莫能臣也.侯王若能守之，萬物將自賓.
敦煌本：道常无名.樸雖小，天下不敢臣.王侯若能守，萬物將自賓.

郭店甲：天陞相合也，以逾甘雾.民莫之命天自均焉.[19]
帛書甲：天地相谷，以俞甘洛.民莫之□□□□焉.
帛書乙：天地相合，以俞甘洛.□□□令，而自均焉.
北大簡：天地相合，以俞甘露，民莫之令而自均安.
河上公：天地相合，以降甘露，民莫之令而自均.
王弼本：天地相合，以降甘露，民莫之令而自均.
敦煌本：天地相合，以降甘露，民莫之令而自均.

郭店甲：訢折又名.名[19]亦既又，夫亦酒智圶，智圶所以不訢.[20]
帛書甲：始制有□，□□□有，夫□□□□，□□所以不□.
帛書乙：始制有名，名亦既有，夫亦將知止，知止所以不殆.
北大簡：始正有名，名亦既有，夫亦將智止，智止所以不殆.
河上公：始制有名，名亦既有，夫亦將知之，知之所以不殆.
王弼本：始制有名，名亦既有，夫亦將知止，知止可以不殆.
敦煌本：始制有名，名亦既有，夫亦將知止，知止不殆.

郭店甲：卑道之才天下也，獸少浴之与江海.■[20]
帛書甲：俾道之在□□□，□□浴之與江海也.
帛書乙：卑□□在天下也，獸小浴之與江海也.
北大簡：避道之在天下，猶小谷之與江海.
河上公：譬道之在天下，猶川谷之與江海.
王弼本：譬道之在天下，猶川谷之於江海.
敦煌本：譬道在天下，猶川谷與江海.

三十三章

郭店簡: 없음
帛書甲: 知人者知也. 自知□□□. □□者有力也. 自勝者□□.
帛書乙: 知人者知也. 自知明也. 朕人者有力也. 自朕者強也.
北大簡: 故智人者智, 自智者明. 勝人者有力, 自勝者強.
河上公: 知人者智, 自知者明. 勝人者有力, 自勝者強.
王弼本: 知人者智, 自知者明. 勝人者有力, 自勝者強.
敦煌本: 知人者智, 自知者明. 勝人有力, 自勝者彊.

郭店簡: 없음
帛書甲: □□□□也. 強行者有志也. 不失其所者久也. 死不忘者壽也.
帛書乙: 知足者富也. 強行者有志也. 不失其所者久也. 死而不忘者壽也.
北大簡: 智足者富, 強行者有志, 不失其所者久, 死而不亡者壽.
河上公: 知足者富, 強行者有志. 不失其所者久, 死而不亡者壽.
王弼本: 知足者富, 強行者有志. 不失其所者久, 死而不亡者壽.
敦煌本: 知足者富, 強行有志. 不失其所者久, 死而不亡者壽.

三十四章

郭店簡: 없음
帛書甲: 道□□, □□□□□, □□遂事而弗名有也.
帛書乙: 道渢呵, 其可左右也, 成功遂□□弗名有也.
北大簡: 道泛旖, 其可左右. 萬物作而生弗辭, 成功而弗名有,
河上公: 大道氾兮, 其可左右. 萬物恃之而生, 而不辭, 功成不名有.
王弼本: 大道氾兮, 其可左右. 萬物恃之而生而不辭, 功成不名有.
敦煌本: 大道氾, 其可左右. 萬物恃以生, 而不辭, 成功不名有.

郭店簡: 없음
帛書甲: 萬物歸焉而弗為主, 則恒无欲也, 可名於小.
帛書乙: 萬物歸焉而弗為主, 則恒无欲也, 可名於小.
北大簡: 愛利萬物而弗為主. 故恒無欲矣, 可名於小;
河上公: 愛養萬物而不為主, 常無欲, 可名於小.

王弼本: 衣養萬物而不為主, 常無欲, 可名於小.
敦煌本: 衣被萬物, 不為主, 可名於小.

郭店簡: 없음
帛書甲: 萬物歸焉□□為主, 可名於大.
帛書乙: 萬物歸焉而弗為主, 可命於大.
北大簡: 萬物歸焉而弗為主, 可名於大.
河上公: 萬物歸焉, 而不為主, 可名為大.
王弼本: 萬物歸焉, 而不為主, 可名為大.
敦煌本: 萬物歸之, 不為主, 可名於大.

郭店簡: 없음
帛書甲: 是□聲人之能成大也, 以其不為大也, 故能成大.
帛書乙: 是以耵人之能成大也, 以其不為大也, 故能成大.
北大簡: 是以聖人能成大, 以其不為大, 故能成大.
河上公: 是以聖人終不為大, 故能成其大.
王弼本: 以其終不自為大, 故能成其大.
敦煌本: 是以聖人終不為大, 故能成其大.

三十五章

郭店丙: 執大象, 天下往. 往而不害, 焉坪大. 樂與餌, 佁客盉. [4]
帛書甲: 執大象, □□往. 往而不害, 安平大. 樂與餌, 過格止.
帛書乙: 執大象, 天下往. 往而不害, 安平大. 樂與□, 過格止.
北大簡: 執大象, 天下往. 往而不害, 安平大. 樂與餌, 過客止.
河上公: 執大象, 天下往. 往而不害, 安平太. 樂與餌, 過客止.
王弼本: 執大象, 天下往. 往而不害, 安平太. 樂與餌, 過客止.
敦煌本: 執大象, 天下往. 往而不害, 安平太. 樂與餌, 過客止.
敦煌本: 執大象, 天下往. 往而不害, 安平泰. 樂與餌, 過客止. (P. 3725)

郭店丙: 古道□□□[4], 淡可丌無味也. [5]
帛書甲: 故道之出言也, 曰談呵其无味也.

帛書乙: 故道之出言也, 曰: 淡呵其无味也.
北大簡: 道之出言曰: 淡旖其無味.
河上公: 道之出口, 淡乎其無味.
王弼本: 道之出口, 淡乎其無味.
敦煌本: 道出言, 惔无味.
敦煌本: 道之出口, 淡乎其無味. (P. 3725)

郭店丙: 視之不足見, 聖之不足䎽, 而不可既也. ■[5]
帛書甲: □□, 不足見也. 聽之, 不足聞也. 用之, 不可既也.
帛書乙: 視之不足見也. 聽之不足聞也. 用之不可既也.
北大簡: 視之不足見, 聽之不足聞, 用之不可既也.
河上公: 視之不足見, 聽之不足聞, 用之不可既.
王弼本: 視之不足見, 聽之不足聞, 用之不足既.
敦煌本: 視不足見, 聽不足聞, 用不可既.
敦煌本: 視之不足見, 聽之不足聞, 用之不可既. (P. 3725)

三十六章

郭店簡: 없음
帛書甲: 將欲拾之, 必古張之. 將欲弱之, □□強之.
帛書乙: 將欲擒之, 必古張之. 將欲弱之, 必古强之.
北大簡: 將欲歙之, 必古張之. 將欲弱之, 必古強之.
河上公: 將欲噏之, 必固張之. 將使弱之, 必固強之.
王弼本: 將欲歙之, 必固張之. 將欲弱之, 必固強之.
敦煌本: 將欲翕之, 必固張之. 將欲弱之, 必固彊之.
敦煌本: 將欲歙之, 必固張之. 將欲弱之, 必固強之. (P. 3725)

郭店簡: 없음
帛書甲: 將欲去之, 必古與之. 將欲奪之, 必古予之.
帛書乙: 將欲去之, 必古與之. 將欲奪之, 必古予□.
北大簡: 將欲廢之, 必古舉之. 將欲奪之, 必古予之.
河上公: 將欲廢之, 必固興之. 將欲奪之, 必固與之.

王弼本：將欲廢之，必固興之．將欲奪之，必固與之．
敦煌本：將欲廢之，必固興之．將欲奪之，必固與之．
敦煌本：將欲廢之，必固興之．將欲奪之，必固與之．（P. 3725）

郭店簡：없음
帛書甲：是胃微明．柔弱勝强，魚不□脫於瀟，邦利器不可以視人．
帛書乙：是胃微明．柔弱朕强．魚不可說於淵，國利器不可以示人．
北大簡：是胃微明．柔弱勝强．魚不可說於淵，國之利器不可以視人．
河上公：是謂微明．柔弱勝剛强．魚不可脫於淵，國之利器不可以示人．
王弼本：是謂微明．柔弱勝剛强．魚不可脫於淵，國之利器不可以示人．
敦煌本：是謂微明．柔弱勝剛彊．魚不可脫於淵，國有利器不可以視人．
敦煌本：是謂微明．柔弱勝剛强．魚不可脫於淵，國有利器不可以示人．
(P. 3725)

三十七章

郭店甲：衍巠亡爲也，侯王能守之，而萬勿牁自愳．[13]
帛書甲：道恒无名，侯王若守之，萬物將自愳．
帛書乙：道恒无名，侯王若能守之，萬物將自化．
北大簡：道恒無爲，侯王若能守之，萬物將自化．
河上公：道常無爲，而無不爲．侯王若能守，萬物將自化．
王弼本：道常無爲，而無不爲．侯王若能守之，萬物將自化．
敦煌本：道常无爲，而无不爲．王侯若能守，萬物將自化．
敦煌本：道常無為，而無不為．侯王若能守，萬物將自化．（P. 3725）

郭店甲：愳而雒乇，牁貞之以亡名之樸．[13]
帛書甲：愳而欲□，□□□□□□名之樧．
帛書乙：化而欲作，吾將闐之以无名之樸．
北大簡：化而欲作，吾將寞之以無名之樸．
河上公：化而欲作，吾將鎭之以無名之朴．
王弼本：化而欲作，吾將鎭之以無名之樸．
敦煌本：化如欲作，吾將鎭之以无名之樸．

敦煌本: 化如欲作, 吾將鎮之以無名之樸.

郭店甲: 夫[13]亦牾智=足以束, 萬勿牾自定. [14]
帛書甲: □□□无名之樸, 夫將不辱. 不辱以情, 天地將自正.
帛書乙: 闐之以无名之樸, 夫將不辱. 不辱以靜, 天地將自正. (道 2426)
北大簡: 無名之樸, 夫亦將不辱. 不辱以靜, 天地將自正.
河上公: 無名之朴, 亦將不欲. 不欲以靜, 天下將自定.
王弼本: 無名之樸, 夫亦將無欲. 不欲以靜, 天下將自定.
敦煌本: 无名之樸, 亦將不欲. 无欲以靜, 天地自正.『老子道經上』
敦煌本: 無名之樸, 亦將不欲. 不欲以靜, 天下將自正. (P. 3725)

下篇

三十八章

郭店簡: 없음
帛書甲: □□□□, □□□□. □□□□□, □□德.
帛書乙: 上德不德, 是以有德. 下德不失德, 是以无德.
北大簡: 上德不德, 是以有德. 下德不失德, 是以無德.
河上公: 上德不德, 是以有德. 下德不失德, 是以无德.
王弼本: 上德不德, 是以有德. 下德不失德, 是以無德.
敦煌本: 上德不德, 是以有德. 下德不失德, 是以無德.

郭店簡: 없음
帛書甲: 上德无□□无以為也.
帛書乙: 上德无為而无以為也.
北大簡: 上德無為而無以為, 下德[為]之而無以為.
河上公: 上德无為, 而无以為. 下德為之, 而有以為.
王弼本: 上德無為而無以為. 下德為之而有以為.
敦煌本: 上德無為, 而無以為. 下德為之, 而有以為.

郭店簡: 없음
帛書甲: 上仁為之□□以為也. 上義為之而有以為也.

帛書乙: 上仁為之而无以為也. 上德為之而有以為也.
北大簡: 上仁為之而無以為. 上義為之而有以為.
河上公: 上仁為之, 而无以為. 上義為之, 而有以為.
王弼本: 上仁為之而無以為. 上義為之而有以為.
敦煌本: 上仁為之, 而無以為. 上義為之, 而有以為.

郭店簡: 없음
帛書甲: 上禮□□□□□□, □攘臂而乃之.
帛書乙: 上禮為之而莫之應也, 則攘臂而乃之.
北大簡: 上禮為之而莫之應, 則攘臂而乃之.
河上公: 上禮為之, 而莫之應, 則攘臂而仍之.
王弼本: 上禮為之而莫之應, 則攘臂而扔之.
敦煌本: 上禮為之, 而莫之應, 則攘臂而仍之.

郭店簡: 없음
帛書甲: 故失道而后德, 失德而后仁, 失仁而后義, □□□□.
帛書乙: 故失道而后德, 失德而句仁, 失仁而句義, 失義而句禮.
北大簡: 故失道而後德, 失德而後仁, 失仁而後義, 失義而後禮.
河上公: 故失道而後德, 失德而後仁, 失仁而後義, 失義而後禮.
王弼本: 故失道而後德, 失德而後仁, 失仁而後義, 失義而後禮.
敦煌本: 故失道而後德, 失德而後仁, 失仁而後義, 失義而後禮.

郭店簡: 없음
帛書甲: □□, □□□□□, 而亂之首也. □□□, 道之華也, 而愚之首也.
帛書乙: 夫禮者, 忠信之泊也, 而亂之首也. □□□, 道之華也, 而愚之首也.
北大簡: 夫禮, 忠信之淺而亂之首也. 前識者, 道之華而愚之首也.
河上公: 夫禮者, 忠信之薄, 而亂之首. 前識者, 道之華, 而愚之始.
王弼本: 夫禮者, 忠信之薄, 而亂之首. 前識者, 道之華, 而愚之始.
敦煌本: 夫禮者, 忠信之薄, 而亂之首. 前識者, 道之華, 而愚之始.

郭店簡: 없음
帛書甲: 是以大丈夫居其厚而不居其泊; 居其實不居其華. 故去皮取此.

帛書乙: 是以大丈夫居□□□居其泊, 居其實而不居其華. 故去罷而取此.
北大簡: 是以大丈夫居其厚, 不居其薄. 居其實, 不居其華. 故去被取此.
河上公: 是以大丈夫處其厚, 不居其薄. 居其實, 不居其華. 故去彼取此.
王弼本: 是以大丈夫處其厚不居其薄. 處其實不居其華. 故去彼取此.
敦煌本: 是以大丈夫雾其厚, 不雾其薄. 處其實, 不居其華. 故去彼取此.

三十九章

郭店簡: 없음
帛書甲: 昔之得一者, 天得一以清, 地得□以寧, 神得一以霝, 浴得一以盈,
帛書乙: 昔得一者, 天得一以清, 地得一以寧, 神得一以霝, 浴得一盈,
北大簡: 昔得一者, 天得一以精, 地得一以寧, 神得一以靈, 谷得一以盈,
河上公: 昔之得一者. 天得一以清. 地得一以寧. 神得一以靈. 谷得一以盈.
王弼本: 昔之得一者. 天得一以清. 地得一以寧. 神得一以靈. 谷得一以盈.
敦煌本: 昔之得一者. 天得一以清. 地得一以寧. 神得一以靈. 谷得一以盈.

郭店簡: 없음
帛書甲: 侯□□□而以為□□正. 其致之也,
帛書乙: 侯王得一以為天下正. 其至也,
北大簡: 侯王得一以為正. 其致之也,
河上公: 萬物得一以生. 侯王得一以天下為正. 其致之.
王弼本: 萬物得一以生. 侯王得一以為天下貞. 其致之.
敦煌本: 萬物得一以生. 侯王得一以為天下正. 其致之.

郭店簡: 없음
帛書甲: 胃天毋已清將恐□, 地毋□□將恐□, 胃神毋已霝□恐歇,
帛書乙: 胃天毋已清將恐蓮, 地毋已寧將恐發, 神毋□□□恐歇,
北大簡: 天毋已精將恐死〈列〉, 地毋已寧將恐發. 神毋已靈將恐歇,
河上公: 天無以清將恐裂. 地無以寧將恐發. 神無以靈將恐歇.
王弼本: 天無以清將恐裂. 地無以寧將恐發. 神無以靈將恐歇.
敦煌本: 天无以清將恐裂. 地无以寧將恐發. 神无以靈將恐歇.

郭店簡：없음
帛書甲：胃浴毋已盈將恐渴，胃侯王毋已貴□□□□□.
帛書乙：谷毋已□將渴，侯王毋已貴以高將恐欮.
北大簡：谷毋已盈將恐渴，侯王毋已貴以高將恐厥.
河上公：谷無以盈將恐竭. 萬物無以生將恐滅. 侯王無以貴高將恐蹷.
王弼本：谷無以盈將恐竭. 萬物無以生將恐滅. 侯王無以貴高將恐蹶.
敦煌本：谷无以盈將恐竭. 萬物无以生將恐滅. 侯王无以貴將恐蹷.

郭店簡：없음
帛書甲：故必貴而以賤為本，必高矣而以下為基. 夫是以侯王自胃□寡不橐.
帛書乙：故必貴以賤為本，必高矣而以下為基. 夫是以侯王自胃孤寡不橐,
北大簡：是故必貴以賤為本，必高以下為基. 是以侯王自謂孤寡不穀,
河上公：故貴以賤為本，高必以下為基. 是以侯王自謂孤、寡、不穀.
王弼本：故貴以賤為本，高以下為基. 是以侯王自謂孤、寡、不穀.
敦煌本：故貴以賤為本，高必以下為基. 是以王侯自謂孤、寡、不穀.

郭店簡：없음
帛書甲：此其□□□，□□？故致數與无與.
帛書乙：此其賤之本與，非也？故至數輿无與.
北大簡：此其賤之本邪？非也？故致數輿無輿.
河上公：此非以賤為本耶？非乎. 故致數車無輿.
王弼本：此非以賤為本邪？非乎. 故致數輿無輿.
敦煌本：此其以賤為本耶？非. 故致數與无譽.

郭店簡：없음
帛書甲：是故不欲□□若玉，硌□□□.
帛書乙：是故不欲祿祿若玉，硌硌若石.
北大簡：不欲祿祿如玉，[珞珞如石].
河上公：不欲琭琭如玉，落落如石.
王弼本：不欲琭琭如玉，珞珞如石.
敦煌本：不欲祿祿如玉，落落如石.

四十章

郭店甲: 返也者, 道僮也. 溺也者, 道之甬也. 天下之勿生於又, 生於亡. [37]
帛書甲: □□□, 道之動也; 弱也者, 道之用也. 天□□□□□, □□□□.
帛書乙: 反也者, 道之動也. □□者, 道之用也. 天下之物生於有, 有□於无.
北大簡: 反者道之動也. 弱者道之用也. 天下之物生於有, 有生於無.
河上公: 反者道之動. 弱者道之用. 天下萬物生於有, 有生於無.
王弼本: 反者道之動. 弱者道之用. 天下萬物生於有, 有生於無.
敦煌本: 反者道之動. 弱者道之用. 天地之物生於有, 有生於无.

四十一章

郭店乙: 上士昏道, 堇能行於丌中. 中士昏道, 若昏若亡. 下士昏道, 大关之. [9]
帛書甲: □□□□, □□□□. □□□□, □□□□. □□□□, □□□.
帛書乙: 上□□道, 堇能行之. 中士聞道, 若存若亡. 下士聞道, 大笑之.
北大簡: 上士聞道, 堇能行. 中士聞道, 若存若亡. 下士聞道, 大关之.
河上公: 上士聞道, 勤而行之. 中士聞道, 若存若亡. 下士聞道, 大笑之.
王弼本: 上士聞道, 勤而行之. 中士聞道, 若存若亡. 下士聞道, 大笑之.
敦煌本: 上士聞道, 懃能行. 中士聞道, 若存若亡. 下士聞道, 大笑之.

郭店乙: 弗大[9]关不足以爲道矣. 是以建言又之: 明道女孛, 迲道□□, [10]
帛書甲: □□□□□□. □□□□□: □□□, □□□□,
帛書乙: 弗笑□□以為道. 是以建言有之曰: 明道如費, 進道如退,
北大簡: 弗关, 不足以為道. 是以建言有之曰: 明道如沫, 進道如退,
河上公: 不笑不足以為道. 故建言有之: 明道若昧, 進道若退,
王弼本: 不笑不足以為道. 故建言有之. 明道若昧. 進道若退.
敦煌本: 不笑不足以為道. 是以建言有之: 明道若昧, 進道若退,

郭店乙: □道若退. 上悳女浴, 大白女辱, 呈悳女不足, 建悳女□, [11]
帛書甲: □□□□. □□□□. □□□□, □□□□, □□□.
帛書乙: 夷道如類, 上德如浴, 大白如辱, 廣德如不足, 建德如□,
北大簡: 夷道如類, 上德如谷, 大白如辱, 廣德如不足, 建德若榆,
河上公: 夷道若類, 上德若谷, 大白若辱, 廣德若不足, 建德若偷,

王弼本: 夷道若纇. 上德若谷. 大白若辱. 廣德若不足. 建德若偷.
敦煌本: 夷道若類, 上德若浴, 大白若辱, 廣德若不足, 建德若偷,

郭店乙: □貞女愉. 大方亡禺, [11] 大器曼城, 大音祗聖, 天象亡茎, [12]
帛書甲: □□□□, □□□□, □□□□, □□□□, □□□□,
帛書乙: 質□□□, 大方无禺, 大器免成, 大音希聲, 天<大>象无刑,
北大簡: 桎真如輸, 大方無隅, 大器勉成, 大音希聲, 天象無形,
河上公: 質真若渝, 大方無隅, 大器晚成, 大音希聲, 大象無形,
王弼本: 質真若渝. 大方無隅. 大器晚成. 大音希聲. 大象無形.
敦煌本: 質真若渝, 大方无隅, 大器晚成, 大音希聲, 大象无形,

郭店乙: 道……[12]
帛書甲: □□□□. □□□, □□□□□.
帛書乙: 道褒无名. 夫唯道, 善始且善成.
北大簡: 道殷无名. 夫唯道, 善貸且成.
河上公: 道隱無名. 夫唯道, 善貸且成.
王弼本: 道隱無名. 夫唯道, 善貸且成.
敦煌本: 道隱无名. 夫唯道, 善俱且成.

四十二章

郭店簡: 없음
帛書甲: □□□, □□□, □□□, □□□□. □□□□□□□□, 中氣以為和.
帛書乙: 道生一, 一生二, 二生三, 三生□□. □□□□□□, □□以為和.
北大簡: 道生一, 一生二, 二生三, 三生萬物. 萬物負陰抱陽, 中氣以為和.
河上公: 道生一, 一生二, 二生三, 三生萬物. 萬物負陰而抱陽, 沖氣以為和.
王弼本: 道生一. 一生二. 二生三. 三生萬物. 萬物負陰而抱陽, 沖氣以為和.
敦煌本: 道生一, 一生二, 二生三, 三生萬物. 萬物負陰而抱陽, 沖氣以為和.

郭店簡: 없음
帛書甲: 天下之所惡, 唯孤寡不榖, 而王公以自名也. 勿或散之□□, □之而敢.
帛書乙: 人之所亞, 唯□寡不榖, 而王公以自□□. □□□□□云, 云之而益.

北大簡: 人之所惡, 唯孤寡不穀, 而王公以自命也, 是故物或損而益, 或益而損.
河上公: 人之所惡, 唯孤寡不穀, 而王公以為稱, 故物或損之而益, 或益之而損.
王弼本: 人之所惡, 唯孤寡不穀, 而王公以為稱, 故物或損之而益, 或益之而損.
敦煌本: 人之所惡, 唯孤寡不穀, 而王公以自名, 故物或損之而益, 益之而損.

郭店簡: 없음
帛書甲: 故人□□教, 夕議而教人. 故强良者不得死, 我□以為學父.
帛書乙: □□□□, □□□□□. □□□□□□□□, □將以□□父.
北大簡: 人之所教, 亦我而教人. 故強梁者不得死, 吾將以為學父.
河上公: 人之所教, 我亦教之, 強梁者, 不得其死. 吾將以為教父.
王弼本: 人之所教, 我亦教之, 強梁者, 不得其死. 吾將以為教父.
敦煌本: 人之所教, 亦我義教之, 彊梁者, 不得其死. 吾將以為學父.

四十三章

郭店簡: 없음
帛書甲: 天下之至柔, □騁於天下之致堅. 无有入於无間.
帛書乙: 天下之至□, 馳騁乎天下□□□. □□□□无間.
北大簡: 天下之至柔, 馳騁天下之至堅. 無有入無閒,
河上公: 天下之至柔, 馳騁天下之至堅. 無有入無間,
王弼本: 天下之至柔, 馳騁天下之至堅. 無有入無間,
敦煌本: 天下之至柔, 馳騁天下之至堅. 无有入无間,

郭店簡: 없음
帛書甲: 五是以知无為□□益也. 不□□教, 无為之益, □下希能及之矣.
帛書乙: 吾是以□□□□□□也. 不□□□, □□□□, □□□□□□矣.
北大簡: 吾是以智無為之有益也. 不言之教, 無為之益, 天下希及之矣.
河上公: 吾是以知無為之有益. 不言之教, 無為之益, 天下希及之.
王弼本: 吾是以知無為之有益. 不言之教, 無為之益, 天下希及之.
敦煌本: 是以知无為有益. 不言之教, 无為之益, 天下希及之.

四十四章

郭店甲：名與身竈新？身與貨[35]竈多？貞與貟竈疠？[36]
帛書甲：名與身孰亲？身與貨孰多？得與亡孰病？
帛書乙：名與□□□？□□□□□？□□□□□？
北大簡：身與名孰親？身與貨孰多？得與亡孰病？
河上公：名與身孰親．身與貨孰多．得與亡孰病．
王弼本：名與身孰親．身與貨孰多．得與亡孰病．
敦煌本：名與身孰親．身與貨孰多．得與亡孰病．

郭店甲：甚惌必大賡，厚賡必多貞．古智足不辱，智止不怠，可[36]以長舊．[37]
帛書甲：甚□□□，□□□□亡．故知足不辱，知止不殆，可以長久．
帛書乙：□□□□□，□□□□□．□□□□□，□□□□，□□□□．
北大簡：是故甚愛必大費，多臧必厚亡．故智足不辱．智止不殆．可以長久．
河上公：甚愛必大費．多藏必厚亡．知足不辱．知止不殆．可以長久．
王弼本：是故甚愛必大費．多藏必厚亡．知足不辱．知止不殆．可以長久．
敦煌本：是故甚愛必大費．多藏必厚亡．故知足不辱．知止不殆．可以長久．

四十五章

郭店乙：大城若[13]夬，丌甬不幣．大涅若中，丌甬不穿．[14]
帛書甲：大成若缺，其用不幣．大盈若浧，其用不窮．
帛書乙：□□□□，□□□□．□盈如沖，其□□□．
北大簡：大成如缺，其用不敝．大盈如沖，其用不窮．
河上公：大成若缺，其用不弊．大盈若沖，其用不窮．
王弼本：大成若缺，其用不弊．大盈若沖，其用不窮．
敦煌本：大成若缺，其用不弊．大滿若沖，其用不窮．

郭店乙：大攷若仳，大成若詘，大植[14]若屈．杲勅蒼，青勅然，清=爲天下定．[15]
帛書甲：大直如詘，大巧如拙，大贏如朒．趮勝寒，靚勝炅．請靚可以爲天下正．
帛書乙：□□□□，□巧如拙，□□□絀．趮朕寒，□□□，□□□□□□□．
北大簡：大直如詘．大巧如拙．大盛如絀．趮勝寒．靜勝熱．清靜為天下政
河上公：大直若屈．大巧若拙．大辯若訥．躁勝寒．靜勝熱．清靜為天下正．
王弼本：大直若屈．大巧若拙．大辯若訥．躁勝寒．靜勝熱．清靜為天下正．

敦煌本: 大直若屈. 大巧若拙. 大辯若訥. 躁勝寒, 靜勝熱. 清靜為天下政.

四十六章

郭店簡: 없음
帛書甲: 天下有□, □走馬以糞. 天下无道, 戎馬生於郊.
帛書乙: □□□道, 卻走馬□糞. 无道, 戎馬生於郊.
北大簡: 天下有道, 卻走馬以糞. 天下無道, 戎馬產於鄗.
河上公: 天下有道, 卻走馬以糞. 天下無道, 戎馬生於郊.
王弼本: 天下有道, 卻走馬以糞. 天下無道, 戎馬生於郊.
敦煌本: 天下有道, 卻走馬以糞. 天下无道, 戎馬生於郊.

郭店甲: 辠莫厚虎甚欲, 咎莫僉虎谷曼[5], 化莫大虎不智足. 智足之爲足, 此亙足矣. [6]
帛書甲: 罪莫大於可欲, 鴟莫大於不知足, 咎莫憯於欲得. □□□□, 恒足矣.
帛書乙: 罪莫大可欲, 禍□□□□□, 咎莫憯於欲得. □□□□□, □足矣.
北大簡: 故罪莫大於可欲, 禍莫大於不智足. 咎莫䜭於欲得. 故智足之足, 恒足矣.
河上公: 罪莫大於可欲. 禍莫大於不知足. 咎莫大於欲得. 故知足之足, 常足.
王弼本: 禍莫大於不知足. 咎莫大於欲得. 故知足之足常足矣.
敦煌本: 罪莫大於可欲. 禍莫大於不知足. 咎莫大甚於欲得. 知足之足, 常足.

四十七章

郭店簡: 없음
帛書甲: 不出於戶, 以知天下. 不規於牖, 以知天道.
帛書乙: 不出於戶, 以知天下. 不覡於□, □知天道.
北大簡: 不出於戶, 以智天下. 不規於牖, 以智天道.
河上公: 不出戶, 知天下. 不窺牖, 見天道.
王弼本: 不出戶, 知天下. 不闚牖, 見天道.
敦煌本: 不出戶, 知天下. 不闚牖, 知天道.

郭店簡: 없음
帛書甲: 其出也彌遠, 其□□□. □□□□□□□□, □□□□, □為而□.
帛書乙: 其出籫遠者, 其知籫□. □□□□□□□□, □□而名, 弗為而成.

北大簡：其出彌遠，其智彌少．是以聖人弗行而智，弗見而命，弗為而成．
河上公：其出彌遠，其知彌少．是以聖人不行而知，不見而名，無為而成．
王弼本：其出彌遠，其知彌少．是以聖人不行而知，不見而明，不為而成．
敦煌本：其出弥遠，其知弥少．是以聖人不行而知，不見而名，不為而成．

四十八章

郭店乙：學者日益，爲道者日員．員之或員，以至亡爲[3]也，亡爲而亡不爲．[4]
帛書甲：□□□□□，□□□□．□□□□，□□□□，□□□□□□．
帛書乙：為學者日益，聞道者日云，云之有云，以至於无□，□□□□□□．
北大簡：為學者日益，為道者日損．[損]之有損之，至於無[為．無為而無不為．]
河上公：為學日益．為道日損．損之又損，以至於無為．無為而無不為．
王弼本：為學日益．為道日損．損之又損，以至於無為．無為而無不為．
敦煌本：為學日益．為道日損．損之又損之，以至於无為．无為无為无不為．

郭店簡：없음
帛書甲：□□取天下也，恒□□；□□□□□，□□□□□□□．
帛書乙：取天下，恒无事，及其有事也，□足以取天□．
北大簡：[取天下者恒以]無事，及其有事，有不足以取天下．
河上公：取天下常以無事，及其有事，不足以取天下．
王弼本：取天下常以無事，及其有事，不足以取天下．
敦煌本：取天下常以无事，及其有事，不足以取天下．

四十九章

郭店簡：없음
帛書甲：□□□□□，以百□之心為□．善者善之，不善者亦善□，□□□．
帛書乙：□人恒无心，以百省之心為心．善□□□，□□□□□□，□善也．
北大簡：聖人恒無心，以百生之心為心．善者虖亦善之，不善者虖吾亦善之，直善也．
河上公：聖人無常心，以百姓心為心．善者吾善之，不善者吾亦善之，德善．
王弼本：聖人無常心，以百姓心為心．善者吾善之，不善者吾亦善之，德善．
敦煌本：聖人无心，以百姓心為心．善者吾善之，不善者吾亦善之，得善．

郭店簡: 없음
帛書甲: □□□□, □□□□□□, □信也.
帛書乙: 信者信之, 不信者亦信之, 德信也.
北大簡: 信者虖信之, 不信者虖亦信之, 直信也.
河上公: 信者吾信之, 不信者吾亦信之, 德信.
王弼本: 信者吾信之, 不信者吾亦信之, 德信.
敦煌本: 信者吾信之, 不信者吾亦信之, 得信.

郭店簡: 없음
帛書甲: □□之在天下, 愴愴焉, 為天下渾心,
帛書乙: 耵人之在天下也, 欱欱焉, □□□□□,
北大簡: 聖人之在天下也, 㦣㦣然, 為天下渾[心].
河上公: 聖人在天下怵怵, 為天下渾其心.
王弼本: 聖人在天下歙歙焉, 為天下渾其心.
敦煌本: 聖人在天下惵惵, 為天下混心.

郭店簡: 없음
帛書甲: 百姓皆屬耳目焉, 聖人□□□.
帛書乙: □□皆注其□□□, □□□□□.
北大簡: 而百姓皆屬其耳目焉, 聖人皆咳之.
河上公: 百姓皆注其耳目, 聖人皆孩之.
王弼本: 聖人皆孩之.
敦煌本: 而百姓皆注其耳目, 聖人皆恢之.

五十章

郭店簡: 없음
帛書甲: □生□□. □□□□有□, □□徒十有三,
帛書乙: □生入死. 生之□□□□, □之徒十又三,
北大簡: 出生入死. 生之徒十有三, 死之徒十有三,
河上公: 出生入死. 生之徒, 十有三. 死之徒, 十有三.
王弼本: 出生入死. 生之徒, 十有三. 死之徒, 十有三.

敦煌本：出生入死. 生之徒，什有三. 死之徒，什有三.

郭店簡：없음
帛書甲：而民生生，動皆之死地之十有三. 夫何故也？以其生生也.
帛書乙：而民生生，僮皆之死地之十有三. □何故也？以其生生.
北大簡：而民姓生焉，動皆之死地之十有三？夫何故也？以其姓生也.
河上公：人之生，動之死地，十有三. 夫何故？以其生生之厚.
王弼本：人之生，動之死地，亦十有三. 夫何故？以其生生之厚.
敦煌本：人之生，動之死地，什有三. 夫何故？以其生生之厚.

郭店簡：없음
帛書甲：蓋□□執生者，陵行不□矢虎，入軍不被甲兵.
帛書乙：蓋聞善執生者，陵行不辟㺑虎，入軍不被兵革.
北大簡：蓋聞善聶生者，陵行不避㺑虎，入軍不被兵革.
河上公：蓋聞善攝生者，陸行不遇兕虎，入軍不避甲兵.
王弼本：蓋聞善攝生者，陸行不遇兕虎，入軍不被甲兵.
敦煌本：盖聞善攝生者，陸行不遇兕虎，入軍不被甲兵.

郭店簡：없음
帛書甲：矢无所㨽其角，虎无所昔其蚤，兵无所容□□，□何故也？以其无死地焉.
帛書乙：㺑无□□□，□□□其蚤，兵□□□□□，□□□也？以其无□□□.
北大簡：虎無所錯其蚤，㺑無所㨽其角，兵無所容其刃. 夫何故也？以其無死地焉.
河上公：兕無投其角. 虎無所措其爪. 兵無所容其刃. 夫何故？以其無死地.
王弼本：兕無所投其角. 虎無所措其爪. 兵無所容其刃. 夫何故？以其無死地.
敦煌本：兕无所駐其角. 虎无所錯其爪. 兵无所容其刃. 夫何故？以其無死地.

五十一章

郭店簡：없음
帛書甲：道生之而德畜之，物刑之而器成之. 是以萬物尊道而貴□.
帛書乙：道生之，德畜之，物刑之而器成之. 是以萬物尊道而貴德.
北大簡：道生之，德畜之，物刑之，熱成之. 是以萬物奠道而貴德.

河上公: 道生之, 德畜之. 物形之, 勢成之. 是以萬物莫不尊道而貴德.
王弼本: 道生之, 德畜之, 物形之, 勢成之. 是以萬物莫不尊道而貴德.
敦煌本: 道生之, 德畜之. 物形之, 勢成之. 是以萬物尊道貴德.

郭店簡: 없음
帛書甲: □之尊, 德之貴也, 夫莫之爵, 而恒自然也. 道生之畜之, 長之遂之,
帛書乙: 道之尊也, 德之貴也, 夫莫之爵也, 而恒自然也. 道生之畜之, □□□之,
北大簡: 道之尊, 德之貴, 夫莫之爵而恒自然. 故道生之畜之, 長之逐之,
河上公: 道之尊, 德之貴, 夫莫之命而常自然. 故道生之, 德畜之. 長之育之.
王弼本: 道之尊, 德之貴, 夫莫之命而常自然. 故道生之, 德畜之. 長之育之.
敦煌本: 道尊, 德貴, 夫莫之爵而常自然. 故道生之, 畜之. 長之育之.

郭店簡: 없음
帛書甲: 亭□□□□□□. □□弗有也, 為而弗寺也, 長而弗宰也, 此之謂玄德.
帛書乙: 亭之, 毒之, 養之, 復之. □□□□, □□□□, □□弗宰, 是胃玄德.
北大簡: 亭之孰之. 養之復之. 故生而弗有, 為而弗持, 長而弗宰. 是謂玄德.
河上公: 成之孰之. 養之覆之. 生而不有, 為而不恃, 長而不宰. 是謂玄德.
王弼本: 亭之毒之. 養之覆之. 生而不有, 為而不恃, 長而不宰. 是謂元德.
敦煌本: 成之孰之. 養之覆之. 生而不有, 為而不恃, 長而不宰. 是謂玄德.

五十二章

郭店簡: 없음
帛書甲: 天下有始, 以為天下母.
帛書乙: 天下有始, 以為天下母.
北大簡: 天下有始, 可以為天下母.
河上公: 天下有始, 以為天下母.
王弼本: 天下有始, 以為天下母.
敦煌本: 天下有始, 以為天下母.

郭店簡: 없음
帛書甲: 既得其母, 以知其□, 復守其母, 沒身不殆.

帛書乙: 既得其母, 以知其子, 既知其子, 復守其母, 沒身不佁.
北大簡: 既得其母, 以智其子; 既智其子, 復守其母, 歿身不殆.
河上公: 既知其母, 復知其子. 既知其子, 復守其母, 沒身不殆.
王弼本: 既得其母, 以知其子. 既知其子, 復守其母, 沒身不殆.
敦煌本: 既得其母, 以知其子. 既知其子, 復守其母, 沒身不殆.

郭店乙: 閟亓門, 賽亓兌, 冬身不矛. 啓亓兌, 賽亓事, 冬身不朿. [13]
帛書甲: 塞其㙤, 閉其門, 終身不堇. 啟其㙤, 濟其事, 終身□□.
帛書乙: 塞其坑, 閉其門, 冬身不堇. 啟其坑, 齊其□, □□不棘.
北大簡: 塞其脫, 閉其門, 終身不僅. 啟其脫, 齊其事, 終身不來.
河上公: 塞其兌, 閉其門, 終身不勤. 開其兌, 濟其事, 終身不救.
王弼本: 塞其兌, 閉其門, 終身不勤. 開其兌, 濟其事, 終身不救.
敦煌本: 塞其兌, 閉其門, 終身不懃. 開其兌, 濟其事, 終身不救.

郭店簡: 없음
帛書甲: □小曰□, 守柔曰強. 用其光, 復歸其明, 毋道身央, 是胃襲常.
帛書乙: 見小曰明, 守□□強. 用□□, □□□□. □遺身央, 是胃□常.
北大簡: 見小曰明, 守柔曰強. 用其光, 復歸其明, 毋遺身殃. 是謂襲常.
河上公: 見小曰明, 守柔曰強. 用其光, 復歸其明, 無遺身殃. 是謂習常.
王弼本: 見其小曰明, 守柔曰強. 用其光, 復歸其明, 無遺身殃. 是為習常.
敦煌本: 見小曰曰明, 用柔曰彊. 用其光, 湲歸其明, 无遺身殃. 是謂襲常.

五十三章

郭店簡: 없음
帛書甲: 使我潔有知, □□大道, 唯□□□. □□甚夷, 民甚好解.
帛書乙: 使我介有知, 行於大道, 唯他是畏. 大道甚夷, 民甚好懈.
北大簡: 使我介有智, 行於大道, 唯蛇是畏. 大道甚夷, 而民好街.
河上公: 使我介然有知, 行於大道, 唯施是畏. 大道甚夷, 而民好徑.
王弼本: 使我介然有知, 行於大道, 唯施是畏. 大道甚夷, 而民好徑.
敦煌本: 使我介然有知, 行於大道, 唯施甚畏. 大道甚夷, 民甚好徑.

郭店簡: 없음
帛書甲: 朝甚除, 田甚芜, 倉甚虛. 服文采, 帶利☐. ☐食, ☐☐☐☐.
帛書乙: 朝甚除, 田甚芜, 倉甚虛; 服文采, 帶利劍, 猒食而齎財☐☐,
北大簡: 朝甚除, 田甚蕪, 倉甚虛. 服文綵, 帶利劍, 厭食, 資貨有餘.
河上公: 朝甚除, 田甚蕪, 倉甚虛. 服文綵, 帶利劍, 厭飲食, 財貨有餘.
王弼本: 朝甚除, 田甚蕪, 倉甚虛. 服文綵, 帶利劍, 厭飲食, 財貨有餘.
敦煌本: 朝甚除, 田甚苗, 倉甚虛. 服文綵, 帶利劍, 厭飲食, 資貨有餘.

郭店簡: 없음
帛書甲: ☐☐☐☐. ☐☐☐☐.
帛書乙: ☐☐☐☐. 非☐☐☐.
北大簡: 是謂盜竽. 非道也.
河上公: 是謂盜夸. 非道哉.
王弼本: 是謂盜夸. 非道也哉.
敦煌本: 是謂盜誇. 盜誇非道.

五十四章

郭店乙: 善建者不拔, 善保者[15]不兑, 子孫以丌祭祀不屯.[16]
帛書甲: 善建☐☐拔, ☐☐☐☐☐, 子孫以祭祀☐☐.
帛書乙: 善建者☐☐, ☐☐☐☐☐, 子孫以祭祀不絕.
北大簡: 善建不拔. 善抱不脫. 子孫祭祀不絕.
河上公: 善建者不拔. 善抱者不脫. 子孫祭祀不輟.
王弼本: 善建者不拔. 善抱者不脫. 子孫以祭祀不輟.
敦煌本: 善建不拔. 善抱不脫. 子孫祭祀不醊.

郭店乙: 攸之身, 丌悳乃貞. 攸之豪, 丌悳又舍. 攸[16]之向, 丌悳乃長.[17]
帛書甲: ☐☐☐, ☐☐☐☐. ☐☐☐, ☐☐☐餘. 脩之☐, ☐☐☐☐.
帛書乙: 脩之身, 其德乃真. 脩之家, 其德有餘. 脩之鄉, 其德乃長.
北大簡: 脩之身, 其德乃真; 脩之家, 其德有餘; 脩之鄉, 其德乃長.
河上公: 修之於身, 其德乃真. 修之於家, 其德乃餘. 修之於鄉, 其德乃長.
王弼本: 修之於身, 其德乃真. 修之於家, 其德乃餘. 修之於鄉, 其德乃長.

敦煌本：脩之身，其德能真. 脩之家，其德能餘. 脩之鄉，其德能長.

郭店乙：攸之邦，丌悳乃奉. 攸之天下□□□. [17]
帛書甲：□□□，□□□□. □□□□，□□□□.
帛書乙：脩之國，其德乃夆. 脩之天下，其德乃博.
北大簡：修之國，其德乃逢. 脩之天下，其德乃薄.
河上公：修之於國，其德乃豐. 修之於天下，其德乃普.
王弼本：修之於國，其德乃豐. 修之於天下，其德乃普.
敦煌本：脩之國，其德能豐. 脩之天下，其德能普.

郭店乙：□□□[17]豪，以向觀向，以邦觀邦，以天下觀天下. [18]
帛書甲：以身□身，以家觀家，以鄉觀鄉，以邦觀邦，以天□□□□.
帛書乙：以身觀身，以家觀□，□□□國，以天下觀天下.
北大簡：以身觀身，以家觀家，以鄉觀鄉，以國觀國，以天下觀天下.
河上公：故以身觀身，以家觀家，以鄉觀鄉，以國觀國，以天下觀天下.
王弼本：故以身觀身，以家觀家，以鄉觀鄉，以國觀國，以天下觀天下.
敦煌本：故以身觀身，以家觀家，以鄉觀鄉，以國觀國，以天下觀天下.

郭店乙：坙可以智天□□□. [18]
帛書甲：□□□□□□？□□.
帛書乙：□□□□天下之然茲？以□.
北大簡：吾何以知天下然哉？以此.
河上公：何以知天下之然哉？以此.
王弼本：吾何以知天下然哉？以此.
敦煌本：吾何以知天下之然？以此.

五十五章

郭店甲：酓悳之乇者，比于赤子. [33]
帛書甲：□□之厚□，比於赤子.
帛書乙：含德之厚者，比於赤子.
北大簡：含德之厚者，比於赤子.

河上公: 含德之厚, 比於赤子.
王弼本: 含德之厚, 比於赤子.
敦煌本: 含德之厚, 比於赤子.

郭店甲: 蝨蠆虫它弗蓳, 攫鳥獸獸弗扣, 骨溺菫秋而捉[33]固. [34]
帛書甲: 逢(蜂)癘(蠆)螟(虺)地(蛇)弗螫, 攫鳥猛獸弗搏. 骨弱筋柔而握固.
帛書乙: 螽(蜂)癘(蠆)虫(虺)蛇弗赫, 據鳥孟獸弗捕, 骨筋弱柔而握固.
北大簡: 蠭(蜂)蠆虺蛇弗赫(螫), 猛獸攫鳥弗搏, 骨弱筋柔而摳固.
河上公: 毒蟲不螫, 猛獸不據, 攫鳥不搏. 骨弱筋柔而握固.
王弼本: 蜂蠆虺蛇不螫, 猛獸不據, 攫鳥不搏. 骨弱筋柔而握固.
敦煌本: 毒虫不螫, 鵰鳥猛狩不猼. 骨弱筋柔而握固.

郭店甲: 未智牝戊之合考惹, 精之至也. 夂日虖而不蔓, 和之至也. [34]
帛書甲: 未知牝牡□□□□, 精□至也. 終日「日」號而不发(嗄), 和之至也.
帛書乙: 未知牝牡之會而朘怒, 精之至也. 冬日號而不嗄, 和□□□.
北大簡: 未智牝牡之合而狡怒, 精之至也. 終日號而不幽, 和之至也.
河上公: 未知牝牡之合而峻作, 精之至也. 終日號而不啞, 和之至也.
王弼本: 未知牝牡之合而全作, 精之至也. 終日號而不嗄, 和之至也.
敦煌本: 未知牝牡之合而酸作, 精之至. 終日號而不嗄, 和之至.

郭店甲: 和曰奡, 智和曰明[34]. 賊生曰羕, 心使燹曰骉. [35]
帛書甲: 和曰常, 知「常」曰明, 益生曰祥, 心使氣曰強.
帛書乙: □□□常, 知常曰明, 益生□祥, 心使氣曰強.
北大簡: 和曰常. 智和曰明. 益生曰詳. 心使氣曰強.
河上公: 知和曰常. 知常曰明. 益生曰祥. 心使氣曰強.
王弼本: 知和曰常. 知常曰明. 益生曰祥. 心使氣曰強.
敦煌本: 知和曰常. 知常曰明. 益生曰詳. 心使氣曰彊.

郭店甲: 勿壯則老, 是胃不道. [35]
帛書甲: □□即老, 胃之不道, 不道□□.
帛書乙: 物□則老, 胃之不道, 不道蚤已.
北大簡: 物壯則老, 謂之不道, 不道蚤已.

河上公：物壯將老. 謂之不道, 不道早已.
王弼本：物壯則老. 謂之不道, 不道早已.
敦煌本：物壯將老. 謂之非道, 非道早已.

五十六章

郭店甲：智之者弗言, 言之者弗智. [27]
帛書甲：□□弗言, 言者弗知.
帛書乙：知者弗言, 言者弗知.
北大簡：智者弗言. 言者弗智.
河上公：知者不言. 言者不知.
王弼本：知者不言. 言者不知.
敦煌本：知者不言. 言者不知.

郭店甲：閔亓㙑, 賽亓門, 和亓光, 迵亓紾, 剉亓𦭾, 解亓紛[27], 是胃玄同. [28]
帛書甲：塞其悶, 閉其□, □其光, 同其塵, 坐其閱, 解其紛, 是胃玄同.
帛書乙：塞其坑, 閉其門, 和其光, 同其塵, 銼其兌而解其紛, 是胃玄同.
北大簡：塞其脫, 閉其門, 和其光, 同其畛, 挫其兌, 解其紛, 是謂玄同.
河上公：塞其兌, 閉其門, 挫其銳, 解其紛, 和其光, 同其塵, 是謂玄同.
王弼本：塞其兌, 閉其門, 挫其銳, 解其分, 和其光, 同其塵, 是謂元同.
敦煌本：塞其兌, 閉其門, 挫其銳, 解其忿, 和其光, 同其塵, 是謂玄同.

郭店甲：古不可旻天〈而〉新, 亦不可旻而疋; 不可旻而利, 亦不可旻而害;[28]
帛書甲：故不可得而親, 亦不可得而疏; 不可得而利, 亦不可得而害;
帛書乙：故不可得而親也, 亦□□□而□; □□□而利, □□□得而害;
北大簡：故不可得而親, 亦不可得而疏. 不可而利, 亦不可得而害;
河上公：故不可得而親. 亦不可得而踈. 不可得而利. 亦不可得而害.
王弼本：故不可得而親. 不可得而疏. 不可得而利. 不可得而害.
敦煌本：故不可得親. 不可得疏. 不可得利. 不可得害.

郭店甲：不可旻而貴, 亦可不可旻而戔. 古爲天下貴. [29]
帛書甲：不可□而貴, 亦不可得而淺. 故為天下貴.

帛書乙: 不可得而貴, 亦不可得而賤. 故為天下貴.
北大簡: 不可得而貴. 亦不可得而賤. 故為天下貴.
河上公: 不可得而貴. 亦不可得而賤. 故為天下貴.
王弼本: 不可得而貴. 不可得而賤. 故為天下貴.
敦煌本: 不可得貴. 不可得賤. 故為天下貴.

五十七章

郭店甲: 以正之邦, 以奇甬兵, 以亡事[29]取天下. 虗可以智丌肰也？[30]
帛書甲: 以正之邦, 以畸用兵, 以无事取天下. 吾何□□□□也哉？
帛書乙: 以正之國, 以畸用兵, 以無事取天下. 吾何以知其然也才？
北大簡: 以正之國, 以倚用兵, 以無事取天下. 吾何以智其然也？
河上公: 以正治國, 以奇用兵, 以無事取天下. 吾何以知其然哉？以此.
王弼本: 以正治國, 以奇用兵, 以無事取天下. 吾何以知其然哉？以此.
敦煌本: 以政之國, 以奇用兵, 以无事取天下. 吾何以知天下之然？以此.

郭店甲: 夫天多忌韋, 而民爾畔. 民多[30]利器, 而邦慈昏. [31]
帛書甲: 夫天下□□□, 而民彌貧. 民多利器, 而邦家茲昏.
帛書乙: 夫天下多忌諱, 而民彌貧. 民多利器, □□□□昏.
北大簡: 夫天多忌諱而民彌貧. 民多利器而固〈國〉家茲昏.
河上公: 天下多忌諱, 而民彌貧. 民多利器, 國家滋昏.
王弼本: 天下多忌諱, 而民彌貧. 民多利器, 國家滋昏.
敦煌本: 天下多忌諱, 而民弥貧. 民多利器, 國家滋昏.

郭店甲: 人多智天〈而〉奇勿慈起. 灋勿慈章, 覜惻多又. 是以聖人之言曰:[31]
帛書甲: 人多知, 而何物茲□. □□□□, □盜賊□□. □□□□□□□:
帛書乙: □□□□, □物茲章, 而盜賊□□. 是以□人之言曰:
北大簡: 人多智而荷物茲起, 灋物茲章而盜賊多有. 故聖人之言云,
河上公: 人多伎巧, 奇物滋起. 法令滋彰, 盜賊多有. 故聖人云,
王弼本: 人多伎巧, 奇物滋起. 法令滋彰, 盜賊多有. 故聖人云,
敦煌本: 人多知巧, 奇物滋起. 法物滋彰, 盜賊多有. 故聖人云,

郭店甲: 我無事而民自禀. [31] 我亡爲而民自䛲. 我好青而民自正. [32]
帛書甲: 我无为也而民自化. 我好靜而民自正. 我无事民□□.
帛書乙: 我无為而民自化, 我好靜而民自正, 我无事民自富,
北大簡: 我無為而民自化, 我無事而民自富, 我好靜而民自正,
河上公: 我無為而民自化. 我好靜而民自正. 我無事而民自富.
王弼本: 我無為而民自化. 我好靜而民自正. 我無事而民自富.
敦煌本: 我无为民自化. 我无事民自富. 我好靜民自政,

郭店甲: 我谷不谷而民自樸. ■[32]
帛書甲: □□□□□□□.
帛書乙: 我欲不欲而民自樸.
北大簡: 我欲不欲而民自樸.
河上公: 我無欲而民自朴.
王弼本: 我無欲而民自樸.
敦煌本: 我无欲民自樸.

五十八章

郭店簡: 없음
帛書甲: □□□□, □□□□. 其正察察, 其邦夬夬.
帛書乙: 其正閩閩, 其民屯屯. 其正察察, 其□□□.
北大簡: 其正昏昏, 其民蕾蕾; 其正計計, 其國夬夬.
河上公: 其政悶悶, 其民醇醇. 其政察察, 其民缺缺.
王弼本: 其政悶悶, 其民淳淳. 其政察察, 其民缺缺.
敦煌本: 其政悶悶, 其民蠢蠢. 其政察察, 其民缺缺.

郭店簡: 없음
帛書甲: 䘚, 福之所倚; 福, 䘚之所伏; □□□□？□□□□？
帛書乙: □, □□□□; □, □□所伏. 孰知其極？□无正也？
北大簡: 福, 禍之所倚; 禍, 福之所伏. 夫孰智其極？其無正.
河上公: 禍兮福之所倚. 福兮禍之所伏. 孰知其極, 其無正.
王弼本: 禍兮福之所倚. 福兮禍之所伏. 孰知其極, 其無正.

敦煌本: 禍福之所倚. 福禍之所伏. 孰知其極, 其无正.

郭店簡: 없음
帛書甲: □□□□, □□□□. □□□□, □□□□□.
帛書乙: 正□□□, 善復為□, □之迷也, 其日固久矣.
北大簡: 正復為倚, 善復為芺. 人之廢, 其日固久矣.
河上公: 正復為奇, 善復為訞. 人之迷, 其日固久.
王弼本: 正復為奇, 善復為妖. 人之迷, 其日固久.
敦煌本: 正復為奇, 善復為訞. 人之迷, 其日固久.

郭店簡: 없음
帛書甲: □□□□□□, □□□□, □□□□, □□□□.
帛書乙: 是以方而不割, 兼而不刺, 直而不紲, 光而不眺.
北大簡: 方而不割, 廉而不刖. 直而不肆, 光而不燿.
河上公: 是以聖人方而不割. 廉而不害. 直而不肆. 光而不曜.
王弼本: 是以聖人方而不割. 廉而不劌. 直而不肆. 光而不燿.
敦煌本: 方而不割. 廉而不穢. 直而不肆. 光而不耀.

五十九章

郭店乙: 紿人事天, 莫若嗇. 夫唯嗇, 是以累, 是以累備是胃□□□. [1]
帛書甲: □□□□□□□. □□□, □□□□. □□□□□□□.
帛書乙: 治人事天莫若嗇. 夫唯嗇, 是以蚤服. 蚤服是胃重積□.
北大簡: 治人事天, 莫如嗇. 夫唯嗇, 是以蚤服. 蚤服是謂重積德,
河上公: 治人事天莫若嗇. 夫唯嗇是謂早服. 早服謂之重積德.
王弼本: 治人事天莫若嗇. 夫唯嗇是謂早服. 早服謂之重積德.
敦煌本: 治人事天莫若式. 夫唯式是以早伏. 早伏謂之重積德.

郭店乙: □□□□[1]□不=克=, 則莫智亓砡, 莫智亓砡, 可以又邨. [2]
帛書甲: □□□□□□□, □□□□□□. □□□□, 可以有國.
帛書乙: 重積□□□□, □□□□莫知其□. 莫知其□, □□有國.
北大簡: 重積德則無不克. 無不克則莫智其極. 莫智其極則可以有國.

河上公: 重積德則無不剋. 無不剋則莫知其極. 莫知其極可以有國.
王弼本: 重積德則無不克. 無不克則莫知其極. 莫知其極可以有國.
敦煌本: 重積德則无不克. 無不克莫知其極. 能知其極可以有國.

郭店乙: 又邦之母, 可以長□. □□□□□, [2]長生舊視之道也. [3]
帛書甲: 有國之母, 可以長久. 是胃深槿根固氐, □□□□道也.
帛書乙: 有國之母, 可□□. 是胃□根固氐, 長生久視之道也.
北大簡: 有國之母可以長久矣. 是謂深根固抵<柢>, 長生久視之道也.
河上公: 有國之母可以長久. 是謂深根固蔕, 長生久視之道.
王弼本: 有國之母可以長久. 是謂深根固柢, 長生久視之道.
敦煌本: 有國之母可以長久. 是以深根固蔕, 長生久視之道.

六十章

郭店簡: 없음
帛書甲: □□□□□□. □□□天下, 其鬼不神. 非其鬼不神也, 其神不傷人也.
帛書乙: 治大國若亨小鮮. 以道立天下, 其鬼不神. 非其鬼不神也, 其神不傷人也.
北大簡: 治大國若烹小鮮. 以道位天下, 其鬼不神. 非其鬼不神, 其神不傷人.
河上公: 治大國若烹小鮮. 以道蒞天下, 其鬼不神. 非其鬼不神, 其神不傷人.
王弼本: 治大國若烹小鮮. 以道蒞天下, 其鬼不神. 非其鬼不神, 其神不傷人.
敦煌本: 治大國若烹小腥. 以道蒞天下, 其鬼不神. 非其鬼不神, 其神不傷人.

郭店簡: 없음
帛書甲: 非其申不傷人也, 聖人亦弗傷□. □□不相□, □德交歸焉.
帛書乙: 非其神不傷人也, □□□弗傷也. 夫兩□相傷, 故德交歸焉.
北大簡: 非其神不傷人也, 聖人亦弗傷. 夫兩不相傷, 故德交歸焉.
河上公: 非其神不傷人, 聖人亦不傷. 夫兩不相傷, 故德交歸焉.
王弼本: 非其神不傷人, 聖人亦不傷人. 夫兩不相傷, 故德交歸焉.
敦煌本: 非其神不傷人, 聖人亦不傷人. 夫兩不相傷, 故得交歸.

六十一章

郭店簡: 없음

帛書甲: 大邦者, 下流也, 天下之牝. 天下之郊也,
帛書乙: 大國□, □□□, □□□牝也. 天下之交也,
北大簡: 大國者下游也, 天下之牝也. 天下之交也,
河上公: 大國者下流, 天下之交. 天下之牝.
王弼本: 大國者下流, 天下之交. 天下之牝.
敦煌本: 大國者下流, 天下之郊. 天下之郊.

郭店簡: 없음
帛書甲: 牝恒以靚勝牡. 為其靚□, □宜為下.
帛書乙: 牝恒以靜朕牡. 為其靜也, 故宜為下也.
北大簡: 牝恒以靜勝牡. 以其靜也, 故為下.
河上公: 牝常以靜勝牡. 以靜為下.
王弼本: 牝常以靜勝牡. 以靜為下.
敦煌本: 牝常以靜勝牡.

郭店簡: 없음
帛書甲: 大邦□下小□, 則取小邦. 小邦以下大邦, 則取於大邦.
帛書乙: 故大國以下□國, 則取小國. 小國以下大國, 則取於大國.
北大簡: 故大國以下小國, 則取小國. 小國以下大國, 則取於大國.
河上公: 故大國以下小國, 則取小國. 小國以下大國, 則取大國.
王弼本: 故大國以下小國, 則取小國. 小國以下大國, 則取大國.
敦煌本: 故大國以下小國, 則取小國. 小國以下大國, 則聚大國.

郭店簡: 없음
帛書甲: 故或下以取, 或下而取. □大邦者, 不過欲兼畜人; 小邦者, 不過欲入事人.
帛書乙: 故或下□□, □下而取. 故大國者不□欲并畜人; 小國, 不過欲入事人.
北大簡: 故或下以取, 或下而取. 故大國不過欲並畜人, 小國不過欲入事人.]
河上公: 故或下以取, 或下而取. 大國不過欲兼畜人. 小國不過欲入事人.
王弼本: 故或下以取, 或下而取. 大國不過欲兼畜人. 小國不過欲入事人.
敦煌本: 故惑下而取, 惑下而聚. 夫大國不過欲兼畜人. 小國不過欲入事人.

郭店簡: 없음

帛書甲：夫皆得其欲，□□□為下.
帛書乙：夫□□其欲，則大者宜為下.
北大簡：[夫各得其欲，則大者宜]為下.
河上公：夫兩者各得其所欲，大者宜為下.
王弼本：夫兩者各得所欲，大者宜為下.
敦煌本：夫兩者各得其所欲，故大者宜為下.

六十二章

郭店簡：없음
帛書甲：□者，萬物之注也，善人之葆也，不善人之所葆也.
帛書乙：道者，萬物之注也，善人之葆也，不善人之所保也.
北大簡：道者，萬物之㳦也，善人之葆也，不善人之所葆也.
河上公：道者萬物之奧. 善人之寶，不善人之所保.
王弼本：道者萬物之奧. 善人之寶，不善人之所保.
敦煌本：道者萬物之奧. 善人之寶，不善人所不保.

郭店簡：없음
帛書甲：美言可以市，尊行可以賀人. 人之不善也，何□□有？
帛書乙：美言可以市，尊行可以賀人. 人之不善，何□□□？
北大簡：美言可以市. 奠行可以賀人. 人之不善，何棄之有？
河上公：美言可以市. 尊行可以加人. 人之不善，何棄之有.
王弼本：美言可以市. 尊行可以加人. 人之不善，何棄之有.
敦煌本：美言可以市. 尊行可以加人. 人之不善，奚棄之有.

郭店簡：없음
帛書甲：故立天子，置三卿，雖有共之璧以先四馬，不善〈若〉坐而進此.
帛書乙：□立天子，置三鄉「卿」，雖有□□璧以先四馬，不若坐而進此.
北大簡：故立天子，置三公，唯有共之璧以先四馬，不如坐而進此.
河上公：故立天子、置三公，雖有拱璧，以先駟馬，不如坐進此道.
王弼本：故立天子、置三公，雖有拱璧，以先駟馬，不如坐進此道.
敦煌本：故立天子、置三公，雖有供之璧，以先四馬，不如坐進此道.

郭店簡: 없음
帛書甲: 古之所以貴此者何也？不胃□□得, 有罪以免輿？故為天下貴.
帛書乙: 古□□□□□□□□？不胃求以得, 有罪以免與？故為天下貴.
北大簡: 古之所以貴此者, 何也？不曰求以得, 有罪以免虜？故為天下貴.
河上公: 古之所以貴此道者何. 不曰以求得, 有罪以免耶？故為天下貴.
王弼本: 古之所以貴此道者何. 不曰以求得, 有罪以免邪？故為天下貴.
敦煌本: 古之所以貴此道者何. 不曰求以得, 有罪以免. 故為天下貴.

六十三章

郭店甲: 爲亡爲, 事亡事, 未亡未. 大, 少之. [14]
帛書甲: 為无為, 事无事, 味无未. 大小, 多少, 報怨以德.
帛書乙: 為无為, □□□, □□□. □□, □□, □□□□.
北大簡: 為無為, 事無事, 味無味. 小大, 多少, 報怨以德.
河上公: 為無為, 事無事, 味無味. 大小多少, 報怨以德.
王弼本: 為無為, 事無事, 味無味. 大小多少, 報怨以德.
敦煌本: 為无為, 事无事, 味无味. 大小多少, 報怨以德.

郭店簡: 없음
帛書甲: 圖難乎□□□, □□□□□□. 天下之難作於易,
帛書乙: □□□□□, □□乎其細也. 天下之□□易,
北大簡: 圖難虖其易也, 為大虖其細也. 天下之難事作於易.
河上公: 圖難於其易, 為大於其細. 天下難事, 必作於易.
王弼本: 圖難於其易, 為大於其細. 天下難事, 必作於易.
敦煌本: 啚難於易, 為大於細. 天下難事, 必作於易.

郭店簡: 없음
帛書甲: 天下之大作於細. 是以聖人冬不為大, 故能□□□. □□□□□□□.
帛書乙: 天下之大□□□. □□□□□□□, □□□□□. 夫輕若□□信,
北大簡: 天下之大事作於細. 是以聖人終不為大, 故能成大. 夫輕若必寡信.
河上公: 天下大事, 必作於細. 是以聖人終不為大, 故能成其大. 夫輕諾必寡信.
王弼本: 天下大事, 必作於細. 是以聖人終不為大, 故能成其大. 夫輕諾必寡信.

敦煌本: 大事, 必作於小. 夫輕諾必寡信.

郭店甲: 多惎必多難, 是以聖人[14]猷難之, 古㐌亡難. [15]
帛書甲: □□必多難, 是□□人猷難之, 故終於无難.
帛書乙: 多易必多難, 是以即人□□之, 故□□□.
北大簡: 多易者必多難. 是以聖人猶難之, 故終無難.
河上公: 多易必多難. 是以聖人猶難之, 故終無難.
王弼本: 多易必多難. 是以聖人猶難之, 故終無難矣.
敦煌本: 多易必多難. 是以聖人猶難之, 故終无難.

六十四章

郭店甲: 丌安也, 易示也. 丌未兆也, 易惎也. 丌罷也, 易畔也. 丌幾也, 易後也. [25]
帛書甲: 其安也易持也. □□□□□□. □□□□□□. □□□, □□□
帛書乙: □□□□□, □□□□□□, □□□□□, □□□□□.
北大簡: 其安易持也, 其未兆易謀也, 其脆易判也, 其微易散也.
河上公: 其安易持, 其未兆易謀. 其脆易破, 其微易散.
王弼本: 其安易持, 其未兆易謀. 其脆易泮, 其微易散.
敦煌本: 其安易持, 其未兆易謀. 其毳易破, 其微易散.

郭店甲: 爲之於丌[25]亡又也. 絢之於丌未亂. 合□□, □□□□. [26]
帛書甲: □□□□□□□, □□□□□□□. □□□□, □□毫末.
帛書乙: □□□□□□□, □□□□□□□. □□□木, 作於豪末.
北大簡: 為之其無有也, 治之其未亂也. 合抱之木, 生於毫末.
河上公: 為之於未有, 治之於未亂. 合抱之木, 生於毫末.
王弼本: 為之於未有, 治之於未亂. 合抱之木, 生於毫末.
敦煌本: 為之於未有, 治之於未亂. 合抱之木, 生於豪末.

郭店甲: 九城之臺, 作□□□. □□□□, □□[26]足下. [27]
帛書甲: 九成之臺, 作於羸土. 百仁之高, 台於足□.
帛書乙: 九層之臺, 作於虆土. 百千之高, 始於足下.
北大簡: 九成之臺, 作於絫土. 百仞之高, 始於足下.

河上公: 九層之臺, 起於累土. 千里之行, 始於足下.
王弼本: 九層之臺, 起於累土. 千里之行, 始於足下.
敦煌本: 九重之臺, 起於累土. 百刃之高, 起於足下.

郭店甲: 爲之者敗之, 執之者遠[10]之. [11]
郭店丙: 爲之者敗之, 執之者遊之. [11]
帛書甲: □□□□□, □□□□□.
帛書乙: 為之者敗之, 執者失之.
北大簡: 為者敗之, 執者失之.
河上公: 為者敗之, 執者失之.
王弼本: 為者敗之, 執者失之.
敦煌本: 為者敗之, 執者失之.

郭店甲: 是以聖人亡爲古亡敗; 亡執古亡遊. [11]
郭店丙: 聖人無爲, 古無敗也; 無執, 古□□□. [11]
帛書甲: □□□□□也, □无敗□; 无執也, 故无失也.
帛書乙: 是以耶人无為□, □□□□; □□□, □□□□.
北大簡: 是以聖人無為, 故無敗也; 無執, 故無失也.
河上公: 聖人無為故無敗, 無執故無失.
王弼本: 是以聖人無為故無敗, 無執故無失.
敦煌本: 是以聖人无為故无敗, 无執故无失.

郭店甲: 없음
郭店丙: 人之敗也, 死於其燮成也敗之. [12]
帛書甲: 民之從事也, 恒於其成事而敗之.
帛書乙: 民之從事也, 恒於其成而敗之.
北大簡: 民之從事也, 恒於其成事而敗之.
河上公: 民之從事, 常於幾成而敗之.
王弼本: 民之從事, 常於幾成而敗之.
敦煌本: 民之從事, 常於幾成而敗之.

郭店甲: 臨事之紀, 誓冬女忌, 此亡敗事矣. [11]

郭店丙：新㠯若訡，則無敗事喜.[12]
帛書甲：故慎終若始，則□□□.
帛書乙：故曰：慎冬若始，則无敗事矣.
北大簡：故慎終如始，則無敗事矣.
河上公：慎終如始，則無敗事.
王弼本：慎終如始，則無敗事.
敦煌本：慎終如始，則无敗事.

郭店甲：聖人谷[11]不谷，不貴難㝵之貨，孝不孝，遉衆之所华.[12]
郭店丙：是以□[12]人欲不欲，不貴戁㝵之貨；學不學，遉衆之所癶.[13]
帛書甲：□□□欲不欲，而不貴難得之䏍；學不學，復衆人之所過；
帛書乙：是以取人欲不欲，而不貴難得之貨；學不學，復衆人之所過；
北大簡：是以聖人欲不欲，不貴難得之貨．學不學，而復衆人之所過．
河上公：是以聖人欲不欲，不貴難得之貨．學不學，復衆人之所過，
王弼本：是以聖人欲不欲，不貴難得之貨．學不學，復衆人之所過，
敦煌本：是以聖人欲不欲，不貴難得之貨．學不學，偹衆人之所過，

郭店甲：是古聖人能專萬勿之自肰，而弗[12]能爲.[13]
郭店丙：是以能桺萬勿[13]之自肰，而弗敢爲.[14]
帛書甲：能輔萬物之自□，□弗敢為.
帛書乙：能輔萬物之自然，而弗敢為.
北大簡：以輔萬物之自然，而弗敢為.
河上公：以輔萬物之自然，而不敢為.
王弼本：以輔萬物之自然，而不敢為.
敦煌本：以輔萬物之自然，而不敢爲.

六十五章

郭店簡：없음
帛書甲：故曰：為道者非以明民也，將以愚之也．民之難□□，□□知也．
帛書乙：古之為道者，非以明□□，□□□之也．夫民之難治也，以其知也．
北大簡：古之為道者，非以明民也，將以愚之也．民之難治，以其智也．

河上公: 古之善為道者, 非以明民, 將以愚之. 民之難治, 以其智多.
王弼本: 古之善為道者, 非以明民, 將以愚之. 民之難治, 以其智多.
敦煌本: 古之善為道者, 非以明民, 將以娛之. 民之難治, 以其知故.

郭店簡: 없음
帛書甲: 故以知知邦, 邦之賊也; 以不知知邦, □□德也; 恒知此兩者, 亦稽式也.
帛書乙: 故以知知國, 國之賊也; 以不知知國, 國之德也; 恒知此兩者, 亦稽式也.
北大簡: 故以智智國, 國之賊也; 以不智智國, 國之德也. 恒智此兩者, 亦楷式.
河上公: 以智治國, 國之賊. 不以智治國, 國之福. 知此兩者, 亦稽式.
王弼本: 故以智治國, 國之賊. 不以智治國, 國之福. 知此兩者, 亦稽式.
敦煌本: 以智治國, 國之賊. 不以智治國, 國之德. 知此兩者, 亦楷式.

郭店簡: 없음
帛書甲: 恒知稽式, 此胃玄德. 玄德深矣, 遠矣, 與物□矣, 乃至大順.
帛書乙: 恒知稽式, 是胃玄德. 玄德深矣、遠矣, □物反也, 乃至大順.
北大簡: 恒智楷式, 是謂玄德. 玄德深矣, 遠[矣, 與物反矣, 乃至大順.]
河上公: 常知楷式, 是謂玄德. 玄德深矣遠矣. 與物反矣. 乃至於大順.
王弼本: 常知稽式, 是謂元德. 元德深矣遠矣. 與物反矣. 然後乃至大順.
敦煌本: 常知楷式, 是謂玄德. 玄德深遠. 與物反. 然後廼至大慎.

六十六章

郭店甲: 江海所以爲百浴王, 以亓[2]能爲百浴下, 是以能爲百浴王.[3]
帛書甲: □海之所以能為百浴王者, 以其善下之, 是以能為百浴王.
帛書乙: 江海所以能為百浴□□, □其□下之也, 是以能為百浴王.
北大簡: 江海之所以能為百谷王者, 以其善下之也, 故能為百谷王.
河上公: 江海所以能為百谷王者, 以其善下之, 故能為百谷王.
王弼本: 江海之所以能為百谷王者, 以其善下之, 故能為百谷王.
敦煌本: 江海所以能為百谷王者, 以其善下之, 故能為百谷王.

郭店甲: 聖人之才民前也, 以身後之; 亓才民上也, 以[3]言下之.[4]
帛書甲: 是以聖人之欲上民也, 必以其言下之; 其欲先□□, 必以其身後之.

帛書乙：是以耵人之欲上民也，必以其言下之；其欲先民也，必以其身後之．
北大簡：是[以聖]人之欲高民也，必以其言下之；其欲先民也，必以其身後之．
河上公：是以聖人欲上民，必以言下之．欲先民，必以身後之．
王弼本：是以聖人欲上民，必以言下之．欲先民，必以身後之．
敦煌本：是以聖人欲上民，以其言下之．欲先民，以其身後之．

郭店甲：其才民上也，民弗厚也；其才民前也，民弗害也．[4]
帛書甲：故居前而民弗害也，居上而民弗重也．
帛書乙：故居上而民弗重也，居前而民弗害．
北大簡：是以居上[而]民不重，居前而民弗害也．
河上公：是以聖人處上而民不重，處前而民不害．
王弼本：是以聖人處上而民不重，處前而民不害．
敦煌本：是以雺上其民不重，雺前而民不害．

郭店甲：天下樂進而弗詀[4]．以丌不靜也，古天下莫能与之靜．[5]
帛書甲：天下樂隼而弗猒也，非以其无靜與，□□□□□靜．
帛書乙：天下皆樂誰而弗猒也，不以其无爭與？故□下莫能與爭．
北大簡：是以天下樂推而弗厭也．不以其無爭邪？故天下莫能與之爭．
河上公：是以天下樂推而不厭．以其不爭，故天下莫能與之爭．
王弼本：是以天下樂推而不厭．以其不爭，故天下莫能與之爭．
敦煌本：是以天下樂推而不厭．以其无爭，故天下莫能與之爭．

六十七章

郭店簡：없음
帛書甲：□□□□□，□□□□．夫唯□，故不宵．若宵，細久矣．
帛書乙：天下□胃我大，大而不宵．夫唯不宵，故能大．若宵，久矣其細也夫．
北大簡：天下皆謂我大，以不宵．夫唯大，故不肖；若宵，久矣其細也夫！
河上公：天下皆謂我大似不肖．夫唯大，故似不肖．若肖久矣．其細．
王弼本：天下皆謂我道大似不肖．夫唯大，故似不肖．若肖久矣．其細也夫．
敦煌本：天下皆以我大不嘆．夫唯大，故不嘆．若嘆久．其小．

郭店簡: 없음
帛書甲: 我恒有三葆, 之. 一曰茲, 二曰檢, □□□□□□□.
帛書乙: 我恒有三珤, 市而珤之. 一曰茲, 二曰檢, 三曰不敢為天下先.
北大簡: 我恒有三葆, 侍而葆之. 一曰茲, 二曰歛, 三曰不敢為天下先.
河上公: 夫我有三寶, 持而寶之. 一曰慈, 二曰儉, 三曰不敢為天下先.
王弼本: 我有三寶, 持而保之. 一曰慈, 二曰儉, 三曰不敢為天下先.
敦煌本: 我有三寶, 寶而持之. 一曰慈, 二曰儉, 三曰不敢為天下先.

郭店簡: 없음
帛書甲: □□, □□□; □, 故能廣; 不敢為天下先, 故能為成事長.
帛書乙: 夫茲, 故能勇; 檢, 敢〈故〉能廣; 不敢為天下先, 故能為成器長.
北大簡: 茲, 故能勇; 歛, 故能廣; 不敢為天下先, 故能為成器長.
河上公: 慈故能勇, 儉故能廣, 不敢為天下先, 故能成器長.
王弼本: 慈故能勇, 儉故能廣, 不敢為天下先, 故能成器長.
敦煌本: 夫慈故能勇, 儉故能廣, 不敢為天下先, 故能成器長.

郭店簡: 없음
帛書甲: 今舍其茲, 且勇; 舍其後, 且先; 則必死矣.
帛書乙: 今舍其茲, 且勇; 舍其檢, 且廣; 舍其後, 且先; 則死矣.
北大簡: 今舍茲且勇, 舍其歛且廣, 舍其後且先, 則死矣.
河上公: 今捨慈且勇, 舍儉且廣, 舍後且先, 死矣.
王弼本: 今舍慈且勇, 舍儉且廣, 舍後且先, 死矣.
敦煌本: 今赦其慈且勇, 赦其儉且廣, 赦其後且先, 死矣.

郭店簡: 없음
帛書甲: 夫茲, □□則勝, 以守則固. 天將建之, 女以茲垣之.
帛書乙: 夫茲, 以單則朕, 以守則固. 天將建之, 如以茲垣之.
北大簡: 夫茲, 以陳則正, 以守則固. 天之救之, 若以茲衛之.
河上公: 夫慈以戰則勝, 以守則固. 天將救之, 以慈衛之.
王弼本: 夫慈以戰則勝, 以守則固. 天將救之, 以慈衛之.
敦煌本: 夫慈以陳則政, 以守則固. 天將救之, 以慈衛之.

六十八章

郭店簡：없음
帛書甲：善為士者不武，善戰者不怒，善勝敵者弗□，善用人者為之下．
帛書乙：故善為士者不武，善單者不怒，善朕敵者弗與，善用人者為之下．
北大簡：善為士者不武，善戰者不怒，善勝適者弗與，善用人者為之下．
河上公：善為士者不武．善戰者不怒．善勝戰者不與．善用人者為下．
王弼本：善為士者不武．善戰者不怒．善勝敵者不與．善用人者為之下．
敦煌本：古之善為士者不武．善戰不怒．善勝敵不爭．善用人為下．

郭店簡：없음
帛書甲：□胃不諍之德，是胃用人，是胃天，古之極也．
帛書乙：是胃不爭□德．是胃用人，是胃肥天，古之極也．
北大簡：是謂不爭之德．是謂用人，是謂肥天，古之極．
河上公：是謂不爭之德．是謂用人之力．是謂配天古之極．
王弼本：是謂不爭之德．是謂用人之力．是謂配天古之極．
敦煌本：是謂不爭之德．是謂用人之力．是謂配天古之極．

六十九章

郭店簡：없음
帛書甲：用兵有言曰：吾不敢為主而為客，吾不進寸而芮尺．
帛書乙：用兵又言曰：吾不敢為主而為客，不敢進寸而退尺．
北大簡：用兵有言曰：吾不敢為主而為客，不敢進寸而退尺．
河上公：用兵有言，吾不敢為主而為客．不敢進寸而退尺．
王弼本：用兵有言，吾不敢為主而為客．不敢進寸而退尺．
敦煌本：用兵有言，吾不敢為主而為客．不敢進寸而退尺．

郭店簡：없음
帛書甲：是胃行无行，襄无臂，執无兵，乃无敵矣．
帛書乙：是胃行无行，攘无臂，執无兵，乃无敵．
北大簡：是謂行無行．攘無臂．執無兵．乃無適．
河上公：是謂行無行．攘無臂．扔無敵．執無兵．

王弼本: 是謂行無行. 攘無臂. 扔無敵. 執無兵.
敦煌本: 是謂行无行. 攘无臂. 執无兵. 扔无敵.

郭店簡: 없음
帛書甲: 鬭莫於<大>於无適, 无適斤亡吾葆矣. 故稱兵相若, 則哀者勝矣.
帛書乙: 禍莫大於無敵. 無敵近亡吾琛矣. 故抗兵相若, 而依者朕□.
北大簡: 禍莫大於無適. 無適則幾亡吾葆矣. 故亢兵相若, 則哀者勝矣.
河上公: 禍莫大於輕敵. 輕敵幾喪吾寶. 故抗兵相加, 哀者勝矣.
王弼本: 禍莫大於輕敵. 輕敵幾喪吾寶. 故抗兵相加, 哀者勝矣.
敦煌本: 禍莫大於侮歜. 侮歜則幾亡吾寶. 故抗兵相若, 則哀者勝.

七十章

郭店簡: 없음
帛書甲: 吾言甚易知也, 甚易行也; 而人莫之能知也, 而莫之能行也.
帛書乙: 吾言易知也, 易行也; 而天下莫之能知也, 莫之能行也.
北大簡: 吾言甚易智, 甚易行; 而天下莫之能智, 莫之能行.
河上公: 吾言甚易知, 甚易行. 天下莫能知, 莫能行.
王弼本: 吾言甚易知, 甚易行. 天下莫能知, 莫能行.
敦煌本: 吾言甚易知, 甚易行. 天下莫能知, 莫能行.

郭店簡: 없음
帛書甲: 言有君, 事有宗. 夫唯无知也, 是以不□□.
帛書乙: 夫言又宗, 事又君. 夫唯无知也, 是以不我知.
北大簡: 言有宗, 事有君. 天<夫>唯無智, 是以不吾智.
河上公: 言有宗, 事有君. 夫唯無知, 是以不我知.
王弼本: 言有宗, 事有君. 夫唯無知, 是以不我知.
敦煌本: 言有宗, 事有君. 夫唯无知, 是以不吾知.

郭店簡: 없음
帛書甲: □□□, □我貴矣. 是以聖人被褐而褱玉.
帛書乙: 知者希, 則我貴矣. 是以耵人被褐而褱玉.

北大簡：智我者希，則我貴矣. 是以聖人被褐懷玉.
河上公：知我者希，則我者貴. 是以聖人被褐懷玉.
王弼本：知我者希，則我者貴. 是以聖人被褐懷玉.
敦煌本：知我者希，則我者貴. 是以聖人披褐懷玉.

七十一章

郭店簡：없음
帛書甲：知不知，尚矣；不知不知，病矣.
帛書乙：知不知，尚矣；不知知，病矣.
北大簡：智不智，上矣；不智智，病矣. 夫唯病病，是以不病.
河上公：知不知上，不知知病. 夫唯病病，是以不病.
王弼本：知不知上，不知知. 夫唯病病，是以不病.
敦煌本：知不知上，不知知病.

郭店簡：없음
帛書甲：是以聖人之不病，以其□□，□□□□.
帛書乙：是以耶人之不□也，以其病病也，是以不病.
北大簡：聖人[之不]病，以其不病[病也，是以]不病.
河上公：聖人不病，以其病病. 是以不病.
王弼本：聖人不病，以其病病. 是以不病.
敦煌本：是以聖人不病，以其病病. 是以不病.

七十二章

郭店簡：없음
帛書甲：□□□畏畏，則大□□□矣. 母閘其所居，毋猒其所生. 夫唯弗猒，
帛書乙：民之不畏畏，則大畏將至矣. 毋伂其所居，毋猒其所生. 夫唯弗猒，
北大簡：[民]不畏威，則大威至矣. 毋柙其所居，毋厭其[所]生. 夫唯弗厭，
河上公：民不畏威，大威至矣. 無狹其所居，無厭其所生. 夫唯不厭，
王弼本：民不畏威，則大威至. 無狎其所居，無厭其所生. 夫唯不厭，
敦煌本：民不畏威，則大威至. 无狹其所居，无厭其所生. 夫唯不厭，

郭店簡: 없음
帛書甲: 是□□□. □□□□□□□□□□, □□而不自貴也. 故去被取此
帛書乙: 是以不猒. 是以即人自知而不自見也, 自愛而不自貴也. 故去罷而取此
北大簡: 是以不厭. 是以聖人自智而不自見也, 自愛而不自貴也. 故去被取此
河上公: 是以不厭. 是以聖人自知不自見. 自愛不自貴. 故去彼取此
王弼本: 是以不厭. 是以聖人自知不自見. 自愛不自貴. 故去彼取此
敦煌本: 是以不厭. 故聖人自知不自見. 自愛不自貴. 故去彼取此.

七十三章

郭店簡: 없음
帛書甲: 勇於敢者□□, □於不敢者則栝. □□□□□□□.
帛書乙: 勇於敢則殺, 勇於不敢則栝, □兩者或利或害.
北大簡: 勇於敢則殺. 勇於不敢則枯. 此兩者, 或利或害.
河上公: 勇於敢則殺. 勇於不敢則活. 此兩者或利或害.
王弼本: 勇於敢則殺. 勇於不敢則活. 此兩者或利或害.
敦煌本: 勇於敢則煞. 勇於不敢則活. 此兩者或利或害.

郭店簡: 없음
帛書甲: □□□□, □□□□?
帛書乙: 天之所亞, 孰知其故?
北大簡: 天之所惡, 孰智其故?
河上公: 天之所惡, 孰知其故. 是以聖人猶難之.
王弼本: 天之所惡, 孰知其故. 是以聖人猶難之.
敦煌本: 天之所惡, 孰知其故.

郭店簡: 없음
帛書甲: □□□, □□□□□, 不言而善應, 不召而自來, 彈而善謀.
帛書乙: 天之道, 不單而善朕, 不言而善應, 弗召而自來, 單而善謀.
北大簡: 天之道, 不爭而善勝. 不言善應. 弗召自來. 嘿然善謀.
河上公: 天之道, 不爭而善勝. 不言而善應. 不召而自來. 繟然而善謀.
王弼本: 天之道, 不爭而善勝. 不言而善應. 不召而自來. 繟然而善謀.

敦煌本：天之道，不爭而善勝. 不言而善應. 不召而自來. 不言而善謀.
郭店簡：없음
帛書甲：□□□□，□□□□.
帛書乙：天罔袿袿，疏而不失.
北大簡：天罔怪怪，疏而不失.
河上公：天網恢恢，踈而不失.
王弼本：天網恢恢，疏而不失.
敦煌本：天網恢恢，疏而不失.

七十四章

郭店簡：없음
帛書甲：□□□□□□，奈何以殺愳之也？若民恒是〈畏〉死，
帛書乙：若民恒且畏不畏死，若何以殺曜之也？使民恒且畏死，
北大簡：民恒不畏死，奈何其以殺懼之也？若使民恒不畏死，
河上公：民不畏死，奈何以死懼之. 若使民常畏死而為奇者，
王弼本：民不畏死，奈何以死懼之. 若使民常畏死而為奇者，
敦煌本：民常不畏死，奈何以死懼之. 若使常不畏死而奇者，

郭店簡：없음
帛書甲：則而為者吾將得而殺之，夫孰敢矣！若民□□必畏死，則恒有司殺者.
帛書乙：而為畸者□得而殺之，夫孰敢矣！若民恒且必畏死，則恒又司殺者.
北大簡：而為畸者，吾得而殺之，夫孰敢矣？恒有司殺者，
河上公：吾得執而殺之，孰敢. 常有司殺者.
王弼本：吾得執而殺之，孰敢. 常有司殺者殺.
敦煌本：吾誠得而煞之，孰敢. 常有司煞者煞.

郭店簡：없음
帛書甲：夫伐〈代〉司殺者殺，是伐〈代〉大匠斲也. 夫伐〈代〉大匠斲者，則□不傷其手矣.
帛書乙：夫代司殺者殺，是代大匠斲. 夫代大匠斲，則希不傷其手.
北大簡：夫代司殺者殺，是代大匠斲也. 夫代大匠斲者，希不傷其手矣.
河上公：夫代司殺者，是謂代大匠斲. 夫代大匠斲者，希有不傷其手矣.

王弼本: 夫代司殺者殺, 是謂代大匠斵. 夫代大匠斵者, 希有不傷其手矣.
敦煌本: 夫代司煞者, 是代大近斵. 希不傷其手.

七十五章

郭店簡: 없음
帛書甲: 人之飢也, 以其取食𢓊之多也, 是以飢.
帛書乙: 人之飢也, 以其取食𨑒之多, 是以飢.
北大簡: 人之飢也, 以其取食脫之多也, 是以飢.
河上公: 民之飢, 以其上食稅之多, 是以飢.
王弼本: 民之饑, 以其上食稅之多, 是以饑.
敦煌本: 人之飢, 以其上食稅之多, 是以飢.

郭店簡: 없음
帛書甲: 百姓之不治也, 以其上有以為□, 是以不治.
帛書乙: 百生之不治也, 以其上之有以為也, □以不治.
北大簡: 百姓之不治也, 以上之有以為也, 是以不治.
河上公: 民之難治, 以其上之有為, 是以難治.
王弼本: 民之難治, 以其上之有為, 是以難治.
敦煌本: 百姓之難治, 以其上有為, 是以不治.

郭店簡: 없음
帛書甲: 民之巠死, 以其求生之厚也, 是以巠死.
帛書乙: 民之輕死也, 以其求生之厚也, 是以輕死.
北大簡: 民之輕死也, 以其生之厚也, 是以輕死.
河上公: 民之輕死, 以其求生之厚, 是以輕死.
王弼本: 民之輕死, 以其上求生之厚, 是以輕死.
敦煌本: 民之輕死, 以其生生之厚, 是以輕死.

郭店簡: 없음
帛書甲: 夫唯无以生為者, 是賢貴生.
帛書乙: 夫唯无以生為者, 是賢貴生.

北大簡：夫唯無以生為，是賢貴生也.
河上公：夫唯無以生為者，是賢於貴生.
王弼本：夫唯無以生為者，是賢於貴生.
敦煌本：夫唯无以生為者，是賢於貴生.

七十六章

郭店簡：없음
帛書甲：人之生也柔弱，其死也㭚仞賢強．萬物草木之生也柔脆，其死也榞槀．
帛書乙：人之生也柔弱，其死也䩂信堅強．萬□□木之生也柔椊，其死也榞槁．
北大簡：人之生也柔弱，其死也佼信堅強．萬物草木之生也柔弱，其死也苦蒿．
河上公：人之生也柔弱，其死也堅強．萬物草木之生也柔脆，其死也枯槁．
王弼本：人之生也柔弱，其死也堅強．萬物草木之生也柔脆，其死也枯槁．
敦煌本：人之生弱，其死堅彊．萬物草木生之柔毳，其死枯熇．

郭店簡：없음
帛書甲：故曰：堅強者，死之徒也；柔弱微細，生之徒也．
帛書乙：故曰：堅強，死之徒也；柔弱，生之徒也．
北大簡：故堅強者死之徒也，柔弱者生之徒也．
河上公：故堅強者死之徒，柔弱者生之徒．
王弼本：故堅強者死之徒，柔弱者生之徒．
敦煌本：故堅彊者死之徒，柔弱者生之徒．

郭店簡：없음
帛書甲：兵強則不勝，木強則恒．強大居下，柔弱微細居上．
帛書乙：□以兵強則不朕，木強則競．故強大居下，柔弱居上．
北大簡：是以兵強則不勝，木強則核．故強大居下，柔弱居上．
河上公：是以兵強則不勝，木強則共．強大處下，柔弱處上．
王弼本：是以兵強則不勝，木強則兵．強大處下，柔弱處上．
敦煌本：是以兵彊則不勝，木彊則共．故堅彊居下，柔弱雺上．

七十七章

郭店簡: 없음
帛書甲: 天下□□, □□□者也. 高者印之, 下者舉之, 有餘者歛之, 不足者補之.
帛書乙: 天之道, 酉張弓也. 高者印之, 下者舉之, 有余者云之, 不足者□□.
北大簡: 天之道, 猶張弓者也. 高者抑之, 下者舉之. 有餘者損之, 不足者輔之.
河上公: 天之道, 其猶張弓乎. 高者抑之, 下者舉之. 有餘者損之, 不足者與之.
王弼本: 天之道, 其猶張弓與. 高者抑之, 下者舉之. 有餘者損之, 不足者補之.
敦煌本: 天之道, 其猶張弓. 高者抑之, 下者舉之. 有餘者損之, 不足者與之.

郭店簡: 없음
帛書甲: 故天之道, 歛有□□□□. □□□□不然, 歛□□□奉有餘.
帛書乙: □□□□, 云有余而益不足; 人之道, 云不足而奉又余.
北大簡: 天之[道], 損有餘而奉不足. 人之道不然, 損不足而奉有餘.
河上公: 天之道損有餘而補不足. 人之道則不然, 損不足以奉有餘.
王弼本: 天之道損有餘而補不足. 人之道則不然, 損不足以奉有餘.
敦煌本: 天之道損有餘補不足. 人道則不然, 損不足奉有餘.

郭店簡: 없음
帛書甲: 孰能有餘而有以取奉於天者乎？□□□□.
帛書乙: 夫孰能又余而□□□奉於天者？唯又道者乎.
北大簡: 孰能有餘而有取奉於天者?唯有道者也.
河上公: 孰能有餘以奉天下, 唯有道者.
王弼本: 孰能有餘以奉天下, 唯有道者.
敦煌本: 孰能有餘以奉天下, 唯有道者.

郭店簡: 없음
帛書甲: □□□□□□□, □□□□□□. □□□□見賢也.
帛書乙: 是以耶人為而弗又, 成功而弗居也. 若此其不欲見賢也.
北大簡: 是以聖人為而弗有, 成功而弗居, 其欲不見賢也.
河上公: 是以聖人為而不恃, 功成而不處. 其不欲見賢.
王弼本: 是以聖人為而不恃, 功成而不處. 其不欲見賢.
敦煌本: 是以聖人為而不恃, 成功不雺. 其不欲示賢.

七十八章

郭店簡: 없음
帛書甲: 天下莫柔□□□，□□堅强者莫之能□也，以其无□易□□.
帛書乙: 天下莫柔弱於水，□□□□□□□□，以其无以易之也.
北大簡: 天下莫柔弱於水. 而功堅强者莫之能失〈先〉也，以其無以易之也.
河上公: 天下柔弱莫過於水. 而攻堅强者莫之能勝. 其無以易之.
王弼本: 天下莫柔弱於水. 而攻堅强者莫之能勝. 以其無以易之.
敦煌本: 天下柔弱莫過於水. 而攻堅彊者莫之能先. 其无以易之.

郭店簡: 없음
帛書甲: □□□，□□勝强，天□□□□□，□□□行也.
帛書乙: 水之朕剛也，弱之朕强也，天下莫弗知也，而□□□也.
北大簡: 故水之勝剛，弱之勝强，天下莫弗智，而莫能居，莫能行.
河上公: 弱之勝强. 柔之勝剛. 天下莫不知，莫能行.
王弼本: 弱之勝强. 柔之勝剛. 天下莫不知，莫能行.
敦煌本: 故弱勝剛. 柔勝彊. 天下莫不知，莫能行.

郭店簡: 없음
帛書甲: 故聖人之言云，曰: 受邦之訽，是胃社稷之主;
帛書乙: 是故耴人之言云，曰: 受國之訽，是胃社稷之主.
北大簡: 故聖人之言云: 受國之訽，是謂社褑之主.
河上公: 故聖人云，受國之垢，是謂社稷主.
王弼本: 是以聖人云，受國之垢，是謂社稷主.
敦煌本: 是以聖人言，受國之垢，是謂社稷主.

郭店簡: 없음
帛書甲: 受邦之不祥，是胃天下之王. □□若反.
帛書乙: 受國之不祥，是胃天下之王. 正言若反.
北大簡: 受國之不恙，是謂天下之王. 正言若反.
河上公: 受國之不祥，是謂天下王. 正言若反.
王弼本: 受國不祥，是為天下王. 正言若反.
敦煌本: 受國不祥，是謂天下王. 正言若反.

七十九章

郭店簡: 없음
帛書甲: 和大怨, 必有餘怨, 焉可以為善？是以聖右介, 而不以責於人.
帛書乙: 禾大口, □□□□, □□□為善？是以耶人執左芥, 而不以責於人.
北大簡: 和大怨, 必有餘怨, 安可以為善？是以聖人執左契, 而不以責於人.
河上公: 和大怨, 必有餘怨, 安可以為善. 是以聖人執左契, 而不責於人.
王弼本: 和大怨必有餘怨, 安可以為善. 是以聖人執左契, 而不責於人.
敦煌本: 和大怨, 必有餘怨, 安可以為善. 是以聖人執左契, 不責於人.

郭店簡: 없음
帛書甲: 故有德司介, □□德司徹. 夫天道无親, 恒與善人.
帛書乙: 故又德司芥, 无德司徹. □□□□□, □□□□. (德3041)
北大簡: 故有德司契, 無德司肆. 天道無親, 恒與善人.
河上公: 有德司契, 無德司徹. 天道無親, 常與善人.
王弼本: 有德司契, 無德司徹. 天道無親, 常與善人.
敦煌本: 故有德司契, 无德司撤. 天道無親, 常與善人.

八十章

郭店簡: 없음
帛書甲: 小邦寡民, 使十百人之器毋用. 使民重死而遠送〈徙〉.
帛書乙: 小國寡民, 使有十百人器而勿用, 使民重死而遠徙.
北大簡: 小國寡民. 使有什佰人之氣而勿用. 使民重死而不遠徙.
河上公: 小國寡民. 使有什伯, 人之器而不用. 使民重死而不遠徙.
王弼本: 小國寡民. 使有什伯之器而不用. 使民重死而不遠徙.
敦煌本: 小國寡民. 使有什伯之器而不用. 使民重死而不遠徙.

郭店簡: 없음
帛書甲: 有車周无所乘之, 有甲兵无所陳□. □□□□□□用之.
帛書乙: 又周車无所乘之, 有甲兵无所陳之. 使民復結繩而用之.
北大簡: 有舟車, 無所乘之; 有甲兵, 無所陳之. 使民復結繩而用之.
河上公: 雖有舟轝, 無所乘之. 雖有甲兵, 無所陳之. 使人復結繩而用之.

王弼本: 雖有舟輿, 無所乘之. 雖有甲兵, 無所陳之. 使人復結繩而用之.
敦煌本: 有舟輿, 无所乘之. 有甲兵, 无所陣之. 使人湻結繩而用之.

郭店簡: 없음
帛書甲: 甘其食, 美其服, 樂其俗, 安其居.
帛書乙: 甘其食, 美其服, 樂其俗, 安其居.
北大簡: 甘其食, 美其服, 樂其俗, 安其居.
河上公: 甘其食, 美其服, 安其居, 樂其俗.
王弼本: 甘其食, 美其服, 安其居, 樂其俗.
敦煌本: 甘其食, 美其服, 安其雺, 樂其俗.

郭店簡: 없음
帛書甲: 鄰邦相望, 雞狗之聲相聞, 民至□□□□□.
帛書乙: 㷎國相望, 鷄犬之□□聞, 民至老死不相往來.
北大簡: 鄰國相望, 雞狗之音相聞. 民至老而死不相往來.
河上公: 鄰國相望, 雞狗之聲相聞. 民至老不相往來.
王弼本: 鄰國相望, 雞犬之聲相聞. 民至老死不相往來.
敦煌本: 鄰國相望, 鷄狗之聲相聞. 使民至老不相往來.

八十一章

郭店簡: 없음
帛書甲: □□□□, □□不□. □者不博, □者不知. 善□□□, □者不善.
帛書乙: 信言不美, 美言不信. 知者不博, 博者不知. 善者不多, 多者不善.
北大簡: 信言不美. 美言不信; 智者不博, 博者不智. 善者不辯. 辯者不善.
河上公: 信言不美. 美言不信. 善者不辯. 辯者不善. 知者不博. 博者不知.
王弼本: 信言不美. 美言不信. 善者不辯. 辯者不善. 知者不搏. 搏者不知.
敦煌本: 信言不美. 美言不信. 知者不博. 博者不知. 善者不辯. 辯者不善.

郭店簡: 없음
帛書甲: 聖人无積, □以為□, □□□; □□□□□, □□□.
帛書乙: 耵人无積, 既以為人, 己俞有; 既以予人矣, 己俞多.

北大簡: 聖人無責. 氣以為人, 己俞有. 氣以予人, 己俞多.
河上公: 聖人不積. 既以為人, 己愈有. 既以與人, 己愈多.
王弼本: 聖人不積. 既以為人, 己愈有. 既以與人, 己愈多.
敦煌本: 聖人无積. 既以為人, 已愈有. 既以與人, 已愈多.

郭店簡: 없음
帛書甲: □□□□, □□□□; □□□, □□□□.
帛書乙: 故天之道, 利而不害; 人之道, 為而弗爭.
北大簡: 天之道, 利而弗害; 人之道, 為而弗爭也.
河上公: 天之道, 利而不害. 聖人之道, 為而不爭.
敦煌本: 天之道, 利而不害. 聖人之道, 為而不爭.
王弼本: 天之道, 利而不害. 聖人之道, 為而不爭.

| 참고문헌 |

1. 원전류 및 공구서

中央研究院語言所上古漢語標記庫(http://old_chinese.ling.sinica.edu.tw/)
中央研究院史語所殷周金文暨青銅器資料庫(http://www.ihp.sinica.edu.tw/~bronze/)
荊門市博物館 編『郭店楚墓竹簡』, 文物出版社, 1998.
高明『帛書老子校注』, 中華書局, 1996.
北京大學出土文獻研究所 編『北京大學藏西漢竹書(貳)』, 上海古籍出版社, 2012.
(漢)河上公『宋本老子道德經』(宋元闕刻精華), 福建人民出版社, 2008.
(魏晉)王弼『老子注』, 『諸子集成(三)』, 中華書局, 1986.
黃永武 主編『敦煌寶藏』, 臺北, 新文豊出版公司, 1983-1986.
馬承源 主編『上海博物館藏戰國楚竹書(一)』, 上海古籍出版社, 2001.
馬承源 主編『上海博物館藏戰國楚竹書(二)』, 上海古籍出版社, 2002.
馬承源 主編『上海博物館藏戰國楚竹書(三)』, 上海古籍出版社, 2003.
馬承源 主編『上海博物館藏戰國楚竹書(四)』, 上海古籍出版社, 2004.
馬承源 主編『上海博物館藏戰國楚竹書(五)』, 上海古籍出版社, 2005.
馬承源 主編『上海博物館藏戰國楚竹書(八)』, 上海古籍出版社, 2011.
于省吾 主編『甲骨文字詁林』, 中華書局, 1996.
張世超 等『金文形義通解』, (日)中文出版社, 1996.
何琳儀『戰國古文字典──戰國文字聲系』, 中華書局, 1998.
宗福邦 主編『故訓匯纂』, 商務印書館, 2003.
古棣·周英『老子通·老子校詁』, 吉林人民出版社, 1991.
高亨『老子正詁』, 北京의 中國書店에서 影印한 1943년 開明書店本.

2. 저서 및 학술논문류

[국내 학자]

金美鈴(1986)『老子用韻考: 帛書本을 中心으로』, 연세대학교 석사학위논문.

金白熙(2001)「『老子』해석의 두시각, 本體生成論과 相關對待論: 郭店楚簡本에서 王弼注까지」, 한국정신문화연구원 한국학대학원 박사학위논문.
金俊憲(2001)「『죽간노자』,『백서노자』및『하상공주본노자』의 '居'와 '處'에 대한 어학적 고찰」,『중국어문논총』21.
김경수(2008)『출토문헌을 통해서 본 중국 고대 사상―마왕퇴 한묘 백서와 곽점 초묘 죽간을 중심으로』, 심산출판사.
김백희(2001)「『郭店本』노자』의 정치관과 孔孟」,『동양철학연구』21.
김백희(2004)「『郭店楚簡』노자』의 철학」,『동양철학연구』34.
김수중(2006)「老子와 黃老思想 ―『황로백서』를 중심으로―」,『동양철학연구』47.
김홍경(2003)「『노자』교정: 마왕퇴 백서와 곽점 초간에 근거하여」,『시대와 철학』14권 1호.
김홍경(2007)「『노자』의 형성: 마왕퇴, 곽점 문건 등에 기초한 진 제작설 시론」,『시대와 철학』18권 3호.
박희준(1991)『백서 도덕경: 老子를 읽는다』, 까치.
백은희(2016)「고대 중국어의 지시사 형식과 인지 범주의 상관성」,『중국언어연구』65.
안기섭(2018)『초간본―노자』, 학민사.
오상무(2008)「곽점『노자』의 不在 내용과 그 含意」,『철학』97.
윤무학(2004)「『竹簡本』老子』에서의 無名論」,『동양철학연구』40.
윤무학(2007)「『노자』版本과 儒家 倫理」,『동양철학연구』51.
이석명(2001)「『노자』―郭店本과 帛書本의 비교 고찰」,『동양철학』15.
이석명(2003)『백서노자 ― 백서본과 곽점본·왕필본의 텍스트 비교와 해석』, 청계.
李承律(2008)「『郭店楚簡』노자』의 自然'思想과 그 展開」,『동양철학연구』53.
李英淑(2006)「『곽점초간『老子』의 문자비교 연구:『백서본』,『왕필본』과의 비교를 통하여』, 전북대학교 석사학위논문.
이천교(2004)『역촌 도덕경: 백서 老子 갑을본』, 지샘.
임헌규(2004)「『죽간본노자』와 유가」,『한국사상과 문화』26.
임헌규(2005)「노자 도덕경 해설: 왕필본·백서본·죽간본의 비교 분석」, 철학과현실사.
임헌규(2006)「老子의 無爲'이념은 儒家의 仁義를 비판하는가?」,『동양고전연구』25.
전재성(2005)「『老子』의 초기 텍스트의 성립과정에 대한 해석학적 고찰」,『유교사상문화연구』24.
조은정(2011)「한자교육에서의 同源字 활용 ― 鬼와 畏를 중심으로」,『漢字漢文敎育』26.
조은정(2012)「"也""矣""已"的功能及其演變」, 北京大學 博士學位論文.
曹銀晶(2014)「老子其人及其書――梅廣先生訪談錄」,『中國哲學與文化』第11輯, 鄭宗義主編, 漓江出版社.
조은정(2014a)「『老子』어기사 '兮'고찰―출토문헌과 전래문헌 5종 판본 비교를 중심으로」,『중국문학연구』54.
조은정(2014b)「출토문헌에 나타난 부정부사 弗의 의미 기능과 통시적 변천」, 『중국학보』70.
조은정(2015)「문자언어학적 각도에서 살펴본『老子』판본의 선후 관계」, 『중어중문학』60.
조은정(2016a)「명사표지 也의 기능 및 변천」, 『중국어문논역총간』38.
조은정(2016b)「矣의 문장/문단종결 기능과 그 변천」, 『중국어문학지』54.
조은정(2017)「상고중국어 시기 近指代詞 용법과 그 변천 연구」, 『중국언어연구』68.
조은정(2018)「지시사 是의 연결기능으로의 변천 경로 연구」, 『중국학보』85.
조은정(2019)「판본비교법과 중국어사 연구─『노자』6종 판본 비교대조를 중심으로」, 『중국문학연구』74.
최남규(2016)『郭店楚墓竹簡』, 荊州市博物館 편저, 최남규 역주, 학고방.

[해외 학자]

A. C. Graham, "The Origins of the Legend of Lao Tan", 中央研究院 國際漢學會議論文集編輯委員會『中央研究院國際漢學會議論文集(思想與哲學組)』, 臺灣, 中央研究院, 1981 ; A. C. Graham, Studies in Chinese Philosophy and Philosophical Literature, Singapore, Institute of East Asian Philosophies, National University of Singapore, 1986.
姜禮立(2013)「"國家"詞匯化的動因及相關問題」, 『洛陽師範學院學報』第12期.
季旭昇(1998)「談郭店楚墓竹簡札記: 絕爲棄詐 民復季子」, 『中國文字』新24期, 藝文印書館.
高明(1998)「讀郭店「老子」」, 『中國文物報』3版.
高華平(2003)「楚簡本帛書本河上公注本三種『老子』仁義觀念之比較」, 『中國歷史文物』第1期.
郭沂(1998)「從郭店楚簡『老子』看老子其人其書」, 『哲學研究』第7期.
郭沂(2001)『郭店竹簡與先秦學術思想』, 上海教育出版社.
裘錫圭(1998)「荊門市博物館『郭店楚墓竹簡』(文物出版社, 1998)에 수록된 裘錫圭의 견해」.
裘錫圭(1999)「郭店『老子』簡初探」, 『道家文化研究』17輯, 三聯書店.
裘錫圭(2000a)「糾正我在郭店老子簡釋讀中的一個錯誤」, 『郭店楚簡國際學術研討會論文集』, 湖北人民出版社.
裘錫圭(2000b)「以郭店老子簡爲例談談古文字的考釋」, 『郭店簡與儒學研究──中國哲學』第21輯.
裘錫圭·李家浩(1989)「曾侯乙墓鍾,磬銘文釋文與考釋」, 湖北省博物館『曾侯乙墓』, 文物出版社.
寧鎭疆(2001)「從簡本看今本『老子』的形成──兼論帛書本在『老子』文本流傳過程中的地位」, 『中州學刊』第4期.
大西克也(1988)「上古中國語の否定詞"弗""不"の使い分けたついて──批判說の再檢討」, 『日本中國學會報』第40集.
大西克也(2008)「再論上古漢語中的"可"和"可以"--古漢語的語態試探之二」,『中國語言學』第1輯.
涂宗流(2002)『郭店楚簡平議』,國際炎黃文化出版社.
涂宗流(2003)「郭店"老子"與今本"老子"的比較研究」,『荊門職業技術學院學報』第5期.
董琨(2001)「郭店楚簡"老子"異文的語法學考察」,『中國語文』第4期.
杜新艷(2000)「韓非子中的"可"」,『殷都學刊』第4期.
呂叔湘(2002)『中國文法要略』,『呂叔湘全集』第一卷,遼寧教育出版社.
廖名春(2003)『郭店楚簡老子校釋』,清華大學出版社.
樓宇烈(1980)『王弼集校釋』,中華書局.
劉黛(2008)「郭店楚簡,馬王堆帛書,王弼本"老子"版本比較與分析」,北京大學 碩士學位論文.
劉利(1996)「先秦助動詞"可"的句法語義功能考察」,『四川大學學報』第4期.
劉國勝(2000)「郭店老子札記」,『郭店楚簡國際學術研討會論文集』,湖北人民出版社.
劉師培(1997)「老子斠補」,『劉申叔遺書』,江蘇古籍出版社.
劉承慧(2007)「先秦矣的功能及其分化」,『語言暨語言學』第8卷 第3期.
劉信芳(1999a)『郭店楚簡老子解詁』,藝文印書館.
劉信芳(1999b)「荊門郭店楚簡老子文字考釋」,『中國古文字研究』第一輯,吉林大學出版社.
劉殿爵(1982)「馬王堆漢墓帛書老子初探(下)」,『明報』201期.
李零(1998)「讀郭店楚簡"老子"」,美國達慕思大學郭店老子國際研討會論文.
李零(1999)「郭店楚簡校讀記」,『道家文化研究』第17輯.
李零(2002)『郭店楚簡交讀記』,北京大學出版社.
李家浩(1979)「釋"弁"」,『古文字研究』第一輯.
李先耕(2004)「簡帛本"老子"虛詞用法對比研究」,『疑信集: 語言文獻論集』,社會科學文獻出版社.
李崇興(1992)「處所詞發展歷史的初步考察」,『近代漢語研究』,商務印書館.
李若暉(2004a)「郭店竹書"老子"研究述論」,『古籍整理研究學刊』,第一期.
李若暉(2004b)『郭店竹書老子論考』,齊魯書社.
李存山(2003)「"老子"簡帛本與傳世本關係的几個"模型"」,『中國哲學史』第3期.
馬建忠(1983)『馬氏文通』,商務印書館.
馬敘論(1956)『老子校詁』,中華書局.
梅廣(2005)『上古漢語語法綱要』,三民書局.
巫雪如(2010)「上古語氣詞"與""邪"新探一以出土文獻爲主的論述」,『臺大中文學報』第32期.
武振玉(2007)「兩周金文中連詞"則"的用法研究」,『古籍整理研究學刊』第2期.
龐樸(1998)「古墓新知——漫談郭店楚簡」,『讀書』9;『郭店楚簡研究』,『中國哲學』第20輯.

龐樸(1998)「郭店楚簡研究」『中國哲學』第20輯.
龐樸(2000)『竹帛「五行」篇校注及研究』萬卷樓圖書公司.
白於藍(2000)「郭店楚簡拾遺」『華南師範大學學報』第3期.
范應元(1998)『老子道德經古本集注』中華書局.
徐丹(2005)「上古漢語後期否定詞"無"代替"亡"」『漢語史學報』第5期.
徐富昌(2006)『簡帛典籍異文側探』國家出版社.
徐式婧(2017)「漢語條件句的構式化和歷時演變」『古漢語研究』第3期.
聶中慶(2003)「『老子』楚簡本帛書本通行本比較研究」『殷都學刊』第2期.
聶中慶(2004)『郭店楚簡『老子』研究』中華書局.
孫詒讓(1989)『札迻』齊魯書社.
宋斌(2008)「馬王堆帛書『老子』虛詞研究」首都師範大學 碩士學位論文.
宋德剛(2018)「辨析『老子』之"物"」『中州學刊』第12期.
顏世鉉(2000)「郭店楚簡散論(一)」『郭店楚簡國際學術研討會論文集』湖北人民出版社.
顏世鉉(2001)「郭店楚簡散論(二)」『江漢考古』第1期.
杨世勤(2007)「古漢語助動詞研究綜述」『菏澤學院學報』第6期.
楊榮祥(2010)「"而"在上古漢語語法系統中的重要地位」『漢語史學報』第10輯.
呂叔湘(1955)「論毋與勿」『呂叔湘文集(第二卷):漢語語法論文集』商務印書館, 1990.
吳辛丑(1998)「帛書『周易』『老子』虛詞札記」『簡帛研究』第三輯, 廣西教育出版社.
王力(1981)『古代漢語』第一册, 中華書局.
王力(1989)『漢語語法史』商務印書館.
王博(2010)「權力的自我節制:對老子哲學的一種解讀」『哲學研究』第6期.
王坤鵬·李程(2012)「郭店簡『老子』用"大小之多"章重讀」復旦網(http://www.gwz.fudan.edu.cn/Web/Show/1892).
王中江(1999)「郭店竹簡老子略說」『郭店楚簡研究』中國哲學 第20輯.
王洪君(1987)「漢語表自指的名詞化標記"之"的消失」『語言學論叢』第14輯, 商務印書館.
于省吾(1962)『雙劍誃老子新證』中華書局.
袁國華(1998)「郭店楚簡文字考釋十一則」『中國文字』新24期, 藝文印書館.
魏啓鵬(1999)『楚簡老子柬釋』萬卷樓圖書有限公司.
魏培泉(1982)「莊子語法研究」國立台灣師範大學 中國文學研究所 碩士論文.
魏培泉(2001)「"弗"、"勿"拼合說新證」『中央研究院歷史語言研究所集刊』第72本 第1分.
魏培泉(2003)「上古漢語到中古漢語語法的重要發展」『古今通塞:漢語的歷史與發展』第三屆國際漢學會議論文集, 中央研究院.
俞樾(1988)『老子平議』上海書店影印.
劉笑敢(2006)『老子古今』中國社會科學出版社.

尹振環(1999)「惊人之筆 惊人之誤 惊人之訛──楚簡『老子』異于帛、今本『老子』的文句」『复旦學報』第6期.
尹振環(1999)「論『郭店竹簡老子』──簡帛『老子』比較研究」『文獻』第3期.
尹振環(2000)「楚簡與帛書『老子』的作者和時代印記考」『學術月刊』第4期.
尹振環(2001)『楚簡老子辨析』中華書局.
尹振環(2002)「也談帛,簡『老子』之研究」『中國哲學史』第4期.
李若暉(2004)『郭店竹書老子論考』齊魯書社.
林雄洲(2008)「楚簡本與帛書本,傳世本『老子』的文本關係研究」湖南師範大學 碩士學位論文.
張鈺(2008)「郭店楚簡"斯""此""安"的連詞用法考察」『河北師範大學學報』第5期.
張赬(2002)『漢語介詞短語詞序的歷史演變』北京語言文化大學出版社.
張赬(2014)「上古漢語連詞故的篇章功能研究」『古漢語研究』第5期.
張桂光(1999)「郭店楚墓竹簡『老子』釋注商榷」『江漢考古』第2期.
蔣錫昌(1988)『老子校詁』成都古籍書店.
蔣紹愚(1999)「抽象原則和臨摹原則在漢語語法史中的體現」『古漢語研究』第4期.
張松如(1987)『老子說解』齊魯書社.
張舜徽(1982)「老子疏證」『周秦道論發微』中華書局.
張玉金(2008)「談今本『老子』中被刪掉的虛詞」『中國語文』第5期.
張海英·張松輝(2013)「老子的天命鬼神觀」『齊魯學刊』第2期.
丁建川(2007)「『世說新語』名詞動詞形容詞研究」山東大學 博士學位論文.
鄭良樹(1997)『老子新校』臺灣學生書局.
丁四新(2000)『郭店楚墓竹簡思想研究』東方出版社.
丁四新(2010)『郭店楚竹書『老子』校注』武漢大學出版社.
丁聲樹(1935)「釋否定詞"弗""不"」『中央研究院歷史語言研究所集刊·慶祝蔡元培先生六十五歲論文集』下冊.
丁原植(1999)『郭店竹簡老子釋析與研究』萬卷樓圖書有限公司.
趙建偉(1999)「郭店竹簡『老子』校釋」『道家文化研究』17輯.
趙平安(2000)「戰國文字的"遱"與甲骨文的"丵"為一字說」『古文字研究』22輯, 中華書局.
朱謙之(1984)『老子校釋』中華書局.
朱大星(2007)『敦煌本『老子』研究』中華書局.
朱德熙(1983)「自指和轉指──漢語名詞化標記'的,者,所,之'的語法功能和語義功能」『方言』第1期.
曾憲通(1993)『長沙楚帛書文字編』中華書局.
池田知久(1998)「荊門市博物館『郭店楚墓竹簡』筆記」美國達慕思大學郭店老子國際研討會論文.

池田知久(1999)『郭店楚簡老子研究』, 東京大學文學部 中國思想文化學研究室.
池田知久(2004)「『노자』의 2重의 '孝'와 郭店楚簡『語叢』의 '孝'」,『유가문화연구』4.
池田知久(2014)「『老子』的形而上學與"自然"思想——以北大簡爲中心」,『文史哲』第3期.
池昌海(2004)「『史記』中助動詞"可"和"可以"語法功能差異初探」,『語言研究』第2期.
陳劍(2001)「說慎」,『簡帛研究二〇〇一』, 廣西師範大學出版社.
陳偉(1998)「郭店楚簡別釋」,『江漢考古』第4期.
陳偉(1999)「讀郭店竹書老子札記(四則)」,『江漢論壇』第10期.
陳偉(2003)『郭店竹書別釋』, 湖北教育出版社.
陳柱(1928)『老子集訓』, 商務印書館.
陳柱(1939)『老子韓氏說』, 商務印書館.
陳鼓應(2000)『老子今註今譯及評價』, 商務印書館.
陳廣忠(2000)「從簡帛用韻比較論『老子』的作者——與郭沂商榷」,『安徽大學學報』第4期.
陳斯鵬(2000)「郭店楚墓竹簡考釋補正」,『華學』第4輯, 紫金城出版社.
崔仁義(1998)『荊門郭店楚簡『老子』研究』, 科學出版社.
彭浩(2001)『郭店楚簡『老子』校讀』, 湖北人民出版社.
何樂士(2004)「"弗"的歷史演變」,『左傳』虛詞研究』, 商務印書館.
韓巍(2012)「西漢竹簡『老子』的文本特徵和學術價值」, 北京大學出土文獻研究所編『北京大學藏西漢竹簡(貳)』, 上海古籍出版社.
韓祿伯(1999)「治國大綱——釋讀郭店『老子』甲組的第一部分」,『道家文化研究』17輯.
韓祿伯(2002) Robert G. Henricks,『簡帛老子研究』, 學苑出版社.
許抗生(1999)「初讀郭店竹簡『老子』」,『郭店楚簡研究——中國哲學』第20輯.
胡適(1919)『中國哲學史大綱』, 商務印書館.
黃德寬(1995)「『老子』的虛詞刪省與古本失真」,『中國典籍與文化論叢』第三輯, 中華書局.
黃德寬(1996)「老子校讀釋例」,『原學』第4輯, 中國廣播電視出版社.
黃德寬·徐在國(1998)「郭店楚簡文字考釋」,『吉林大學古籍整理研究所建所十五週年紀念文集』, 吉林大學出版社.
黃錫全(2000)「論郭店楚簡『老子』札記三則」,『郭店楚簡國際學術研討會論文集』, 湖北人民出版社.

| 후 기 |

신종여시(愼終如始): 마무리도 첫 시작처럼 그렇게 삼가면서

첫 도전도, 과정도 어려웠지만 마무리는 더 쉽지 않았던 작업이 이제 그 마지막 단계에 와 있습니다. 박사논문을 쓰면서는 『노자』의 절학무우(絶學無憂), '배움을 끊으면 근심이 사라진다'는 문구가 뼈 속 깊이 다가왔지만 이 책을 쓰는 기간에는 '신종여시'라는 상기 『노자』 문구가 머릿속에, 생활 속에 맴돌았습니다. 저는 석사 때는 출토문헌을, 박사 때는 고대중국어 문법을 전공하여 출토문헌을 활용한 중국어사 문법 연구를 주전공으로 삼아 왔는데 이 저서는 이러한 연구를 활용한 결과라 할 수 있습니다. 이 책이 신종여시의 결과물이었기를 희망해 봅니다.

이 저서에는 시작부터 완성까지 많은 분들과의 교류가 녹아 있습니다. 이 저서의 시작에는 박사지도교수님이신 북경대학의 장샤오위(蔣紹愚) 선생님이 계십니다. 장샤오위 선생님께서는 『노자』의 전래문헌 판본 선택과 연구방법에 대해 지속적으로 지도해주시고 작업을 격려해주셨으며 거시적인 연구 관점을 지닐 수 있도록 대만에도 교환학생으로 보내주셨습니다. 장샤오위 선생님은 제게는 아버지 같은 분이십니다. 장 선생님의 학문적 격려와 인생에 대한 따뜻한 마음을 담은 조언은 10년이 지난 지금까지도 가슴 속에 따뜻한 불씨로 남아 있습니다. 선생님의 가슴시리고 애틋한 격려는 연락을 주고받는 지금까지도 매번 제 마음을 녹이고 제 연구에 힘을 실어줍니다.

또 다른 시작점에는 대만대학의 메이광(梅廣) 선생님이 계십니다. 메이광 선생님은 제게 이 저서를 감히 시작할 용기를 주신 분입니다. 2011년 대만에 교환학생으로 방문했던 시기의 어느 여름날, 두 달여 간 진행된 메이광 선생님과의 단독 인터뷰는 저로 하여금 『노자』의 시대 배경과 저자, 곽점본 『노자』의 한 문구 한 문구를 이해하게 만들었습니다. 저는 그 이후로 '『노자』는 철학자가 아닌 이상 연구 불가한 난해한 철학서'라는 제 안의 고정관념을 깨고 새로운 시각으로 『노자』를 바라보게 되었으며 곽점본 『노자』 연구에 용기를 낼 수 있었습니다. 두 분께 무한 감사를 드립니다.

이 저서는 1부부터 3부까지 총 3개의 단원으로 구성되어 있으며 [부록1]과 [부록2]를 수록하고 있습니다.

[부록1]은 메이광 선생님과의 2011년 대담록을 한국어로 재번역한 것인데 본서의 곳곳에 메이광 선생님의 견해가 수록되고 녹아 있기에 이 번역은 반드시 필요했던 작업입니다. [부록2] 작업은 본 연구의 근간이 되는 원문 자료로 제가 박사과정에 입학했을 당시인 2008년 9월부터 졸업 후 2016년까지 『노자』 7종 판본을 바탕으로 정리된 자료입니다. 여러 다양한 문헌 중 『노자』를 선택한 계기는 사실 매우 단순했습니다. 출토문헌과 전래문헌 판본이 시기별로 다양한데다 5000자로 그 분량이 적다는 것이 주된 이유였습니다. 원래는 박사과정 중 『노자』를 먼저 정리하고 다른 문헌들, 가령 출토문헌과 전래문헌 판본이 모두 존재하는 『주역』, 『시경』, 『전국종횡가서』 등의 문헌을 순차적으로 정리하고 연구하려 했는데 『노자』의 정리와 분석에만 10여년이 훌쩍 넘는 시간이 걸려 버렸습니다.

제1부는 곽점본 『노자』 원문을 고석하고 풀이한 자료로 본격적인 집필은 2011년부터 시작되었습니다. 제1부는 당시 메이광 선생님과의 인터뷰 기간에 기초 작업용으로 수집한 곽점본 『노자』 문자 고석 자료를 나중에 확장, 보완, 수정, 번역한 것입니다. 제1부의 1-3장에는 고문자학계의 선행연구가 수록되어 있는데 여기에는 랴오밍춘(廖名春2003) 저서의 공로가 녹아 있습니다. 랴오밍춘 선생님 저서에는 곽점본 『노자』 관련 2003년 이전의 거의 모든 고문자학 연구성과가

소개되어 있습니다. 본서 제1부의 내용 중 자형 고석 관련 2003년 이전의 연구성과는 이 책을 바탕으로 확장되었기에 랴오 선생님께 매우 감사드리지 않을 수 없습니다. 제2부는 『노자』제 판본의 원문을 언어학의 관점에서 비교한 묘사 자료로 그 작업은 사실 1부보다 더 이른 2010년에 시작되었습니다. 저는 2010년 봄 박사과정 재학 시 양룽샹(楊榮祥) 교수와 후츠뤠이(胡敕瑞) 교수가 공동 개설한 「漢語歷時詞彙語法研討(중국어사 어휘 및 어법 토론)」수업에서 『노자』의 허사 증감 현상'이라는 주제로 『노자』제 판본 간 이문 현상을 발표하였고 호평을 얻은 바 있습니다. 이 작업이 본서 제2부의 근간이 되었습니다. 제3부는 2부에서 묘사한 내용에 대한 해석으로 여기에는 저의 기존 학술논문 성과가 반영되어 있습니다. 저는 2014년도부터 본격적으로 『노자』제 판본에 반영되어 있는 개별 언어현상을 연구하기 시작했는데 이러한 연구의 결과도 이 저서 곳곳에 녹아 있습니다.

이러한 산발적인 연구들을 하나의 책으로 묶을 수 있었던 계기는 한국연구재단의 2015년 인문저술출판지원사업 지원과 관련되어 있습니다. 소중한 기회를 주신 한국연구재단에도 깊은 감사를 드립니다.

한국에도 감사드릴 분이 많습니다만 생면부지의 학생을 포닥 지도학생으로 선뜻 받아주시고 지금껏 이끌어주시는 지도교수님이신 인하대 백은희 선생님께 특히 감사드리고 싶습니다. 또한 가족들의 배려와 인내에도 고맙다는 말 전하고 싶습니다.

마지막으로 인문학 서적, 특히 본서처럼 학술적인 성격이 짙어 현대 사회에서 시장성이 거의 없다고 봐도 무방한 이 책을 보고 흔쾌히 출간을 결정해주신 PB PRESS의 신아사 대표님께 진심으로 감사드립니다. PB PRESS가 아니었다면 이 책은 출간되지 못했을 것입니다.

이 저서에는 아직도 해결되지 못한 문제가 많이 남아 있습니다. 어떤 구절은 절차탁마했음에도 아직도 이해가 부족합니다. 어떤 견해는 견강부회일지도 모르겠습니다. 이 저서에 부족함이 있다면 모두 저의 연구력 한계 때문입니다. 이 부족함은 독자 여러분께서 메꾸어 주시리라 믿습니다. 읽어주서서 감사합니다.